薛安勤 註譯

春秋穀梁傳今註今譯

臺灣商務印書館發行

前言

春秋穀梁傳凡二十卷，是戰國時人穀梁赤對春秋經所做的闡釋。穀梁赤，魯國人，是孔子弟子子夏的學生。名俶，字元始，又名赤，以赤行於世。赤受經於子夏，並為經作傳，傳成之後，傳給孫卿，孫卿傳申公，申公傳博士江翁，其後魯人榮廣十分推崇，又傳授蔡千秋。漢宣帝時，一掃景帝的「公羊」熱，極力崇尚「穀梁」，於是擢千秋為郎，由此春秋穀梁傳大行於世。東漢鄭玄在六藝論中評價説：「左氏善於禮，公羊善於讖，穀梁善於經」。鄭玄此論，是説春秋穀梁傳長於解釋經文的義例。的確，闡釋經文用語的義例是該書內容的重點之一，也是其特點之一。穀梁氏對經文的諸多用語條例，進行了縝密地思辨，並做了不厭其煩的解釋和説明。例如，穀梁氏在傳文中常説：「稱人以殺，殺有罪也」，「稱國以殺，罪累上也」。這就是指明，經文記某人殺某，表示被殺者確實有罪；經文如果記某國殺某，則表示被殺者的罪行牽連到君王。再比如，經文中有的詞語具有多種用處和意義，穀梁氏則結合具體語境，加以詳細説明。試舉「及」字為例：傳文中常見「及者，內為志焉爾」，這是説，經文用及字，表示該行動是出於魯國的意願。「及者，由尊及卑也」，這句傳文是説，經文用及字連接詞語時，及字前的是尊者，及字之後的是卑者。誠然，這種解釋難免有附會之嫌。但是，它確實揭示出經文潛在的義例。即使是最粗心的讀者，經過穀梁氏這樣一點撥，也會揲捉到經文的細微精審之處了。

漢代以後，直至東晉，為春秋穀梁傳作註的近十幾家，有尹更始、唐固、江熙、孔演、程闡、徐仙民、徐乾等。但是，皆膚淺末學，不經師匠。東晉范寧的集解問世之後，諸家皆廢。范寧對春秋穀梁傳的評價是：「清而婉，其失也短」。范氏以「短」為失，認為過於簡短，不免失之於義不明瞭。我則覺得把短理解為簡短明快，也是可以的。言辭清朗、含義婉曲、簡短明快，這的確是春秋穀梁傳的又一特點。試以魯隱公元年的經文「鄭伯克段於鄢」為例。穀梁氏僅用了一百四十字的筆墨，便道出了鄭伯和共叔段背棄「兄友弟恭」的行徑，還指出了解決問題的方略。表面上看，春秋穀梁傳似乎是在逐個解釋經文的詞語；而實際上，它卻避開了詞語的表層的涵義，深入開掘了諸詞底層的蘊義。此外，如斥吳王之輕率、論虞公之中智等章節都明顯地體現出清而婉的風格。

春秋穀梁傳多以自問自答的方式，解詞以明道，設問以達義，層層遞進地剖析歷史史實，寓褒貶於其中，或直接或曲折地反映了春秋時代的經濟、軍事、外交等各方面的情況。其中不乏精彩的段落。如「荀息論假道」、「驪姬害申生」、「宋楚泓之戰」、「齊晉鞌之戰」、「紅地狩獵」、「郊祭卜牛」等等。或運用多側面的描寫，或採取多層次的議論，寫得引人入勝，讀來入情入理。總觀春秋穀梁傳，和人們所熟悉的左傳，它們祇有少部分內容相吻合，絕大部分不一致，有的地方甚至相抵觸。兩書的體例和風格更是天壤之別。唯其如此，它們才正好互相補充，彼此參驗，以察史實之真偽。就這點來說，春秋穀梁傳更值得一讀了。

穀梁傳雖經范寧作註，楊士勛作疏，又有清人許桂林、鍾文烝、柯劭忞的解釋和補注等，但因年代久遠，輾轉傳抄，其晉豕魯魚紛綸錯出之處難免。如，襄公十年夏五月的「楚公子貞……」，脫了「公」字，定公十一年春傳文的順序前後顛倒等等。筆者據阮元校刻本，參以他本，做了力所能及的校改。

本書的譯文部分，以直譯為主，輔以意譯，在盡可能不違原義並保持原有風格的前提下，力求通曉暢達。註文部分，包括難字的標音，詞義和語法方面的註解，還有典章制度、古代風俗等方面的說明，解釋力求簡明扼要，點到即止。這些雖無學者方家之大功，想必會有拾遺補闕、略指迷津之微效。這本書，倘若能對讀者有些許裨益，我將不勝欣慰。水平所限，錯誤疏漏之處，謹望專家和讀者批評教正。

薛安勤

一九九二年七月

凡例

一、經、傳原文都以十三經注疏本（原世界書局縮印為兩巨冊的阮元校刻本）為底本。

二、原文凡與左傳、公羊傳略有歧異者，或當校改者，皆於註文中說明。

三、譯文以直譯為主。如直譯實在晦澀難通者，則採用意譯。

四、凡人名、地名和需要加註的詞語，初見者，必註；重複出現者，則適當重註，以免讀者翻檢之勞；一再反覆重出者，則從略不註。

五、凡人名、地名和文意不詳者，則標明「不詳」，闕而不論。

六、難字的標音，一律採用直音法，標為「音某」，在行文中間的，用括弧括上。

七、凡通用假借字，註為「通某」或「讀為某」；凡古今寫法不同的字，註為「某的古字」或「某的古寫」；凡異體字，註為「同某」。

八、對有分歧意見的詞語的解釋，祇取一說，他說錄上以備考。

九、註釋中有的參考前人或今人的研究成果，文中沒得一一說明，以避繁瑣。請詳見書後所附的參考、引用書目。

目錄

春秋穀梁傳今註今譯

卷一　隱公

隱公元年（公元前七百二十二年）

(一)經元年㈠，春，王正月㈡。

【今註】㈠元年：君王即位的第一年稱元年。㈡王正月：周王之正月，即指周曆正月。古代有「三正」之說，三正即三個正月，亦即三種曆法。周代曆法以現在農曆十一月為正月；商代曆法以現在農曆的十二月為正月；夏代曆法以現在農曆一月為正月。春秋時魯用周代曆法。

【今譯】隱公元年，春天，是周曆正月。

傳雖無事，必舉正月，謹始也。公何以不言即位？成公志也㈠。焉成之？言君之不取為公也㈡。君之不取為公何也？將以讓桓也㈢。讓桓正乎？曰：不正。春秋成人之美，不成人之惡。隱不正而成之，何也？將以惡桓也。其惡桓何也？隱將讓而桓弒之㈣，則桓惡矣。桓弒而隱讓，則隱善矣。善則其不正何也？春秋貴義不貴惠，信道不信邪㈤。孝子揚父之美，不揚父之惡。先君之欲與桓㈥，非正也，邪也。雖然，既勝其邪心以與隱矣㈦，已探先君之邪志，而遂以與桓，則是成父之惡也。兄弟，天倫也，為子受之父，為諸侯受之君。已廢天倫而忘君父，以行小惠，曰小道也㈧。若隱者，可謂輕千乘之國㈨，蹈道㈩，則未也。

【今註】㈠志：志向，心願。春秋經記事的體例是，魯君即位的第一年，應記載「公即位」，而隱公、莊公、閔公、僖公和定公這五君的元年，沒記「公即位」。左傳認為隱公是攝政，所以不記「公即位」，穀梁傳認為隱公謙讓，把君位讓給了弟弟，故而不提即位。㈡公：與「君」同義。如魯國十二公，也可以說魯國十二君。㈢桓：即魯桓公。隱公和桓公都是魯惠公的兒子。魯惠公嫡夫人是宋國姑娘孟子（孟是姊妹排行）。孟子沒生兒子，她死後，惠公續娶了聲子，聲子生了兒子叫息姑，即隱公。後來，惠公又娶了仲子，仲子生了兒子叫允，即後來的桓公。左傳認為聲子是妾，而仲子是後娶的夫人，桓公為世子，理當繼位，因他年小，而由庶子隱公攝政。穀梁傳認為聲子和仲子都是續娶的夫人，隱長桓幼，讓位給桓是不對的。㈣弒：音式，下殺上也。據史記魯世家云，隱公十一年冬，公子翬向隱公請求殺掉桓公，隱公表示，桓公已經長大成人，將讓桓公掌君權。公子翬聽了很害怕，又到桓公面前讒諂隱公，並和桓公密謀殺死隱公。㊄信：讀為伸。道：與邪相對，指正義。穀梁傳認為廢長立幼，讓桓為君是邪。㊅先君：指魯惠公。㊆這句是說，惠公最初想把君位傳給桓公，但最終還是戰勝了這種邪惡的想法，讓隱公繼了位。㊇小道：小德。㊈千乘之國：擁有千輛兵車的國家。諸侯之國一般是土地方百里，兵車上千輛。春秋時多以車戰，一輛兵車叫一乘（音勝），有甲士三人，步卒七十二人。㊉蹈道：履行正道。

【今譯】即使沒有事，也一定記正月，是表示重視君王的開始。對隱公為什麼不記載即位二字呢？是為了成全隱公的心願。怎麼是成全隱公呢？是說隱公不想當國君。隱公不想當國君，是為什麼？想把君位讓給桓公。讓給桓公對麼？回答說是不對的。春秋經都是成全人的好事，而不成全人的壞事，隱公的做法不對，為什麼成全他呢？是為顯露桓公的壞。為什麼要顯露出桓公的壞呢？隱公將要讓位給桓公，桓公卻殺了他，就顯出桓公的壞了。桓公弒兄，隱公謙讓，就是隱公好。隱公好，又認為他不對，是為什麼呢？春秋經崇尚禮義，不崇尚小恩小惠；伸張正義而不伸張邪惡。孝子顯揚父親的美名，不能顯揚父親的壞名聲。惠公想把君位給桓公，是不對的，是邪惡的。雖然這樣，他既然戰勝了邪惡的想法把君位給了隱公，隱公已經探測到父親的邪惡想法，卻還把君位讓給桓公，這就鑄成了父親的惡名。兄弟是天然的親屬關係。做兒子的從父親那接受一切，當諸侯的從君王那裏接受一切。隱公廢棄了兄弟長幼的順序，忘記了君父，來行小恩小惠，這叫小德。像隱公這樣的人，可算是輕視君位的人，至於說履行正義之道，還沒有做到。

㈡經三月，公及邾儀父盟於眛㈠。

【今註】㈠邾：古國名，在今山東曲阜東南。

【今譯】三月，隱公和邾國國君儀父在眛地結盟。

傳及者何？內為志焉爾㈠。儀㈡，字也。父猶傅也㈢，男子之美稱也。其不言邾子何也？邾之上古微㈣，未爵命於周也㈤。不日，其盟渝也㈥。眛，地名也㈦。

【今註】㈠內：指魯國。春秋經以魯史為本（一說魯孔丘所修），所以全書親魯之情處處體現，所記「內」大多指魯。㈡儀：邾君的字，名克。㈢傅：附，附著。㈣微：小。㈤爵：爵位。上古時諸侯爵位分五等，即公、侯、伯、子、男。例如稱晉侯、鄭伯、楚子……等。凡小國或邊遠地帶的國家一般封爵為子。隱公時邾國還沒受封。齊桓公稱霸後，邾儀父附從，才命爵為子。㈥渝：變。本來是魯國主動和邾簽訂盟約表示友好，可是隱公七年，魯就違背信義，攻伐邾國。㈦眛：魯國地名，春秋左傳作「蔑」，在今山東泗水縣東。

【今譯】經文中用「及」是什麼意思？強調這次結盟是魯國的意願。儀是字，「父」附著在字後，是男子的美稱。為什麼不稱邾子？因為邾在上古時代是個小國，沒有得到天子封爵。不記載結盟日期，是因為魯國後來變了，違背了盟約。昧是地名。

㈢經　夏，五月，鄭伯克段於鄢㈠。

【今註】㈠鄭伯：鄭武公的兒子鄭莊公，鄭國君屬伯爵，故稱鄭伯。鄢：音煙，鄭國地名，在今河南新鄭縣南。

【今譯】夏季五月，鄭伯在鄢地戰勝了段。

傳　克者何？能也㈠。何能也？能殺也㈡。何以不言殺？見段之有徒眾也㈢。段，鄭伯弟也。何以知其為弟也？殺世子㈣，母弟目君，以其目君，知其為弟也。段弟也，而弗謂弟；公子也㈤，而弗謂公子，貶之也。段失弟之道矣，賤段而甚鄭伯也㈥。何甚乎鄭伯？甚鄭伯之處心積慮，成於殺也。於鄢，遠也，猶曰取之其母之懷中而殺之云爾，甚之也。然則為鄭伯者宜奈何？緩追逸賊㈦，親親之道也。

【今註】㈠能：指鄭莊公有能力打敗弟弟段。段率領徒眾攻打鄭伯，要篡奪君位，祇有國君才能打敗他。㈡殺：這裏指致死。㈢見：讀為現。㈣世子：諸侯的嫡長子，文中指鄭伯。㈤公子：周朝制度，嫡長子繼承君位，其他的兒子稱公子，任卿大夫。㈥甚鄭伯：認為鄭伯做得太過分了。鄭伯是哥哥，眼看著同母弟恃寵驕恣而不教誨，反而縱成其罪，置於死地而後快。

穀梁氏認為他太過分了。㈦逸：釋放。賊：指鄭伯的弟弟段。

【今譯】克是什麼意思？是能的意思。能幹什麼？能殺死段。為什麼不用殺字？是為了表現段有徒眾。段是鄭伯的弟弟。怎麼知道他是弟弟？殺太子，一般都是同母弟想奪君位，他眼睛盯著君王的寶座，以此知道他是弟弟。段是弟弟，卻不稱他為弟；段是公子，卻不稱他公子，這是貶斥他。因為他失掉了「弟恭」之道。輕視段，而且認為鄭伯太過分了。鄭伯怎麼過分了？他處心積慮置弟弟於死地。「於鄢」是強調鄭伯把弟弟追到很遠的地方，就如同從母親懷中奪過來殺死一樣，太過分了。如此，那麼鄭伯應該怎麼辦？應當慢慢追，有意放跑弟弟，對親弟弟講點親愛之道。

㈣經秋，七月，天王使宰咺來歸惠公仲子之賵㈠。

【今註】㈠天王：天子，周平王。咺：音宣，宰官的名。歸：讀為饋，贈送。賵：音奉，助喪的物品，古人常用車馬束帛等。

【今譯】秋天七月，周平王派宰官咺送來惠公仲子的助喪物品。

傳母以子氏㈠。仲子者何㈡？惠公之母，孝公之妾也。禮，賵人之母則可，賵人之妾則不可，君子以其可辭受之。其志㈢，不及事也。賵者何也？乘馬曰賵，衣衾曰襚㈣，貝玉曰含㈤，錢財曰賻。

【今註】㊀母以子氏：母親用兒子的號為氏。惠公仲子是魯惠公的母親，她以兒子的謚號「惠公」為氏（氏是姓的分支）。㊁仲子：即經文中的惠公仲子。春秋左傳認為是桓公母親。㊂志：記，記載。㊃衾：音親，大被子，也特指斂屍的包被。㊄含：放在死者口中的珠、玉叫含，放在死者口中的米粒叫飯。

【今譯】母親以兒子的謚號為氏。仲子是何人？是惠公的母親，孝公的妾。按禮，國君的母親死了，送助喪物品是可以的。國君的妾死了，送助喪物品是不可以的，君子可以辭謝不受。記載它，因為不是尋常事。賵是什麼？是送給死者的助喪物，車馬一類的叫賵，衣被一類的叫襚，珠玉一類的叫含，錢財一類的叫賻。

(五)經 九月，及宋人盟于宿㊀。

【今註】㊀宿：原為風姓的國名，後為齊國的邊邑，在今山東省東平縣東南。

【今譯】九月，魯國和宋國在宿邑會盟。

傳 及者何？內卑者也㊀。宋人，外卑者也㊁。卑者之盟，不日。宿，邑名也。

【今註】㊀內：指魯國。卑者：地位較低的人，指參加會盟的人不是命卿一類的高級官員。㊁外：魯以外的國家，春秋經都稱外。

【今譯】用及字是什麼意思？表示魯國參加會盟的是個地位低的人。稱宋人，說明它的參加者也是地位低的。這次是卑者之會盟，不記載日期。宿是邑名。

㈥經冬，十二月，祭伯來㊀。

【今註】㊀祭伯：祭國國君。祭國是周公後代的封國，在今河南省鄭州市東北。

【今譯】冬季十二月，祭伯來魯國訪問。

傳來者，來朝也。其弗謂朝何也？寰內諸侯㊀，非有天子之命，不得出會諸侯，不正其外交，故弗與朝也。聘弓鍭矢㊁，不出竟場㊂。束脩之肉㊃，不行竟中。有至尊者㊄，不貳之也㊅。

【今註】㊀寰內諸侯：距離京城千里以內的王畿之地的諸侯。㊁聘：問，訪問。鍭：音侯，箭名，爾雅釋器「金鏃翦羽謂之鍭」。古代訪問或慰問時常以弓矢做禮物。如國語中楚王拿弓慰問晉國的郤至。㊂竟場：邊界。竟是境的古字。場：音易，疆界的意思。㊃束脩：十條乾肉。脩，乾肉。據禮記少儀云，古人相見要帶見面禮，束脩是最薄的禮物。㊄至尊者：最尊貴的人，即天子。㊅不貳：不能有二心。

【今譯】來是來朝拜的意思。不說朝拜是為什麼？因為祭伯是周王畿內的諸侯，沒有天子的命令，不能隨意出國拜會諸侯。祭伯的做法是不正當的外交行動，所以不記他朝拜魯侯。聘問用的弓矢一類的禮物，不能隨便拿出邊境，乾肉之類的禮物是私人間交往用的，國之間交往不能用。有天子在上，一切要聽命，不能存有二心。

(七)經公子益師卒㊀。

【今註】㊀益師：魯國大夫，魯孝公的兒子，字叫眾父。

【今譯】公子益師死了。

傳大夫日卒㊀，正也。不日卒，惡也。

【今註】㊀日卒：記下死的日子。大夫死曰卒。

【今譯】大夫死了記載死的日期是對的。不記載益師死的日期，是因為他壞。

隱公二年（公元前七百二十一年）

(一)經春，公會戎於潛㊀。

【今註】㊀戎：古國名，在今山東省曹縣東南。潛：魯國地名，在今山東省濟寧市西南。

【今譯】春天，隱公跟戎國在潛地會盟。

傳會者外為主焉爾㊀。知者慮㊁，義者行㊂，仁者守，有此三者，然後可以出會。會戎，危公也。

【今註】㊀外為主：別國主動要求的。㊁知者慮：聰明人能深謀遠慮。知是智的古字。㊂義者行：這裏指正義的人做事果斷。

【今譯】經文中用會字，表示是外國主動找上門來的會盟。聰明人能深謀遠慮，正義的人行動果斷，仁德的人能保住國家，具備這三點才可以出國與人會盟。隱公和戎國的會盟，隱公危險啊。

㈡經夏，五月，莒人入向㊀。

【今註】㊀莒：國名，春秋後期被楚國滅掉。

【今譯】夏季五月，莒國攻入向地。

傳入者，內弗受也。向㊀，我邑也。

【今註】㊀向：國名，是魯國國境內的附屬國，所以文中稱「我邑也」。

【今譯】用入字，是強行進入，魯國不能接受的意思。向是我們魯國的城邑。

㈢經無侅帥師入極㊀。

【今註】㊀無侅（音該）：魯卿，柳下惠的父親，左傳作無駭。帥：通率。師：古時二千五百人的軍隊叫師。極：魯的附屬國。

【今譯】無侅率領軍隊進入極國。

傳入者，內弗受也。極，國也。苟焉以入人為志者㊀，人亦入之矣。不稱氏者㊁，滅同姓㊂，貶也。

【今註】㊀苟：假如。㊁不稱氏：不稱無侅的姓氏。㊂同姓：指極國。魯、極二國都姓姬。

【今譯】用入字表示強行進入，人家不能接受。極是國名。假如誰想攻入別國，人家也將攻入它。不提無侅的姓氏，是由於他滅了同姓國，因而貶斥他。

㈣經秋，八月，庚辰，公及戎盟於唐㊀。

【今註】㊀唐：地名。春秋時以唐為地名的有五處，這裏是指魯國境內的唐，在今山東魚臺縣東北。此經無傳。

【今譯】秋季，八月庚辰日，隱公和戎國在唐地會盟。

(五)經九月，紀履緰來逆女㊀。

【今註】㊀履緰：紀國大夫，左傳作裂繻。逆：迎。女：魯隱公女，嫁給紀國國君。

【今譯】九月，紀大夫履緰來魯國迎隱公女。

傳逆女，親者也㊀，使大夫，非正也。以國氏者㊁，為其來交接於我，故君子進之也㊂。

【今註】㊀親者：古代國君娶妻，禮應親自出境迎娶。但考之春秋經和左傳，大多是「卿為君迎」，可詳見文公四年、宣公元年等文。㊁以國氏者：指在履緰前冠以國名。㊂進之：提高他的地位。

【今譯】諸侯娶妻，禮應親自出境迎娶，派大夫去接是不對的。在履緰前面冠以國名「紀」，是因為他來和魯國交接，所以君子要提高他的身分。

(六)經冬，十月，伯姬歸於紀㊀。

【今註】㊀伯姬：魯隱公的長女。因魯國姬姓，她又排行老大，故稱伯姬。歸：女子出嫁。

【今譯】十月，伯姬出嫁到紀國。

傳禮，婦人謂嫁曰歸，反曰來歸。婦從人者也，婦人在家制於父㈠，既嫁制於夫，夫死，從長子。婦人不專行㈡，必有從也。伯姬歸於紀，此其如專行之辭，何也？曰：非專行也，吾伯姬歸於紀，故志之㈢。其不言使何也？逆之道微㈣，無足道焉爾。

【今註】㈠制於父：被父親管制。㈡專行：獨斷專行。㈢志：記。㈣逆之道微：迎她的人說起來微不足道。逆：迎。微：小，這裏指官位低。道：說。

【今譯】按禮，女人出嫁叫歸。反之，由婆家回娘家叫來歸。女人要聽從別人，在家被父親管，出嫁被丈夫管，丈夫死了，要服從長子。女人不能獨斷專行，一定要聽從別人的。「伯姬歸於紀」這句話怎麼像獨自專行的意思？不是的，我們魯國伯姬嫁到紀國，所以要記載下來。為什麼不提紀國派來的人？是因為來迎的人官位低，不值得說罷了。

(七)經紀子㈠，伯莒子㈡，盟於密㈢。

【今註】㈠紀子：左傳作紀子帛。杜預認為就是前面經文出現的紀履緰，字子帛，誤。當為紀國國君。㈡伯莒子：讓莒子（莒國國君）當伯長。㈢密：莒國地名，在今山東省昌邑縣東南。

【今譯】紀子，讓莒子當伯長，在密地會盟。

傳或曰㊀：紀子伯，莒子，而與之盟。或曰：年同，爵同㊁，故紀子以伯先也㊂。

【今註】㊀或曰：有的說。㊁爵同：爵位相同。㊂伯：伯長，主盟者。

【今譯】有的說紀子是伯長，跟莒子會盟。有的說紀子和莒子年齡相同，爵位相同，所以紀子以伯長身分排在先。

(八)經十有二月，乙卯，夫人子氏薨㊀。

【今註】㊀子氏：隱公的夫人。公羊傳認為是隱公之母，杜預認為是桓公母親，皆誤。諸侯死叫薨，諸侯的夫人死也叫薨。春秋經記魯公及夫人死都用「薨」，而記其他諸侯死，常用「卒」。如魯僖公三十一年文「冬，晉文公卒」。

傳夫人薨，不地㊀。夫人者，隱之妻也，卒而不書葬㊁。夫人之義，從君者也㊂。

【今註】㊀不地：不記載死的地點。婦人不能輕易出門，有固定居處，因此不必記死的處所。㊁書：寫，記。㊂從君者：隨從君王的記法。隱公死沒記載安葬，所以夫人死也不記安葬。

【今譯】諸侯夫人死，不記載死的地方。夫人，是隱公的妻子，死後沒記載安葬。夫人之禮，要隨從君王的記法。

(九)經鄭人伐衛㊀。

【今註】㊀這次攻伐是打公孫滑。公孫滑是鄭莊公弟弟（名段）的兒子。鄢地之戰失敗後段跑到衛國。衛國助公孫滑攻鄭，佔領了廩延一帶，所以鄭發兵伐衛。此經無傳。

【今譯】鄭國攻打衛國。

隱公三年（公元前七百二十年）

(一)經三年春，王二月㊀，己巳㊁，日有食之㊂。

【今註】㊀王二月：指周曆二月。㊁己巳：按干支記日法逆推，己巳這天是初一。㊂食：通蝕。

【今譯】三年，春天，周曆二月初一，出現日蝕。

傳言日不言朔㊀，食晦日也㊁。其日有食之何也？吐者外壞㊂，食者內壞㊃，闕然不見其壞有食之者也㊄。有內辭也㊅，有外辭也。有食之者，內於日也。其不言食之者何也？知其不可知，知也㊆。

【今註】㊀朔：每月初一這天叫朔。漢書五行志推斷隱公三年的日蝕發生在朔日，並云「貫中央，上下竟而黑」，可見是日全蝕之象。㊁晦日：每月的最後一天稱晦日。穀梁氏認為這次日蝕發生在月末一天。誤。其實，日蝕都發生在每月的初一。㊂吐者外壤：土地到了外人手裏。㊃食者內壤：得到、接納了土地。㊄闕：通缺，缺少，缺損。㊅辭：指解釋的言詞。內辭和外辭指關於日蝕的兩種解釋。㊆知：智的古字，明智。

【今譯】記己巳日而不記朔，是因為日蝕在晦日那天。日蝕是怎麼回事？日蝕好比土地缺少了，吐是土地到了外人手裏，食者是得到了土地。土地缺少不見了，就肯定有吞食得到它的。吞食的，得到了日頭。為什麼不說吞食日頭的呢？知道自己不知道，所以不說，是明智的。

(二)經三月，庚戌，天王崩㊀。

【今註】㊀天王：指周平王。天子死叫崩。

【今譯】三月庚戌這天，周平王駕崩。

傳高曰崩，厚曰崩，尊曰崩。天子之崩㊀，以尊也。其崩之何也？以其在民上，故崩之。其不名何也㊁？大上，故不名也。

【今註】㊀天子之崩：稱天子死叫崩。㊁不名：不稱呼名。

【今譯】高高的天壞了叫崩，厚厚的地壞了叫崩，尊貴的人死了叫崩。天子死了叫崩，因為他尊貴。稱天子死為崩是為什麼？因為他在百姓之上，所以叫崩。不稱呼天子的名是為什麼？至高無上，所以不敢稱呼名。

㈢經夏，四月，辛卯，尹氏卒㊀。

【今註】㊀尹氏：周王朝的大夫，左傳作「君氏」。

【今譯】夏天，四月辛卯日，尹氏故去。

傳尹氏者何也？天子之大夫也。外大夫不卒㊀，此何以卒之也？於天子之崩為魯主㊁，故隱而卒之㊂。

【今註】㊀外大夫：外姓的大夫。不卒：不稱卒。穀梁氏認為同姓的卿大夫死才能稱卒。㊁於天子之崩為魯主：三月天子死的時候，尹氏奉命赴魯詔訃，詔魯公來弔。也就是說，三月他還在為天子效力，四月就死了。㊂隱：痛。

【今譯】尹氏是什麼人？是天子的大夫。對外姓的大夫不稱卒，尹氏死為什麼稱卒呢？因為天子駕崩時他赴魯詔訃，所以痛惜他，把他的死稱為卒。

㈣經秋，武氏子來求賻㊀。

【今註】㊀武氏子：武氏的兒子，武氏是周天子的大夫，其子也是大夫。賻：音付，助喪的錢財。

【今譯】秋天，武氏子來魯國索求助喪的錢財。

傳 武氏子者何？天子之大夫也。天子之大夫，其稱武氏子何也？未畢喪㊀，孤未爵㊁。未爵使之，非正也。其不言使何也㊂？無君也㊃。歸死者曰賵㊄，歸生者曰賻。曰歸之者，正也。求之者，非正也。周雖不求，魯不可以不歸；魯雖不歸，周不可以求。求之為言，得不得，未可知之辭也。交譏之㊅。

【今註】㊀未畢喪：指周平王的喪事還沒辦完。㊁孤未爵：沒繼位的天子不能給武氏之子封爵。沒有父親的孩子叫孤，這裏指周平王的兒子周桓王。父親喪事沒完不能繼位稱天子。㊂不言使：不稱武氏之子為使臣。㊃無君：桓王守喪沒繼位，因此說無君。㊄歸：通饋，贈送。後文的四個歸字同此。賵：音奉，助喪的車馬束帛等物，是給死人用的。㊅交：共，俱，一齊。

【今譯】武氏子是什麼人？是周天子的大夫。天子的大夫，為什麼稱武氏子呢？天子的喪事還沒辦完，新王沒繼位不能封爵。沒封為大夫就出使別國，是不對的。為什麼不稱他為使臣？因為沒有君王。送給死人用的車馬等物叫賵，送給活人用的錢財叫賻。說贈送助喪物是對的，主動索要就不對了。即使周不索求，魯國也不可不送；即使魯不送，周也不該主動派人來要。用「求」

這個詞，就是得到與沒得到，未可知的意思。對周、魯的做法一齊加以諷刺。

(五)經八月，庚辰，宋公和卒㊀。

【今註】㊀和：宋穆公的名。

【今譯】八月庚辰日，宋穆公去世。

傳諸侯日卒㊀，正也。

【今註】㊀日卒：記下死的日子。

【今譯】諸侯死記載日期，是合禮的。

(六)經冬，十有二月，齊侯㊀、鄭伯㊁，盟於石門㊂。

【今註】㊀齊侯：指齊僖公。㊁鄭伯：指鄭莊公。㊂石門：齊地名，在今山東省長清縣西南。

【今譯】冬季，十二月，齊侯和鄭伯在石門會盟。

此經無傳。

(七)經癸未，葬宋繆公㊀。

【今註】㊀繆：通穆。

【今譯】癸未日，安葬宋穆公。

傳日葬㊀，故也㊁，危不得葬也。

【今註】㊀日葬：記下安葬的日期。古制，天子死後七個月才下葬，諸侯死後五個月下葬，卿大夫死後三個月下葬。因此，諸侯安葬祇記季節。㊁故：緣故，緣由。

【今譯】記載安葬的日子，是有緣故的，遇到危難沒能安葬。

隱公四年（公元前七百一十九年）

㈠經四年，春，王二月，莒人伐杞㊀，取牟婁㊁。

【今註】㊀杞：音啟，國名。周武王伐討，找到大禹的後代，封在杞地，建立杞國，春秋後被楚滅掉。㊁牟婁：杞國邑名。清一統志，認為牟、婁為兩邑。

【今譯】隱公四年，春天，周曆二月，莒國攻伐杞國，佔領牟婁城。

傳傳曰㊀，言伐言取，所惡也。諸侯相伐，取地於是始，故謹而志之也㊁。

【今註】㊀傳：指春秋穀梁傳。㊁謹而志之：慎重地記下這次攻伐。

【今譯】春秋經用伐字，用取字，表示對所記的舉動厭惡。諸侯之間互相攻伐，並佔領被伐國的城邑，就從這次開始，所以慎重地記下這次攻伐。

(二)經戊申，衞祝吁弑其君完㊀。

【今註】㊀祝吁：衞國大夫，左傳作州吁。州、祝二字古通用。衞桓公名叫完。

【今譯】戊申日，衞國的祝吁殺了自己的國君衞桓公。

傳大夫弑其君，以國氏者㊀，嫌也㊁，弑而代之也。

【今註】㊀以國氏：以國為氏，即名字前冠以國名。㊁嫌：指篡國篡位之嫌。

【今譯】大夫殺死國君，記載時名字前冠以國名，表示有篡國篡位之嫌，想殺了國君取而代之。

(三)經夏，公及宋公遇於清㊀。

【今註】㊀宋公：宋殤公。清：古地名，在今山東省東阿縣南。

【今譯】夏天，隱公和宋公在清地非正式會見。

傳及者，內為志焉爾㊀。遇者㊁，志相得也㊂。

【今註】㊀內為志焉爾：魯隱公的意願。內指魯，這裏指魯公。志，心意。㊁遇：不是在規定的日期，雙方臨時性的會見，禮儀從簡。禮記曲禮下云「諸侯未及期相見曰遇」。㊂相得：

相投合。

【今譯】經文用及字，表示這次會見是隱公的意願。用遇字，表示會見的雙方相投合。

(四)經宋公、陳侯、蔡人、衛人伐鄭㊀。

【今註】㊀衛人：衛國和蔡國都是大夫領兵，所以稱蔡人、衛人。此經無傳。

【今譯】宋國、陳國、蔡國和衛國聯合出兵攻打鄭國。

(五)經秋，翬帥師會宋公、陳侯、蔡人、衛人伐鄭㊀。

【今註】㊀翬：即魯大夫公子翬，跟桓公合謀殺死隱公的人。詳見隱公元年的註釋。這條經文緊承前一條經文，是說魯國也參加了伐鄭的行動。

【今譯】公子翬率領軍隊會合宋、陳、蔡、衛四國去討伐鄭國。

傳翬者何也？公子翬也。其不稱公子何也？貶之也。何為貶之也？與於弒公㊀，故貶之也。

【今註】㊀與於弒公：參與殺死隱公。

【今譯】翬是什麼人？是公子翬。為什麼不稱他公子？是貶抑他。為什麼貶抑他？他參與殺死隱公，所以貶抑他。

(六)經 九月，衛人殺祝吁於濮㊀。

【今註】㊀濮：古地名，在今安徽省亳縣東南。

【今譯】九月，衛國在濮地殺死祝吁。

傳 稱人以殺，殺有罪也。其月㊀，謹之也㊁。祝吁之挈㊂，失嫌也。於濮者，譏失賊也㊃。

【今註】㊀其月：記下那月份。㊁謹：慎重。㊂祝吁之挈：提祝吁這名字。㊃失賊：指放跑了作亂犯上的祝吁，沒能在京城殺祝吁，讓他跑到了濮地。實際不是放跑的，據史記衛世家載，衛國上卿石碏與陳侯共謀，騙祝吁離京，然後派人在濮地殺了他。

【今譯】經文中凡是記某人殺某，殺的就是有罪的人。記下殺的月份，是表示慎重。直提祝吁之名，是為丟掉當國之嫌。記載在濮地殺的，是譏刺衛國放跑了作亂的人。

(七)經 冬，十有二月，衛人立晉㊀。

【今註】㊀晉：衛宣公的名。史記衛世家認為他是衛桓公的弟弟，為避亂逃到邢國，衛人把他迎回國立為君。

【今譯】冬季，十二月，衞國立公子晉為君。

傳衞人者，衆辭也㊀。立者，不宜立者也。晉之名，惡也。其稱人以立之何也？得衆也㊁。得衆則是賢也。賢則其曰不宜立何也？春秋之義，諸侯與正不與賢也㊂。

【今註】㊀衆辭：人衆多的意思。㊁得衆：得到衆人擁戴。㊂與正不與賢：推舉嫡長子不推舉賢才。與：通舉。　正：立嫡廢庶為正。

【今譯】經文稱衞人，是表示人衆多的意思。用立字，表示不應當立的意思。稱公子的名，是憎惡他。說衞人立他是什麼意思？表示他得民心。得民心就是賢人。是賢人還說不該立為君，為什麼？春秋時的禮義，立諸侯要推舉嫡長子，不舉賢人。

隱公五年（公元前七百一十八年）

㈠經五年，春，公觀魚於棠㊀。

【今註】㊀棠：魯地名。今山東省魚臺新縣治西南有觀魚臺。

【今譯】五年春，隱公到棠地觀看漁人捕魚。

傳傳曰：常事曰視㊀，非常曰觀㊁。禮，尊不親小事，卑不尸大功㊂。魚，卑者之事也，公觀之非正也。

【今註】㈠常事曰視：看平常的事叫視。㈡非常曰觀：對不尋常的事有目的地、仔細地看叫觀。㈢卑不尸大功：卑者不能幹大事。卑指地位低微的卑賤者。尸：主持。功：事。

【今譯】看平常的事叫視，仔細地看非尋常的事叫觀。按禮，尊者不親自做小事，卑者不能幹大事。捕魚是卑者幹的事，國君去觀看不合於禮。

㈡經夏，四月，葬衛桓公㈠。

【今註】㈠衛桓公：即被大夫祝吁殺死的衛君。

【今譯】夏季四月，安葬衛桓公。

傳月葬，故也㈠。

【今註】㈠故：緣故。諸侯死後五個月下葬。衛桓公被弒於隱公四年三月，為什麼十三個月後才下葬呢？因為這期間衛參與伐鄭，又討伐亂賊祝吁，故拖延了日期。

【今譯】記載安葬的月份，是有緣故的。

㈢經秋，衛師入郕㈠。

【今註】㈠郕：音成，國名。公羊傳作「盛」。
【今譯】秋天，衛國軍隊攻入郕國。
傳入者，內弗受也。郕，國也。將卑師眾曰師㈠。
【今註】㈠將卑：指領兵的主將地位低。
【今譯】經文用入字，表示強行攻入，而對方不肯接受。郕是國名。將領地位低、軍隊人數眾多叫師。
㈣經九月，考仲子之宮㈠。初獻六羽㈡。
【今註】㈠考：古時宗廟宮室落成，要舉行祭禮，這叫成，也叫考。仲子即魯惠公的續夫人，桓公之母。穀梁氏認為是惠公之母。宮：這裏指仲子的廟。春秋經的條例：祇有周公的廟稱太廟，其他人的廟皆稱宮。㈡初獻六羽：這是指在祭禮上跳文舞。古代的樂舞分文、武兩種。跳武舞時，手拿干戚一類的武器。跳文舞時，手執野雞翎或樂器。羽：指野雞翎。六羽，指跳舞的人排六行，每行八人。
【今譯】九月，仲子的廟落成，舉行祭禮。祭禮一開始，六行舞隊跳起舞來。
傳考者何也？考者成之也，成之為夫人也㈠。禮，庶子為君㈡，為其母築宮，使公子主其祭也㈢。於子祭，於孫止㈣。仲子者，惠公之母，隱孫而修之，非隱也。初，始也。穀梁子曰㈤：「舞夏㈥，天子八佾㈦，諸公六佾㈧，諸侯四佾。初獻六羽，始僭樂矣㈨。」尸子曰㈩：「舞夏，自天子至諸侯，皆用八佾。初獻六羽，始厲樂矣㈡。」

【今註】㈠成之為夫人：指廟落成就用君夫人之禮祭祀了。㈡庶子：非嫡夫人所生的兒子。㈢公子：諸侯嫡長子以外被封為大夫的兒子稱公子。㈣於孫止：到了孫子輩就不舉行落成的祭禮了。㈤穀梁子曰：這表明是穀梁子自己的觀點，而不是承師之見。㈥舞夏：拿著大而長的野雞翎跳舞。夏：大。㈦佾：音義，列，行。古代樂舞八人一行叫一佾。古禮規定，天子的舞隊八佾六十四人，諸侯的舞隊六佾四十八人，大夫的舞隊四佾三十二人，士的舞隊二佾十六人。穀梁氏認為爵位高的諸侯用六佾，爵位低的（如子爵、男爵）用四佾。㈧諸公：爵位高的諸侯。一說指公爵、侯爵和伯爵；一說衹指公爵。㈨僭：音見，超越本分，下級冒用上級的名義。穀梁氏認為魯侯該用四佾，用六羽（即六佾）是僭越了禮。㈩尸子：人名，戰國時的尸佼。㈡始厲樂矣：開始降等級用樂了。

【今譯】考是什麼意思？考是指廟落成，廟建成就將用夫人之禮祭祀了。按禮，庶子當國君，為自己的母親修廟，讓公子主持祭禮。兒子輩要舉行廟落成的祭禮，孫子輩就不舉行了。仲子是惠公的母親，隱公是孫子輩卻舉行祭禮，隱公不對。初是開始的意思。穀梁子認為：「手執大而長的野雞翎跳文舞，天子的舞隊是八行，諸公的舞隊是六行，一般的諸侯為四行。隱公用六行舞隊，是超越禮的規定了。」尸子說：「跳文舞，從天子到諸侯都是八行舞隊。隱公用六行舞隊，是開始降等級了。」

(五)經 邾人、鄭人伐宋㊀。

【今註】㊀此經無傳。

【今譯】邾國和鄭國攻伐宋國。

(六)經 螟㊀。

【今註】㊀螟：一種蛀食稻苗心的害蟲。

【今譯】螟蛾蟲。

傳 蟲災也。甚則月㊀，不甚則時㊁。

【今註】㊀甚：嚴重，厲害。㊁時：季，季節。

【今譯】鬧了蟲災。蟲災嚴重就記載發生的月份，不嚴重記下季節就行了。

(七)經 冬，十有二月，辛巳，公子彄卒㊀。

【今註】㈠公子彄（音摳）：魯國大夫，是魯孝公的兒子，魯惠公的弟弟，隱公的叔父。

【今譯】冬天，十二月辛巳日，公子彄去世。

傳隱不爵命大夫㈠，其曰公子彄㈡，何也？先君之大夫也㈢。

【今註】㈠隱不爵命大夫：隱公攝政，沒有加爵命封官員。㈡諸侯之子，命封為大夫的才可以稱為公子。㈢先君：魯惠公。

【今譯】隱公沒有加爵命封大夫，稱公子彄是為什麼？因為他是死去君王的大夫。

(八)經宋人伐鄭，圍長葛㈠。

【今註】㈠長葛：鄭國地名，在今河南省長葛縣東北。

【今譯】宋國攻打鄭國，包圍了長葛城。

傳伐國不言圍邑，此其言圍何也？久之也㈠。伐不踰時㈡，戰不逐奔㈢，誅不填服㈣。苞人民㈤，敺牛馬曰侵㈥，斬樹木、壞宮室曰伐㈦。

【今註】㈠久之：指宋國用兵時日太長。據下一年所記，冬季才攻取長葛，可見攻伐近一年之久。㈡伐不踰時：攻伐征戰不能超過一季，不能「暴師經年」。要重民之命，愛民之財。㈢逐奔：

追逐逃兵。㈣填：通鎮。㈤苞人民：俘虜對方的人民。苞：通俘。㈥毆：打。㈦宮室：房屋。

【今譯】攻伐一個國家不必說包圍了某個城邑，這裏強調包圍長葛，是因為宋國用兵太久了。攻伐不能超過一個季節，作戰不追趕逃兵，不鎮壓降服的百姓。俘虜人民、鞭打牽走馬牛叫侵；砍伐樹木、毀壞房屋叫伐。

隱公六年（公元前七百一十七年）

(一)經六年，春，鄭人來輸平㈠。

【今註】㈠輸平：改變舊關係，歸於和好。輸渝二字古通用，左傳即為「渝平」。渝：變，改變。平：講和。

【今譯】隱公六年，春天，鄭國派人來魯，改變以往的關係，歸於和好。

傳輸者，墮也㈠。平之為言以道成也㈡。來輸平者，不果成也㈢。

【今註】㈠墮：毀壞，破壞。穀梁氏認為「輸平」是破壞友好關係的意思。㈡成：這裏是友好之義。㈢不果成：沒有成為事實。

【今譯】輸是破壞的意思。平是友好的意思。（鄭國）來破壞兩國間的友好關係，沒達到目的。

(二)經夏，五月，辛酉，公會齊侯，盟於艾(一)。

【今註】(一)艾：魯國地名，在今山東省新泰縣西北。此經無傳。

【今譯】夏季，五月辛酉日，隱公和齊侯在艾地會盟。

(三)經秋，七月(一)。

【今註】(一)春秋經記事的凡例是，每年要記下四季，每一季即使無事可記，也要記下這一季的第一個月。魯國用的是周曆，比夏曆早兩個月，故秋季以七月為首。此經無傳。

【今譯】秋季，七月。

(四)經冬，宋人取長葛(一)。

【今註】(一)可詳見上一年的註釋。

【今譯】冬季，宋國攻佔了長葛。

傳外取邑不志(一)，此其志何也？久之也。

【今註】㊀外：指魯國以外的某國。志：記。

【今譯】外國攻取了城邑不予記載，這次記載是為什麼？因為攻得太久了。

隱公七年（公元前七百一十六年）

㈠經七年，春，王二月，叔姬歸於紀㊀。

【今註】㊀叔姬：魯惠公女，伯姬的妹妹。伯姬於隱公二年出嫁給紀國國君。古代諸侯女兒外嫁，其妹和姪女要陪嫁，叫媵妾。可能伯姬出嫁時叔姬尚幼，故六年後才歸行紀國。

【今譯】隱公七年春天，周曆二月，叔姬出嫁到紀國。

傳其不言逆何也㊀？逆之道微㊁，無足道焉爾。

【今註】㊀逆：迎。這裏指紀國派來迎親的人。㊁道：說。微：小。

【今譯】為什麼不記來迎親的人？來迎親的人官職小，不值得說罷了。

㈡經滕侯卒㊀。

【今註】㊀滕：國名。周武王封其弟叔繡在滕，建立了滕國，在今山東滕縣西南。

【今譯】滕國國君去世。

傳 滕侯無名，少曰世子，長曰君，狄道也㊀。其不正者名也㊁。

【今註】㊀狄道：夷狄人的規矩。㊁不正：非正妻所生。

【今譯】對滕侯不稱名，小時候稱他太子，長大了稱國君，這是夷狄人的規矩。不是嫡妻生的兒子才稱名。

(三)經 夏，城中丘㊀。

【今註】㊀中丘：魯國地名，在今山東臨沂縣。

【今譯】夏天，在中丘修築城牆。

傳 城為保民為之也。民眾城小則益城㊀，益城無極㊁。凡城之志㊂，皆譏也。

【今註】㊀益：增，加，指加高加寬加長。㊁極：限，限度。㊂志：記。

【今譯】城牆是為了保護百姓修築的。人多城小就擴建城牆，城牆的擴建沒有限度。凡是修築城牆加以記載，都是譏刺的意思（譏刺不合時宜）。

(四)經 齊侯使其弟年來聘㊀。

【今註】㊀年：人名，齊僖公的同母弟，又稱夷仲年。

【今譯】齊侯派他的弟弟夷仲年來魯國訪問。

傳諸侯之尊㊀，弟兄不得其屬通㊁。其弟云者，以其來接于我㊂，舉其貴者也㊃。

【今註】㊀諸侯之尊：諸侯王至高無上。尊：高。㊁屬：親屬。㊂以：因為。㊃貴：是指稱他君王弟顯得高貴。

【今譯】諸侯王至高無上，即使是同母弟也不能以兄弟關係來往。經文稱年為齊侯弟，是因為他來和魯國接洽，所以要舉出他顯得高貴的稱呼。

㈤經秋，公伐邾㊀。

【今註】㊀此經無傳。

【今譯】秋季，隱公討伐邾國。

㈥經冬，天王使凡伯來聘㊀，戎伐凡伯於楚丘以歸㊁。

【今註】㊀天王：指天子周桓王。凡伯：人名，周王的大夫。㊁戎：戎人，古代對邊遠小國或西北民族的蔑稱。楚丘：地名。在今山東成武縣西。

【今譯】冬天，周天子派凡伯來魯國訪問，戎人在楚丘截擊凡伯，並帶回國去。

傳凡伯者何也？天子之大夫也。國而曰伐，此一人而曰伐何也？大天子之命也㈠。戎者衞也。戎衞者㈡，為其伐天子之使，貶而戎之也。楚丘，衞之邑也。以歸，猶愈于執也㈢。

【今註】㈠大天子之命也：強調天子命臣的偉大。其實，天子的命臣出訪，隨從者肯定很多，欲截擊需要相當的兵力，用「伐」是可以的。㈡戎衞者：稱衞人為戎人。㈢猶愈于執也：比逮住還厲害。愈：勝過。

【今譯】凡伯是什麼人？是天子的大夫。對一個國家叫攻伐，對一個人來說為什麼叫攻伐呢？是為了強調天子命臣的偉大。稱衞為戎人，是因為它劫持了天子的使臣，貶斥它，稱為戎人。楚丘是衞國的城邑。把凡伯帶回國比逮住他還厲害。

隱公八年（公元前七百一十五年）

㈠經八年，春，宋公、衞侯遇於垂㈠。

【今註】㈠垂：衞國地名，在今山東曹縣北。

【今譯】隱公八年春，宋公和衞侯在垂地非正式會見。

傳不期而會曰遇。遇者，志相得也㊀。

【今註】㊀志相得：心意相投合。

【今譯】不在規定的日期臨時性的非正式會見叫遇。非正式會見的，都是雙方心意投合。

(二)經三月，鄭伯使宛來歸邴㊀。庚寅，我入邴㊁。

【今註】㊀宛：人名，鄭伯大夫。邴：邑名，左傳作「祊」。邴：古通祊。邴邑是鄭國用以主祭泰山的城邑，鄭國把它送給魯，就表明鄭捨棄了天子賜與的土地，不祭祀泰山了。㊁我：指魯國。

【今譯】三月，鄭伯派大夫來魯送交邴地。庚寅日魯國進入邴地。

傳名宛㊀，所以貶鄭伯，惡與地也㊁。入者，內弗受也㊂。日入㊃，惡入者也。邴者，鄭伯所受天子而祭泰山之邑也。

【今註】㊀名宛：稱呼使臣的名。㊁惡：音勿，恥。㊂內弗受：指邴地人民不願意。㊃日入，記載進入邴地的日期。

【今譯】稱鄭國使臣的名，用以貶斥鄭伯，因為他給魯國土地是恥辱的。魯國進入邴地，邴地人民不願意。記載進入的日期，是對進入者表示憎恨。邴地是鄭伯接受天子的命令主祭泰山的地方。

(三)經 夏，六月，己亥，蔡侯考父卒㈠。

【今註】㈠考父：蔡宣侯的名。也可稱蔡宣公。史記作「措父」。

【今譯】夏季六月己亥日，蔡宣侯考父去世。

傳 諸侯日卒㈠，正也。

【今註】㈠日卒：記下死的日子。

【今譯】諸侯死記載日子是對的。

(四)經 辛亥，宿男卒㈠。

【今註】㈠宿：國名。男：爵位名。

【今譯】辛亥日，宿男去世。

傳 宿，微國也㈠，未能同盟，故男卒也。

【今註】㈠微：小。

【今譯】宿是小國，沒和魯結盟，所以祇記「男卒」。

㈤經秋，七月，庚午，宋公、齊侯、衞侯盟於瓦屋㈠。

【今註】㈠瓦屋：地名。在今何處有異義。

【今譯】秋季，七月庚午日，宋公、齊侯和衞侯在瓦屋會盟。

傳外盟不日㈠，此其日何也？諸侯之參盟於是始㈡，故謹而日之也。誥誓不及五帝㈢，盟詛不及三王㈣，交質子不及二伯㈤。

【今註】㈠外盟不日：外國參加的會盟一般不與記載。㈡參盟：三國結盟。㈢誥誓：指起誓。五帝：上古時代的五位英明的帝王，依東漢鄭玄之說，指黃帝、顓頊、高辛、堯、舜。㈣盟詛：指結盟、盟誓。三王：夏禹、商湯、周文王。㈤交質子：古代列國的君王把自己兒子當人質派往、留居於對方國家做為守信的保證，這叫交質子。二伯：即二霸，指齊桓公和晉文公，春秋時有名的兩個霸主。穀梁氏認為，在五帝三王二霸當政的時代，人們都歸信於英明的君王，根本不需要起誓、簽訂盟約或交換人質。

【今譯】魯以外的國家結盟不記載日期，這裏記下日期是為什麼？三個(以前衹有兩國結盟)諸侯國會盟從這次開始，所以要慎重地記載日期。五帝時不起誓，三王時不簽盟，二霸時也不需要交換人質。

(六)經八月，葬蔡宣公。

傳月葬，故也㈠。

【今註】㈠故：緣故。諸侯死後五個月下葬，蔡宣公六月死，八月就葬了。

【今譯】記載下葬的月份，是因為提前的緣故。

(七)經九月，辛卯，公及莒人盟於包來㈠。

【今註】㈠莒人：即莒國。包來：地名，左傳作「浮來」。包：通浮。

【今譯】九月辛卯日，隱公和莒人在包來會盟。

傳可言公及人㈠，不可言公及大夫。

【今註】㈠人：指莒人，即莒國。

【今譯】可以說隱公和某國會盟，不能說隱公和某大夫會盟(那就降低了身分)。

(八)經螟㊀。

【今註】㊀螟：食稻苗心的害蟲。此經無傳。

【今譯】螟蟲成災。

(九)經冬，十有二月，無侅卒㊀。

【今註】㊀無侅：魯國大夫。詳見隱公二年註。

【今譯】冬季，十二月，無侅去世。

傳無侅之名，未有聞焉。或曰㊀，隱不爵大夫也㊁。或曰，故貶之也。

【今註】㊀或：有的，有的人。㊁隱不爵大夫：隱公攝位奉戴桓公，沒有加封任命大夫。

【今譯】祇記無侅的名，沒有聽說姓氏。有的說，隱公沒有加封任命大夫。有的說，(祇稱名)是故意貶斥他。

隱公九年(公元前七百一十四年)

㈠經九年，春，天王使南季來聘㈠。

【今註】㈠南季：人名，周朝大夫。

【今譯】隱公九年，春天，周天子派南季來魯訪問。

傳南，氏姓也。季㈠，字也。聘，問也。聘諸侯㈡，非正也。

【今註】㈠季：伯仲叔季的季，兄弟間的排行。古人常以此為字。㈡聘諸侯：訪問諸侯。穀梁氏認為天子不可以聘諸侯。而周禮大行人云：「天子時聘以結諸侯之好」，可見天子可以下聘諸侯。

【今譯】南是姓氏。季是字。聘是訪問的意思。天子聘諸侯是不對的。

㈡經三月，癸酉，大雨，震電㈠。庚辰，大雨雪㈡。

【今註】㈠震電：雷鳴電閃。㈡雨雪：下雪。雨：動詞。

【今譯】三月，癸酉日，雷鳴電閃下大雨。庚辰日，下大雪。

傳震，雷也。電，霆也㈠。志疏數也㈡，八日之間㈢，再有大變㈣，陰陽錯行㈤，故謹而日之也㈥。雨月㈦，志正也。

【今註】㈠霆：劈雷。劈雷時往往現出電閃。㈡疏數：疏密。這裏指兩次天象（下雨和下雪）相隔日子的遠近。數：音醋，密。㈢八日之間：指癸酉到庚辰。按干支記日法逆推，癸酉是三月初十，庚辰是三月十七，相隔八天。㈣再：二，二次。大變：指大雨變大雪。㈤陰陽錯行：古人認為雷電屬陽，雨雪屬陰，又打雷又下雪，是陰陽錯行。㈥日之：記下日期。㈦雨月：記載下雪的月份。

【今譯】震指雷，電指劈雷。記載下雨下雪相隔的遠近，說明八天之間，天象二次大變，陰陽錯行，所以慎重地記下日期。記載下雪的月份是對的。

㈢經俠卒㈠。

【今註】㈠俠：魯國大夫。左傳作「挾」。

【今譯】大夫俠去世。

傳俠者所俠也㈠。弗大夫者㈡，隱不爵大夫也。隱之不爵大夫何也？曰，不成為君也㈢。

【今註】㈠所俠：人名，姓所名俠。㈡弗大夫：不稱（俠）為大夫。㈢不成為君：沒當君王。指隱公攝政，沒正式當國君。

【今譯】俠就是所俠。不稱他大夫，因為隱公沒有加封大夫。隱公為什麼沒加封大夫？因為隱公沒正式當國君。

(四)經夏，城郎(一)。

【今註】(一)郎：地名。魯有兩個郎地，此郎地在曲阜近郊。此經無傳。

【今譯】夏季，在郎地築城牆。

(五)經秋，七月。

傳無事焉，何以書(一)？不遺時也(二)。

【今註】(一)書：寫，記。(二)時：季，季節。

【今譯】沒有事，為什麼記？不能漏記一季。

(六)經冬，公會齊侯於防(一)。

【今註】(一)防：魯地名，在今山東費縣東北。

【今譯】冬天，隱公在防地會見齊侯。

傳會者，外為主焉爾(一)。

【今註】㊀外：指齊侯，齊僖公。

【今譯】經文用會字，強調是外國主動要求的會見。

隱公十年（公元前七百一十三年）

㈠經十年，春，王二月，公會齊侯、鄭伯於中丘㊀。

【今註】㊀中丘：魯國地名。此經無傳。

【今譯】十年，春天，周曆二月，隱公在中丘會見齊侯和鄭伯。

㈡經夏，翬帥師會齊人、鄭人伐宋㊀。

【今註】㊀帥：通率。翬：魯國大夫。此經無傳。

【今譯】夏天，公子翬率領軍隊會合齊國、鄭國攻伐宋國。

㈢經六月，壬戌，公敗宋師於菅。辛未，取郜。辛巳，取防。

傳內不言戰，舉其大者也㊀。取邑不日，此其日何也？不正其乘敗人而深為利㊁，取二邑，故謹而日之也。

【今註】㈠大者：重要的，指打勝仗之類。㈡其：指代魯國。深為利：深入人家國內奪得利益。

【今譯】對魯國不記作戰，祇記打勝的。攻佔城邑不記載日期。這次為什麼記呢？因為魯乘宋國戰敗之機，深入人家國內奪土地是不對的。奪取了兩座城邑，所以慎重地記下日期。

㈣經秋，宋人、衛人入鄭。宋人、蔡人、衛人伐載㈠，鄭伯伐取之。

【今註】㈠載：國名，在今河南民權縣東北。

【今譯】秋天，宋國、衛國攻入鄭國。宋國、蔡國和衛國又攻伐載國，鄭伯攻伐取得了載國。

傳不正其因人之力而易取之㈠，故主其事也。

【今註】㈠其：指代鄭伯。因人之力：憑借宋、蔡、衛三國之力。

【今譯】鄭伯借別人力量輕易取得載國是不對的，所以記下這件事。

㈤經冬，十月，壬午，齊人、鄭人入郕㈠。

【今註】㈠郕：國名。詳見隱公五年經註。

【今譯】冬季，十月壬午日，齊國、鄭國攻入郕國。

傳入者，內弗受也㊀。日入，惡入者也㊁。郕，國也。

【今註】㊀內：指郕國。㊁惡入者：對攻入者表示憎恨。

【今譯】用入字，表示郕國不願接受。記載攻入的日子，是對攻入者表示憎恨。郕是個國家。

隱公十一年（公元前七百一十二年）

㈠經十有一年，春，滕侯、薛侯來朝㊀。

【今註】㊀薛侯：薛國國君。薛國很小，在今山東滕縣南。滕已見隱公七年經註。

【今譯】十一年，春天，滕侯和薛侯來朝見魯君。

傳天子無事，諸侯相朝，正也。考禮脩德㊀，所以尊天子也。諸侯來朝，時正也。犆言㊁，同時也。累數㊂，皆至也。

【今註】㊀考：研求。㊁犆：音特，各別。㊂累數：統言。

【今譯】天子沒事，諸侯間互相朝見是合禮的。研求德禮，以便尊奉天子。諸侯來朝見，記載季節是對的。各別說是同時來，籠統說是都來了。

(二)經夏，五月，公會鄭伯於時來㈠。

【今註】㈠時來：地名，在今河南鄭州市北。公羊傳作「祁黎」。此經無傳。

【今譯】夏季，五月，隱公和鄭伯在時來會見。

(三)經秋七月，壬午，公及齊侯、鄭伯入許㈠。

【今註】㈠許：國名，在今河南許昌東。此經無傳。

【今譯】秋季，七月壬午日，隱公和齊侯、鄭伯帶兵攻進許國。

(四)經冬，十有一月，壬辰，公薨。

傳公薨不地㈠，故也㈡。隱之㈢，不忍地也。其不言葬何也？君弒賊不討㈣，不書葬㈤，以罪下也。隱十年無正㈥，隱不自正也。元年有正，所以正隱也㈦。

【今註】㈠薨：諸侯死叫薨。不地：不記地點。　㈡故：緣故，原因。古禮，國君應死在路寢（齋戒或疾病時住的寢宮）。如果死在別處，視為非禮。隱公於十一年的冬月去祭鍾巫神，臨時住在大夫寫氏家，被公子羽派的人殺害，因此不記死地。㊂隱：痛，痛惜。㊃君弒賊不討：君王被殺，不討伐作亂的人。賊：殺人兇手，犯上作亂的人。㊄書：寫，記。㊅十年無正：十年沒記正（音征）月。隱公在位十一年，祇有元年記了正月。㊆正隱：隱公做君王是對的。正：音鄭，正確。

【今譯】隱公死沒記載死的地方，是有緣故的。痛惜他的死，不忍心記地點。為什麼不記載安葬呢？君王被殺，不討伐殺人兇手，又不記安葬，是下臣的罪過。隱公在位十一年，有十年沒記正月，是因為他自己認為不是君王（是攝政）。元年記正月，表示隱公當君王是對的。

卷二　桓公

桓公元年（公元前年七百一十一年）

(一)經元年，春，王正月，公即位。

傳桓無王㊀，其曰王何也？謹始也。其曰無王何也？桓弟弒兄㊁，臣弒君，天子不能定諸侯，不能救百姓，不能去以為無王之道㊂，遂可以至焉爾㊃。元年有王，所以治桓也㊄。繼故不言即位㊅，正也。繼故不言即位之為正何也？曰先君不以其道終㊆，則子弟不忍即位也。繼故而言即位，則是與聞乎弒也㊇。繼故而言即位，是為與聞乎弒何也？曰先君不以其道終，已正即位之道而即位㊈，是無恩於先君也。

【今註】㊀桓無王：桓公沒有得王命，即沒有得到天子任命加封。桓：魯桓公，名允，魯隱公弟弟，在位十八年。㊁桓弟弒兄：桓公是弟弟卻殺了哥哥（隱公）。㊂去：去掉，消除。無王之道：指不受王命就專立為君的行為，即桓公的做法。㈣遂：於是，就。至：到。指到了弒君弒兄自立為君的地步。焉爾：語辭。㈤王：指周天子，即周桓公。治桓：管治魯桓公。㈥繼故不言即位：先君因意外緣故不幸死了，繼承這樣的君位不說即位。㈦不以其道終：非正常死亡。㈧與聞乎弒：參與了弒君的陰謀。㈨正即位之道：改變了即位之禮。正：糾正。

【今譯】桓公沒有得到周天子命封，為什麼還記王呢？是為了慎重記載新君的開始。為什麼說沒有王？桓公是弟弟殺了哥哥，臣殺君，天子不能平定諸侯，不能救百姓，不能消除無視天子的行為，於是就到了弒兄弒君的地步。元年記王，用以管治桓公。先君意外不幸而死，繼承這樣的君位不能說即位，這是合禮的。為什麼呢？先君不是壽終正寢，兒子或弟弟不忍心即位。如果繼承這樣的君位說即位，那麼這新君就是參與了弒君陰謀。為什麼呢？先君不是壽終正寢，自己改變了即位之禮道，這就表明對先君沒有恩義。

㈡經三月，公會鄭伯於垂㈠。鄭伯以璧假許田㈡。

【今註】㈠垂：地名。詳見隱八年經註。㈡許：魯國地名。假：借。田：地。

【今譯】三月，桓公在垂地和鄭伯會盟。鄭伯用璧玉借許地。

傳會者，外為主焉爾。假不言以㈠，言以，非假也。非假而曰假，諱易地也㈡。禮，天子在上，諸侯不得以地相與也。無田則無許可知矣。不言許，不與許也㈢。許田者，魯朝宿之邑也㈣。邴者㈤，鄭伯之所受命而祭泰山之邑也。用見魯之不朝周㈥，而鄭之不祭泰山也。

【今註】㈠假：借。下同。以：用。下同。㈡易地：交換土地。㈢與：音玉，贊同。㈣朝宿之邑：朝拜天子時必經的住地。許地在魯西部邊境，是朝周必經之地。㈤邴：鄭國地名。隱公八年鄭伯已將邴地給了魯國。㈥用：由。

【今譯】用會字，表示會盟是外國主動要求的。借東西不說用什麼；說用什麼就不是借。不是借卻說借，是避諱說交換土地。按禮，天子在上，諸侯不能拿土地互相給予交換。沒了田也就沒了許地，這是可想而知的。不提許地，表明不贊同借許地。許地，是魯國朝周必經住宿的地方。邴地是鄭國從天子那受命祭祀泰山的地方。由兩國互相交換，可見魯國不朝周了，鄭國也不祭泰山了。

㈢經 夏，四月，丁未，公及鄭伯盟於越。

傳 及者，內為志焉爾㈠。越，盟地之名也。

【今註】㈠內：指魯國。志：心願。

【今譯】用及字，表明結盟是魯國的意願。越是會盟地點的名字。

㈣經秋，大水。

傳高下有水災曰大水㈠。

【今註】㈠下：低。

【今譯】高處低處都有水災叫大水。

㈤經冬，十月。

傳無事焉，何以書？不遺時也㈠。春秋編年㈡，四時具而後為年。

【今註】㈠不遺時：不能漏記季節。時：季。㈡編年：即指編年體，按年月日順序編寫史書的體裁。

【今譯】沒有事，為什麼還記載？不能漏掉一個季節。春秋經是編年體的史書，每年四季全記而後才成其為一年。

桓公二年（公元前七百一十年）

㈠經二年，春，王正月，戊申，宋督弒其君與夷及其大夫孔父㈠。

【今註】㈠督：人名，字華父，宋國大夫。據史記宋世家云：督路見顧命大臣孔父的妻子美，便殺人奪妻。宋君怒之，又殺了宋君。與夷：宋殤公的名。孔父：宋國大夫，名叫嘉，是孔子的六世祖。據世本，孔父嘉生木金父，木金父生祁父，祁父生防叔，防叔為避難由宋奔魯，生伯夏，伯夏生叔梁紇，叔梁紇生孔丘。

【今譯】二年，春，周曆正月，宋國的華父督殺死君王與夷和大夫孔父。

傳 桓無王㈠，其曰王何也？正與夷之卒也㈡。孔父先死，其曰及何也㈢？書尊及卑㈣，春秋之義也㈤。孔父之先死何也？督欲弒君而恐不立，於是乎先殺孔父㈥，孔父閑也㈦。何以知其先殺孔父也？曰，子既死，父不忍稱其名；臣既死，君不忍稱其名㈧，以是知君之累之也㈨。孔氏父字㈩，謚也㈪。或曰㈫：其不稱名，蓋為祖諱也㈬，孔子故宋也。

【今註】㈠桓無王：桓公沒得到周天王的命封。㈡正與夷之卒：給與夷的死正名，表明他是周天王的諸侯。㈢其曰及何也：為什麼說「及孔父」，即把孔父放在後呢？㈣書尊及卑：記載的順序由尊者到卑者。㈤春秋之義：春秋經倡導的禮義。落實到撰寫中，也就是記事的條例。春秋經用「及」字有兩個涵義。如果記諸侯會盟用「及」，是用以別內外，表示以內（魯國）為主；

如果記人用「及」，是用以別尊卑順序，尊者在「及」前，卑者在後。孔父雖然先被殺死，但他對宋君與夷來說是卑者，所以經文記載時放在「及」字後。㈥先殺孔父：穀梁氏認為華父督先殺孔父是為除掉爭奪君位的對手。與左傳所記不同。㈦閑：障礙。㈧不忍稱其名：穀梁氏認為孔父先死，宋君不忍心稱他的名，才稱字「孔父」。其實這裏稱孔父並不是宋君的口氣。古禮：子、臣在，君、父稱其名；子、臣死，君、父稱其字。㈨累：連，跟著。㈩孔氏父（音福）字：「孔」是氏，「父」是字。㈡諡：音是，古時人死後，按其生前事蹟評定褒貶給予的稱號。㈢或：有的，有的人。㈢祖諱：避諱稱先祖名。

【今譯】桓公沒得到周王命封，那還為什麼提王呢？是為了給宋君正名。孔父先死，為什麼記「及孔父」？記載的順序是由尊到卑，這是春秋經的義例。孔父為什麼先被殺死？華父督弒君，又怕爭不到君位，於是就先殺掉孔父，孔父是他的障礙。怎麼知道先殺孔父？兒子已死，父親不忍心稱他的名；臣已死，君不忍心稱他的名。（稱孔父）以此知道孔父先死，宋君跟著也死了。「孔」是氏，「父」是字，也是諡號。有的說，不稱呼孔父的名，大概是為避祖諱，孔子的祖先在宋國。

㈡經滕子來朝㈠。

【今註】㈠滕子：滕國國君，即隱公十一年所記的滕侯。為什麼稱侯又稱子，不詳。范寧認為是被天子降了爵位。此經無傳。

【今譯】滕子來朝見魯君。

㈢經三月，公會齊侯、陳侯、鄭伯於稷㈠，以成宋亂。

【今註】㈠稷：音紀，地名，在今河南商丘縣。

【今譯】三月，桓公在稷地跟齊侯、陳侯和鄭伯會盟，致使宋國發生叛亂。

傳以者，內為志焉爾㈠，公為志乎成是亂也㈡。此成矣，取不成事之辭而加之也㈢。於內之惡㈣，而君子無遺焉爾㈤。

【今註】㈠內為志：魯桓公的意願。內：指魯。㈡公為志：與註㈠同。宋國的華父督殺了宋君和孔父後，為樹立華氏政權，對魯、鄭等國行賄，桓公接受賄賂，助紂為亂。㈢不成事之辭：即破壞之類的言詞。穀梁氏認為對釀成宋亂的桓公應該用不成事之詞，可是經文卻用了「成」這個詞。這是一種譏諷的方式。㈣於內之惡：對於桓公幹的壞事，即指「成宋之亂」。㈤遺：遺漏。

【今譯】用以字，表示是桓公的意願。桓公的意願就是成就這場禍亂。這裏用了「成」字，應該加給他破壞之類的詞。對於桓公幹的壞事，君子已經譏諷無遺了。

㈣經夏，四月，取郜大鼎於宋㈠。戊申，納於太廟㈡。

【今註】㈠郜大鼎：郜國的鼎。郜國早被宋國所滅，故鼎歸於宋。㈡納：收入，藏入。太廟：周公廟。

【今譯】夏季，四月，桓公從宋國取來郜國的大鼎。戊申日，安放在太廟。

傳桓內弒其君㈠，外成人之亂，受賂而退㈡，以事其祖㈢，非禮也。其道以周公為弗受也。郜鼎者，郜之所為也。曰宋，取之宋也。以是為討之鼎也㈣。孔子曰：「名從主人㈤，物從中國㈥」，故曰郜大鼎也。

【今註】㈠桓內弒其君：桓公在國內殺了國君隱公。㈡受賂而退：接受了大鼎回國。㈢以事其祖：指把鼎安放在太廟，用來奉事先祖周公。㈣討：索取。㈤名從主人：起名要隨從主人。鼎的主人是郜。㈥中國：指與蠻夷相對的中原一帶的諸侯國，強調其大。

【今譯】桓公在國內殺了自己的君王，在外成就了宋國的禍亂，接受了賄賂返回國，用以奉事自己的先祖，這都不合於禮。他的做法周公是不會接受的。郜鼎是郜國鑄的。說宋國，是因為從宋國取來。根據郜鼎這件事就知道桓公成宋亂是為了索取鼎。孔子說：「名隨從主人，物隨從中原國的叫法」，所以叫郜大鼎。

(五)經秋，七月，紀侯來朝㈠。

【今註】㊀紀侯：左傳作杞侯。據後面九月經文，知「紀」為「杞」之誤。

【今譯】杞國國君來朝見魯桓公。

傳朝時㊀，此其月何也㊁？桓內弒其君，外成人之亂，於是為齊侯、陳侯、鄭伯討，數日以賂㊂。己即是事而朝之㊃。惡之，故謹而月之也。

【今註】㊀朝時：朝見需記下季節。㊁月：指記下月份。㊂數日以賂：一連多少天索求財物。㊃己：當為「杞」。即是事：就這件事。指取郜鼎這件事。

【今譯】諸侯朝見需記載季節，這裏為什麼記月份呢？桓公在國內殺君王，在國外成就禍亂，又替齊侯、陳侯和鄭伯索求財物，一連多少天向宋索求。杞侯就郜鼎這件事來朝見桓公。對他的此舉憎恨，所以慎重地記下月份。

(六)經蔡侯、鄭伯會於鄧㊀。

【今註】㊀鄧：蔡國地名，在今河南郾城縣。此經無傳。

【今譯】蔡侯和鄭伯在鄧地會盟。

(七)經九月，入杞。

傳我入之也㈠。

【今註】㈠我：指魯國。

【今譯】魯攻入杞國。

(八)經公及戎盟於唐㈠。

【今註】㈠唐：地名。此經無傳。

【今譯】桓公和戎人在唐地會盟。

(九)經冬，公至自唐㈠。

【今註】㈠至：指回國告祭祖廟。古禮，國君外出，返回後要告於祖廟，這叫至，也作「致」。

【今譯】冬天，桓公從唐地回國，告祭祖廟。

傳桓無會㈠，而其致何也㈡？遠之也㈢。

【今註】㈠桓無會：指桓公多次外出會盟，沒記至。㈡致：通至。見經註。㈢遠之：指與戎人會盟，外出太遠。范寧云：「危其遠會戎狄，喜其得返」。

【今譯】桓公多次會盟沒記「至」，這次為什麼記呢？因為他遠會戎人。

桓公三年（公元前七百零九年）

(一)經三年，春，正月，公會齊侯於嬴㊀。

【今註】㊀嬴：地名，在今山東萊蕪縣西北。此經無傳。

【今譯】三年，春，正月，桓公和齊侯在嬴地會見。

(二)經夏，齊侯、衛侯胥命於蒲㊀。

【今註】㊀胥命：指諸侯相見，衹交換意見，發表看法，無須盟誓。蒲：地名，在今河南長垣縣東。

【今譯】夏天，齊侯和衛侯在蒲地相見。

傳胥之為言猶相也㊀。相命而信諭㊁，謹言而退，以是為近古也㊂。是必一人先，其以相言之何也㊃？不以齊侯命衛侯也㊄。

【今註】㊀之為言：古註中解詞的術語，它表示被釋詞和解釋詞不僅詞義相同，而且讀音也相同或相近。㊁相命而信諭：互相真誠地發表意見，讓對方理解。信：誠。諭：使理解。㊂古：

指五帝時各國會見的做法。公羊傳云：「古者不盟，結言而退」。㈣相：互相。㈤命衛侯：指高於衛侯。

【今譯】胥是相的意思，互相真誠地發表意見，讓對方理解，謹慎地說完就退下，因為這樣做接近古代的做法。這樣做，肯定一人在先（一人在後），為什麼說互相呢？不讓齊侯高於衛侯。

㈢經六月，公會杞侯於郕㈠。

【今註】㈠此經無傳。

【今譯】六月，桓公在郕地會見杞侯。

㈣經秋，七月，壬辰，朔㈠，日有食之㈡，既㈢。

【今註】㈠朔：每月的初一叫朔。㈡食：通蝕。㈢既：盡，全。

【今譯】秋季，七月壬辰日，初一，出現日全蝕。

傳言日言朔，食正朔也㈠。既者，盡也，有繼之辭也。

【今註】㈠食正朔：日蝕正出現在初一。

【今譯】記壬辰日又記初一，因為日蝕正出現在初一。既是盡義，有承接的意思。

㈤經公子翬如齊逆女㈠。

【今註】㈠女：齊僖公女兒，嫁給魯桓公。逆：迎。

【今譯】公子翬到齊國去迎親。

傳逆女，親者也。使大夫㈠，非正也。

【今註】㈠大夫：指公子翬。

【今譯】迎親，應該君王親自迎。派大夫去，不對。

㈥經九月，齊侯送姜氏於讙㈠。

【今註】㈠姜氏：僖公女兒。因離開齊，不能稱女，還沒嫁到魯國，不能稱夫人，祇能稱娘家姓為姜氏。讙：音歡，魯國地名。

【今譯】九月，齊侯送女到讙地。

傳送女，父不下堂，母不出祭門㈠，諸母兄弟不出闕門㈡。父戒之曰：「謹慎從爾舅之言」㈢。母戒之曰：「謹慎從爾姑之言」㈣。諸母般申之曰㈤：「謹慎從爾父母之言」。送女踰竟㈥，非禮也。

【今註】㊀祭門：廟門。㊁諸母：指生母以外的眾母輩之稱。闕門：廟門之外有兩觀，中間空缺的高大建築物。㊂戒：告誡。下同。爾：你。下同。舅：公公。㊃姑：婆母。㊄般：駁雜，即七嘴八舌地。申：重複，一再。㊅踰竟：越過國境。竟：境的古字。

【今譯】送女，父親不能下堂，母親不能送出廟門，諸母和兄弟姊妹不能送出闕門。父親告誡女兒說：「要謹慎遵從你公爹的話」。母親告誡女兒說：「要謹慎遵從婆母的話」。諸母七嘴八舌地重複說：「要謹慎地遵從你父母的話」。送女越過國境，不合於禮。

(七)經公會齊侯於讙。

傳無譏乎㊀？曰為禮也，齊侯來也，公之逆而會之可也㊁。

【今註】㊀譏：進諫。㊁逆：迎。

【今譯】沒有人進諫嗎？他是為履行禮儀，因為齊侯來了。桓公又迎親，又會見齊侯是可以的。

(八)經夫人姜氏至自齊㊀。

【今註】㊀夫人：桓公已經親迎，故稱夫人。至：新婦娶至國，先告祭祖廟，也叫至。

【今譯】夫人姜氏從齊國來到。

傳其不言翬之以來何也㈠？公親受之於齊侯也。子貢曰㈡：「冕而親迎㈢，不已重乎㈣？」孔子曰：「合二姓之好，以繼萬世之後，何謂已重乎？」

【今註】㈠翬：去齊國替桓公迎親的公子翬。㈡子貢：孔子的學生，姓端木，名賜，字子貢。㈢冕：王冠。這裏指君王。㈣已：太。

【今譯】為什麼不說公子翬迎來？因為桓公親自從齊侯那接受過來。子貢說：「國君親自迎親，不太過分嗎？」孔子說：「合二姓成婚好，以至延續到萬代，怎麼說過分呢？」

(九)經冬，齊侯使其弟年來聘㈠。

【今註】㈠年：人名，齊侯的同母弟。此經無傳。

【今譯】冬天，齊侯派他弟弟來魯訪問。

(十)經有年。

傳五穀皆熟為有年㈠。

【今註】㈠有年：豐收年。

【今譯】五穀都豐收叫有年。

桓公四年(公元前七百零八年)

(一)經 四年,春,正月,公狩於郎㈠。

【今註】㈠狩:狩獵。郎:魯地名。

【今譯】四年,春,正月,桓公到郎地狩獵。

傳 四時之田㈠,皆為宗廟之事也㈡。春曰田,夏曰苗,秋曰蒐,冬曰狩㈢。四時之田用三焉,唯其所先得㈣。一為乾豆㈤,二為賓客,三為充君之庖㈥。

【今註】㈠田:畋的古字,畋獵。㈡宗廟之事:指祭祀。打獵所獲的獵物大都用做祭品。㈢狩:泛指打獵。若析言之,指冬季圍獵。桓公正月在郎地打獵怎麼叫狩呢?周曆正月,是夏曆冬月。㈣唯:祇。古人認為先捕得的獵物吉善。㈤乾豆:指祭祀。豆:祭器名。天子祭祀用二十六豆,諸侯祭祀用十二豆,卿大夫祭祀用八豆,要選用一箭射中心臟而速死的獸做祭品。詳見范寧註。㈥充君之庖:充實君王的廚房,即指食用。

【今譯】一年四季打獵,大多獵物用以宗廟祭祀。春獵叫田,夏獵叫苗,秋獵叫蒐,冬獵叫狩。四季的獵物有三種用處,祇要是先捕得的。一是用來祭祀,二是用來招待賓客,三是平常食用。

(二)經夏，天王使宰渠伯糾來聘㊀。

【今註】㊀宰：官名。渠伯糾：人名。渠是氏，伯是排行，也用做字，糾是名。此經無傳。

【今譯】夏天，天子派宰官渠伯糾來魯訪問。

桓公五年（公元前七百零七年）

(一)經五年，春，正月，甲戌，己丑，陳侯鮑卒。

傳鮑卒何為以二日卒之㊀？春秋之義，信以傳信㊁，疑以傳疑。陳侯以甲戌之日出，己丑之日得㊂，不知死之日，故舉二日以包也。

【今註】㊀鮑：陳桓公的名。㊁信：確實。傳：音船。下同。㊂得：指找到屍體。據公羊傳云，鮑之狂，甲戌之日亡，己丑之日而得。大概鮑患精神病，顛狂出走，十六天後才找到屍體。左傳和史記與之不同，以為記兩個日子是由於陳國內亂，發兩次訃告。

【今譯】為什麼用兩個日子記陳侯的死？春秋經記事的原則，事件確實就記下確實的，有疑問就記下疑問。陳侯在甲戌日出走，己丑日得到屍體，不知死的日期，所以記載兩個日子，以便包容不漏。

㈡經夏，齊侯、鄭伯如紀㈠。

【今註】㈠此經無傳。

【今譯】夏天，齊侯和鄭伯到紀國去。

㈢經天王使任叔之子來聘㈠。

【今註】㈠任叔：周朝大夫。左傳作「仍叔」。

【今譯】天子派任叔的兒子來魯國訪問。

傳任叔之子者，錄父以使子也㈠，故微其君臣而著其父子㈡，不正。父在子代仕之辭也。

【今註】㈠錄：記載。㈡微：輕。著：顯出。

【今譯】記「任叔之子」，這是記載父親而使派兒子，輕視君臣關係而強調父子關係，不對。(任叔之子)這是父親還在，兒子代他幹事的意思。

㈣經葬陳桓公㈠。

【今註】㈠此經無傳。

【今譯】安葬陳桓公。

㈤經 城祝丘㈠。

【今註】㈠祝丘：地名，在今山東臨沂縣東。此經無傳。

【今譯】在祝丘築城牆。

㈥經 秋，蔡人、衞人、陳人從王伐鄭。

傳 舉從者之辭也㈠。其舉從者之辭何也？為天王諱伐鄭也㈡。鄭，同姓之國也㈢，在乎冀州㈣，於是不服，為天子病矣㈤。

【今註】㈠舉從者之辭：把隨從的舉在前，即把隨從天子伐鄭的三國擺在前。㈡諱：避諱。周桓公伐鄭在春秋時代是唯一的一次天子親征。㈢同姓：周、鄭都屬姬姓。㈣乎：于，在。冀州：古九州之一，包括今山西、山東、河南、河北各一部分，在黃河北。㈤病：害。

【今譯】經文把隨從的國家舉在前。為什麼把隨從者舉在前呢？是為了避諱提天子伐鄭。鄭是周的同姓諸侯，在冀州一帶，此時不服管，成為天子一害了。

(七)經大雩㈠。

【今註】㈠雩：音魚，天旱求雨的祭祀。大雩是大旱求大雨的祭祀，國君親臨國都南郊，謝過自責，使童男童女各八人邊舞邊呼雨。此經無傳。

【今譯】舉行大規模求雨的祭祀。

(八)經螽㈠。

【今註】㈠螽：音終，飛蝗。

【今譯】鬧蝗蟲災。

傳蟲災也。甚則月㈠，不甚則時㈡。

【今註】㈠甚：指嚴重。月：記下月份。㈡時：記下季節。

【今譯】這是蟲災。嚴重就記載月份，不嚴重就記載季節。

(九)經冬，州公如曹㈠。

【今註】㈠州：國名，在今山東安丘縣東北。曹：國名。周公封其弟於曹，建立曹國，在今山東定陶縣西南。

【今譯】冬天，州國國君到曹國。

傳外相如不書㈠，此其書何也？過我也㈡。

【今註】㈠外相如不書：春秋經對魯國以外的國之間相互往來不予記載。㈡我：指魯國。

【今譯】外國相互往來不記載，這次為什麼記呢？因為路過魯國。

桓公六年（公元前七百零六年）

㈠經六年，春，正月，寔來㈠。

【今註】㈠寔：同實，確實。據家鉉翁的春秋詳說云，「寔來」乃當時常用語。這句經文緊承上一年最末一句經文，自經分年而後，一事而分隸兩年了。

【今譯】六年，春，正月，（州公）來魯國。

傳寔來者，是來也㈠。何謂是來？謂州公也。其謂之是來何也？以其畫我㈡，故簡言之也㈢。諸侯不以過相朝也㈣。

【今註】㈠是：這個人。代詞，指代州公。穀梁氏解釋「寔」就是「是」。㈡畫：謀畫，圖謀。我：

指魯國。㊂簡言之：用是字簡單稱代州公。㊃以：因。諸侯應例時以禮相朝，不能因路過隨隨便便地違反常例而朝見。

【今譯】寔來就是是來。什麼叫是來？指州公來。為什麼記載為「是來」？因為州公圖謀魯國，所以用「是」簡稱他。諸侯之間不能因為路過才朝見。

㈡經 夏，四月，公會紀侯於郕㊀。

【今註】㊀郕：魯邑名，左傳作「成」。此經無傳。

【今譯】夏季，四月，桓公在郕地會見紀侯。

㈢經 秋，八月，壬午，大閱。

傳 大閱者何？閱兵車也。脩教明諭㊀，國道也。平而脩戎事㊁，非正也。其日以為崇武，故謹而日之。蓋以觀婦人也㊂。

【今註】㊀脩教明諭：修治教化，讓百姓知禮。㊁戎事：兵事，指習武練兵。戎：兵器。㊂觀婦人：讓婦女觀看。

【今譯】什麼叫大閱？就是檢閱軍隊、戰車。修治教化，讓百姓知禮，這是治國的辦法。太平時修治兵事，是不對的。閱兵那天表示崇尚武功，所以要慎重地記下日子。大概讓婦女觀看。

㈣經蔡人殺陳佗。

傳陳佗者㊀，陳君也。其曰陳佗何也？匹夫行，故匹夫稱之也。其匹夫行奈何？陳侯喜獵，淫獵於蔡㊁，與蔡人爭禽，蔡人不知其是陳君也，而殺之。何以知其是陳君也？兩下相殺㊂，不道㊃。其不地於蔡也㊄。

【今註】㊀陳佗：陳桓公鮑的弟弟。鮑死繼為君。㊁淫獵：縱情射獵。淫：過分沉溺。㊂兩下相殺：指兩國大夫相殺。依范寧說。㊃不道：指不記載。㊄不地：不是死的地方。國君應死在國內路寢（也叫正寢，是齋戒或疾病時住的寢宮）中。

【今譯】陳佗是陳國國君。為什麼稱陳佗呢？因為他有平民行為，所以用平民的稱呼。他平民的行為是什麼樣？陳侯喜歡打獵，在蔡國縱情射獵，和蔡國爭奪獵物，蔡人不知他是陳國君王，就殺了他。怎麼知道他是陳國君王？（因為）兩個大夫相殺，不予記載。蔡國不是他應死的地方。

㈤經九月，丁卯，子同生㊀。

【今註】㊀同：魯莊公的名。莊公跟父親桓公生日相同，故起名叫同。

【今譯】九月，丁卯日，兒子同降生。

傳疑㈠，故志之㈡。時曰同乎人也㈢。

【今註】㈠疑：指懷疑是否是桓公的兒子。桓公夫人文姜，是齊僖公女，與異母兄（齊襄公）私通。㈡志：記。公羊傳認為「同」是魯國十二公中唯一的嫡長子為君，故「喜而書之」。㈢同乎人：（長得）跟別人相同。指不像父親。

【今譯】懷疑是桓公的兒子，所以記下這件事。當時人們說（孩子）長得像別人。

㈥經冬，紀侯來朝㈠。

【今註】㈠此經無傳。

【今譯】冬天，紀侯來朝見魯君。

桓公七年（公元前七百零五年）

㈠經七年，春，二月，己亥，焚咸丘㈠。

【今註】㈠咸丘：地名，在今山東巨野縣東南。

【今譯】七年，春天，二月己亥日，火燒咸丘。

傳 其不言邾咸丘何也㈠？疾其以火攻也㈡。

【今註】㈠邾：國名。穀梁氏以為咸丘是邾地，左傳以為是魯地。㈡疾：恨。古人常用火燒法田獵，但禮記王制云：「昆蟲未蟄，不以火田」，二月還不是焚地之時。

【今譯】為什麼不說是邾的咸丘？恨它用火攻法。

㈡經 夏，穀伯綏來朝㈠。鄧侯吾離來朝㈡。

【今註】㈠穀：國名，在今湖北穀城縣西北。其國君屬伯爵，名叫綏。㈡鄧：國名，在今河南鄧縣。其國君屬侯爵，名叫吾離。

【今譯】夏天，穀國國君來朝見，鄧國國君來朝見。

傳 其名何也？失國也。失國則其以朝言之何也㈠？嘗以諸侯與之接矣㈡，雖失國，弗損吾異日也㈢。

【今註】㈠失國：鄧失國在此二十多年之後。穀失國於何時不詳。穀梁氏純屬臆測。朝：朝見。㈡嘗：曾經。接：交接，交往。㈢異日：往日。

【今譯】為什麼稱名？因為他們失去了國家。失去了國家為什麼還說來朝見呢？因為曾經以諸侯名義跟他們交往過，即使他們失去了國家，也不能損害往日的交情。

桓公八年（公元前七百零四年）

(一)經 八年，春，正月，己卯，烝。

傳 烝(一)，冬事也。春興之，志不時也(二)。

【今註】(一)烝：冬季的祭祀。周禮大宗伯：「春祭曰祠，夏祭曰礿，秋祭曰嘗，冬祭曰烝」。(二)不時：不合乎季節。

【今譯】烝是冬天的事，春天舉行，記載它是因為違背了時令。

(二)經 天王使家父來聘(一)。

【今註】(一)家父：周朝大夫。父：音福，是他的字。此經無傳。

【今譯】天子派家父來魯國訪問。

(三)經 夏，五月，丁丑，烝。

傳烝，冬事也。春夏興之，黷祀也㈠，志不敬也㈡。

【今註】㈠黷祀：濫用祭祀。㈡志：記。

【今譯】烝是冬季的事。春夏兩季舉行，是濫用祭祀。記載這輕慢不敬的祭祀。

㈣經秋，伐邾㈠。

【今註】㈠此經無傳。

【今譯】秋天，攻伐邾國。

㈤經冬，十月，雨雪㈠。

【今註】㈠雨：動詞。周曆十月是夏曆八月，不應有雪。此經無傳。

【今譯】冬天，十月，下雪。

㈥經祭公來㈠，遂逆王后於紀㈡。

【今註】㈠祭公：周桓公的太師。食邑在祭(音債)地，故稱祭公。㈡逆：迎。

【今譯】祭公來魯國，又到紀國迎接王后。

傳其不言使焉何也？不正，其以宗廟之大事，即謀於我㈠，故弗與使也。遂，繼事之辭也㈡。其曰遂逆王后，故略之也㈢。或曰天子無外㈣，王命之則成矣。

【今註】㈠即：就，往就。我：指魯國。㈡繼事之辭：這是說文解字對「遂」字的解釋。遂是緊承連詞，表示後一件事緊接著進行。㈢略之：指省略了「使」字。㈣或：有的。天子無外：對於天子來說，沒有內外之分。正像詩經所云：「普天之下，莫非王土」。

【今譯】為什麼不稱使臣？他做的不對，他拿宗廟繼主之類的事，前來和我們魯國商量，所以不稱他使臣。遂是連接詞，記「遂迎王后」，所以省略「使」字。有的說，對天子來說，沒內外之分，天子一命令就成了。

桓公九年（公元前七百零三年）

㈠經九年，春，紀季姜歸於京師㈠。

【今註】㈠季姜：即上文所記周桓王迎娶的王后。季：指姊妹間排行最末的。姜：指王后母家的姓。古禮同姓不婚，故女子的稱呼必著姓。歸：出嫁。京師：王都。

【今譯】九年，春天，紀國的季姜出嫁到王都。

傳為之中者㈠，歸之也。

【今註】㈠為之中：為王主婚。古禮，天子從諸侯國娶妻，讓同姓諸侯為之主婚，當中間人。
【今譯】魯為天子主婚，紀女出嫁。

㈡經夏，四月㈠。
【今註】㈠此經無傳。春秋經記史，每一季節即使無事可記，也記下這一季的首月。下條同此。
【今譯】夏季，四月。

㈢經秋，七月㈠。
【今註】㈠此經無傳。
【今譯】秋季，七月。

㈣經冬，曹伯使其世子射姑來朝。
傳朝不言使，言使非正也。使世子伉諸侯之禮而來朝㈠，曹伯失正矣㈡。諸侯相見曰朝。以待人父之道待人之子，以內為失正矣㈢。內失正，曹伯失正，世子可以已矣㈣。則是故命也。尸子曰㈤：「夫已，多乎道㈥」。
【今註】㈠世子：即太子。曹伯世子名叫射（音夜）姑。伉：通抗。違抗，違背。㈡曹伯：曹桓公。杜預曰：「曹伯有疾，故使其子來朝」。㈢內：指魯國。㈣已：止。下句同此。㈤尸子：即尸佼，戰國時人。㈥多乎道：多方面合於禮。

【今譯】朝見不能說使派，說使派是不對的。派太子違背諸侯之禮來朝見魯君，這是曹伯失禮了。諸侯相見叫朝。用招待父親的禮節招待兒子，魯國就失禮了。魯國失禮，曹伯失禮，世子可以停止朝見。這就是命令。尸子云：「停止朝見，多方面合於禮」。

桓公十年（公元前七百零二年）

㈠經　十年，春，王正月，庚申，曹伯終生卒。

傳　桓無王㈠，其曰王何也？正終生之卒也㈡。

【今註】㈠桓無王：魯桓公沒有得到周王的命封。㈡正：正治其罪。曹伯失禮，讓太子朝魯，所以要正治其罪。終生：曹桓公的名。

【今譯】魯桓公沒有得到周王命封，這裏為什麼提周王呢？是為在曹伯死時正治他的罪。

㈡經　夏，五月，葬曹桓公㈠。

【今註】㈠此經無傳。

【今譯】夏季，五月，安葬曹桓公。

㈢經秋，公會衞侯於桃丘㈠，弗遇㈡。

【今註】㈠桃丘：地名，在今山東東阿縣。㈡遇：臨時性會見。這裏泛指會見。

【今譯】秋天，桓公要在桃丘會見衞侯，沒能會見。

傳弗遇者，志不相得也㈠。弗，內辭也㈡。

【今註】㈠志不相得：心意不投合。衞侯和桓公本約好會見，可是又接受齊國請求，故背約不會。㈡弗是內動詞，不涉及賓語。如果用「不」，必涉及賓語，得說「不遇公」，就有傷魯公的面子。

【今譯】弗遇，表示心意不合。弗是內動詞。

㈣經冬，十有二月，丙午，齊侯、衞侯、鄭伯來戰於郎。

傳來戰者，前定之戰也。內不言戰㈠，言戰則敗也㈡。不言其人㈢，以吾敗也。不言及者，為內諱也㈣。

【今註】㈠內：指魯國。㈡敗：指魯國戰敗。㈢其人：魯國率兵的人，即桓公。㈣內諱：避諱記魯國失敗。郎地一戰，魯國敗得慘。

【今譯】記「來戰」，表示先前已定下作戰的地點。對魯國不說戰，說戰就是魯敗了。不提桓公，是因為魯國敗了。不說及，也是避諱說魯國失敗。

桓公十有一年（公元前七百零一年）

㈠經十有一年，春，正月，齊人、衞人、鄭人盟於惡曹㊀。

【今註】㊀惡曹：地名。不詳。此經無傳。

【今譯】十一年春季，正月，齊國、衞國和鄭國在惡曹會盟。

㈡經夏，五月，癸未，鄭伯寤生卒㊀。

【今註】㊀寤生：鄭莊公名寤生。此經無傳。

【今譯】夏季，五月，癸未日，鄭莊公去世。

㈢經秋，七月，葬鄭莊公㊀。

【今註】㊀莊公：謚號。春秋經記事，諸侯死稱名，葬時稱謚。此經無傳。

【今譯】秋，七月，安葬鄭莊公。

㈣經九月，宋人執祭仲。突歸於鄭。鄭忽出奔衞。

傳宋人者，宋公也㊀。其曰人何也？貶之也。曰突㊁，賤之也。曰歸，易辭也。祭仲易其事㊂，權在祭仲也。死君難，臣道也。今立惡而黜正㊃，惡祭仲也。鄭忽者㊄，世子忽也。其名，失國也。

【今註】㊀宋公：宋莊公。㊁突：鄭莊公的次子。㊂祭仲：鄭國大夫。公子突是宋女雍氏所生。宋莊公想幫助突當國君，就誘騙逮住祭仲。祭仲答應了宋公的要求，讓突回國為君。㊃惡：指公子突壞。他是次子，不該立。黜：音處，廢除。㊄忽：鄭莊公的嫡長子名忽。

【今譯】宋人是指宋國國君。為什麼稱他宋人，是為貶抑他。公子突回到鄭國。叫他突，是輕視他。說回國，表示很容易的意思。是大夫祭仲讓這件事輕而易舉，決定權在祭仲。為君難而死，是臣子應該做的。如今立了壞人而廢除了應立的人，壞在祭仲。鄭忽跑到衞國。鄭忽是太子忽。稱他名，因為他失去了國家。

(五)經柔會宋公、陳侯、蔡叔，盟於折。

傳柔者何？吾大夫之未命者也㊀。

【今註】㊀未命者：沒有任命加封的。

【今譯】柔是什麼人？是魯國沒任命加封的大夫。

(六)經公會宋公於夫鍾㈠。

【今註】㈠夫鍾：地名，在今山東汶上縣東北。此經無傳。

【今譯】桓公和宋公在夫鍾會見。

(七)經冬，十有二月，公會宋公於闞㈠。

【今註】㈠闞：地名，音看。地在夫鍾附近。此經無傳。

【今譯】冬天，十二月，桓公和宋公在闞地會見。

桓公十二年(公元前七百年)

(一)經十有二年，春，正月㈠。

【今註】㈠此經無傳。

【今譯】十二年，春，正月。

(二)經夏，六月，壬寅，公會紀侯㈠、莒子，盟於曲池㈡。

【今註】㈠紀侯：左傳作杞侯，公羊傳與穀梁傳同。　㈡曲池：地名，在今山東寧陽縣東北。公羊傳作「毆蛇」。此經無傳。

【今譯】夏季，六月壬寅日，桓公和紀侯、莒子在曲池會盟。

(三)經 秋，七月，丁亥，公會宋人、燕人，盟於穀丘㊀。

【今註】㊀穀丘：地名，在今河南商丘縣東南。此經無傳。

【今譯】秋季，七月丁亥日，桓公會見宋公、燕人，在穀丘結盟。

(四)經 八月，壬辰，陳侯躍卒㊀。

【今註】㊀躍：陳厲公的名。此經無傳。

【今譯】八月壬辰日，陳厲公去世。

(五)經 公會宋公於虛㊀。

【今註】㊀虛：地名，在今河南延津縣東。此經無傳。

【今譯】桓公和宋公在虛地會見。

(六)經 冬，十有一月，公會宋公於龜㊀。

【今註】㊀龜：地名，在今河南睢縣。此經無傳。

【今譯】冬季，十一月，桓公和宋公在龜地會見。

(七)經丙戌，公會鄭伯，盟於武父㊀。

【今註】㊀武父：地名，在今山東東明縣。此經無傳。

【今譯】十一月丙戌日，桓公和鄭伯在武父會盟。

(八)經丙戌，衞侯晉卒㊀。

【今註】㊀晉：衞宣公名叫晉。此經無傳。

【今譯】十一月丙戌日，衞宣公去世。

(九)經十有二月，及鄭師伐宋。丁未，戰於宋。

傳非所與伐戰也㊀。不言與鄭戰，恥不和也㊁。於伐與戰，敗也。內諱敗㊂，舉其可道者也㊃。

【今註】㊀所與伐戰：跟魯國一起伐宋戰宋的，即鄭國。㊁不和：指魯鄭兩國聯而不和，行動不一致。㊂內諱敗：忌諱說魯國失敗。內：指魯。㊃道：說，動詞。

【今譯】不該和鄭國一起出戰。不提跟鄭國一起戰於宋，是恥於兩國聯而不和。在這次伐宋之戰中，魯國敗了。忌諱說魯國失敗，就記下可以說得出的「戰於宋」。

桓公十三年（公元前六百九十九年）

㈠經十有三年，春，二月，公會紀侯、鄭伯。己巳，及齊侯、宋公、衞侯、燕人戰。齊師、宋師、衞師、燕師敗績㈠。

【今註】㈠敗績：大敗。左傳莊公十一年傳云：「大崩曰敗績」。春秋記敗績共十六次，此為第一次。

【今譯】十三年，春天，周曆二月，桓公會盟紀侯、鄭伯。己巳日，跟齊侯、宋公、衞侯、燕人作戰。齊、宋、衞、燕四國大敗。

傳其言及者，由內及之也㈠。其曰戰者，由外言之也㈡。戰稱人，敗稱師，重眾也㈢。其不地㈣，於紀也㈤。

【今註】㈠內：指魯國。㈡由外言之：從外國說起。這裏是強調匹敵的對方。㈢重：重複。㈣不地：不記地點。㈤紀：當為「己」。指魯國。

【今譯】用及字，是說魯國跟某國怎麼樣。用戰字，是強調匹敵的對方。提作戰稱衛人、燕人，提失敗稱衛師、燕師，這是反覆稱呼民眾。不記作戰地點，是因為在魯國自己境內。

(二)經三月，葬衛宣公㈠。

【今註】㈠此經無傳。

【今譯】三月，安葬衛宣公。

(三)經夏，大水㈠。

【今註】㈠此經無傳

【今譯】夏季發大水。

(四)經秋，七月㈠。

【今註】㈠七月：按周代曆法，七月為秋季的首月。春秋經記事，每一季即使無事可記，也要記下首月。

【今譯】秋季，七月。

(五)經冬，十月㈠。

【今註】㈠此經無傳。

【今譯】冬季，十月。

桓公十四年（公元前六百九十八年）

㈠經 十有四年，春，正月，公會鄭伯於曹㈠。

【今註】㈠曹：國名。此經無傳。

【今譯】十四年，春，正月，桓公在曹國跟鄭伯會見。

㈡經 無冰。

傳 無冰，時燠也㈠。

【今註】㈠燠：音玉，暖。古人有藏冰之俗，如詩經七月篇所記。如果季節變暖，無冰可藏，史官便記載之。

【今譯】沒有冰，是因為季節變暖了。

㈢經 夏，五㈠，鄭伯使其弟御來盟㈡。

【今註】㈠五：當為「五月」，有闕文。㈡御：人名，鄭莊公的兒子，鄭厲公的弟弟。左傳作「語」。

【今譯】夏季，五月，鄭伯派他的弟弟來和魯國結盟。

傳 諸侯之尊，弟兄不得以屬通㈠。其弟云者，以其來我舉其貴者也㈡。來盟，前定也。不日㈢，前定之盟不日。孔子曰：「聽遠音者，聞其疾㈣，而不聞其舒㈤。望遠者，察其貌，而不察其形㈥」。立乎定哀㈦，以指隱桓。隱桓之日遠矣，夏五傳疑也㈧。

【今註】㈠屬：親屬。這裏指兄弟關係。㈡我：指魯。貴：指稱國君弟顯得高貴。㈢不日：不記日子。㈣疾：急速。這裏指激揚。㈤舒：徐緩。㈥形：指面容氣色。㈦定哀：魯定公和魯哀公。孔子生活在定哀時期。㈧夏五：即前面「夏，五月」的經文。

【今譯】諸侯地位尊貴，他的弟兄不能和他以弟兄相稱。這裏稱「其弟」，因為他來我們魯國，所以要稱舉顯得高貴的。記「來盟」，表示是先前約定好的。不記日期，因為先前約定好的結盟不記日子。孔子說：「聽遠處的聲音，能聽激揚的，聽不到舒緩的。看遠處的人，能看到大體形貌，看不到面色姿容」。站在定公、哀公時代，指望隱公、桓公時的事。隱公、桓公時代離得遙遠，對夏五月的傳聞有疑慮。

㈣經秋，八月，壬申，御廩災。

傳御廩之災不志㊀，此其志何也？以為唯未易災之餘㊁。

【今註】㊀御廩：儲藏祭祀用的穀物的糧倉。志：記。㊁未易：沒有改換。仍用災之餘穀祭祀是違禮不敬的。

【今譯】祭祀穀物的糧倉著火不予記載，這裏為什麼記呢？因為仍用了沒被火燒的剩餘穀物祭祀。

㈤經乙亥，嘗。

傳而嘗㊀，可也，志不敬也㊁。天子親耕，以共粢盛㊂。王后親蠶㊃，以共祭服。國非無良農工女也，以為人之所盡㊄，事其祖禰㊅，不若以己所自親者也。何用見其未易災之餘而嘗也？曰甸粟㊆，而內之三宮㊇。三宮米，而藏之御廩，夫嘗必有兼甸之事焉㊈。

【今註】㊀嘗：嘗祭，指秋季的祭祀。㊁志不敬：記下對神不恭敬的舉動。㊂共：供的古字。粢盛：祭祀用的穀物。㊃蠶：指養蠶。據禮記月令云：天子在孟春之月，要選擇吉日，率三公九卿躬耕田畝，所收的穀物供祭神祖用。王后要親自染絲織帛，親手為王縫製祭祀時穿的禮服。㊄人之所盡：別人盡心盡意做的。㊅禰：音你。已死的父親在宗廟裏立主稱禰。㊆甸粟：甸官收繳的穀物。甸：甸師，主管田事的官，管收繳祭祀的粢盛。㊇內之三宮：交到三宮。內：納的古字。古時天子六宮，諸侯三宮，所以有三個夫人。㊈兼甸之事：指甸粟要由三宮夫人親自舂好備用。

【今譯】記載嘗祭是可以的。記下（用火災剩餘的穀物祭祀）對神的不恭敬。天子親自種田，來供用祭祀的穀物。王后親自養蠶，供用祭祀穿的衣服。國中不是沒有良農巧女，因為用別人盡心盡意做的來事奉神祖，不如親自動手做的好。怎麼見得是用火災剩餘的穀物舉行秋祭呢？甸師收繳的穀物，要交到三宮。三宮舂成米，收藏到御廩。嘗祭用的一定要有三宮夫人舂米這道工序。（沒有，就說明用的是餘穀）

㈥經冬，十有二月，丁巳，齊侯祿父卒㊀。

【今註】㊀祿父：齊僖公名祿父。此經無傳。

【今譯】冬季，十二月，丁巳日，齊僖公去世。

㈦經宋人以齊人、蔡人、衛人、陳人伐鄭。

傳以者㊀，不以者也㊁。民者，君之本也。使人以其死，不正也。

【今註】㈠以：率領。㈡不以者：不該率領的意思。穀梁氏認為齊陳蔡衞四國不該由宋率領去征伐鄭國。

【今譯】率領，是不該率領的意思。民是君的根本。領人打仗去死是不對的。

桓公十五年（公元前六百九十七年）

㈠經十有五年，春，二月，天王使家父來求車㈠。

【今註】㈠家父：周朝大夫。家為氏，父為字。

【今譯】十五年，春季二月，天子派家父來魯國要車。

傳古者諸侯時獻於天子㈠，以其國之所有。故有辭讓㈡，而無徵求。求車，非禮也，求金甚矣㈢。

【今註】㈠時獻：按時納貢。獻：獻貢品。㈡辭讓：推辭謝讓之禮。㈢甚：極，更。

【今譯】古時諸侯按時向天子納貢，拿自己國所特有的。所以有辭讓之禮，沒有索要徵求之行。向諸侯要車，不合於禮，索要錢財就更不對了。

㈡經三月，乙未，天王崩㈠。

【今註】㈠崩：天子死叫崩。此經無傳。

【今譯】三月，乙未日，周桓王駕崩。

㈢經四月，己巳，葬齊僖公㈠。

【今註】㈠此經無傳。

【今譯】四月，己巳日，安葬齊僖公。

㈣經五月，鄭伯突出奔蔡㈠。

【今註】㈠突：鄭厲公的名。

【今譯】五月，鄭厲公逃亡到蔡國。

傳譏奪正也㈠。鄭世子忽歸於鄭㈡。反正也㈢。

【今註】㈠奪正：指公子突奪了長兄的君位。㈡忽：鄭莊公的太子名叫忽，是突的兄。㈢反：返的古字。

【今譯】譏刺（公子突）奪了君位。鄭國太子忽回到鄭國。他回國是對的。

㈤經許叔入於許。

傳許叔㈠，許之貴者也，莫宜乎許叔㈡。其曰入何也？其歸之道，非所以歸也㈢。

【今註】㈠許叔：許莊公弟弟。㈡莫：沒有誰。宜：合適。乎：于，表示比較關係的介詞。㈢所以歸：指歸的方式方法。回國的方式應是得到天王之命。

【今譯】許叔是許國有地位的人，沒有誰比許叔再適合（當國君）的了。為什麼說進入許國？因為許叔回國的方式，不是正當的回國方式。

㈥經公會齊侯於蒿㈠。

【今註】㈠蒿：地名，不詳。左傳作艾，公羊傳作鄗。此經無傳。

【今譯】桓公在蒿地會見齊侯。

㈦經邾人、牟人、葛人來朝㈠。

【今註】㈠邾人：指邾國國君。因三個國都是小國，不稱君，而稱人。

【今譯】邾君、牟君和葛君來朝見魯桓公。

㈧經秋，九月，鄭伯突入於櫟㈠。

【今註】㈠櫟：城名，在鄭國國都附近。

【今譯】秋季，九月，鄭厲公進入櫟城。

(九)經冬，十有一月，公會宋公、衞侯、陳侯於袲㊀，伐鄭。

【今註】㊀袲：音夷，宋國地名，在今安徽宿縣西。

【今譯】冬季，十一月，桓公在袲地會見宋公、衞侯和陳侯，（一起）討伐鄭國。

傳地而後伐，疑也㊀，非其疑也㊁。

【今註】㊀疑：指三國對伐鄭有疑慮。㊁非：責怪。

【今譯】先記會見地點後記討伐，是因為他們對伐鄭有疑慮，同時也表示責怪他們的游疑態度。

桓公十六年（公元前六百九十六年）

(一)經十有六年，春，正月，公會宋公、蔡侯、衞侯於曹㊀。

【今註】㊀此經無傳。

【今譯】十六年，春，正月，桓公在曹國會見宋公、蔡侯和衞侯。

㈡經夏，四月，公會宋公、衞侯、陳侯、蔡侯伐鄭㈠。

【今註】㈠伐鄭：討伐鄭厲公，制止他篡國。此經無傳。

【今譯】夏季，四月，桓公會合宋公、衞侯、陳侯和蔡侯，討伐鄭厲公。

㈢經秋，七月，公至自伐鄭㈠。

【今註】㈠至：回國告祭祖廟。

【今譯】秋季，七月，桓公伐鄭後回國，告祭祖廟。

傳桓無會㈠，其致何也？危之也。

【今註】㈠桓無會：指桓公實際上沒參加會師。

【今譯】桓公實際沒參加會師，為什麼記「致」呢？因為他這次出行危險。

㈣經冬，城向㈠。

【今註】㈠向：原是小國，此時已歸附魯國，所以要築城。

【今譯】冬季，在向地築城牆。

(五)經十有一月，衞侯朔出奔齊。

傳朔之名㊀，惡也㊁。天子召而不往也。

【今註】㊀朔：衞宣公兒子，齊姜所生。宣公寵齊姜，殺了太子，要立朔為太子，公子們都反對。朔逃到齊國。　㊁惡：憎恨。

【今譯】稱朔的名，是表示憎恨他。天子召見，他不去。

桓公十七年（公元前六百九十五年）

(一)經十有七年，春，正月，丙辰，公會齊侯、紀侯盟於黃㊀。

【今註】㊀黃：地名，在今山東黃縣。此經無傳。

【今譯】十七年，春，正月丙辰日，桓公在黃地與齊侯、紀侯會盟。

(二)經二月，丙午，公及邾儀父盟於趡㊀。

【今註】㊀儀父：邾國國君。趡：音崔(上聲)，地名，在今山東泗水縣附近。「及」，左傳作「會」。

【今譯】二月丙午日，桓公和邾君在趡地結盟。

(三)經夏，五月，丙午，及齊師戰於郎(一)。

【今註】(一)郎：地名。左傳作「奚」，在今山東滕縣南。

【今譯】夏，五月丙午日，（魯國）跟齊軍在郎地作戰。

傳內諱敗(一)，舉其可道者也(二)。不言其人(三)，以吾敗也。不言及之者(四)，為內諱也。

【今註】(一)內：指魯國。(二)可道者：指可以說得出而不傷魯國體面的話。道：說。(三)其人：指魯國率兵的人，即桓公。(四)不言及之：指「及齊師」前省略主語。

【今譯】對魯國避諱說失敗，祇記下可以說得出的話。不記領兵的人，因為我們魯國失敗了。「及」前省略了主語，是為魯國避諱。

(四)經六月，丁丑，蔡侯封人卒(一)。

【今註】(一)封人：蔡桓侯名叫封人。此經無傳。

【今譯】六月丁丑日，蔡侯去世。

(五)經秋，八月，蔡季自陳歸於蔡。

傳蔡季㈠，蔡之貴者也。自陳，陳有奉焉爾㈡。

【今註】㈠蔡季：蔡桓侯弟，名獻舞，字季，季也是他排行。桓侯死後他繼位為哀侯。　㈡奉：幫助。

【今譯】蔡季，是蔡國有地位的人。「自陳」，表示陳國幫助他回國。

㈥經癸巳，葬蔡桓侯㈠。

【今註】㈠桓侯：這裏稱侯，與其他諸侯稱呼不同。春秋經記事，諸侯死稱其爵位和名，安葬時稱謚，即某公。范寧以為這裏稱桓侯，是蔡國臣子馬虎所記。據史記，蔡國歷代君主皆稱侯。

【今譯】癸巳日，安葬蔡桓侯。

㈦經及宋人、衞人伐邾㈠。

【今註】㈠此經無傳。

【今譯】（魯國）跟宋國、衞國一起攻伐邾國。

㈧經冬，十月，朔，日有食之。

傳言朔不言日㈠，食既朔也㈡。

【今註】㈠朔：每月的第一天。㈡食既：日全蝕。食：通蝕。既：盡，全。

【今譯】記朔不記日子，因為日全蝕都在朔日。

桓公十八年（公元前六百九十四年）

㈠經十有八年，春，王正月，公會齊侯於濼，公與夫人姜氏遂如齊。

傳濼之會㈠，不言及夫人何也㈡？以夫人之伉㈢，弗稱數也㈣。

【今註】㈠濼：地名，在今山東濟南市附近。㈡夫人：桓公夫人，即齊女文姜。㈢伉：驕縱。㈣數：算。

【今譯】濼地的會見，為什麼不提夫人？因為她驕縱，沒算上她。

㈡經夏，四月，丙子，公薨於齊。

傳其地㈠，於外也。薨稱公㈡，舉上也。

【今註】㈠其地：記下地點。㈡薨：諸侯死叫薨。

【今譯】記載地點，因為死在外國。死了稱公，強調他在高位。

㈢經丁酉，公之喪至自齊㈠。

【今註】㈠喪：指靈柩。此經無傳。

【今譯】丁酉日，桓公的靈柩由齊國送回魯。

㈣經秋，七月㈠。

【今註】㈠此經無傳。

【今譯】秋季，七月。

㈤經冬，十月二月，己丑，葬我君桓公。

傳葬我君，接上下也㈠。君弒㈡，賊不討㈢，不書葬㈣。此其言葬何也？不責踰國而討於是也㈤。桓公葬而後舉謚㈥，謚，所以成德也，於卒事乎加之矣㈦。知者慮㈧，義者行㈨，仁者守，有此三者備，然後可以會矣。

【今註】㈠接上下：合國上上下下的意思。接：連，通。通國即全國。㈡君弒：君王被殺。㈢賊不討：不討賊。賊：指殺人兇手。這裏指齊侯。文姜私通齊襄公，合謀害死魯桓公。㈣書：寫，記。㈤責：求。踰國而討：越過國界去討賊。於是：在這種情況下，即在治喪情況下。

㈥謚：古時，君和卿大夫死後，根據生前事蹟評定褒貶，追加的稱號。㈦卒事：死後。㈧知者慮：聰明人深謀遠慮。知：智的古字。㈨義者行：正義者做事果斷。

【今譯】葬我君，這是通國上下的用語。君王被殺，沒討伐兇手，不能記安葬。這裏為什麼記載安葬呢？不求在這種情況下越過國界去討伐齊國。「桓公」是安葬後定的謚號。謚號是用來成全美德的，在人死後加上。聰明人深謀遠慮，正義的人做事果斷，仁德的人能保住國家。具備了這三點，然後才可以外出會盟。

卷三　莊　公

莊公元年（公元前六百九十三年）

㈠經元年，王正月。

傳繼弒君不言即位㊀，正也。繼弒君不言即位之為正，何也？曰先君不以其道終㊁，則子不忍即位也。

【今註】㊀弒君：指被弒的君，即魯桓公。㊁以其道終：指正常的死，即壽終正寢。

【今譯】（莊公）繼承被殺君王的君位不記「即位」是對的。為什麼對呢？因為先君不是壽終正寢，兒子就不忍心即位。

㈡經三月，夫人孫於齊。

傳孫之為言猶遜也㊀，諱奔也。接練時㊁，錄母之變㊂，始人之也。不言氏姓㊃，貶之也。人之於天也，以道受命㊄；於人也，以言受命㊅。不若於道者㊆，天絕之也㈧，不若於言者，人絕之也。臣子大受命㈨。

【今註】㈠遜：逃遁。之為言：古註中解釋詞的術語，它表示「孫」「遜」兩詞不僅讀音接近，意義也相近或相關。㈡接：接煞。人死後請術士招其還魂叫接煞。練：祭名。父母死後一週年的祭祀叫練。桓公於去年四月死，今三月正好舉行練祭。㈢錄母之變：記下莊公母(即夫人姜氏)回魯參加練祭。錄：記。變：指由齊回魯。㈣不言氏姓：不記「姜氏」。夫人姜姓，應記夫人姜氏。㈤以道受命：接受天命。道：指天理。㈥以言受命：接受夫(丈夫)命。言：指夫命。㈦不若於道：不順從天理。若：如，順。下句的「若」同此。㈧絕於天：天厭棄他。㈨臣子大受命：莊公接受天命。莊公對天來說是下臣。

【今譯】孫就是遜的意思，用「孫」是避諱說逃奔。開始時，根據人倫之道，記母回魯參加練祭。不記姜氏是貶抑她。人對於天，要接受天命；對於人，要接受夫命。不順從天理，天厭棄他；不順從夫命，人厭棄他。莊公接受天命。

㈢經單伯逆王姬。

傳單伯者何㈠？吾大夫之命乎天子者也㈡。命大夫，故不名也㈢。其不言如何也㈣？其義不可受於京師也㈤。其義不可受於京師何也？曰躬君弒於齊㈥，使之主婚，與齊為禮，其義固不可受也。

【今註】㈠單伯：周莊王的卿，以封邑單（音善）為氏，伯是排行，也是字。單氏世世仕於周，「國語」上記有單襄公等。穀梁氏誤認為是天子任命加封的魯國大夫，錯的原因是，把經文「送王姬」，誤為「逆王姬」。 ㈡命乎天子：受命於天子。 ㈢不名：不稱呼名。 ㈣如：動詞，到……去。這句的提出還是由於穀梁氏把單伯的屬國理解錯了。 ㈤不可受於京師：不能從京師接王姬。受：接。周天子女兒（稱王姬）嫁給齊侯，但因他地位高於齊侯，齊不能直接到京師迎女。要由與周同姓的諸侯（如魯）主婚。單伯送王姬到魯，齊到魯迎親。 ㈥躬君：我們魯國國君。

【今譯】單伯是什麼人？是天子命封的魯國大夫。天子命封的大夫，所以不能稱呼名。為什麼不說到周去迎？根據禮義，不可以到京師去接。為什麼？我們魯君被齊殺死，讓我們魯國主婚，跟齊國履行禮儀，按禮，當然不可以接受。

㈣經 秋，築王姬之館於外。

傳 築㈠，禮也。於外，非禮也。築之為禮何也？主王姬者㈡，必自公門出㈢。於廟則已尊㈣，於寢則已卑㈤。為之築㈥，節矣㈦。築之外，變之正也㈧。築之外變之為正何也？仇仇之人㈨，非所以接婚姻也。衰麻非所以接弁冕也㈩。其不言齊侯之來逆何也⑪。不使齊侯得與吾為禮也⑫。

【今註】㈠築：指為王姬建行館。㈡主王姬者：魯是王姬的主婚者。㈢自公門出：從魯君宮門出去。因此館應建在宮內。㈣於廟則已尊：在宗廟旁築行館就顯得王姬地位太高了。已：太。㈤寢：寢宮。指魯君的寢宮。㈥為之築：後面省略了「於外」。㈦節：這裏指適合。㈧變之正：正確的變通。㈨仇之人：齊侯害了魯君，是仇人。㈩衰麻：指喪服。衰：通「縗」，粗麻布做的喪服。弁：音便，貴族戴的帽子。冕：帝王的帽子。㈪逆：迎。㈫得：能。

【今譯】建行館合於禮，建在宮外不合於禮。為什麼建行館合禮呢？魯為王姬主婚，出嫁時必須從魯君宮門出去。建在宗廟旁就顯得王姬地位太高了，建在寢宮旁又顯得王姬地位太低了。建在宮外，就合適了。建在宮外是正確的變通做法，為什麼呢？齊侯是仇人，不能跟他連親家。穿著喪服，不能接待迎親的齊侯。為什麼不記齊侯來迎親？是不讓齊侯能和我們魯國行禮。

㈤經冬，十月，乙亥，陳侯林卒。

傳諸侯日卒㈠，正也。

【今註】㈠日卒：記下死的日子。乙亥日陳莊公（名叫林）去世。

【今譯】諸侯死記載日期是對的。

㈥經王使榮叔來錫桓公命㈠。

【今註】㈠榮叔：周朝大夫。錫：通賜。桓公生前一直沒得到天子命封，死後才追任為君。

【今譯】天子派榮叔來魯國追任桓公為君。

傳 禮有受命㈠，無來錫命。錫命，非正也。生服之㈡，死行之，禮也。生不服，死追錫之，不正甚矣。

【今註】㈠有受命：有主動到天子那裏接受命封的。㈡服之：指服事天子。

【今譯】按禮，有主動接受任命的，沒有天子派人去賜予任命的。生前服事天子，死了追任，合於禮。如果生前不服事天子，死後追任他，就更不對了。

(七)經 王姬歸於齊。

傳 為之中者歸之也㈠。

【今註】㈠為之中者：指魯國在王姬和齊侯中間做主婚者。歸：出嫁。

【今譯】魯國做主婚者把王姬嫁送到齊國。

(八)經 齊師遷紀、郱、鄑、郚。

傳 郱、鄑、郚，國也。或曰㈠：遷紀於郱、鄑、郚㈡。

【今註】㈠或：有的人。㈡遷紀：齊要滅紀國，先遷走百姓，然後奪土地。左傳認為郱（音平）、鄑（音資）、郚（音吾）是紀國的三座城邑。

【今譯】郱、鄑和郚是國名。有的人說：「把紀國百姓遷到郱、鄑、郚」。

莊公二年（公元前六百九十二年）

㈠經 二年，春，王二月，葬陳莊公㈠。

【今註】㈠此經無傳。

【今譯】二年，春季，周曆二月，安葬陳莊公。

㈡經 夏，公子慶父帥師伐於餘丘。

傳 國而曰伐。於餘丘㈠，邾之邑也。其曰伐何也？公子貴矣㈡，師重矣，而敵人之邑㈢，公子病矣。病公子，所以譏乎公也。其一曰，君在而重之也㈣。

【今註】㈠於餘丘：地名，不詳。穀梁子認為是邾國的小城。而杜預和孔穎達認為是小國名。㈡公子：即公子慶父，魯莊公弟弟。㈢敵：對抗。這裏指攻打。㈣君在而重之：因為君王在軍中而用語很重。君指魯莊公。攻一座小城稱攻伐，顯得用語重了些。

【今譯】攻國才能稱伐。於餘丘是邾國的小城，為什麼稱伐呢？因為公子地位高，所以對他率領的軍隊重提。攻打別人的城邑，公子累病了。說公子累病了，是譏刺莊公。另一種說法是，因為莊公在軍中，才用語重了。

(三)經秋，七月，齊王姬卒(一)。

【今註】(一)王姬：周女，齊襄公夫人。頭年十月才嫁到齊國。

【今譯】秋季，七月，齊襄公夫人去世。

傳為之主者(一)，卒之也(二)。

【今註】(一)為之主：魯國為王姬主婚。(二)卒之：記載她的死。

【今譯】魯國是王姬的主婚者，所以要記載王姬的死。

(四)經冬，十有二月，夫人姜氏會齊侯於禚(一)。

【今註】(一)夫人：魯桓公夫人，莊公母，即文姜。禚：音斫，齊國地名。齊侯：齊襄公，文姜的異母兄。

【今譯】冬季，十二月，夫人姜氏和齊侯在禚地會見。

傳婦人既嫁，不踰竟㈠。踰竟，非正也。婦人不言會，言會，非正也。

【今註】㈠竟：國境。竟是境的古字。

【今譯】女人已經出嫁，就不能再越過國境。越過國境，不合於禮。女人不能說會見誰，說會見，不合於禮。

㈤經乙酉，宋公馮卒㈠。

【今註】㈠馮：宋莊公名馮。此經無傳。

【今譯】乙酉日，宋莊公去世。

莊公三年（公元前六百九十一年）

㈠經三年，春，王正月，溺會齊侯伐衛。

傳溺者何也㈠？公子溺也。其不稱公子何也？惡其會仇仇而伐同姓㈡，故貶而名之也。

【今註】㈠溺：人名，魯國大夫。㈡仇仇：指齊襄公。他與文姜私通，並合謀害死魯桓公。同姓：指衛國。衛魯二國同屬姬姓。

【今譯】溺是什麼人？是公子溺。為什麼不稱呼公子呢？是憎恨他與仇人會盟而且攻伐同姓的衞國，所以貶抑他，稱他的名。

(二)經 夏，四月，葬宋莊公。

傳 月葬㈠，故也㈡。

【今註】㈠月葬：記下安葬的月份。㈡故：緣故。具體緣故，史傳未載。

【今譯】記載安葬宋莊公的月份，是有緣故的。

(三)經 五月，葬桓王。

傳 傳曰，改葬也㈠。改葬之禮，緦㈡，舉下㈢，緬也。或曰㈣，卻尸以求諸侯㈤。天子志崩不志葬，必其時也。何必焉？舉天下而葬一人㈥，其義不疑也。志葬，故也，危不得葬也。曰，近不失崩㈦，不志崩，失天下也。獨陰不生，獨陽不生，獨天不生，三合然後生。故曰，母之子也可，天之子也可。尊者，取尊稱焉；卑者，取卑稱焉。其曰王者，民之所歸往也。

【今註】㈠改葬：周桓王於魯桓公十五年駕崩，穀梁氏認為七年後的下葬是改葬。左傳認為是緩葬。㈡緦：緦麻。喪服的一種，用細麻布縫製，做功比較精細，服期三個月。㈢下：下等。古時喪服分五等，斬衰、齊衰、大功、小功、緦麻。緦麻是最下一等，表示哀傷的成分最輕。㈣或：有的。㈤郤屍以求諸侯：停屍緩葬是為了求得諸侯都來會葬。郤：音細，隙，間隔。㈥舉：全。㈦近不失崩：指魯國離天子較近（實際上有千餘里），不會不知道天子駕崩的消息。

【今譯】解釋說，是改葬。改葬的禮儀規定，穿緦麻喪服，用最輕一等的，表示緬懷的意思。還有一種說法，停屍緩葬是為了諸侯們來會葬。記天子駕崩不記安葬，因為安葬肯定在規定的時間。為什麼一定在規定的時間？因為普天下人都為天子送葬，那是不容置疑的。記載安葬，就是有了緣故，遇到危難不能按時下葬了。魯國離天子近，不會不知道駕崩的日子。如果不記載死的日期，是由於天子丟了天下。單有陰不能生，單有陽不能生，單有天也不能生，陰、陽、天三者合才能生。所以，說母親的兒子，可以；說天的兒子，可以。尊貴的人，就取尊貴的稱呼（稱天子），卑賤的就取卑賤的稱呼。稱王，是萬民歸往的意思。

㈣【經】秋，紀季以酅入於齊㈠。

【今註】㈠紀季：紀國國君紀侯的弟弟。酅：紀國邑名，在今山東臨淄東。紀季帶著土地叛離紀國。

【今譯】秋天，紀季帶著酅城歸入齊國。

傳 攜，紀之邑也。入於齊者，以攜事齊也。入者，內弗受也㈠。

【今註】㈠內弗受：齊國不應該接受。

【今譯】攜是紀國的小城。歸入齊國，是說（紀季）拿攜投奔事奉齊侯。入，表示齊不應該接受。

㈤經 冬，公次於郎。

傳 次㈠，止也㈡，有畏也㈢，欲救紀而不能也。

【今註】㈠次：臨時駐紮。㈡止：留，住。㈢有畏：有畏懼之心。齊要滅紀國，紀求救於魯。魯莊公請求跟鄭國聯合救紀，鄭推辭了。魯畏齊，故止兵不前。

【今譯】次是停止不前的意思。魯怕齊國，想救紀國又不能救。

莊公四年（公元前六百九十年）

㈠經 四年，春，王二月，夫人姜氏饗齊侯於祝丘㈠。

【今註】㈠饗：用酒食款待別人。一般指兩國國君相見時宴請。祝丘：地名，在魯國。

【今譯】四年，春季，周曆二月，夫人姜氏在祝丘宴請齊襄公。

傳饗，甚矣。饗齊侯，所以病齊侯也㊀。

【今註】㊀病：責備，不滿。

【今譯】宴請，太過分了。經文記「饗齊侯」，是用以責備齊侯。

(二)經三月，紀伯姬卒。

傳外夫人不卒㊀，此其言卒何也？吾女也。適諸侯則尊同㊁，以吾為之變，卒之也。

【今註】㊀外夫人不卒：魯以外的君夫人死不予記載。夫人：這裏的夫人指紀國國君夫人，魯惠公女兒，所以下文稱：吾女也。㊁適：出嫁。尊同：尊貴的地位相同。

【今譯】外國的君夫人死不予記載，這次為什麼記呢？因為是我們魯公女兒。她嫁給諸侯，地位就跟魯君夫人相等了。因此我們為她改變記事的凡例，記載她的死。

(三)經夏，齊侯、陳侯、鄭伯遇於垂㊀。

【今註】㊀垂：地名，衞地，在今山東曹縣北。此經無傳。

【今譯】夏天，齊侯，陳侯和鄭伯在垂地臨時會見。

(四)經紀侯大去其國。

傳大去者㈠，不遺一人之辭也㈡，言民之從者四年而後畢也㈢。紀侯賢而齊滅之，不言滅而曰大去其國者，不使小人加乎君子㈣。

【今註】㈠大去：一去不復返。紀侯永遠不能返回國家，也即是失掉了國家。㈡遺：留。㈢民之從者四年：指莊公元年齊遷走紀國百姓，至今整四年。畢：完，指國家被滅。㈣加：陵駕。小人：指齊侯。君子：指紀侯。

【今譯】大去，是不留下一人的意思（指一個百姓也沒有了），是說百姓遷走四年而後就滅了國。紀侯賢德，齊國卻滅了紀國，不說被滅而說永遠離開國家，是不讓小人陵駕於君子之上。

㈤經六月，乙丑，齊侯葬紀伯姬。

傳外夫人不書葬㈠，此其書葬何也？吾女也。失國，故隱而葬之㈡。

【今註】㈠不書葬：不記載安葬。㈡隱：痛。葬之：記下安葬日期。

【今譯】魯以外的君夫人死不記載安葬，這次為什麼記呢？因為伯姬是我們魯公的女兒。失去國家，所以痛惜她，記下安葬日期。

㈥經秋，七月㈠。

【今註】㈠此經無傳。

【今譯】秋季，七月。

(七)經冬，公及齊人狩於郜㊀。

【今註】㊀郜：地名，左傳作「禚」。狩：打獵，也特指冬季打獵。

【今譯】冬季，莊公和齊侯在郜地打獵。

傳齊人者，齊侯也。其曰人何也？卑公之敵㊀，所以卑公也。何為卑公也？不復仇而怨不釋㊁，刺釋怨也㊂。

【今註】㊀卑：低。這裏是意動用法，「鄙視」之義。敵：匹敵，對手。㊁不復仇而怨不釋：不報完仇就能解除仇恨。怨：仇恨。釋：消除，解除。這句指的是魯莊公不報父仇（父桓公被齊侯害死），卻和仇人一起打獵。㊂刺：指刺，譏刺。

【今譯】齊人是指齊侯。為什麼稱他齊人？是為鄙視莊公的對手，用以鄙視莊公。為什麼鄙視莊公？不報完仇就不能解除仇恨，譏刺莊公還沒報父仇，就解除了仇恨。

莊公五年（公元前六百八十九年）

(一)經五年，春，王正月㊀。

【今註】㈠此經無傳。

【今譯】五年，春，周曆正月。

㈡經 夏，夫人姜氏如齊師。

傳 師而曰如㈠，眾也。婦人既嫁不踰竟㈡，踰竟，非禮也。

【今註】㈠師：軍隊。齊國在這年的秋季伐衛，因此夏季就調集軍隊，姜氏到軍中會齊侯。如：動詞，到……去。㈡竟：境的古字，國境。

【今譯】「師」字前用「如」字，表示人很多。女人出嫁後不能過國境。過國境，不合於禮。

㈢經 秋，郳黎來來朝。

傳 郳，國也。黎來，微國之君㈠，未爵命者也㈡。

【今註】㈠黎來：人名。微：小。㈡未爵命：沒得到天子的任命和加封。

【今譯】郳是國名。黎來是小國的君王，沒有得到天子的任命加封。

㈣經 冬，公會齊人，宋人、陳人、蔡人伐衛。

傳 是齊侯宋公也㈠。其曰人何也？人諸侯，所以人公也。其人公何也？逆天王之命也㈡。

【今註】㈠齊侯：齊襄公。宋公：宋閔公。㈡逆：違逆，違背。天王之命：周天子不讓衛國的公子朔（見魯桓公十六年文）為君，齊侯偏要伐衛，送公子朔回國為君。

【今譯】這是指齊侯和宋公。為什麼稱齊人、宋人？稱諸侯為某人，用以稱魯公為人。為什麼呢？因為他們違背天子的命令。

莊公六年（公元前六百八十八年）

㈠經 六年，春，王三月㈠，王人子突救衛㈡。

【今註】㈠三月：左傳作正月，公羊傳作三月。㈡王人：周王室的官員。子突：王人的字。

【今譯】六年，春季，周曆三月，周王的官員子突援救衛國。

傳 王人，卑者也㈠。稱名㈡，貴之也，善救衛也。救者善，則伐者不正矣。

【今註】㈠卑：低，指地位、官位不高。㈡名：鄭玄認為是「字」之誤，當為字。

【今譯】王人是個官位不高的人。稱他的字，是尊重他，因為他援救衛國是個好人。援救者是好人，那麼，征伐的人就不對了。

㈡經夏，六月，衞侯朔入於衞。

傳其不言伐衞納朔何也㊀？不逆天王之命也㊁。入者，內弗受也㊂。何用弗受也㊃？為以王命絕之也㊄。朔之名，惡也。朔入逆㊅，則出順矣。朔出入名㊆，以王命絕之也。

【今註】㊀納朔：送朔回國。納：入，使……入。朔：公子朔，衞宣公兒子，其母為齊女。㊁逆：違背。㊂內弗受：指衞國不接納。㊃用：由。㊄王命絕之：天子命令廢棄他。㊅朔入逆：公子朔回國是違背王命。㊆出入：指出國回國。

【今譯】為什麼不說討伐衞國送朔回去呢？春秋經不記違背天子命令的事。說入，是表示衞國不接納。為什麼不接納呢？因為天子命令廢棄他。稱朔的名，表示憎惡他。朔回國是違天子命，那麼出國就是順應王命了。記朔出國回國都稱名，是因為天子命令廢棄他。

㈢經秋，公至自伐衞。

傳惡事不致㊀，此其致何也？不致，則無用見公之惡㊁，事之成也。

【今註】㊀致：通至。外出歸來告祭祖廟。穀梁氏認為魯莊公參與伐衞是違逆天子之命的壞事。

㈡無用：沒有途徑。用：由。

【今譯】做壞事歸來的祭祖不予記載，這次為什麼記呢？不記載就看不到莊公幹的壞事，事情也就成了。

㈣經螟㈠。

【今註】㈠螟：一種苗心蟲。成災才予記載。此經無傳。

【今譯】鬧蟲災。

㈤經冬，齊人來歸衞寶。

傳以齊首之㈠，分惡於齊也㈡。使之如下齊而來我然㈢。惡戰則殺矣㈣。

【今註】㈠以齊首之：因為齊國是伐衞的首領。㈡分惡：分得些罪惡。齊侯率諸侯伐衞，送朔回國當國君，即衞惠公。惠公即位後，贈寶物給各諸侯國。穀梁氏認為是分發了罪惡。㈢下：在下位。我：指魯國。㈣殺：音晒，少。

【今譯】因為齊國是伐衞的首領，所以從齊國分得一些罪惡。記載的好像齊國在下位，來給我們魯國送東西。(魯國若)憎惡這次作戰就減少了罪責。

莊公七年（公元前六百八十七年）

㈠ 經 七年，春，夫人姜氏會齊侯於防。

傳 婦人不會㊀，會非正也。

【今註】 ㊀不會：不能（和別人）相會。文姜違禮在防地會見齊襄公。

【今譯】 女人不能私自和別人相會，相會不合於禮。

㈡ 經 夏，四月，辛卯，昔㊀，恒星不見㊁。夜中，星隕如雨。

【今註】 ㊀昔：通夕，日暮。 ㊁恒星：古人認為是永不動位置的星，所以總能看到。其實恒星也和行星一樣，一直不停地運轉。

【今譯】 夏季，四月辛卯日，日落時，恒星看不見了。半夜時，星星落下來，像下雨似的。

傳 恒星者，經星也。日入至于星出謂之昔㊀。不見者，可以見也。其隕也如雨，是夜中歟？春秋著以傳著㊁，疑以傳疑。中之㊂，幾也㊃。而曰夜中，著焉爾。何用見其中也？失變而錄其時㊄，則夜中矣。其不曰恒星之隕何也？我知恒星之不見而不知其隕也。我見其隕而接於地者，則是雨說也。著於上見於下謂之雨㈥，著於下不見於上者謂之隕，豈雨說哉。

【今註】㈠日入：太陽落山。昔：通夕。㈡春秋：指春秋經。著：顯明，明確。㈢中：指夜中，夜半。㈣幾：微。指微約難以辨察。㈤失變：指星象失去正常，有了變化。錄其時：檢錄漏刻(古時的計時儀器)。㈥著於上見於下：指上下都看得見。

【今譯】恒星是經常看得見的星星。太陽落山到星星出來這段時間叫夕。記「不見」，是強調它可以看得見。星星落下來像下雨，是在半夜嗎？春秋經記事，明確就記下明確的，有疑問就記下疑問。夜半，是微約難以辨察的時刻。記下半夜，就表示是明確的。根據什麼知道是半夜呢？星象有了變化就檢錄漏刻，就知道是半夜。為什麼不說恒星落下呢？我們只知道恒星看不見了，不知它落沒落下。我們看見落到地上的，就是像下雨這種說法。上邊看得清，下邊也看得見的叫下雨；在下邊看得清，上邊看不見的叫隕。哪袛下雨一種說法呢？

㈢經秋，大水。

傳高下有水災曰大水㈠。

【今註】㈠下：低。

【今譯】高處低處都有水災叫大水。

(四)經無麥、苗。

傳麥、苗同時也(一)。

【今註】(一)苗：指秋季作物的小苗被水淹，不能生長。

【今譯】麥子、小苗同時受害。

(五)經夫人姜氏會齊侯於穀。

傳婦人不會，會非正也(一)。

【今註】(一)會：指姜氏在穀地會見齊侯。

【今譯】女人不能私自會見人，會見不合於禮。

莊公八年(公元前六百八十六年)

(一)經八年，春，王正月，師次於郎，以俟陳人、蔡人。

傳次(一)，止也。俟，待也。

【今註】(一)次：臨時駐紮。魯軍駐在郎地，等陳蔡二國兵至，以共伐郕國。

【今譯】次是停止的意思。俟是等待的意思。

(二)經甲午，治兵。

傳出曰治兵㈠，習戰也。入曰振旅㈡，習戰也。治兵而陳蔡不至矣㈢。兵事以嚴終，故曰善陳者不戰，此之謂也。善為國者不師㈣，善師者不陳㈤，善陳者不戰，善戰者不死㈥，善死者不亡㈦。

【今註】㈠治兵：練兵。㈡振旅：整軍。㈢陳蔡不至：陳蔡二國不到。穀梁氏錯誤地解釋為不來進犯。㈣不師：不要軍隊。指善於治國的以德服人。㈤陳：陣的古字。下同。㈥不死：指傷亡很少，因為打仗時善於避實就虛。㈦不亡：不無謂地犧牲。

【今譯】出到郊野叫練兵，是為演習作戰。進入國都叫整軍，也是演習作戰。練兵，陳蔡就不來了。軍隊陣列始終嚴整，所以說會練兵列陣的不用作戰，就指的是這種情況。善於治國的不要軍隊，善於用兵的不必演習陣列，善於列陣的不用作戰，善於作戰的極少傷亡，善於死的不做無謂的犧牲。

(三)經夏，師及齊師圍郕，郕降於齊師。

傳其曰降於齊師何？不使齊師加威於郕也㈠。

【今註】㈠加威：施加武力。

【今譯】為什麼說投降齊軍呢？不讓齊軍對郕國施加武力。

㈣經秋，師還。

傳還者㈠，事未畢也，遁也㈡。

【今註】㈠還：指魯軍回國。㈡遁：回避。范寧以為魯國和郕國都姓姬，魯不忍打同姓國，故回避。

【今譯】魯軍回國，戰事沒完，（魯）回避了。

㈤經冬，十有一月，癸未，齊無知弒其君諸兒。

傳大夫弒其君㈠，以國氏者㈡，嫌也，弒而代之也。

【今註】㈠大夫：即無知，又稱公孫無知，齊僖公的侄兒。君：指齊襄公，名叫諸兒。㈡以國氏：用國名做氏，即在名字前冠以國名。

【今譯】大夫殺國君，記載時名前冠以國名，表示有嫌疑，疑他弒君將以己代之。

莊公九年(公元前六百八十五年)

(一)經 九年，春，齊人殺無知。

傳 無知之挈(一)，失嫌也。稱人以殺大夫(二)，殺有罪也。

【今註】(一)挈：提。(二)稱人：這是指明穀梁傳釋經的條例，凡是經文記某某人如何……。

【今譯】提無知的名，表明他沒當上國君。經文記某人殺大夫，表示被殺的人有罪。

(二)經 公及齊大夫盟於暨。

傳 公不及大夫(一)。大夫不名，無君也(二)。盟納子糾也(三)。不日，其盟渝也(四)。當齊無君，制在公矣(五)。當可納而不納，故惡內也(六)。

【今註】(一)公不及大夫：魯君不能同(外國)大夫簽訂盟約。(二)無君：指齊襄公被弑，公孫無知也被殺死，齊國此時沒有國君。故而派大夫簽盟。(三)納：入，使……進入。子糾：即公子糾，齊僖公兒，齊襄公弟。據史記齊世家云，齊襄公淫亂，政令無常，群弟怕禍及自身，紛紛逃往別國。子糾由管仲、召忽做保傅，逃至母舅魯國避難。聽到襄公已死的消息，魯和齊簽盟，要送子糾回國，爭立國君。(四)渝：變。(五)制在公矣：決斷權在魯公了。制：裁斷。(六)惡：

恥，恥辱。內：指魯國。

【今譯】魯公不能同別國大夫簽盟。簽盟的大夫不提名，因為齊國沒有國君。約定送子糾回國，不記日期，因為盟約變了。在齊國沒有國君時，決定權就在魯公了。可以送子糾回國，卻沒送回去，所以認為是魯國的恥辱。

㈢〔經〕夏，公伐齊，納糾。齊小白入於齊。

〔傳〕當可納而不納。齊變而後伐。故乾時之戰㈠，不諱敗，惡內也。大夫出奔反㈡，以好曰歸，以惡曰入。齊公孫無知弒襄公，公子糾、公子小白不能存㈢，出亡。齊人殺無知，而迎公子糾於魯。公子小白不讓公子糾先入，又殺之於魯㈣，故曰齊小白入於齊，惡之也㈤。

【今註】㈠乾時：地名，在今山東臨淄西部。魯送公子糾回國，齊兵在乾時迎戰魯，不讓糾回國。㈡出奔：指逃出國避難。反：返的古字。㈢小白：齊桓公的名。子糾到魯國避難時，小白由鮑叔牙做保傅到莒國避難。㈣殺之於魯：在魯國殺公子糾。齊襄公被殺後，小白搶先回國當了國君，就是齊桓公。他命人在魯國殺死公子糾。㈤惡：憎恨。

【今譯】可以送糾回國卻沒送成。齊國改變盟約後，就討伐它。所以乾時一戰，不避諱魯國失敗，認為是魯的恥辱。大夫出國避難，後來返回國，如果認為他好就記「歸」，認為他壞就記「入」。

齊國的公孫無知殺了襄公，公子糾和公子小白不能呆在齊國，出逃國外。齊國殺了無知後，到魯國迎公子糾。公子小白不讓公子糾先回國，又在魯國殺了糾。所以經文記「齊小白入於齊」，是對他表示憎恨。

㈣經秋，七月，丁酉，葬齊襄公㊀。

【今註】㊀此經無傳。

【今譯】秋季，七月丁酉日，安葬齊襄公。

㈤經八月，庚申，及齊師戰於乾時，我師敗績㊀。

【今註】㊀敗績：大敗，慘敗。

【今譯】八月庚申日，魯國跟齊軍在乾時作戰，魯軍大敗。

㈥經九月，齊人取子糾殺之。

傳外不言取，言取，病內也㊀。取，易辭也。猶曰取其子糾而殺之云爾。十室之邑可以逃難㊁，百室之邑可以隱死，以千乘之魯㊂，不能存子糾㊃，以公為病矣。

【今註】㊀病：責備。下文同此。內：指魯國。㊁室：家。㊂千乘之魯：擁有千輛兵車的魯國。此言其大。乘：音勝，古時一車四馬為一乘。㈣存：保。

【今譯】魯以外的國家不能說取，經文用「取」字，是責備魯國。取，表示容易得到的意思，就像說拿來那小糾就殺了。十戶人家的小城就可以避難，百戶人家的小城就可以隱藏不死，憑著擁有千輛兵車的魯國，卻不能保住公子糾，因此魯公要被責備呵。

㈦經冬，浚洙。

傳浚洙者㈠，深洙也，著力不足也㈡。

【今註】㈠浚洙：疏浚洙河。㈡著：顯出。魯無力對抗齊國，所以深挖河道防備之。

【今譯】疏浚洙河，就是深挖洙河河道，顯出力量不足。

莊公十年（公元前六百八十四年）

㈠經十年，春，王正月，公敗齊師於長勺㈠。

【今註】㈠長勺：魯地名，在今山東曲阜縣北。

【今譯】十年，春季，周曆正月，莊公在長勺打敗齊軍。

傳不日㈠，疑戰也㈡。疑戰而曰敗，勝內也㈢。

【今註】㈠不日：不記日期。㈡疑戰：指沒約好作戰的日期。㈢勝內：是內勝之義。古今語序不同。內：指魯國。

【今譯】沒記載日子，因為沒約定作戰日期。沒約定作戰而記失敗，是魯國打勝了。

㈡經 二月，公侵宋。

傳 侵時㈠，此其月何也？乃深其怨於齊㈡，又退侵宋以眾其敵㈢，惡之㈣，故謹而月之。

【今註】㈠時：指記下季節。㈡深其怨於齊：跟齊結下深仇（指長勺一仗）。怨：恨。㈢眾其敵：讓自己的敵手眾多，到處樹敵。㈣惡：責備。之：指代莊公。

【今譯】凡是侵略記下季節。這次為什麼記月份？已經跟齊結下深仇，又退兵侵略宋國，到處樹敵。為責備莊公，所以慎重地記下月份。

㈢經 三月，宋人遷宿。

傳 遷，亡辭也。其不地㈠，宿不復見也㈡。遷者，猶未失其國家以往者也。

【今註】㈠不地：不記遷的去處。㈡宿不復見：宿國不再出現了。即被宋遷民奪地而滅亡了。

【今譯】遷走是滅亡的意思。不記載遷的地方，是因為再也見不到宿國了。用「遷」字，就好像沒失掉國家而遷往別處了。

(四)經　夏，六月，齊師、宋師次於郎，公敗宋師於乘丘。

傳　次㈠，止也，畏我也。不日㈡，疑戰也。疑戰而曰敗，勝內也。

【今註】㈠次：臨時駐紮。㈡不日：不記作戰日期。

【今譯】次是駐留不前的意思，是因為怕我們魯國。沒記作戰日期，因為不是約定日期的作戰。記(齊宋)敗了，是魯國勝了。

(五)經　秋，九月，荊敗蔡師於莘，以蔡侯獻舞歸。

傳　荊者㈠，楚也。何為謂之荊？狄之也㈡。何為狄之？聖人立㈢，必後至㈣。天子弱，必先叛，故曰荊，狄之也。蔡侯何以名也㈤？絕之也。何為絕之？獲也㈥。中國不言敗㈦，此其言敗何也？中國不言敗，蔡侯見其獲乎？其言敗何也？釋蔡侯之獲也。以歸㈧，猶愈乎執也㈨。

【今註】㈠荊：楚國的別名。因楚國先王熊繹在荊山一帶開闢疆土，建立國家。稱荊有點輕蔑意味。㈡狄之：把它視為夷狄。古人稱邊遠不開化的民族為夷狄。㈢聖人立：指天子即位。

㈣後至：指對天子不禮敬，遲遲不去朝拜。㈤蔡侯：蔡哀侯，名叫獻舞。㈥獲：被俘獲。㈦中國：指中原地區的諸侯國。㈧以歸：把蔡侯帶回（楚國）去。㈨愈：勝過。

【今譯】荊是指楚國。為什麼稱它荊？是把它視為夷狄。為什麼視楚為夷狄？（因為）天子即位，楚國遲遲不朝拜；天子如果軟弱，楚肯定先反叛。所以稱它荊，把它視為夷狄。為什麼稱蔡侯的名？因為他絕了君位。為什麼絕了君位？他被楚俘獲了。對中原各諸侯國不說敗，這裏為什麼說敗？不說敗能表明蔡侯被俘獲嗎？為什麼說敗，為解釋蔡侯被俘獲。把蔡侯帶回國，比捉住還嚴重。

㈥經冬，十月，齊師滅譚㈠，譚子奔莒㈡。

【今註】㈠譚：國名，在今山東濟南東。㈡譚子：譚國國君。此經無傳。

【今譯】冬季，十月，齊軍滅了譚國，譚子跑到莒國。

莊公十一年（公元前六百八十三年）

㈠經十有一年，春，王正月㈠。

【今註】㈠此經無傳。

【今譯】十一年，春，周曆正月。

㈡經 夏，五月，戊寅，公敗宋師於鄑。

傳 內事不言戰㈠，舉其大者㈡。其日，成敗之也㈢，宋萬之獲也㈣。

【今註】㈠內事：指魯國作戰。事：指軍事行動 ㈡大者：范寧說指打勝的戰役。 ㈢成敗之：完成了戰敗（宋國）的任務。 ㈣宋萬：人名。鄑地一戰捉住了宋萬。

【今譯】春秋經對魯國作戰一般不記載，衹記大的戰役。記下日子，是因為完成了打敗宋國的任務，俘獲了宋萬。

㈢經 秋，宋大水。

傳 外災不書㈠，此何以書？王者之後㈡。高下有水災曰大水㈢。

【今註】㈠書：寫，記。 ㈡王者之後：指商王的後代。微子啟（紂的叔父）被封在宋。 ㈢下：低。

【今譯】外國鬧災不記，這次為什麼記？因為宋是商王的後代。高處低處都有水災稱大水。

㈣經 冬，王姬歸於齊㈠。

【今註】㈠王姬：周女，又稱共姬，嫁給齊桓公。

【今譯】冬季，王姬嫁到齊國。

傳其志，過我也㊀。

【今註】㊀過我：經過魯國。穀梁氏以為記載的原因是路過便記。其實共姬出嫁，魯國仍是主婚者。

【今譯】記下這件事，是因為路過魯國。

莊公十二年（公元前六百八十二年）

(一)經十有二年，春，王三月，紀叔姬歸於酅㊀。

【今註】㊀酅：地名。叔姬：魯惠公女，紀侯弟紀季的夫人。

【今譯】十二年，春，周曆三月，叔姬回到酅城。

傳國而曰歸，此邑也，其曰歸何也？吾女也。失國喜得其所㊀，故言歸焉爾。

【今註】㊀失國：指莊公四年紀被齊滅掉，紀季帶酅城歸附。

【今譯】對一國而言才說歸，這是一座城，為什麼說歸呢？因為叔姬是魯公女兒，高興她失去國家又得到處所，所以稱歸。

(二)經夏，四月㈠。

【今註】㈠一季無事，記下首月。此經無傳。

【今譯】夏季，四月。

(三)經秋，八月，甲午，宋萬弒其君捷㈠，及其大夫仇牧㈡。

【今註】㈠宋萬：宋國的卿，又稱南宮長萬。上一年五月鄑地之戰，曾被魯俘獲，放回宋國後當了卿。捷：宋閔公的名。㈡仇牧：人名，宋大夫。

【今譯】秋季，八月甲午日，宋萬殺了自己的國君和仇牧大夫。

傳宋萬，宋之卑者也㈠，卑者以國氏㈡。以尊及卑也㈢。仇牧，閑也㈣。

【今註】㈠卑者：在下位的人。這是與在上位的君王相對而言。㈡以國氏：用國名(即宋)當氏。指萬前冠以宋字。㈢由尊及卑：由尊者(指君)連及卑者(指大夫)。㈣閑：限制。這句是說仇牧被殺，是因為他為了保衛君王而抵制宋萬的行動。

【今譯】宋萬是個下臣，卻用國名當氏。(宋萬殺人)是由地位高的到地位低的。仇牧被殺，是因為他抵制宋萬弒君。

(四)經冬，十月，宋萬出奔陳㈠。

【今註】㈠此經無傳。

【今譯】冬季，十月，宋萬逃到陳國避難。

莊公十三年（公元前六百八十一年）

(一)經十有三年，春，齊人、宋人、陳人、蔡人、邾人會於北杏。

傳是齊侯宋公也㈠。其曰人何也？始疑之。何疑焉？桓非受命之伯也㈡。將以事授之者也，曰可矣乎？未乎？舉人眾之辭也。

【今註】㈠是齊侯宋公：這是指齊桓公和宋桓公。是：代詞，代經文中的「齊人、宋人」。在北杏的盟會是齊桓公第一次會合諸侯開會。㈡非受命之伯：不是天子命封的霸主。伯：長者，霸。

【今譯】這是齊桓公、宋桓公呵。為什麼稱齊人？開始時還有疑慮。疑慮什麼？齊桓公還不是天子任命加封的霸主，將要把事委任於他，可以呢？不可以呢？稱人表示眾多的意思。

(二)經夏，六月，齊人滅遂。

傳遂㈠，國也。其不日㈡，微國也。

【今註】㈠遂：國名。史記齊世家以之為魯邑名。㈡不日：不記日期。
【今譯】遂是國名。不記滅它的日期，因為是小國。

㈢經秋，七月㈠。
【今註】㈠一季無事，記下季首。此經無傳。
【今譯】秋季，七月。

㈣經冬，公會齊侯，盟於柯。
傳曹劌之盟也㈠，信齊侯也。桓盟雖內與㈡，不日，信也㈢。
【今註】㈠曹劌：魯國大夫。柯地的齊魯盟會，魯方派曹劌去結盟。㈡桓盟雖內與：桓公這次盟會雖然是跟魯國（也該記下日期）。內：指魯國。㈢信：誠信。前一個「信」是信任的意思。
【今譯】是曹劌去結的盟，因為信任齊桓公。桓公這次雖然是跟魯國會盟（也該記日期），不記，是因為講誠信。

莊公十四年（公元前六百八十年）

㈠經十有四年，春，齊人、陳人、曹人伐宋㈠。

【今註】㊀此經無傳。

【今譯】十四年，春，齊國、陳國、曹國一起攻伐宋國。

㈡經夏，單伯會伐宋。

傳會㊀，事之成也㊁。

【今註】㊀會：會見。周大夫單(音善)伯本是要會合齊、陳、曹三個，一起伐宋。但來晚了，只是會見一下。㊁事之成：指三國伐宋已經結束了。

【今譯】用會字，表示攻宋之事已經完了。

㈢經秋，七月，荊入蔡。

傳荊者，楚也。其曰荊何也？州舉之也㊀。州不如國，國不如名，名不如字。

【今註】㊀州舉之：稱它州名。穀梁氏以為楚國地處荊州一帶，故稱舉州名。

【今譯】荊就是楚國。為什麼稱荊呢？是稱州名。稱州不如稱國，稱國不如稱名，稱名不如稱字。

㈣經冬，單伯會齊侯、宋公、衞侯、鄭伯於鄄。

傳復同會也㊀。

【今註】㊀會：鄄（音絹）地之會。這次會欲推齊桓公為諸侯之長。
【今譯】又一次共同會盟。

莊公十五年（公元前六百七十九年）

㊀經十有五年，春，齊侯、宋公、陳侯、衞侯、鄭伯會於鄄。
傳復同會也㊀。
【今註】㊀這次會盟，齊桓公始為霸主。
【今譯】又一次共同會盟。

㊁經夏，夫人姜氏如齊。
傳婦人既嫁不踰竟㊀，踰竟非禮也。
【今註】㊀竟：境的古字。國境。
【今譯】女人已經出嫁就不能越過國境，越境是非禮的。

㊂經秋，宋人、齊人、邾人伐郳㊀。

【今註】㈠郳：國名。公羊傳作兒。此經無傳。

【今譯】秋季，宋國、齊國和邾國一起攻伐郳國。

㈣經 鄭人侵宋㈠。

【今註】㈠此經無傳。

【今譯】鄭國侵略宋國。

㈤經 冬，十月㈠。

【今註】㈠一季無事，也要記下首月。此經無傳。

【今譯】冬季，十月。

莊公十六年（公元前六百七十八年）

㈠經 十有六年，春，王正月㈠。

【今註】㈠此經無傳。

【今譯】十六年，春季，周曆正月。

㈡經 夏，宋人、齊人、衞人伐鄭㈠。

【今註】㈠這次伐鄭，各國均為國君領兵。此經無傳。

【今譯】夏季，宋國、齊國和衛國一起攻伐鄭國。

㈢經秋，荊伐鄭㈠。

【今註】㈠荊：即楚國。此經無傳。

【今譯】秋季，楚國攻伐鄭國。

㈣經冬，十有二月，會齊侯、宋公、陳侯、衛侯、鄭伯、許男、曹伯、滑伯、滕子同盟於幽。

傳同者，有同也，同尊周也㈠。不言公㈡，外內寮一㈢，疑之也㈣。

【今註】㈠同尊周：共同尊奉周天子。有人認為幽地這次會，諸侯全到，始尊齊為霸。㈡不言公：不提魯莊公，指經文中「會」字前省略了「公」字。㈢外內寮一：內外諸侯一致。寮：官。這裏指諸侯。㈣疑之：疑心莊公會不會尊齊桓公為霸主。

【今譯】經文用同字，表明各諸侯有共同之處，共同尊奉周天子。不提莊公，是因為內外諸侯一致疑心莊公會不會尊齊桓公為霸主。

(五)經邾子克卒。

傳其曰子㈠，進之也。

【今註】㈠子：爵名。邾國國君名叫克，以前一直稱名，這次記他的死稱爵又稱名。

【今譯】稱邾君為子，因為進封了爵位。

莊公十七年（公元前六百七十七年）

(一)經十有七年，春，齊人執鄭詹。

傳人者，眾辭也。以人執㈠，與之辭也。鄭詹㈡，鄭之卑者也。卑者不志㈢，此其志何也？以其逃來志之也。逃來則何志焉？將有其末㈣，不得不錄其本也㈤。鄭詹，鄭之佞人也㈥。

【今註】㈠執：逮住。㈡鄭詹：鄭國大夫。據史記鄭世家，詹是鄭厲公兒子，又稱叔詹。㈢志：記。㈣末：指事情的末尾。㈤本：指事情的開端。㈥佞：有才能。

【今譯】經文稱齊人，表示眾人的意思。因為眾人逮住詹，就用了這個詞。鄭詹，是鄭國的下臣，地位低不予記載。這次為什麼記呢？因為他逃來我們魯國。逃到魯國為什麼記呢？要記末尾，不能不記它的開頭。鄭詹，是鄭國有才能的人。

(二)經夏，齊人殲於遂。

傳殲者，盡也。然則何為不言遂人盡齊人也㊀？無遂之辭也㊁。無遂則何為言遂？其猶存遂也。存遂奈何？曰齊人滅遂，使人戍之㊂，遂之因氏飲戍者酒而殺之㊃，齊人殲焉㊄。此謂狎敵也㊅。

【今註】㊀遂人盡齊人：遂人殺光了齊人。㊁無遂：沒了遂國。莊公十三年齊滅了遂國。㊂戍：戍守。㊃因氏：遂國的四大家族之一。飲戍者酒：讓戍守的人喝酒。㊄殲：被殺盡。㊅狎：輕忽。

【今譯】殲是殺盡的意思。如此，那麼為啥不說遂人殺光了齊人呢？遂國沒有了。沒有遂國為什麼還說遂國？就如同遂國還存在。怎麼遂國還存在呢？齊人滅了遂，派人戍守遂。遂國的因氏家用酒食款待戍守的人，灌醉了後殺死他們，遂地的齊人全被殺盡。這就是所說的輕敵。

(三)經秋，鄭詹自齊逃來。

傳逃義曰逃㊀。

【今註】㈠義：正義。穀梁氏認為鄭詹從齊逃到魯是非正義的。

【今譯】逃避正義叫逃。

㈣經冬，多麋㈠。

【今註】㈠麋：麋鹿。此經無傳。

【今譯】冬季，麋鹿很多。

莊公十八年（公元前六百七十六年）

㈠經十有八年，春，王三月，日有食之。

傳不言日，不言朔㈠，夜食也㈡。何以知其夜食也？曰，王者朝日㈢，故雖為天子，必有尊也㈣。貴為諸侯，必有長也㈤。故天子朝日，諸侯朝朔㈥。

【今註】㈠朔：朔日。每月初一這天叫朔。　㈡夜食：夜裏發生日蝕。食：通蝕。　㈢朝日：指天子朝日的禮儀。禮記玉藻篇上說，天子每天在剛出太陽時，服玄冕在東門外朝日。　㈣必有尊：肯定有比天子還尊貴的，指太陽。　㈤必有長：必有比他還大的，指天子。　㈥朝朔：每月初一，諸侯穿禮服，戴皮帽，到太廟朝拜叫朝朔，也叫聽朔。

【今譯】不記日子，不記朔，因日蝕發生在夜裏。怎麼知道發生在夜裏？天子有朝日之禮（天子朝日時見日虧缺，故知夜裏發生日蝕）。所以，即使是天子，也肯定有比他尊貴的。即使是有地位的諸侯，也肯定有比他還大的。故而天子有朝日之禮，諸侯有朝朔之禮。

㈡經 夏，公追戎於濟西。

傳 其不言戎之伐我何也？以公之追之，不使戎邇於我也㈠。於濟西者㈡，大之也。何大焉？為公之追之也。

【今註】㈠邇：近。㈡濟西：濟水以西。

【今譯】為什麼不說戎人攻伐魯國呢？因為莊公領兵追逐戎人，不讓戎人靠近魯國。在濟水以西，是強調地方大。為什麼強調其大呢？因為莊公在那追戎人。

㈢經 秋，有蜮。

傳 一有一亡曰有㈠。蜮㈡，射人者也。

【今註】㈠亡：通無。㈡蜮：一種能含沙射人的動物。

【今譯】時有時無叫有。蜮是一種能射人的動物。

(四)經冬，十月㊀。

【今註】㊀此經無傳。

【今譯】冬季，十月。

莊公十九年（公元前六百七十五年）

(一)經十有九年，春，王正月㊀。

【今註】㊀此經無傳。

【今譯】十九年，春，周曆正月。

(二)經夏，四月㊀。

【今註】㊀一季即使無事，春秋經也要記下首月。此經無傳。

【今譯】夏季，四月。

(三)經秋，公子結媵陳人之婦於鄄，遂及齊侯、宋公盟。

傳媵㊀，淺事也㊁，不志。此其志何也？辟要盟也㊂。何以見其辟要盟也？媵，禮之輕者也。盟,國之重也,以輕事遂乎國重無說㊃。其曰陳人之婦㊄,略之也。其不日,數渝㊅,惡之也。

【今註】㊀媵:音迎,陪嫁的女子。古禮,諸侯娶一國君之女,另兩個同姓國以庶出女陪嫁。㊁淺事:不重要的事。㊂辟要盟:避開想參加盟會的說法。陳侯娶衛女為夫人,魯女做陪嫁。魯國本意想參加齊侯、宋公的會盟,但不知能否參加,便派公子結以送媵為名,送女到鄄地,然後參加盟會。辟:避的古字。㊃輕事:指送媵。國重:國家大事,指參加盟會。無說:指以送女為名,即使不能參加盟會,別國也沒什麼可說的。㊄陳人之婦:陳侯夫人。㊅數渝:多次改變盟約。指冬季和下一年齊國多次背約伐魯。

【今譯】送陪嫁女,是不重要的事,不予記載。這次為什麼記呢?是為避開要參加盟會的說法。怎麼見得是這樣呢?送陪嫁女,是禮儀中較輕的。盟會是國家的大事。用送女成全大事別國就沒話說了。經文記「陳人之婦」,是為省略。不記日期,是因為盟約多次改變,對此憎恨。

(四)經 夫人姜氏如莒。

傳 婦人既嫁,不踰竟㊀。踰竟非正也。

【今註】㊀竟:境的古字。國境。

【今譯】女人已經出嫁,就不能再過國境。過國境是非禮的。

(五)經冬，齊人、宋人、陳人伐我西鄙。

傳其曰鄙㊀，遠之也。其遠之何也？不以難邇我國也㊁。

【今註】㊀鄙：邊邑。即邊疆地區。㊁邇：近。

【今譯】經文紀邊疆地區，表明很遠。為什麼說遠呢？不讓戰事接近魯的國都。

莊公二十年（公元前六百七十四年）

(一)經二十年，春，王二月，夫人姜氏如莒。

傳婦人既嫁不踰竟㊀，踰竟非正也。

【今註】㊀竟：境的古字。國境。

【今譯】女人已經出嫁，就不能再過國境。過國境（去莒國）是不對的。

(二)經夏，齊大災。

傳其志㊀，以甚也㊁。

【今註】㊀志：記。㊁以：因為。

【今譯】記載齊國火災，因為太嚴重。

(三)經秋，七月㊀。

【今註】㊀一季無事，經文也記下首月。此經無傳。

【今譯】秋季，七月。

(四)經冬，齊人伐我㊀。

【今註】㊀我：左傳作戎。此經無傳。

【今譯】冬季，齊國進攻魯國。

莊公二十一年（公元前六百七十三年）

(一)經二十有一年，春，王正月㊀。

【今註】㊀此經無傳。

【今譯】二十一年，春，周曆正月。

(二)經夏，五月，辛酉，鄭伯突卒㊀。

【今註】㈠突：鄭厲公名突。此經無傳。

【今譯】夏季，五月辛酉日，鄭厲公去世。

㈢經 秋，七月，戊戌，夫人姜氏薨。

傳 婦人弗目也㈠。

【今註】㈠目：地。見范寧注。文姜死在莒國，經文沒記死於莒。

【今譯】女人死不記地點。

㈣經 冬，十有二月，葬鄭厲公㈠。

【今註】㈠此經無傳。

【今譯】冬季，十二月，安葬鄭厲公。

莊公二十二年（公元前六百七十二年）

㈠經 二十有二年，春，王正月，肆大眚。

傳 肆㈠，失也。眚㈡，災也。災紀也㈢，失故也㈣，為嫌天子之葬也㈤。

此釋与公羊大異

【今註】㊀肆：放。這裏是赦免的意思。㊁眚：音省，罪過。㊂紀：治。㊃失故：赦免是有緣故的。㊄嫌：疑。文姜害桓公，有罪，可能是天子同意安葬她。

【今譯】肆是赦免的意思。眚是成災有罪的意思。有罪就要懲治，赦免要有緣故，可能是天子同意（大赦）安葬（文姜）吧。

㈡經 癸丑，葬我小君文姜。

傳 小君㊀，非君也。其曰君何也？以其為公配㊁，可以言小君也。

【今註】㊀小君：諸侯的夫人。㊁公：指魯桓公。配：配偶。

【今譯】小君，不是君。為什麼稱君？因為她是桓公的夫人，可以稱小君。

㈢經 陳人殺其公子御寇。

傳 言公子而不言大夫㊀，公子未命為大夫也。其曰公子何也？公子之重視大夫㊁，命以執公子。

【今註】㊀公子：陳宣公的兒子，名叫御寇。㊁公子之重視大夫：指大夫地位高於公子。

【今譯】稱公子而不稱大夫，因為公子沒命封為大夫。為什麼稱公子？大夫高於公子，（可以）下命令逮住公子。

執公子者，

執公子之禮。

(四)經夏，五月㈠。

【今註】㈠五月：當為四月之誤。因為一季無事記首月，四月是夏季之首。此經無傳。

【今譯】夏季，五月。

(五)經秋，七月，丙申，及齊高傒盟於防。

傳不言公㈠，高傒伉也㈡。

【今註】㈠公：指莊公。不言公：指經文「及」字前省略了公字。㈡高傒：齊國的上卿。姜太公七世孫公子高的孫子，以祖父的字為氏。伉：匹敵，對等。傳者認為「及」字前加公字，就等於高傒和魯公平等了。

【今譯】不提莊公，(是怕)高傒跟莊公伉禮。

(六)經冬，公如齊納幣。

傳納幣㈠，大夫之事也。禮有納采㈡，有問名㈢，有納徵㈣，有告期㈤。四者備，而後娶，禮也。公之親納幣，非禮也，故譏之。

【今註】㈠納幣：向女方送聘禮。㈡納采：以雁為禮物送到女方家。這是訂婚嫁娶之禮的第一步。㊂問名：問女方的姓（因為同姓不婚），然後卜吉凶。㊃納徵：即納幣。㊄告期：定下婚期，告訴女方。據儀禮士昏禮云，古婚嫁之禮包括六道程序。穀梁氏只提四點，可能是時地不同，則大同小異。

【今譯】送聘禮，是大夫的事。古婚嫁之禮，有納采，有問名，有納徵，有告期，這四點完備，然後迎娶，才合乎禮。莊公親自送聘禮，不合於禮，所以譏刺他。

莊公二十三年（公元前六百七十一年）

（一）經 二十有三年，春，公至自齊㊀。

【今註】㊀至：諸侯出行，歸來告祭祖廟叫至。此經無傳。

【今譯】二十三年，春，莊公回國，告祭祖廟。

（二）經 祭叔來聘。

傳 其不言使何也？天子之內臣也㊀。不正其外交㊁，故不與使也。

【今註】㊀內臣：周朝王室的大臣，指經文中的祭叔，也是周王的卿。祭是他的氏，叔是排行，也是字。㊁不正其外交：祭叔來魯訪問，實際是搞不正當的外交活動。

【今譯】為什麼不稱使臣，他是天子王室內的大臣。搞不正當的外交活動，所以不給他使臣稱號。

隱元年：非有天子之命不得出會諸侯 不正其外交

㈢經夏，公如齊觀社㈠。

【今註】㈠社：土神。這裏指祭祀土神。

【今譯】夏天，莊公到齊國觀看祭祀土神的儀式。

傳常事曰視㈠，非常曰觀。觀，無事之辭也，以是為尸女也㈡。無事不出竟㈢。

【今註】㈠常事：平常例行的事，如朝拜天子、會盟諸侯等。㈡尸：主。女：已接受莊公聘禮的齊女。㈢竟：境的古字。國境。

【今譯】看平常事叫視，看非尋常事叫觀。這裏用觀字，表示沒事的意思，認為莊公這次主要為看齊女。沒事不能出國境。

㈣經公至自齊。

傳公如往時㈠，正也。致月㈡，故也㈢。如往月㈣，致月，有懼焉爾。

【今註】㈠如往：到……去，指出行。時：季。這裏指記下季節。㈡致月：歸國時記下月份。致：通至，出行歸國後告祭祖廟。㈢故：老規矩。㈣月：記下月份。

【今譯】國君出行記載季節，是對的。歸國記下月份，是老規矩了。如果出行記載月份，歸來時也記月份，就是有令人害怕的事了。

㈤經荊人來聘㈠。

【今註】㈠楚國來魯訪問，說明它已由狄蠻之國進入到一般諸侯的行列了。

【今譯】楚王來魯國訪問。

傳善累而後進之㈠。其曰人何也？舉道不待再㈡。

【今註】㈠進：進升。指地位提高了。㈡舉：提舉。再：二次。這句是說楚國的地位不能一下子提二次，又提升又封爵。

【今譯】積累善行，而後得到進升。為什麼稱人呢？地位不能二次提高。

㈥經公及齊侯遇於穀。

傳及者，內為志焉爾㈠。遇者㈡，志相得也㈢。

【今註】㈠內：指魯。志：意願。㈡遇：臨時性會見。㈢相得：相投合。

【今譯】用及字，表明（這次會見）是魯國的意願。用遇字，表示互相意見一致。

㈦經蕭叔朝公。

傳 微國之君，未爵命者㈠。其不言來，於外也㈡。朝於廟，正也。於外，非正也。

【今註】㈠未爵命：沒有得到天子的任命加封。㈡外：國都以外的地方。這次蕭國國君朝見莊公是在穀地。

【今譯】小國的國君，沒得到天子任命加封。不說來，是因為在魯都以外的地方。在祖廟朝見是對的。在外邊，不合於禮。

㈧經 秋，丹桓宮楹。

傳 禮，天子諸侯黝堊㈠，大夫倉㈡，士黈㈢。丹楹㈣，非禮也。

【今註】㈠黝：淡黑色。堊：白土。指壁上刷白土。㈡倉：通蒼，青色。㈢黈：黃色。㈣丹：塗紅色。楹：廟前的楹柱。這句是說，莊公給父親桓公廟前的楹柱塗紅色。

【今譯】按禮，天子諸侯廟前的楹柱塗淡黑色，壁上刷白土。大夫廟前的楹柱塗青色，士人廟前楹柱塗黃色。塗紅色是不合乎禮的。

㈨經 冬，十有一月，曹伯射姑卒㈠。

【今註】㈠射姑：曹莊公的名。此經無傳。

【今譯】冬季，十一月，曹莊公去世。

(十)經十有二月，甲寅，公會齊侯於扈(一)。

【今註】(一)扈：齊國地名。此經無傳。

【今譯】十二月甲寅日，莊公和齊侯在扈地會見。

莊公二十四年（公元前六百七十年）

(一)經二十有四年，春，王三月，刻桓宮桷。

傳禮，天子之桷(一)，斲之礱之(二)，加密石焉(三)。諸侯之桷，斲之礱之。大夫斲之，士斲本(四)。刻桷(五)，非正也。夫人，所以崇宗廟也(六)。取非禮與非正，而加之於宗廟，以飾夫人(七)，非正也。刻桓宮桷(八)，丹桓宮楹(九)，斥言桓宮以惡莊公也(一〇)。

【今註】(一)桷：房椽子。這裏指廟的椽木。(二)斲：砍。礱：磨。(三)密石：細石。(四)士斲本：士人廟的椽木砍去樹根就是了。本：根。(五)刻桷：椽木上雕刻花。(六)崇：重，重視。(七)以飾夫人：(莊公)修飾宮廟，是為迎娶夫人。(八)刻桓宮桷：給桓公廟的椽木刻花。宮：廟。(九)丹桓宮楹：給桓公廟前的楹柱塗紅色。(一〇)斥：指。

【今譯】按禮，天子廟的椽木，砍削後要磨，還要用細石磨。諸侯廟的椽木，砍削後要磨光。大夫的砍了就可以。士人的祇消砍去樹根就可以。椽木上刻花是不合乎禮的。人都重視宗廟建築。如果用不合乎禮、不正確的做法修建宗廟，用裝飾的宗廟迎娶夫人，就不對了。給桓公廟椽木刻花，給桓公廟的楹柱塗紅色，指言桓宮，是用以表示對莊公憎恨。

(二)經 葬曹莊公㈠。

【今註】㈠此經無傳。

【今譯】安葬曹莊公。

(三)經 夏，公如齊迎女。

傳 親迎，恒事也㈠，不志㈡。此其志何也？不其正親迎於齊也。

【今註】㈠恒：常。㈡志：記。

【今譯】親自迎親是常事，不必記載。這次為什麼記載呢？認為（莊公）到齊國親自迎娶是不對的。

(四)經 秋，公至自齊。

傳 迎者，行見諸㈠，舍見諸㈡。先至㈢，非正也。

【今註】㊀諸：之，代女方乘的車。㊁舍：止。㊂至：回國告祭祖廟。

【今譯】迎親時，行時要看著女方的車，停下來時也看著女方的車。先回國告祭祖廟是不對的。

(五)經 八月，丁丑，夫人姜氏入。

傳 入者，內弗受也㊀。日入㊁，惡入者也㊂。何用不受也㊃？以宗廟弗受也。其以宗廟弗受何也？娶仇人子弟㊄，以薦舍於前㊅，其義不可受也。

【今註】㊀內弗受：魯國不願接受。㊁日入：記載進入的日期。㊂惡：憎恨。㊃用：由。㊄仇人子弟：齊襄公女兒。齊襄公害了莊公的父親，故為仇人。㊅薦：獻。舍：放置。

【今譯】用入字，表示魯國不願接受。記下進入的日期，表示憎惡她進入。為什麼不願接受呢？因為祖廟不接受。為什麼祖廟不接受呢？娶仇人的女兒，把她進獻放到祖廟前，按正義是不可接受的。

(六)經 戊寅，大夫宗婦覿㊀，用幣㊁。

【今註】㊀宗婦：同姓大夫的夫人。覿：音敵，相見。㊁用幣：用幣做見面的禮物。幣：指玉、帛之類。

【今譯】戊寅這天，同姓大夫的夫人和君夫人見面，拿玉、帛等做禮物。

傳覿，見也。禮，大夫不見夫人，不言及不正㈠。其行婦道，故列數之也㈡。男子之贄㈢，羔雁雉腒㈣。婦人之贄，棗栗鍛脩㈤。用幣，非禮也。用者，不宜用者也。大夫，國體也㈥，而行婦道，惡之，故謹而日之也。

【今註】㈠不言及不正：不用「及」字不對。穀梁氏誤認為經文的意思是，大夫和同姓大夫的夫人都跟新娶的君夫人見面，所以他認為在「大夫」和「宗婦」之間要用及字。㈡列：分。㈢贄：初次見面的禮物。㈣腒：鳥類的乾脯。㈤鍛脩：指肉切斷後加桂皮等做的臘肉。鍛：通斷。㈥體：部分。

【今譯】覿是見面的意思。禮規定，大夫不必見君夫人。經文不用及字不對。既然大夫行婦人之禮道，就分別說說見面之禮。男人的初次見面禮，是羔羊、大雁、野雞、鳥肉之類。女人的初次見面禮物，是棗、栗子、臘肉之類。用玉、帛做見面禮，不合於禮。用，是不該用的意思。大夫是國的一部分，卻行婦人之禮。憎惡這種做法，所以慎重地記下日期。

㈦經大水㈠。

【今註】㈠此經無傳。

【今譯】發大水。

(八)經冬，戎侵曹，曹羈出奔陳㊀。

【今註】㊀曹羈：人名。杜預以為是曹國太子，公羊傳認為是曹國大夫。不詳其確。此經無傳。

【今譯】冬季，戎人侵略曹國，曹羈跑到陳國避難。

(九)經赤歸於曹。郭公。

傳赤蓋郭公也㊀，何為名也？禮，諸侯無外歸之義，外歸，非正也。

【今註】㊀赤：曹僖公的名。曹羈跑了，赤回國為君。郭公：人名。穀梁氏以為和赤是一個人。

【今譯】赤大概就是郭公。為什麼稱他名？按禮，諸侯沒有從外國歸來之禮，外歸是不對的。

莊公二十五年(公元前六百六十九年)

(一)經二十有五年，春，陳侯使女叔來聘。

傳其不名何也㊀？天子之命大夫也。

【今註】㊀不名：不稱名。指對女叔，女(音汝)是氏，叔是字。女叔是陳國大夫。

【今譯】為什麼不稱名？因為是天子命封的大夫。

(二)經夏，五月，癸丑，衞侯朔卒(一)。

【今註】(一)朔：衞惠公的名。此經無傳。

【今譯】夏季，五月癸丑日，衞惠公去世。

(三)經六月，辛未，朔，日有食之。

傳言日言朔(一)，食正朔也(二)。鼓(三)，用牲於社(四)。鼓，禮也。用牲，非禮也。天子救日，置五麾(五)，陳五兵五鼓。諸侯置三麾，陳三鼓三兵。大夫繫門，士繫柝(六)，言充其陽也。

【今註】(一)朔：每月初一這天稱朔日。(二)食：通蝕。(三)鼓：動詞，敲鼓。(四)用牲於社：殺牲祭土神。社：土神。(五)置五麾：立五面旌旗。麾：指揮軍隊作戰的旗子。(六)柝：梆子。

【今譯】經文記日子記朔，日蝕正發生在朔日。敲鼓、殺牲祭土神。敲鼓，合於禮。殺牲就不合禮了。天子救日頭，立五面旌旗，陳列五種兵器，擊五色鼓。諸侯立三面旗，陳列三種兵器、敲三色鼓。大夫救日頭時拍擊大門，士人敲梆子。說是用這些充實陽氣。

(四)經伯姬歸於杞(一)。

【今註】㈠伯姬：魯莊公長女，嫁給杞國國君當夫人。

【今譯】伯姬嫁到杞國。

傳其不言逆何也㈠？逆之道微㈡，無足道焉爾。

【今註】㈠逆：迎。指迎親的人。㈡道：說。微：微賤。指官位不高。

【今譯】為什麼不提迎親的人，迎親的人說起來官位不高，不值得說罷了。

(五)經秋，大水。鼓、用牲於社、於門。

傳高下有水災曰大水㈠。既戒鼓而駭眾㈡，用牲可以已矣㈢。救日以鼓兵㈣，救水以鼓眾㈤。

【今註】㈠下：低。㈡戒鼓：為警戒敲鼓。駭眾：驚起眾人，讓大家避開。㈢用牲可以已矣：可以不殺牲。已：止。㈣鼓兵：敲鼓，敲兵器。㈤鼓眾：敲鼓驚眾。

【今譯】高處低處都有水災叫大水。為警戒，敲鼓驚起眾人，好避開大水，殺牲就不必了。用敲鼓敲兵器救日頭，用敲鼓驚眾救水。

(六)經冬，公子友如陳㈠。

【今註】㈠公子友：莊公的同母弟，又叫季友。此經無傳。

【今譯】公子友到陳國去。

莊公二十六年（公元前六百六十八年）

㈠經 二十有六年，春，公伐戎㈠。

【今註】㈠此經無傳。

【今譯】二十六年，春，莊公攻伐戎人。

㈡經 夏，公至自伐戎㈠。

【今註】㈠至：外出歸來，告祭祖廟。

【今譯】夏天，莊公伐戎歸來，告祭祖廟。

㈢經 曹殺其大夫。

傳 言大夫而不稱名姓，無命大夫也㈠。無命大夫而曰大夫，賢也。為曹羈㈡，崇也㈢。

【今註】㈠無命大夫：沒有得到天子任命加封的大夫。㈡曹羈：即莊公二十四年逃到陳國的曹羈。㊂崇：尊重。

【今譯】稱大夫不稱姓名，是個沒得到天子命封的大夫。沒得命封的大夫卻稱大夫，是因為他賢德。是曹羈，尊重他。

(四)經　秋，公會宋人、齊人伐徐㊀。

【今註】㊀徐：國名，在今安徽泗縣西北。此經無傳。

【今譯】秋季，莊公會合宋國、齊國攻伐徐國。

(五)經　冬，十有二月，癸亥，朔，日有食之㊀。

【今註】㊀食：通蝕。此經無傳。

【今譯】冬，十二月癸亥日，初一，日蝕。

莊公二十七年（公元前六百六十七年）

(一)經　二十有七年，春，公會杞伯姬於洮㊀。

【今註】㊀洮：魯國地名。此經無傳。

【今譯】二十七年春，莊公在洮地和杞伯姬會面。

(二)經 夏，六月，公會齊侯、宋公、陳侯、鄭伯，同盟於幽。

傳 同者，有同也，同尊周也㈠。於是而後授之諸侯也。其授之諸侯何也？齊侯得眾也㈡。桓會不致㈢，安之也。桓盟不日㈣，信之也。信其信，仁其仁㈤。衣裳之會十有一㈥，未嘗有歃血之盟也㈦，信厚也。兵車之會四㈧，未嘗有大戰也，愛民也。

【今註】㈠同尊周：共同尊崇周天子。指齊桓公率領諸侯朝周。㈡齊侯得眾：齊桓公得到眾人擁戴。㈢桓會不致：桓公會盟不必祭祖。致：通至，告祭祖廟。㈣桓盟不日：桓公會盟不必記載日期。㈤仁其仁：感戴桓公的仁德。㈥衣裳之會：指諸侯們友好性的集會。㈦歃(音煞)血：古代訂盟時的一種儀式，殺牲，參加盟會的人每人含一口血以示心誠不變。㈧兵車之會：諸侯們率領軍隊參加的盟會。

【今譯】用同字，表示共同的意思。齊桓公率領諸侯共同尊奉周天子。這之後得到了諸侯盟主的稱號。這是為什麼？齊侯得到眾諸侯擁戴。桓公會盟不必祭祖，大家感到安全。桓公會盟不必記日期，大家講誠信。相信桓公的真誠，感戴桓公的仁德。齊桓公主持的衣裳之會十一次，沒有歃血結盟，因為純粹真誠。齊桓公主持兵車之會四次，沒有打過大戰，因為愛百姓。

(三)經秋，公子友如陳，葬原仲。

傳言葬不言卒㊀，不葬者也。不葬而曰葬，諱出奔也㊁。

【今註】㊀言葬不言卒：記安葬不記載去世。指對陳國大夫原仲只記了安葬。㊁諱出奔：避諱說公子友逃到陳國，就繞個彎兒說他去陳參加原仲的葬禮。

【今譯】記安葬沒記死，是因為(對外國大夫)不該記安葬。不該記安葬卻記了，是避諱說魯公子出逃。

(四)經冬，杞伯姬來㊀。

【今註】㊀伯姬：莊公長女。嫁給杞君回來省親。此經無傳。

【今譯】冬天，杞伯姬來到魯國。

(五)經莒慶來逆叔姬㊀。

【今註】㊀莒慶：莒國大夫。逆：迎。叔姬：魯莊公女，嫁給莒慶。

【今譯】莒慶來魯國迎娶叔姬。

傳諸侯之嫁子於大夫，主大夫以與之㊀。來者接內也㊁。不正其接內，故不與夫婦之稱也。

【今註】㈠主大夫以與之：主婚大夫把嫁女送到邊境。㈡來者接內：來迎親的人到魯國接娶。

【今譯】諸侯嫁女給別國大夫，要由主婚大夫把嫁女送到邊境。迎親的人到魯國迎娶，這是不對的，所以不以夫婦稱呼。

㈥經杞伯來朝㈠。

【今註】㈠杞伯：杞國國君。此經無傳。

【今譯】杞國國君來魯朝見。

㈦經公會齊侯於城濮㈠。

【今註】㈠城濮：地名，在今山東范縣。此經無傳。

【今譯】莊公在城濮會見齊侯。

莊公二十八年（公元前六百六十六年）

㈠經二十有八年，春，王三月，甲寅，齊人伐衞，衞人及齊人戰，衞人敗績。

傳於戰與伐，安戰也？戰衞。戰則是師也㈠，其曰人何也？微之也㈡。何為微之也？

今授之諸侯㊂，而後有侵伐之事，故微之也。其人衞何也？以其人齊，不可不人衞也。衞小齊大，其以衞及之何也㊃？以其微之，可以言及也。其稱人以敗何也？不以師敗於人也。

【今註】㊀是師：這就是軍隊。㊁微之：輕視它。㊂今授之諸侯：給了它諸侯之長的稱號。㊃以衞及之何也：為什麼說衞人及齊人？春秋經記事的義例是，「及」字前是大者或尊者。衞國小，為什麼在「及」字前？

【今譯】攻伐與作戰在什麼地方？在衞國作戰。作戰就是軍隊，為什麼稱人呢？表示輕視它。為什麼輕視它？給了它諸侯之長的稱號，隨後就有攻伐侵略別國的事，所以輕視它。為什麼對衞國稱人？因為稱齊人，就不能不稱衞人。衞國小齊國大，那為什麼記衞人及齊人？因為輕視齊國，可以記「及齊人」。敗了稱人是為什麼？不願說軍隊被人打敗，(所以敗了不稱師)。

㈡經夏，丁未，邾子瑣卒㊀。

【今註】㊀瑣：邾國國君的名。此經無傳。

【今譯】夏季，四月丁未日，邾子瑣去世。

㈢經秋，荊伐鄭。公會齊人、宋人救鄭。

傳荊者，楚也。其曰荊，州舉之也㈠。善救鄭也。

【今註】㈠州舉之：以州名稱它。楚國地處荊州一帶。舉：稱。

【今譯】荊就是楚國。稱楚國為荊，是用州名稱呼它。救鄭國是好事。

㈣經冬，築微。

傳山林藪澤之利㈠，所以與民共也。虞之㈡，非正也。

【今註】㈠藪：湖澤的通稱。㈡虞：虞人，主管山林湖澤的官員。穀梁氏認為山林湖澤的利益應該大家共同享用。在微地築城牆，設置管山林的官員，就是不與民共享。

【今譯】山林湖澤的利益，要跟百姓同享用。設置虞人是不對的。

㈤經大無麥、禾。臧孫辰告糴於齊。

傳大者㈠，有顧之辭也㈡。於無禾及無麥也。國無三年之畜㈢，曰國非其國也。一年不升㈣，告糴諸侯㈤。告，請也。糴，糴也，不正。故舉臧孫辰以為私行也㈥。國無九年之畜，曰不足。無六年之畜，曰急。無三年之畜，曰國非其國也。諸侯無粟，諸侯相歸粟，正也。臧孫辰告糴於齊，告然後與之，言內之無外交也㈦。

古者稅什一㈧，豐年補敗㈨，不外求而上下皆足也。雖累凶年，民弗病也㈩。一年不艾而百姓饑㈪，君子非之。不言如㈫，為內諱也。

【今註】㈠大：嚴重。大無麥禾，指糧食嚴重歉收。㈡顧：依范寧解，待也。麥子歉收，待到禾出苗也不見長，可見很嚴重。㈢畜：通蓄。㈣不升：不豐收。升：成熟。㈤告糴諸侯：向諸侯請求借糧。糴：音敵，買糧。後文同此。㈥臧孫辰：魯卿，字叫文仲，故又稱臧文仲。私行：以私人身分行動。㈦內：指魯國。無外交：沒有搞好外交。㈧稅什一：什分抽一的稅率。㈨補敗：補救荒年。㈩病：困苦。㈪艾：通刈，收穫。㈫動詞，到……去。穀梁氏認為，如果經文記「臧孫辰如齊告糴」，那就顯出魯國去求救了。

【今譯】大是有所待的意思。沒有長苗，沒收到麥子。國家沒有三年的儲備糧，就可以說不成其為國了。（魯國）一年歉收，就向諸侯請求借糧。告是請的意思。糴是買糧的意思。這不對。所以經文記臧孫辰以私人身分活動。國家沒有九年的儲備糧，叫不足。沒有六年儲備糧，叫危急。沒有三年儲備糧，就可以說不叫個國家了。諸侯沒有糧食，別的諸侯就給它糧，這是正常的。臧孫辰向齊國請求借糧，然後齊國才給，這是說魯國沒搞好外交關係。古時抽十分之一的農業稅，用豐年補救荒年，不必向外求援，上上下下就足夠了。即使接連荒年，百姓也不困苦。（如今魯國）一年歉收百姓就挨餓，君子認為這不對。經文不用「如」字，是避諱說魯國到外國求救。

莊公二十九年（公元前六百六十五年）

㈠經二十九年，春，新延廄。

傳延廄者㊀，法廄也㊁。其言新，有故也㊂。有故，則何為書也㊃？古之君人者，必時視民之所勤㊄。民勤於力，則功築罕㊅。民勤於財，則貢賦少。民勤於食，則百事廢矣㊆。冬，築微㊇。春，新延廄，以其用民力為已悉矣㊈。

【今註】㊀延廄：蓋馬棚。廄：馬棚。延是馬棚的名。㊁法：按規定。㊂故：舊。㊃書：記載。㊄民之所勤：百姓的憂患。勤：苦。㊅功築罕：減少營築之類的事。功：通工，事。㊆百事：指祭祀等各種禮儀。㊇築微：指頭一年冬在微地築城。㊈悉：全，盡。

【今譯】延廄，是按規定蓋的馬棚。稱其新，表明有舊的。有舊馬棚，為什麼這次還記？古時的人君，一定時時關注百姓的憂患。百姓在體力上太苦了，就減少營築之類的事。百姓在財力方面太苦，就少收貢賦。百姓在吃的方面太苦，就廢除一些禮儀。去冬，修微城。今春，蓋新馬棚，為此民力已經用盡了。

㈡經夏，鄭人侵許㊀。

【今註】㈠此經無傳。

【今譯】夏天，鄭國侵略許國。

㈢經秋，有蜚㈠。

【今註】㈠蜚：食稻花的小飛蟲。

【今譯】秋季，出現了蜚蟲。

傳一有一亡曰有㈠。

【今註】㈠亡：通無。

【今譯】對時有時無的才強調有。

㈣經冬，十有二月，紀叔姬卒㈠。

【今註】㈠叔姬：莊公女，嫁給紀國大夫。

【今譯】冬季，十二月，紀叔姬去世。

㈤經城諸及防。

傳可城也㈠，以大及小也㈡。

【今註】㊀可城：指冬季無農事，可以築城。㊁大：指諸邑。小：指防邑。諸邑比防邑大，都是魯國的。

【今譯】（冬季）可以修築城邑，由大邑到小邑。

莊公三十年（公元前六百六十四年）

㈠經三十年，春，王正月㊀。

【今註】㊀此經無傳。

【今譯】三十年，春天，周曆正月。

㈡經夏，師次於成。

傳次㊀，止也，有畏也，欲救鄣而不能也㊁。不言公㊂，恥不能救鄣也。

【今註】㊀次：臨時駐紮。㊁鄣：紀國邑名。紀國雖已被滅，但紀季還保有二邑，齊侵魯救，魯畏齊，所以在成地（魯地）停下來。㊂不言公：莊公領兵救鄣，但經文中沒提莊公。

【今譯】次是停止不前的意思，有所畏懼，想救鄣邑卻又不能。不提莊公，是為他不能救助鄣邑而感到恥辱。

㈢經秋，七月，齊人降鄣。

傳降猶下也㊀。鄣，紀之遺邑也㊁。

【今註】㊀降：降伏，使……降伏。㊁遺：留。

【今譯】降，就如同攻下。鄣是紀國保留下的城邑。

㈣經八月，癸亥，葬紀叔姬。

傳不日卒而日葬㊀，閔紀之亡也㊁。

【今註】㊀日卒：說下死的日期。日葬類此。㊁閔：憐恤，憐念。

【今譯】不記(叔姬)死的日子，卻記下安葬日期，是憐念紀國的滅亡。

㈤經九月，庚午，朔㊀，日有食之㊁，鼓、用牲於社㊂。

【今註】㊀朔：初一日。㊁食：通蝕。㊂社：土神。此經無傳。

【今譯】九月庚午日，初一，出現日蝕。在土地廟裏擊鼓、殺牲祭神。

㈥經冬，公及齊侯遇於魯濟。

傳及者，內為志焉爾㈠。遇者㈡，志相得也㈢。

【今註】㈠內：指魯國。志：心意，心願。㈡遇：臨時性會見。㈢相得：相投合。

【今譯】用及字，表示這次會見是魯公的意願。用遇字，表示雙方心意投合。

㈦經齊人伐山戎。

傳齊人者，齊侯也㈠。其曰人何也？愛齊侯乎？山戎也㈡。其愛之何也？桓內無因國㈢，外無從諸侯㈣，而越千里之險，北伐山戎，危之也。則非之乎？善之也。何善乎爾？燕㈤，周之分子也。貢職不至㈥，山戎為之伐矣。

【今註】㈠齊侯：指齊桓公。㈡山戎：戎人的一支。左傳和國語都有齊桓公北伐山戎的記載。㈢內無因國：沒有國家提供山戎內部的形勢。因：憑借。㈣無從諸侯：沒有隨從他（指桓公）攻打山戎的諸侯。㈤燕：國名。周武王封太保召康公的後人在燕地，建立了燕國，因此說燕是周的分支。㈥貢職不至：指山戎不向燕國納貢獻職。

【今譯】齊人指的是齊侯。為什麼稱齊人呢？是愛憐他嗎？在伐山戎這件事上，為什麼愛憐他呢？桓公這次行動，沒有國家向他提供山戎內部的情況，外邊也沒有隨從他攻伐的，越過千里艱險，往北討伐山戎，是很難的。那麼，非難他嗎？認為他做得好。為什麼說他做得好？燕是周的子孫建立的，山戎不向它納貢稱臣。山戎應該被討伐。

莊公三十一年（公元前六百六十三年）

㈠經三十有一年，春，築臺於郎㊀。

【今註】㊀郎：魯南郊的一座小城。

【今譯】三十一年，春，在郎地修建高臺。

㈡經夏，四月，薛伯卒㊀。

【今註】㊀薛伯：薛國國君。此經無傳。

【今譯】夏季，四月，薛伯去世。

㈢經築臺於薛㊀。

【今註】㊀此經無傳。此薛為邑名，不詳其所在。

【今譯】在薛地修建高臺。

㈣經六月，齊侯來獻戎捷。

傳齊侯來獻捷者㈠，內齊侯也㈡，不言使。內與同，不言使也。獻戎捷。軍得曰捷，戎菽也㈢。

【今註】㈠捷：指戰利品。齊侯把攻打山戎獲得的戰利品送到魯國，獻到周公廟上。㈡內齊侯：把齊侯看做是內部(自己的)人。㈢戎菽：胡豆。菽：豆類。

【今譯】齊侯來魯國獻戰利品，把齊侯看做內部人，不用「使」字。對內部同一國的人，不用「使」字。獻上攻伐山戎所得的戰利品。打仗獲得的叫戰利品。(這次送來的)是胡豆。

㈤經秋，築臺於秦。

傳不正。罷民三時㈠，虞山林藪澤之利㈡。且財盡則怨，力盡則懟㈢，君子危之，故謹而志之也。或曰㈣，倚諸桓也㈤，桓外無諸侯之變㈥，內無國事，越千里之險，北伐山戎，為燕辟地㈦。魯外無諸侯之變，內無國事，一年罷民三時，虞山林藪澤之利。惡內也㈧。

【今註】㈠罷民三時：三季讓百姓疲憊地服勞役。指春季在郎築臺，夏季在薛築臺，秋季又在秦地築臺。罷：通疲。時：季節。㈡虞山林藪澤之利：獨享山林湖澤的利益。虞：主管山林的官員。藪：湖澤的通稱。㈢懟：音對，怨恨。㈣或：有的，有人。㈤倚諸桓：緊靠齊桓公。

指齊魯二個相鄰。㈥外無諸侯之變：沒有外國騷擾。㈦辟地：開闢土地。辟：闢的古字。㈧內：指魯莊公。

【今譯】(在秦地修高臺)是不對的。一年三季讓民疲憊地服勞役，又獨享山林湖澤的利益。況且財貨刮盡了，百姓會產生怨恨，體力用盡也會生怨恨，君子認為這很危險，所以慎重地記下這些事。有人說，魯國緊靠齊國，齊桓公外沒有諸侯騷擾，國內也太平無事，越過千里險路，往北攻伐山戎，為燕國開闢土地。而魯國外邊也沒有諸侯騷擾，內部太平無事，一年三季讓民疲憊不堪，還獨享山林湖澤的利益。憎恨莊公呵。

㈥經冬，不雨㈠。

【今註】㈠周曆的冬季相當於夏曆的八、九、十月，沒有雨是反常現象。

【今譯】冬季沒有雨。

莊公三十二年(公元前六百六十二年)

㈠經三十有二年，春，城小穀㈠。

【今註】㈠小穀：范寧認為小穀是魯邑。左傳認為是齊邑，並說齊桓公在小穀為管仲修城。

【今譯】三十二年，春季，在小穀修建城牆。

(二)經 夏，宋公、齊侯遇於梁丘。

傳 遇者㊀，志相得也㊁。梁丘在曹邾之間，去齊八百里㊂，非不能從諸侯而往也㊃。辭所遇㊄，遇所不遇㊅，大桓公也㊆。

【今註】㊀遇：臨時性的會見。㊁相得：相投合。㊂去：離。㊃從諸侯：讓諸侯跟從。指八百里地段的諸侯都可以隨同前往。㊄所遇：指途中經過的諸侯國。㊅所不遇：指途中不經過的宋國。㊆大：排行第一。指諸侯之頭領。

【今譯】用遇字，表示雙方意見一致。梁丘在曹國和邾國中間，距離齊國八百里。桓公不是不能讓諸侯跟從他前往。他辭謝了途中遇見的，會見了宋公。因為齊桓公是諸侯的頭領。

(三)經 秋，七月，癸巳，公子牙卒㊀。

【今註】㊀公子牙：又稱叔牙，莊公弟。他的後人稱叔孫氏。

【今譯】秋季，七月癸巳日，公子牙去世。

(四)經 八月，癸亥，公薨於路寢。

傳 路寢㊀，正寢也。寢疾居正寢㊁，正也。男子不絕於婦人之手㊂，以齋終也㊃。

【今註】㊀路寢：天子的正寢，也叫大寢。上古天子有六寢，一處叫正寢，或路寢，另五處是燕寢。齋戒或有病時住正寢。㊁寢疾居正寢：有病睡在正寢。㊂男子不絕於婦人之手：這是儀禮既夕禮篇中的一句，是說男子漢不能死於女色。㊃齋終：潔身而死。

【今譯】路寢是天子的正寢。有病時睡在正寢是對的。男人不能死於女色，要潔身而死。

㈤經冬，十月，乙未，子般卒。

傳子卒日㊀，正也。不日㊁，故也。有所見則日㊂。

【今註】㊀子：莊公的太子，名般。即位兩個月就被叔父慶父殺害。因莊公還沒安葬，繼位者不能稱君，所以稱子。卒日：死了記日期。㊁不日：不記日期。㊂見：音現，顯示。為了顯示後來即位的是繼承了被弒君的君位，所以記子般死的日期。

【今譯】子般死了記日期是對的。不記是老規矩。這次為了有所顯示就記了日期。

㈥經公子慶父如齊。

傳此奔也㊀。其曰如何也㊁？諱莫如深㊂。深則隱㊃。苟有所見㊄，莫如深也。

【今註】㊀奔：逃。莊公的大弟弟，名慶父，殺了繼位的太子，然後逃到齊。㊁如：動詞，到……去。㊂莫：沒有什麼。深：指重大。㊃隱：傷痛。㊄苟：如果。

【今譯】這是逃。為什麼用「如」字？沒有什麼忌諱像這麼重大。大就令人傷心。如果有人看到這件事，(就知道)沒有什麼像這麼重大呵。

(七)經　狄伐邢㊀。

【今註】㊀邢：國名。此經無傳。

【今譯】狄人攻打邢國。

卷四　閔　公

閔公元年（公元前六百六十一年）

(一)經　元年，春，王正月。

傳　繼弒君不言即位㊀，正也。親之非父也㊁，尊之非君也㊂，繼之如君父也者，受國焉爾。

【今註】㊀弒君：被弒的國君子般。按義例，君王繼位的第一年正月要記即位，而閔公元年沒記。㊁非父：閔公不是繼父親君位。子般是他的哥哥。㊂非君：對子般不能稱君王，因莊公還沒安葬。

【今譯】繼承被弒君王，不記載即位，是對的。論親，子般不是父，論地位，子般不是君。閔公繼承他就像繼承父位君位一樣，因為從他那接受了國家。

(二)經　齊人救邢。

傳善救邢也㈠。

【今註】㈠善：認為……好。

【今譯】認為齊桓公援救邢國是好事。

㈢經夏，六月，辛酉，葬我君莊公。

傳莊公葬而後舉謚㈠，謚所以成德也。於卒事乎加之矣。

【今註】㈠謚：古時諸侯或士大夫死後，根據他一生的事迹，評定褒貶，給予的稱號。

【今譯】安葬莊公後才稱謚號，用來表彰他的德行。謚號是死後追加的。

㈣經秋，八月，公及齊侯盟於洛姑。季子來歸。

傳盟納季子也㈠。其曰季子，貴之也。其曰來歸，喜之也。

【今註】㈠盟：指齊魯洛姑（齊地名）之盟。納：讓……進入，即讓回國。季子：莊公弟，閔公叔。他在太子般被殺後，逃到陳國避難。

【今譯】齊魯結盟要接納季子回魯。稱季子是尊重他。說來歸，是高興他回國。

㈤經齊仲孫來。

傳其曰齊仲孫㈠，外之也。其不目而曰仲孫㈡，疏之也。其言齊，以累桓也㈢。

【今註】㈠仲孫：左傳認為是齊國大夫。穀梁氏認為是魯國的仲孫，名慶父，莊公大弟弟，殺死子般後逃到齊國。㈡不目：指不把他看做公子。㈢累桓：牽連齊桓公，他收留了弒君的罪人（指公子慶父）。

【今譯】稱他齊仲孫，是把他看做外人。不把他看做公子，而稱他仲孫，是疏遠他。用「齊」字，表示牽連到齊桓公。

閔公二年（公元前六百六十年）

㈠經二年，春，王正月，齊人遷陽㈠。

【今註】㈠陽：國名。齊國讓陽國人遷走，佔其地。此經無傳。

【今譯】二年，春，周曆正月，齊國讓陽國人遷走。

㈡經夏，五月，乙酉，吉禘於莊公。

傳吉禘者㈠，不吉者也。喪事未畢而舉吉祭㈡，故非之。

【今註】㈠禘：大祭。莊公死三年，應舉行大祭，在祖廟裏立上牌位。㈡喪事未畢：可能指子般還沒安葬。范寧認為是莊公死還不滿三年（差四個月）。

【今譯】吉利的大祭，卻不吉利，是因為喪事沒完就舉行大祭，所以非難這做法。

(三)經　秋，八月，辛丑，公薨。

傳　不地㈠，故也㈡。其不書葬㈢，不以討母葬子也㈣。

【今註】㈠不地：不記死的地方。閔公是在正寢的側門被仲孫慶父派的人殺害的。㈡故：緣故。㈢書葬：記載安葬。㈣討母：聲討母親。閔公母哀姜與慶父合謀害閔公。

【今譯】不記閔公死的地點，是有緣故的。不記載安葬，因為不能一邊聲討母親，一邊安葬兒子。

(四)經　九月，夫人姜氏孫於邾。

傳　孫之為言遜也㈠，諱奔也。

【今註】㈠孫之為言遜：孫就是遜的意思。之為言：古註中聲訓的術語，表示它上下的詞音近義通。遜：遁逃。閔公母與慶父私通，害閔公，事發後逃到邾國。

【今譯】孫就是遜的意思，忌諱用奔字。

(五)經　公子慶父出奔莒。

傳其曰出，絕之也，慶父不復見矣㈠。

【今註】㈠不復見：不再出現。見：音現，後來寫作現。這句是說慶父再不能回國了。

【今譯】說出奔，是永絕之義，表示他再不能回國了。

㈥經冬，齊高子來盟。

傳其曰來，喜之也。其曰高子㈠，貴之也，盟立僖公也㈡。不言使何也？不以齊侯使高子也。

【今註】㈠高子：齊卿。依杜預註為高傒，姜太公的七世孫。㈡僖公：魯僖公，閔公弟，莊公的小兒子。高子來會盟，是商定立僖公為君。

【今譯】說來，是高興的意思。稱高子，是尊重他，因為來會盟，商定立僖公的事。為什麼不稱他使臣？他是自來，不是齊侯所派。

㈦經十有二月，狄入衞㈠。

【今註】㈠此經無傳。

【今譯】十二月，狄人進入衞國。

(八)經鄭棄其師。

傳惡其長也㈠，兼不反其眾㈡，則是棄其師也。

【今註】㈠長：指時間久長。鄭文公討厭大夫高克，就派高克領兵駐守在黃河邊，長期不召回都。㈡不反其眾：不讓眾兵返回都。反：返的古字。

【今譯】討厭那時間太長久，不讓兵眾返回都城，這就等於拋棄了他的軍隊。

卷五　僖公

僖公元年（公元前六百五十九年）

(一)經　元年，春，王正月。

傳　繼弒君不言即位㊀，正也。

【今註】㊀弒君：被弒的君王，指閔公。

【今譯】繼承被殺的國君的君位，不記載即位，是對的。

(二)經　齊師、宋師、曹師次於聶北，救邢。

傳　救不言次㊀，言次，非救也。非救而曰救何也？遂齊侯之意也㊁。是齊侯與？齊侯也。何用見其是齊侯也㊂？曹無師，曹師者，曹伯也㊃。其不言曹伯何也？以其不言齊侯，不可言曹伯也。其不言齊侯何也？以其不足乎揚㊄，不言齊侯也。

【今註】㊀次：臨時駐紮，駐留。㊁遂：順。齊侯：齊桓公。㊂用：由。㊃曹伯：曹昭公。㊄揚：稱揚。齊侯沒能救邢，故而不值得稱揚。

【今譯】說救就不能說次，說次，就不是救。不是救為什麼說救？是順應齊侯的意思。這次是齊侯率軍嗎？是齊侯。根據什麼看出是齊侯？曹國沒來軍隊，曹師是指曹伯。為什麼不稱曹伯？因為沒稱齊侯，就不能稱曹伯。為什麼不稱齊侯？因為他不值得稱讚宣揚，所以不稱齊侯。

㈢經夏，六月，邢遷於夷儀。

傳遷者，猶得其國家以往者也。其地㊀，邢復見也。

【今註】㊀其他：提出遷往的地名，指夷儀。

【今譯】遷，好像是得到了國家往那去的意思。提出遷往的地方，表示邢國又出現了。

㈣經齊師、宋師、曹師城邢。

傳是向之師也㊀。使之如改事然㊁，美齊侯之功也。

【今註】㊀是：指代在邢地築城的軍隊。向：先前。㊁改事：指由救邢改為在邢地築城。

【今譯】這些就是先前駐紮在聶北的三國軍隊，讓他們改做築城的事。(記載下來)是讚美齊侯的功勞。

(五)經秋，七月，戊辰，夫人姜氏薨於夷，齊人以歸。

傳夫人薨不地㊀。地，故也。不言以喪歸，非以喪歸也，加喪焉㊁。諱以夫人歸也，其以歸，薨之也。

【今註】㊀夫人薨：哀姜去世。哀姜是魯莊公夫人，齊桓公妹妹。她謀害兒子閔公，後逃到邾國。齊桓公從邾國接回姜氏，在夷地殺死。史記年表記有「齊桓公二十七年，殺女弟魯莊公夫人，淫故」。㊁加喪：指先接哀姜回齊國，然後殺死。

【今譯】諸侯夫人死不記載地點，這次記夷地是有緣故的。不說把屍體送回國，因為沒把屍體送回國，是接哀姜回齊國，然後殺死的。忌諱齊人把夫人帶回國。回國後殺死的。

(六)經楚人伐鄭㊀。

【今註】㊀楚：經文稱楚國從這次開始。此經無傳。

【今譯】楚國攻伐鄭國。

(七)經八月，公會齊侯、宋公、鄭伯、邾人於檉㊀。

【今註】㊀檉：地名，在今河南淮陽縣西北。公羊傳作「朾」。此經無傳。

【今譯】八月，僖公和齊侯、宋公、鄭伯、邾人在檉地會盟。

(八)經 九月，公敗邾師於偃。

傳 不日，疑戰也㈠。疑戰而曰敗，勝內也㈡。

【今註】㈠疑戰：指沒有確定日期的作戰。㈡勝內：內勝。內：指魯國。

【今譯】不記載日期，因為是沒有確定日期的作戰。疑戰而說敗，是魯國勝了。

(九)經 十月，壬午，公子友帥師敗莒師於麗，獲莒挐。

傳 莒無大夫，其曰莒挐何也㈠？以吾獲之目之也。內不言獲㈡，此其言獲何也？惡公子之紿㈢。紿者奈何？公子友謂莒挐曰：「吾二人不相說㈣，士卒何罪？」屏左右而相搏㈤。公子友處下㈥，左右曰：「孟勞㈦」。孟勞者，魯之寶刀也。公子友以殺之。然則何以惡乎紿也？曰棄師之道也㈧。

【今註】㈠莒挐：莒國國君的弟弟，名叫挐(音如)。㈡內：指魯國。春秋經記魯國征戰，俘獲了人不予記載。㈢公子：即公子友，魯莊公的小弟弟。紿：欺騙。㈣不相說：不合。這裏指爭鬥。說：悅的古字。㈤屏：退。㈥處下：處於劣勢。㈦孟勞：刀名，魯國的寶刀。㈧棄師之道：拋棄作戰的道德(指暗刀傷人)。

【今譯】莒國沒有大夫。為什麼稱他莒拏？是從我們魯國俘獲他的角度來看他。魯國征戰不記俘獲，這次為什麼記？是憎恨公子友的欺騙行為。怎麼欺騙？公子友對莒拏說：「我二人打仗，士卒有什麼罪？」就叫士卒退下。二人搏鬥，公子友處於劣勢。身邊的人說：「孟勞」。孟勞是魯國的寶刀。公子友用刀殺死莒拏。如此，那麼為什麼憎恨欺騙呢？說是違背了打仗的道德。

(十)經十有二月，丁巳，夫人氏之喪至自齊。

傳其不言姜㊀，以其殺二子㊁，貶之也。或曰㊂：「為齊桓諱殺同姓也」。

【今註】㊀不言姜：指經文記「夫人氏」，中間省略了姜字。㊁二子：太子般和閔公。二人都是姜氏和慶父謀害的。㊂或：有的人。

【今譯】不用姜字，是因為夫人殺了兩個兒子，(不稱她的姓)為貶斥她。有的人說，是避諱說齊桓公殺了同姓姊妹。

僖公二年（公元前六百五十八年）

(一)經二年，春，王正月，城楚丘。

傳楚丘者何？衛邑也。國而曰城㊀，此邑也，其曰城何也？封衛也㊁。則其不言城衛何也？衛未遷也。其不言衛之遷焉何也？不與齊侯專封也㊂。其言城之者，專辭也。故非天子不得專封諸侯，諸侯不得專封諸侯。雖通其仁㈣，以義而不與也。故曰，仁不勝道㈤。

【今註】㈠城：修築城牆。㈡封衛：把衛國封在那裏。㈢與：贊同。專：擅，擅自。㈣通其仁：行仁，指閔公二年狄人滅衛，而齊桓公讓衛保留，在楚丘為衛修城。㈤道：道義。

【今譯】楚丘是什麼？是衛國的城邑。對國家來說是修城，這是小邑，怎麼說修城呢？是把衛國封在那裏。那為啥不說在衛修城？衛國沒有遷移。為什麼不說衛國遷移？不贊同齊桓公擅自封諸侯。說修城，是擅自的意思。不是天子不能擅自分封諸侯，諸侯不能擅自封諸侯。（齊桓公即使行仁，根據義就不贊同他的做法。所以說，行仁不能背義。

㈡經夏，五月，辛巳，葬我小君哀姜㈠。

【今註】㈠小君：諸侯夫人稱小君。此經無傳。

【今譯】夏季，五月辛巳日，安葬君夫人哀姜。

㈢經虞師、晉師滅夏陽。

傳非國而曰滅，重夏陽也㈠。虞無師㈡，其曰師何也？以其先晉㈢，不可以不言師也。其先者何也？為主乎滅夏陽也。夏陽者，虞虢之塞邑也㈣，滅夏陽而虞虢舉矣㈤。虞之為主乎滅夏陽何也？晉獻公欲伐虢，荀息曰㈥：「君何不以屈產之乘㈦，垂棘之璧而借道乎虞乎㈧。」公曰：「此晉國之寶也。如受吾幣而不借吾道㈨，則如之何？」荀息曰：「以小國之所以事大國也。彼不借吾道，必不敢受吾幣。如受吾幣而借吾道，則是我取之中府而藏之外府，取之中廄而置之外廄也㈩。」公曰：「宮之奇存焉(十一)，必不使受之也。」荀息曰：「宮之奇之為人也，達心而懦(十二)，又少長於君(十三)。達心則其言略，懦則不能強諫，少長於君，則君輕之。且夫玩好在耳目之前，而患在一國之後，此中知以上乃能慮之(十四)。臣料虞君，中知以下也。」公遂借道而伐虢。宮之奇諫曰：「晉國之使者，其辭卑而幣重，必不便於虞(十五)。」虞公弗聽，遂受其幣而借之道。宮之奇諫曰：「語曰『脣亡則齒寒』，其斯之謂與。」挈其妻子以奔曹。獻公亡虢(十六)，五年而後舉虞(十七)。荀息牽馬操璧而前曰：「璧則猶是也，而馬齒加長矣(十八)。」

【今註】㈠夏陽：城名。是虢國的要害城邑。㈡虞：國名。㈢先晉：指排在晉國前邊。㈣塞：邊。指兩國邊上交界處。㈤舉：攻克，佔領。㈥荀息：人名，晉國大夫。㈦屈：晉國地名，盛產名馬。㈧垂棘：晉國地名，產美玉。借道乎虞：向虞國借路。晉、虞、虢三國相連，在今山西和陝西南部交界地帶。虞在晉國南部，虢國在虞西部，所以晉攻打虢國要向虞國借路才能過去。古有過邦借道之禮。⑨幣：禮物。指玉、帛、車、馬之類。⑩廄：馬棚。⑪宮之奇：人名。虞國大夫。存：在。⑫達心：心性明達。⑬少長於君：從小（在宮中）和國君一起長大。⑭中知：中等智慧。知：智的古寫。⑮便：利，利益。⑯亡：滅。⑰舉虞：攻佔了虞國。此與左傳有異。左傳云：「師還，館於虞，遂襲虞，滅虞。」⑱齒：年齡。馬一年長一齒，故以齒為年齡。

【今譯】不是國家而稱滅，是認為夏陽重要。虞國沒有軍隊（攻打夏陽），為什麼稱虞師？因為它排在晉師之先，所以不能不稱虞師。為什麼排在晉師前邊？因為它是滅夏陽的主要因素。夏陽，是虞虢交界處的一座城。夏陽被滅後，虞虢二國也就被攻克了。為什麼說虞是滅夏陽的主要因素？晉獻公要攻打虢國。荀息說：「為什麼不用屈地的馬和垂棘的玉向虞國借道？」虞公說：「這些是我們晉國的寶貝。如果虞接受了禮物，卻不借給我們道，那怎麼辦？」荀息說：「這有個小國尊奉大國的道理。它不借給我們道，肯定不敢接受我們的禮物。如果接受了我們的禮物，借給我們道，這就像我們從國內的府庫取出璧玉，放到國外的府庫，從國內馬棚牽出馬，放到國外馬棚一樣。」公說：「宮之奇在虞國。」荀息說：「宮之奇這個人，心性明達，可是懦弱，又和國君從小在一起，一塊長大。心性明達說話就簡約；性格懦弱就不能堅決進諫；從小和君王一起長大，君王就會輕視他。再說好東西就放在眼前，禍患是以後的事，這種情況，中等智慧以上的人才能考慮周全。我估計虞君是中等智慧以下的人。」獻公借路攻打虢國。宮之奇勸諫虞公說：「晉國派來的使臣，言語卑微，可帶的禮物豐厚，這肯定對虞國不利。」虞公不聽，接受了禮物，借路給晉國。宮之奇又勸諫說：「俗話說『脣亡齒寒』，指的就是這種情況呵。」他帶著妻兒逃到曹國避難。晉獻公滅了虢國，五年後佔領了虞國。荀息牽著馬，拿著璧玉走到獻公面前說：「璧玉還是這樣子，馬的年齡增長了。」

(四)經 秋，九月，齊侯、宋公、江人、黃人盟於貫。

傳 貫之盟㈠，不期而至者江人黃人也㈡。江人黃人者，遠國之辭也。中國稱齊宋㈢，遠國稱江黃，以為諸侯皆來至也。

【今註】㈠貫：地名，在今山東曹縣南。㈡期：約會。江：國名。江人指江國國君。黃：國名。㈢中國：中原的諸侯。稱：舉。

【今譯】貫地的盟會，沒約請就來的是江人黃人。記下江黃，表示遠方國家參加了。中原一帶的諸侯只舉齊宋，邊遠的舉出江黃二國，認為諸侯都到了。

(五)經 冬，十月，不雨。

傳 不雨者，勤雨也㈠。

【今註】㈠勤：指殷切盼望。

【今譯】記「不雨」，是殷切盼望下雨的意思。

㈥經楚人侵鄭㊀。

【今註】㊀此經無傳。

【今譯】楚國侵略鄭國。

僖公三年（公元前六百五十七年）

㈠經三年，春，王正月，不雨。

傳不雨者㊀，勤雨也。

【今註】㊀周曆正月是夏曆十一月，不下雨正常。

【今譯】記「不雨」，是殷切盼望下雨的意思。

㈡經夏，四月，不雨。

傳一時言不雨者㊀，閔雨也㊁。閔雨者，有志乎民者也。

【今註】㊀時：季節。　㊁閔雨：為缺雨而憂慮。閔：憂。

【今譯】記載一季不下雨，這是為缺雨而憂心哪。為缺雨而憂心，是為民著想呵。

(三)經徐人取舒㈠。

【今註】㈠徐、舒：都是國名。此經無傳。

【今譯】徐國攻佔了舒國。

(四)經六月，雨。

傳雨云者，喜雨也。喜雨者，有志乎民者也㈠。

【今註】㈠有志乎民：為民考慮。乎：介詞。

【今譯】記下「雨」，是為得雨而心喜。為下雨而心喜，是為民著想呵。

(五)經秋，齊侯、宋公、江人、黃人會於陽穀。

傳陽穀之會㈠，桓公委端搢笏而朝諸侯㈡。諸侯皆諭乎桓公之志㈢。

【今註】㈠陽穀：齊國地名。㈡委端：禮服禮帽。委：黑色禮帽，也叫委貌。端：黑色整幅布做的禮服，也叫玄端。搢笏：插著笏板。搢（音進）：插。笏：也叫朝笏。是朝廷的大臣們插在衣帶上的狹長的板子，用來記事。上古時多用玉、象牙、魚骨、竹片等物製成。朝諸侯：讓諸侯朝拜。㊂諭：明白。

【今譯】陽穀這次盟會，齊桓公身著禮服、頭戴禮帽、插著笏板接受諸侯的朝拜。諸侯們都了解他的志向。

(六)經 冬，公子季友如齊莅盟。

傳 莅者位也㊀。其不日㊁，前定也。不言及者，以國與之也㊂。不言其人，亦以國與之也。

【今註】㊀莅：臨，臨位。陽穀之會，沒記魯僖公參加。實際是公子季友（魯莊公弟）到位與齊會盟了。㊁不日：不記日期。㊂與：音玉。參與，參加。

【今譯】莅是臨位的意思。不記日期，因為是先前確定的。不記「及」，因為是以國的名義參加的。不記參加會的人，也因為是以國的名義參加的。

(七)經 楚人伐鄭㊀。

【今註】㊀此經無傳。

【今譯】楚國攻伐鄭國。

僖公四年（公元前六百五十六年）

㈠經四年，春，王正月，公會齊侯、宋公、陳侯、衛侯、鄭伯、許男、曹伯侵蔡。蔡潰。遂伐楚，次於陘。

傳潰之為言上下不相得也㈠。侵，淺事也㈡。侵蔡而蔡潰。以桓公為知所侵也㈢，不土其地㈣，不分其民，明正也。遂，繼事也㈤。次㈥，止也。

【今註】㈠潰：散，亂。上下不相得：指君民不和。左傳云：「民逃其上曰潰」，義與之相同。㈡淺事：指較輕的軍事行動。㈢為知所侵：為蔡姬侵蔡。桓公愛夫人蔡姬。左傳載：「齊侯與蔡姬乘舟於囿，蕩公，公懼，變色；禁之，不可。公怒，歸之。未之絕也。蔡人嫁之」。㈣土其地：把別人的土地當做土地，即佔有別人土地。㈤繼：承，承接。㈥次：駐留，臨時駐紮。

【今譯】潰是指君民上下不合。侵略，是較輕的軍事行動。齊侯侵蔡，蔡軍潰散。因為桓公是為蔡姬侵蔡，不佔領蔡的土地，不要蔡的百姓，是光明正大的行動。遂是承接下一事的詞。次是停止駐留的意思。

㈡經夏，許男新臣卒。

傳諸侯死於國，不地㈠。死於外，地。死於師何為不地㈡？內桓師。

【今註】㈠不地：不記載地點。㈡死於師：死在軍隊中。許男是許國國君（男爵），隨同齊桓公等八國諸侯侵蔡伐楚。

【今譯】諸侯死在國內，不記載死的地方。如果死在國外，就記載死的地方。（許男）死在軍中為什麼不記載地點？是把桓公率領的軍隊看做國內了。

㈢經楚屈完來盟於師，盟於召陵。

傳楚無大夫，其曰屈完何也㈠？以其來會桓，成之為大夫也。其不言使，權在屈完也㈡。則是正乎？曰非正也。以其來會諸侯，重之也。來者何？內桓師也。於師，前定也。於召陵㈢，得志乎桓公也㈣。得志者，不得志也㈤，以桓公得志為僅矣㈥。屈完曰：「大國之以兵向楚何也？」桓公曰：「昭王南征不反㈦，菁茅之貢不至㈧，故周室不祭。」屈完曰：「菁茅之貢不至，則諾㈨。昭王南征不反，我將問諸江㈩。」

【今註】㈠屈完：楚國大夫。㈡權在屈完：決定權在屈完這兒。㈢召陵：地名，在今河南郾城縣東。㈣得志：達到目的。㈤不得志：指楚國難以制服，齊桓公達不到勝楚的目的。㈥

僅：只。指桓公只能達到與楚國議和的目的。㈦昭王南征不反：周昭王到南方巡視沒返回國。昭王荒淫，不理國政，百姓恨他。他到楚國視察，過漢水時，百姓給他乘一隻用膠粘的船，一到江心，船毀人亡。反：返的古字。㈧菁茅：一種香草，楚地特產。菁茅草捆成捆兒，祭神時，把酒倒上，自然滲下去，象徵神飲了酒這叫縮酒。楚不繳納這種貢品，周王室就缺了祭祀縮酒的東西。㈨諾：承諾。承認罪過，並答應送去。㈩江：長江。漢水是長江支流。向江水責問，表示楚國對昭王的死沒有一點責任。

【今譯】楚國沒有(天子命封的)大夫。稱他屈完是什麼意思？因為他來和桓公會盟，把他視為大夫。不稱他使臣，因為決定權在他這兒。那麼，這對嗎？不對。因為他來會盟諸侯，所以尊重他。來是什麼意思？是把他視為桓公軍隊內的人。軍中，是先前定的。在召陵會盟，桓公達到了(一定的)目的。達到目的，(實際)是沒達到目的，因為桓公僅達到了會盟議和這麼點兒目的。屈完說：「貴國為什麼對楚用兵呢？」桓公說：「周昭王南行沒返回，楚地的貢品菁茅草不送到，致使周王室不能祭神。」屈完說：「菁茅草不送到，就答應送上。昭王南行沒返回，我們責問長江。」

㈣經齊人執陳袁濤塗。

傳齊人者，齊侯也。其人之何也？於是哆然外齊侯也㈠，不正其踰國而執也㈡。

【今註】㈠哆然：紛紛指責的樣子。㈡踰國而執：指齊侯到陳國抓袁濤塗。袁濤塗是陳國大夫，他不願供給齊軍糧草，騙齊軍取道東夷，齊侯大怒抓住他。

【今譯】齊人，指的是齊侯。為什麼稱他齊人？因為陳國人紛紛指責他，認為他越過國界抓人是不對的。

(五)經秋，及江人、黃人伐陳。

傳不言其人及之者何？內師也㈠。

【今註】㈠內師：魯國軍隊。實際是齊命魯跟江、黃二國一起攻伐陳國。

【今譯】為什麼不說「及」字前的人？是魯國軍隊。

(六)經公至自伐楚。

傳有二事偶，則以後事致㈠。後事小，則以先事致。其以伐楚致，大伐楚也㈡。

【今註】㈠致：通至。諸侯外出，回國後告祭祖廟叫至。㈡大：認為……大。僖公先參與伐楚，後伐陳。

【今譯】有兩件事，就拿後一件告祭祖廟。如果後一件事小，就拿前一件事告祖。（僖公）拿伐楚這件事告祭祖廟，認為伐楚是大事。

(七)經葬許穆公㊀。

【今註】㊀許穆公：名新臣，男爵。此經無傳。

【今譯】安葬許穆公。

(八)經冬，十有二月，公孫茲帥師會齊人㊀、宋人、衛人、鄭人、許人、曹人侵陳。

【今註】㊀公孫茲：魯莊公弟叔牙的兒子，魯國大夫。帥：通率，率領。此經無傳。

【今譯】冬季，十二月，公孫茲領兵會合齊、宋、衛、鄭、許、曹六國攻打陳國。

僖公五年（公元前六百五十五年）

(一)經五年，春，晉侯殺其世子申生。

傳目晉侯斥殺㊀，惡晉侯也。

【今註】㊀晉侯：晉獻公，晉文公父。史載，獻公伐戎，娶戎女驪姬，生子名奚齊。驪姬欲讓奚齊為太子，便進讒獻公，殺害太子申生。斥：不詳。康熙字典亦不見此字。

【今譯】指斥晉侯殺太子，憎恨晉侯。

(二)經 杞伯姬來朝其子。

傳 婦人既嫁不踰竟(一)，踰竟非禮也。諸侯相見曰朝。伯姬為志乎朝其子也(二)。伯姬為志乎朝其子，則是杞伯失夫之道矣。諸侯相見曰朝，以待人父之道，待人之子，非正也。故曰，杞伯姬來朝其子，參譏也(三)。

【今註】(一)竟：境的古字。古禮，出嫁他國的女子，如果不是歸寧省親、不是被休棄、不是亡國，就不能越境回娘家。(二)伯姬為志乎朝其子：伯姬想讓自己的兒子來魯朝見。伯姬：魯莊公女，嫁給杞成公。此時兒子十三歲，她攜子回魯是以朝魯的名義。朝其子：讓其子朝（魯）。(三)參譏：譏刺三件事。一是伯姬越境回魯；二是杞伯失去為夫之道，放任妻子非禮；三是僖公用招待杞伯之禮招待其子，失掉了法度。

【今譯】女子已經出嫁，不能再隨便越境，越境是違禮的。諸侯互相會見叫朝。伯姬想讓兒子朝魯。讓兒子朝魯是伯姬的意願，這就表明杞伯失去了為夫之道。諸侯相見叫朝，（僖公）用招待杞伯之禮，招待他的兒子，是不對的。所以說，記「杞伯姬來朝其子」譏刺了三件事。

(三)經 夏，公孫茲如牟(一)。

【今註】(一)公孫茲：魯國大夫。魯莊公弟叔牙的兒子。牟：國名。此經無傳。

【今譯】夏天，公孫茲到牟國去。

(四)經公及齊侯、宋公、陳侯、衞侯、鄭伯、許男、曹伯會王世子於首戴。

傳及以會，尊之也。何尊焉？王世子云者㊀，唯王之貳也。云可以重之存焉，尊之也。何重焉？天子世子世天下也㊁。

【今註】㊀王世子：周王的太子，即後文說的天子的世子。這裏指周惠王的太子，名叫鄭，即後來的周襄王。經文記諸侯們在首戴會見王太子。㊁世：繼承。

【今譯】經文用「及」和「會」，是尊重王太子。為什麼尊重他？王世子的稱呼，表示他是天子第二，應該重視他，尊敬他。為什麼重視他？天子的太子繼承天下。

(五)經秋，八月，諸侯盟於首戴。

傳無中事而復舉諸侯何也㊀？尊王世子，而不敢與盟也㊁。尊則其不敢與盟何也？盟者，不相信也，故謹信也㊂。不敢以所不信而加之尊者㊃。桓㊄，諸侯也，不能朝天子，是不臣也㊅。王世子，子也，塊然受諸侯之尊己㊆，而立乎其位，是不子也㊇。桓不臣，王世子不子，則其所善焉何也？是則變之正也㊈。天子微㊉，而天子尊矣，世子受之可也。

諸侯不享覲㊁。桓控大國，扶小國，統諸侯不能以朝天子，亦不敢致天王㊂，尊王世子於首戴㊂，乃所以尊天王之命也。世子含王命會齊桓，亦所以尊天王之命也。世子受之可乎，是亦變之正也。天子微，諸侯不享覲，世子受諸侯之尊己，而天子尊矣，世子受之可也。

【今註】㊀無中事：指先會見，後結盟，這中間沒有事可記。這種情況，春秋經記結盟不寫「諸侯」二字。可是這次，夏季在首戴會見，中間無事，這條經文卻加了諸侯二字，即「諸侯盟於首戴」。㊁不敢與盟：指不敢記王太子參加結盟。㊂謹信：指慎重地結盟，約束盟者守信。㊃不信：指結盟這種儀式是針對不守信而舉行的。㊄桓：指齊桓公。㊅是不臣：這是不行臣道。㊆塊然：安然無動於衷的樣子。㊇是不子：這不(像)是天子的兒子。㊈變：指變通地看問題。㊉微：衰微。㊀享覲：納貢朝見。㊂致：招致。㊂首戴：地名。左傳作首止。戴、止古音相近。

【今譯】會見與結盟中間沒記事，為什麼記結盟時加上諸侯二字呢？是尊重王太子，不敢記太子參加結盟。為什麼不敢記太子參加結盟？結盟，是因為互相不守信才慎重地簽盟約束盟者守信。所以不敢讓這種出於不信任的事加到尊者頭上。齊桓公是諸侯，不朝天子，也就不像臣了。王世子，是天子的兒子，安然地讓諸侯尊戴自己，坐在尊位，這也就不像天子的兒子了。桓公不像臣，王太子不像太子，那麼他們好在什麼地方？這就是變通地看，他們又是對的。天子地位衰微，諸侯不納貢不朝拜。齊桓公控制大國，扶助小國，統率諸侯而不能朝拜天子，能在首戴尊敬王太子，這也就是尊敬天子命令的一種方式。太子帶著天子的命令會見桓公，這也是尊敬天子的一種方式。太子可以接受諸侯的尊戴，這也是變通地看，是對的。天子地位衰微，諸侯不納貢、不朝拜，太子能受到諸侯的尊戴，也就等於天子受到尊戴了，所以太子接受諸侯的尊戴是可以的。

(六)經 鄭伯逃歸不盟。

傳 以其法諸侯㊀，故逃之也㊁。

【今註】㊀其法諸侯：(齊桓公)用法律控制諸侯。 ㊁逃之：指鄭文公參加首戴會，又想和楚國親善，所以逃會不盟。

【今譯】因為齊桓公用法律管制諸侯，所以鄭伯逃回國。

(七)經 楚人滅弦，弦子奔黃。

傳 弦㊀，國也。其不曰，微國也㊁。

【今註】㊀弦：國名，國君屬子爵，故稱弦子。國被楚滅掉，弦子逃到黃國。 ㊁微：小。

【今譯】弦是國名，沒提它，因為是小國。

(八)經九月，戊申，朔㈠，日有食之㈡。

【今註】㈠朔：每月初一叫朔。㈡食：通蝕。

【今譯】九月，戊申日，初一，出現日蝕。

(九)經冬，晉人執虞公。

傳執不言所於地，緼於晉也㈠。其曰公何也？猶曰其下執之之辭也。其猶下執之之辭何也？晉命行乎虞民矣㈡。虞虢之相救㈢，非相為賜也㈣。今日亡虢而明日亡虞矣。

【今註】㈠緼於晉：包括在晉國之內。指虞國被滅，國土已屬於晉了。緼：通蘊，蘊含，包容。㈡晉命行乎虞民：晉國命令虞國百姓捉虞公。㈢虞、虢：兩個國名，緊相比鄰的兩個國家。㈣相為賜：互相給對方好處。事詳僖公二年經傳。

【今譯】抓人不記所在地點，因為包容在晉國境內了。稱虞公是什麼意思？像是說他的下臣抓住他。為什麼像是他的下臣抓住他？是晉國命令虞人抓的。虞虢兩國互相救助，其實誰也沒給誰好處，今天虢國滅亡，第二天虞國也滅亡了。

僖公六年（公元前六百五十四年）

㈠經六年，春，王正月㊀。

【今註】㊀此經無傳。

【今譯】六年，春天，周曆正月。

㈡經夏，公會齊侯、宋公、陳侯、衞侯、曹伯伐鄭，圍新城。

傳伐國不言圍邑，此其言圍何也？病鄭也㊀，著鄭伯之罪也㊁。

【今註】㊀病：不滿。㊁著：顯露。鄭伯之罪：指鄭伯參加首戴之會，逃會不盟。

【今譯】攻伐一國，不記包圍了城邑。這次為什麼記包圍新城？是對鄭國不滿，暴露鄭伯的罪惡。

㈢經秋，楚人圍許，諸侯遂救許。

傳善救許也㊀。

【今註】㊀救許：諸侯伐鄭，客觀上就救了許國。因為楚鄭友好，鄭被伐，楚肯定撤除圍許的軍隊，然後救鄭。

【今譯】救許的辦法好。

(四)經冬，公至自伐鄭。

傳其不以救許致何也(一)？大救鄭也。

【今註】(一)致：通至。諸侯出行，歸告祖廟叫至。古禮還規定，如果出行不衹幹一件事，要以大事告祖。

【今譯】為什麼不拿救許這件事告祖？因為伐鄭是大事。

僖公七年（公元前六百五十三年）

(一)經七年，春，齊人伐鄭(一)。

【今註】(一)此經無傳。

【今譯】七年，春季，齊國攻打鄭國。

(二)經夏，小邾子來朝(一)。

【今註】(一)小邾子：小邾國國君。此經無傳。

【今譯】夏天，小邾子來朝見魯公。

㈢經鄭殺其大夫申侯。

傳稱國以殺大夫㊀，殺無罪也。

【今註】㊀稱：舉。

【今譯】舉出國名（鄭），說殺某某大夫，殺的是無罪的人。

㈣經秋，七月，公會齊侯、宋公、陳世子款、鄭世子華盟於寧母。

傳衣裳之會也㊀。

【今註】㊀衣裳之會：指和平友好性的會議。齊桓公共主持十一次這樣的會。寧母（魯地名）之會是其中之一，有五國參加，陳、鄭兩國是太子參加會盟。

【今譯】是友好性會盟。

㈤經曹伯班卒㊀。

【今註】㊀班：曹伯的名，謚號昭公。此經無傳。

【今譯】曹伯去世。

(六)經公子友如齊(一)。

【今註】(一)公子友：魯莊公弟，僖公叔父。此經無傳。

【今譯】公子友到齊國去。

(七)經冬，葬曹昭公(一)。

【今註】(一)此經無傳。

【今譯】冬天，安葬曹昭公。

僖公八年（公元前六百五十二年）

(一)經八年，春，王正月，公會王人、齊侯、宋公、衞侯、許男、曹伯、陳世子款盟於洮。鄭伯乞盟。

傳王人之先諸侯何也(一)？貴王命也。朝服雖敝，必加於上。弁冕雖舊(二)，必加於首(三)。周室雖衰，必先諸侯。兵車之會也(四)。以向之逃歸乞之也(五)。乞者，重辭也，重是盟也(六)。乞者，處其所而請與之也(七)。蓋汋之也(八)。

【今註】㈠王人：周天子的使臣。㈡弁冕：王和貴族戴的帽子。㈢首：頭。㈣兵車之會：各國率軍隊參加的會盟。齊桓公共主持四次兵車之會，洮(曹國地名)地之會是其中一次。㈤向：先前，以前。指僖公五年，鄭伯在首戴會上逃歸。㈥重是盟：重視這次盟會。因為是兵車會，鄭伯很害怕。㈦處其所：指鄭伯在自己的住處乞求(不是在會上)。與：音玉，參加，參與。㈧汋：通酌。這裏指喝血。古盟誓時要殺牲，盟誓者各喝一口血，以示永不變心。

【今譯】王人為什麼排在諸侯前面？是尊重天子的命令。朝服雖然破了，也要穿在其他衣服的上面。帽子雖然舊了，一定戴在頭上。周王朝雖然衰微，一定排在諸侯前面。這是兵車之會。鄭伯因為以前逃會回國，這次乞求參加會盟。乞求，表示重視的意思，重視這次盟會。用乞字，表示鄭伯在自己住處乞請參加。大概讓他喝了血(同意他與盟)。

㈡經夏，狄伐晉㈠。

【今註】㈠此經無傳。

【今譯】夏季，狄人攻伐晉國。

㈢經秋，七月，禘於大廟㈠，用致夫人㈡。

【今註】㈠禘：祭名。宗廟五年一次的大祭。大廟：太廟，即周公廟，魯國的祖廟。大：太的古寫。㈡致：通至，告祖。夫人：穀梁氏認為是僖公母，本是莊公的妾，僖公在大祭禮上告祖，立之為夫人。左傳和公羊傳所解，各不相同。

【今譯】秋季七月，在太廟舉行禘祭，僖公告祖，要把母親由妾升為夫人。

傳用者㈠，不宜用者也。致者㈡，不宜致者也。言夫人必以其氏姓。言夫人而不以氏姓，非夫人也，立妾之辭也，非正也。夫人之㈢，我可以不夫人之乎㈣？夫人卒葬之㈤，我可以不卒葬之乎？一則以宗廟臨之而後貶焉㈥，一則以外之弗夫人而見正焉。

【今註】㈠用：由。指由妾升為夫人。㈡致：通至，告祭祖廟。㈢夫人之：以之為夫人。指僖公把她（母親）看做是夫人。㈣我：指我們記載時。㈤夫人卒葬之：指死了以夫人之禮安葬。㈥以宗廟臨之：在祖廟前。

【今譯】由，是不該由的意思。告祖，是不該告祖的意思。稱夫人一定提姓氏。不提姓氏，就表明不是夫人，是立妾為夫人的意思，這不對。僖公把她看做夫人，記載時可以不看做夫人嗎？死了以夫之禮安葬，記載時可以不如實嗎？一是在祖廟前去掉夫人的姓氏，以貶斥之，一是外國人不把她看做夫人足見是對的。

㈣經冬，十有二月，丁未，天王崩㈠。

【今註】㈠天王：天子，指周惠王。

【今譯】冬季，十二月丁未日，周惠王駕崩。

僖公九年（公元前六百五十一年）

㈠經 九年，春，王三月，丁丑，宋公禦說卒㈠。

【今註】㈠禦說（音月）：宋桓公名。此經無傳。

【今譯】九年，春，周曆三月，丁丑日，宋桓公去世。

㈡經 夏，公會宰周公、齊侯、宋子、衞侯、鄭伯、許男、曹伯於葵丘。

傳 天子之宰㈠，通於四海。宋其稱子何也㈡？未葬之辭也。禮，柩在堂，孤無外事㈢。今背殯而出會，以宋子為無哀也。

【今註】㈠宰：官名。宰官掌管六典：治典、教典、禮典、政典、刑典、事典，可以和各諸侯打交道。㈡稱子：指經文稱「宋子」，而沒稱宋公。因為宋桓公還沒安葬，他的太子雖繼位，仍不能稱君和稱公。㈢孤：父死，子稱為孤。外事：指外交事宜。

【今譯】天子的宰官，通達天下。為什麼稱宋子？因君父沒安葬。禮規定，父靈柩在堂（指沒安葬），兒子不參加外事活動。現在宋子離開靈柩外出開會，認為宋子對父親的故去沒有哀傷。

㈢經秋，七月，乙酉，伯姬卒。

傳內女也㈠。未適人不卒㈡，此何以卒也？許嫁笄而字之㈢，死則以成人之喪治之。

【今註】㈠內女：魯國姑娘。指僖公女伯姬。㈡適人：嫁人。㈢許嫁：許配人家，指定婚。笄（音機）：簪子。古時女子到十五歲，可以束髮挽成髻，插簪子。這時要舉行笄禮，表示已成人，從此稱字不稱名了。詳見儀禮士昏禮。

【今譯】是魯國姑娘。女子沒出嫁死了不予記載，這次為什麼記載？因為伯姬已經定婚，舉行了笄禮，稱她的字了，死了就可以用成年人的喪禮治喪。

㈣經九月，戊辰，諸侯盟於葵丘。

傳桓盟不日㈠，此何以日？美之也。為見天子之禁，故備之也。葵丘之會㈡，陳牲而不殺㈢，讀書加於牲上㈣，壹明天子之禁㈤。曰毋雍泉㈥，毋訖糴㈦，毋易樹子㈧，毋以妾為妻，毋使婦女與國事㈨。

【今註】㈠桓盟不日：齊桓公主持的盟會不記日期。㈡葵丘：地名。不詳。㈢陳牲而不殺：

指用活牲定盟。古時結盟用牲，或殺或不殺。據孟子告子下篇云：「葵丘之會，諸侯束牲，載書而不歃血」。范寧注引「鄭君云，盟牲，諸侯用牛，大夫用豭」。故知是把牛捆起來。㈣書：指盟辭。㈤壹：專。㈥雍泉：指築堤壟斷水源。㈦糴：買糧。㈧易：換。樹子：太子。㈨與：音玉，參與。

【今譯】齊桓公主持的會盟不記日期，這次為什麼記？是讚美他。他宣佈天子的禁令，所以完備地記載下來。葵丘這次會，祇把牛捆起來不殺，宣讀完盟辭放在牛身上。盟辭上寫明天子的禁令，上邊說：不許築堤防，不許不讓鄰國來買糧，不許廢立太子，不許立妾為妻，不許女人參與國事。

㈤經甲子，晉侯詭諸卒㈠。

【今註】㈠詭諸：晉獻公名詭諸。此經無傳。

【今譯】甲子日，晉獻公去世。

㈥經冬，晉里克殺其君之子奚齊。

傳其君之子云者㈠，國人不子也㈡。國人不子何也？不正其殺世子申生而立之也。

【今註】㈠其：指里克，晉國大夫。子：指奚齊，是晉獻公庶子，驪姬所生。驪姬脅獻公害太子申生，又趕走了公子重耳和夷吾，立奚齊為太子。獻公一死，里克就殺了奚齊。㈢不子：不看做新君。諸侯死，在喪，稱新君為子。

【今譯】稱他君王的兒子，是表明國人不把奚齊看做新君。為什麼？認為他殺太子申生而自立是不對的。

僖公十年（公元前六百五十年）

㈠經　十年，春，王正月，公如齊㈠。

【今註】㈠此經無傳。

【今譯】十年，春天，周曆正月，僖公到齊國去。

㈡經　狄滅溫，溫子奔衛㈠。

【今註】㈠溫子：溫國國君，子爵。此經無傳。

【今譯】狄人滅掉溫國，溫子跑到衛國。

㈢經　晉里克弒其君卓及其大夫荀息。

傳 以尊及卑也㈠，荀息閑也㈡。

【今註】㈠尊：指卓，又稱卓子，是晉獻公庶子，奚齊被殺後，卓子立為君。卑：指荀息，他是卓子的保傅，肩有保護和教導之職。㈡閑：與正事無關，指荀息與立君事無關，他的被殺是由卓子牽連的。

【今譯】由尊者連及到卑者，荀息與其事無關。

㈣經 夏，齊侯、許男伐北戎㈠。

【今註】㈠北戎：戎人的一支。此經無傳。

【今譯】夏天，齊國和許國攻打北戎。

㈤經 晉殺其大夫里克。

傳 稱國以殺㈠，罪累上也㈡。里克弒二君與一大夫㈢，其以累上之辭言之何也？其殺之不以其罪也㈣。其殺之不以其罪奈何？里克所為殺者，為重耳也㈤。夷吾曰㈥：「是又將殺我乎」，故殺之，不以其罪也。其為重耳弒奈何㈦？晉獻公伐虢㈧，得驪姬㈨，獻公私之，有二子，長曰奚齊㈩，稚曰卓子。驪姬欲為亂，故謂君曰：「吾夜夢夫人趨而來曰⑪：『吾苦畏⑫。』胡不使大夫將衞士而衞冢乎⑬」。

公曰：「孰可使㊃？」曰：「臣莫尊於世子，則世子可」。故君謂世子曰：「驪姬夢夫人趨而來曰：『吾苦畏』，女其將衞士而往衞冢乎㊄」。世子曰：「敬諾」。築宮㊅，宮成。驪姬又曰：「吾夜夢夫人趨而來曰：『吾苦飢』，世子之宮已成，則何為不使祠也㊆？」故獻公謂世子曰：「其祠」。世子祠。已祠，致福於君㊇。君田而不在㊈。驪姬以酖為酒㊉，藥脯以毒⑪。獻公田來。驪姬曰：「世子已祠，故致福於君」。君將食，驪姬跪曰：「食自外來者，不可不試也」。覆酒於地而地墳⑫，以脯與犬，犬死。驪姬下堂而啼，呼曰：「天乎！天乎！國，子之國也⑬，子何遲於為君？」君喟然嘆曰：「吾與女未有過切⑭，是何與我之深也？」使人謂世子曰：「爾其圖之⑮」。世子之傅里克謂世子曰⑯：「入自明⑰。入自明，則可以生。不入自明，則不可以生。」世子曰：「吾君已老矣，已昏矣⑱。吾若此而入自明，則驪姬必死。驪姬死，則吾君不安。所以使吾君不安者，吾不若自死。吾寧自殺以安吾君，以重耳為寄矣⑲。」刎脰而死⑳。故里克所為弒者，為重耳也。夷吾曰：「是又將殺我也。」

【今註】 ㊀稱：舉。㊁上：指君王。㊂二君：指剛繼位的奚齊和卓子。大夫：指荀息。㊃以：因為。㊄重耳：即後來即位的晉文公。太子申生臨死時囑托里克，要保重耳為君。重耳弟夷吾已經搶先為君，他怕里克下一步要殺他，就先下手殺里克。㈥夷吾：晉獻公子，重耳弟。他當了短時間國君，人稱晉惠公。㈦弒：被弒。㈧晉獻公：名詭諸，晉武公子。虢：國名。㈨驪姬：虢國國君的女兒，晉獻公妾。㈩奚齊：獻公庶子，驪姬所生。國語載，驪姬與妹妹同嫁獻公，各生一子，卓子是其妹所生。穀梁氏認為卓子是驪姬所生。㈡夫人：指獻公正夫人，齊女，中生的母親。㈢苦畏：以畏為苦，即怕得很。㈢胡：何，為什麼。將：牽領。冢：墓。㈣孰：誰。㈤女：通汝，你。㈥築宮：在墓地建守墓的房子。宮：室。㈦祠：祭祀。㈧致福：祭祀完畢，送祭肉和酒給君、父叫致福。㈨田：畋的古字，打獵。㈢酖：毒酒。㈡脯：肉乾兒。這裏指肉。㈢墳：突起，高起來。㈢子：您。指太子中生。㈣過切：責備。㈤爾：你。圖：考慮。㈥傅：保傅，諸侯的所有兒女都有保傅，肩有保護和教導的職責，女孩的保傅也稱保姆。㈦入：進宮。自明：自己說明白。㈧昏：昏憒，糊塗。㈨寄：託付。㈢刎脰：割腦袋。

【今譯】舉出國名說殺了某某，是牽連到誰為君的問題。里克殺了兩個君和一位大夫，為什麼說牽連到君王？殺里克不是因為他有罪。怎麼說殺他不是因為有罪？里克被殺，是為重耳。夷吾說：「這人（指里克）又將殺我吧」，就殺了里克。不是因為他有罪。里克為重耳被殺是怎麼回事？晉獻公攻下虢國，得到驪姬，私自娶下為妾，生了兩個兒子，大的叫奚齊，小的叫卓子。驪姬想奪太子權，對獻公說：「我夜裏夢見夫人快步走到跟前說：『我怕得很』。為什麼不派大夫帶兵去守墓？」公說：「誰可以派？」回答說：「沒有哪個比太子地位高，太子可以。」獻公對太子說：

「驪姬夜裏夢見夫人快步走來說：『我怕得很』，你帶兵去守墓吧。」太子說：「遵命」。建守墓住的房子，建好了。驪姬又說：「我夜裏夢見夫人快步走來說：『我餓得很』，何不派人去祭祀。」獻公對太子說：「去祭祀」。太子祭祀完，把祭肉和酒送給父親。獻公打獵不在宮裏。驪姬把毒酒滲到酒裏，肉裏放上毒藥。獻公回來，驪姬說：「太子祭完了，把祭肉送給你」。獻公剛要吃，驪姬跪下說道：「食物從外邊送來，不能不試試。」把酒倒在地，地鼓起來。把肉給狗吃，狗死了。驪姬下堂號哭，喊道：「天哪！天哪！國是你的國，為什麼晚一點兒當國君就這麼樣」。獻公長嘆道：「我對你從未有過責備，怎麼對我的仇恨這麼深呢！」派人對太子說：「你自己考慮吧。」太子的保傅里克對太子說：「進宮去，自己說明白。說明白就可以免死，不說明白就得死」。太子說：「我們國君年歲老了，糊塗了。我進宮說明白，驪姬肯定得死。驪姬死，國君就不能安生。假如國君不得安生，我不如自己死。我寧自己死，來讓君王安生。我把弟弟重耳託付給你了。」割掉腦袋就死了。

(六)經 秋，七月(一)。

【今註】(一)一季無事，記下首月。此經無傳。

【今譯】秋季，七月。

(七)經 冬，大雨雪(一)。

【今註】㈠雨：動詞，降，下。此經無傳。

【今譯】冬季，下大雪。

僖公十一年（公元前六百四十九年）

㈠經 十有一年，春，晉殺其大夫丕鄭父。

傳 稱國以殺㈠，罪累上也㈡。

【今註】㈠稱：舉。㈡累上：牽連到君王的事。大夫丕鄭和里克同是擁戴重耳為君的。

【今譯】舉出國名說殺某某，表明罪過牽連到君王的問題。

㈡經 夏，公及夫人姜氏會齊侯於陽穀㈠。

【今註】㈠夫人：僖公夫人，齊桓公女兒，名聲姜，也稱姜氏。陽穀：齊國地名。此經無傳。

【今譯】夏天，僖公和夫人在陽穀會見齊侯。

㈢經 秋，八月，大雩。

傳 雩㈠，月㈡，正也。雩得雨曰雩，不得雨曰旱。

【今註】㈠雩：音余，為求雨舉行的祭祀。㈡月：記下月份。

【今譯】為求雨舉行祭祀，記下月份是對的。求雨得雨叫雩，求雨沒得雨叫旱。

㈣經冬，楚人伐黃㈠。

【今註】㈠此經無傳。

【今譯】冬季，楚國攻打黃國。

僖公十二年（公元前六百四十八年）

㈠經十有二年，春，王正月，庚午，日有食之㈠。

【今註】㈠食：通蝕。此經無傳。

【今譯】十二年，春，周曆正月，庚午日，出現日蝕。

㈡經夏，楚人滅黃。

傳貫之盟㈠，管仲曰㈡：「江黃遠齊而近楚㈢。楚，為利之國也。若伐而不能救，則無以宗諸侯矣㈣。」桓公不聽，遂與之盟。管仲死，楚伐江滅黃，桓公不能救，故君子閔之也㈤。

【今註】㈠貫：宋國地名。貫地之盟在僖公二年。㈡管仲：齊桓公的相，精明而富有遠見。㈢江、黃：都是國名。㈣宗：尊崇。㈤閔：昏昧。

【今譯】在貫地那次盟會上，管仲說：「江國黃國遠離齊國而靠近楚國。楚國是個貪利的國家。如果江黃被楚攻打，我們卻不能救援，那麼就沒有辦法讓諸侯尊崇我們了。」齊桓公不聽，就和江國黃國簽了盟。管仲死後，楚國攻打江國，滅了黃國。桓公不能援救。所以君子認為桓公糊塗。

㈢經秋，七月㈠。

【今註】㈠按周代曆法，七月為秋季之首。此經無傳。

【今譯】秋季，七月。

㈣經冬，十有二月，丁丑，陳侯杵臼卒㈠。

【今註】㈠杵臼：陳宣公的名。此經無傳。

【今譯】冬季，十二月丁丑日，陳宣公去世。

僖公十三年（公元前六百四十七年）

(一)經 十有三年，春，狄侵衛㈠。

【今註】㈠此經無傳。

【今譯】十三年，春天，狄人侵略衛國。

(二)經 夏，四月，葬陳宣公㈠。

【今註】㈠此經無傳。

【今譯】夏季，四月，安葬陳宣公。

(三)經 公會齊侯、宋公、陳侯、衛侯、鄭伯、許男、曹伯於鹹。

傳 兵車之會也㈠。

【今註】㈠兵車之會：各諸侯帶軍隊參加的盟會叫兵車之會。鹹地之會，各國帶軍隊是為了抗狄救衛。

【今譯】是一次兵車之會。

(四)經 秋，九月，大雩㈠。

【今註】㈠雩：為求雨舉行的祭祀。

【今譯】秋季，九月，舉行大規模雩祭。

㈤經冬，公子友如齊㈠。

【今註】㈠公子友：魯莊公弟，僖公叔，又稱季友。此經無傳。

【今譯】冬季，公子友到齊國去。

僖公十四年（公元前六百四十六年）

㈠經十有四年，春，諸侯城緣陵。

傳其曰諸侯㈠，散辭也。聚而曰散何也㈡？諸侯城，有散辭也，桓德衰矣㈢。

【今註】㈠諸侯：這是統稱，而不是按大小順序列出具體國名。㈡聚：指諸侯們聚集在緣陵（杞邑）築城。㈢桓：指齊桓公。桓公勢力已衰，難以統領諸侯了。

【今譯】經文統稱諸侯，表明是分散而至。聚集在緣陵一起築城，為什麼分散而至呢？說諸侯築城，就有分散的意思，表明齊桓公德行衰微了。

㈡經夏，六月，季姬及繒子遇於防㈠，使繒子來朝。

【今註】㈠季姬：僖公小女兒。繒子：繒國國君。遇：臨時會見。季姬回魯省親，僖公因繒子不來朝見很生氣，留住女兒。季姬和夫君會見，是為接自己回繒國。防：魯國地名。

【今譯】夏季，六月，季姬和繒子在防地臨時會面，讓繒子來朝見魯公。

傳遇者，同謀也。來朝者，來請己也㈠。朝不言使㈡，言使，非正也，以病繒子也㈢。

【今註】㈠來請己：季姬讓繒子來朝魯，主要是請求魯公放她回繒國。㈡朝不言使：(朝見應是主動的)，不能說讓誰朝見。㈢病：責備。

【今譯】臨時會面，是為共同商量事情。來魯朝見，主要是來為自己請求。朝見不能說讓，說讓(某某朝見)是不對的，用以責備繒子不朝魯。

㈢經秋，八月，辛卯，沙鹿崩。

傳林屬於山為鹿㈠。沙，山名也。無崩道而崩，故志之也㈡。其日㈢，重其變也。

【今註】㈠屬：連。鹿：通麓。山腳。㈡志：記。㈢日：記下日期。

【今譯】樹林和山相連的地方叫山麓。沙是山名。沒有崩塌的道理(山腳一般不會崩的)卻崩了，所以記載它。記下日期，表示重視這種變異現象。

(四)經狄侵鄭(一)。

【今註】(一)此經無傳。

【今譯】狄人侵略鄭國。

(五)經冬，蔡侯肸卒。

傳諸侯時卒(一)，惡之也(二)。

【今註】(一)時卒：記下死時的季節。春秋經凡例，諸侯死，要記下具體日期。(二)惡之：認為他壞。之：代蔡侯。自僖公以來，蔡侯一直不參加會盟。

【今譯】諸侯死，衹記季節，是認為他壞。

僖公十五年（公元前六百四十五年）

(一)經十有五年，春，王正月，公如齊(一)。

【今註】(一)此經無傳。

【今譯】十五年，春，周曆正月，僖公到齊國去。

(二)經楚人伐徐(一)。

【今註】㈠此經無傳。

【今譯】楚國攻伐徐國。

㈢經三月，公會齊侯、宋公、陳侯、衛侯、鄭伯、許男、曹伯盟於牡丘。遂次於匡。公孫敖帥師及諸侯之大夫救徐。

傳兵車之會也㈠。遂，繼事也㈡。次㈢，止也，有畏也㈣。善救徐也。

【今註】㈠兵車之會：諸侯帶軍隊參加的盟會。齊桓公共主持四次兵車之會，牡丘之會是其中之一。㈡繼：承，承接。㈢次：駐留，臨時駐紮。㈣有畏：諸侯們怕楚國，停駐在匡地。

【今譯】這是兵車之會。遂是表承接的連詞。次是停止不前的意思，因為有所懼怕。援救徐國是好事。

㈣經夏，五月，日有食之㈠。

【今註】㈠食：通蝕。

【今譯】夏季，五月，出現日蝕。

㈤經秋，七月，齊師、曹師伐厲㈠。

【今註】㈠厲：國名。此經無傳。

【今譯】秋季，七月，齊國和曹國攻打厲國。

(六)經八月，螽。

傳螽㈠，蟲災也。甚則月㈡，不甚則時。

【今註】㈠螽：蝗蟲的一種。㈡月：記下月份。甚：嚴重。

【今譯】蝗蟲，造成蟲災。嚴重就記載月份，不嚴重就記載季節。

(七)經九月，公至自會㈠。

【今註】㈠至：諸侯外出，回國後告祭祖廟。此經無傳。

【今譯】九月，僖公從盟會處回國，告祭祖廟。

(八)經季姬歸於繒㈠。

【今註】㈠季姬：僖公小女，嫁給繒國國君。這次是省親後回繒。此經無傳。

【今譯】季姬回繒國。

(九)經己卯，晦，震夷伯之廟。

傳晦㈠，冥也。震，雷也。夷伯，魯大夫也。因此以見天子至於士皆有廟。天子七廟㈡，諸侯五，大夫三，士二。故德厚者流光㈢，德薄者流卑㈣。是以貴始㈤，德之本也。始封必為祖。

【今註】㈠晦：月末三十這天叫晦。穀梁氏解為「夜」，雖然也說得通，但按春秋經記事的義例，朔指初一，晦指三十。據干支記日法逆推，己卯日也正是九月三十。㈡七廟：據禮記王制註，這七廟是主廟居中，左三昭，右三穆。諸侯以下昭廟穆廟遞減。㈢德厚者：指天子。光：遠。天子可以遠祭七世祖。㈣卑：指近。士人祇能近祭父廟。㈤始：指始受封的君王，即開國之君，如齊國的姜太公呂望。

【今譯】晦指夜裏，震是雷擊的意思。夷伯是魯國大夫。由此可見從天子到士人都有廟。天子有七廟，諸侯五廟，大夫三廟，士人二廟。德高的人可以遠祭世祖，德差的人祇能近祭父廟。因此，始受封的君王地位高，他就是祖。

(十)經冬，宋人伐曹㈠。

【今註】㈠此經無傳。

【今譯】冬季，宋國進攻曹國。

(十二)經楚人敗徐於婁林。

傳夷狄相敗(一)，志也(二)。

【今註】(一)夷狄：穀梁氏把楚、徐都視為夷狄之國。(二)志：記。

【今譯】夷狄打敗夷狄，要記載下來。

(十三)經十有一月，壬戌，晉侯及秦伯戰於韓，獲晉侯。

傳韓之戰(一)，晉侯失民矣(二)，以其民未敗而君獲也(三)。

【今註】(一)韓：晉國地名。韓地一戰是秦穆公大戰晉惠公。(二)晉侯：即晉惠公，名夷吾，晉文公重耳的兄弟。失民：失掉民心。在戰場上晉大夫慶鄭眼看晉侯危急卻不救。(三)獲：被俘獲。

【今譯】韓地一戰，晉侯失掉民心了。因為他的百姓沒敗，君王卻被秦國俘獲了。

僖公十六年（公元前六百四十四年）

(一)經十有六年，春，王正月，戊申，朔，隕石於宋，五。是月，六鷁退飛，過宋都。

傳 先隕而後石何也㊀，隕而後石也。於宋，四竟之內曰宋㊁。後數㊂，散辭也㊃，耳治也㊄。是月也，決不日而月也㊅。六鷁退飛過宋都㊆，先數㊇，聚辭也㊈，目治也㊉。子曰：「石，無知之物，鶂微有知之物。石無知，故日之㊀。鶂微有知之物，故月之㊁。君子之於物，無所苟而已㊂。」石鶂且猶盡其辭，而況於人乎。故五石六鶂之辭，不設㊃，則王道不亢矣㊄。民所聚曰都。

【今註】㊀先隕而後石：指經文記「隕石」，隕字在先，石字在後。隕石即隕星，也叫石隕星。隕：墜落。㊁竟：境的古字，邊境。㊂數：音蜀，計算。㊃散：指隕石散落到宋國境內。㊄耳治：指用耳朵聽到隕石落地的聲音。㊅決不日而月：指鳥退飛與隕石決不是同一天而是同一個月。㊆鷁：鳥名，也叫鶂，見後文。㊇先數：指數字六記在鷁之先。㊈聚辭：與上文「散辭」相對而言，指六隻鳥聚在一起飛。㊉目治：眼睛看到的。隕石是用耳聽到的，鳥飛是用眼看到的。㊀日：記下日期。㊁月：記下月份。㊂苟：隨隨便便。㊃設：設計、籌劃。這裏指深入考慮。㊄王道：指治國之道。亢：高。

【今譯】為什麼隕字在先而石字在後？因為落下以後才知是石頭。落在宋國，四方邊境之內都屬於宋。石頭落下後才數，表明是分散而落。耳朵聽到落地聲。經文記「是月」，是強調鳥退著飛與隕石決不是發生在同一天，而是同一月。六隻鳥退著飛經過宋國都城。先記數字「六」，表明鳥是聚在一起飛，用眼看到的。孔子說：「石頭是無知之物，鶂鳥是稍有靈性的動物。石頭無知，所以記下日期。鶂鳥稍有靈知，所以記下月份。君子對於萬物，沒有隨隨便便的。」對石頭和鶂鳥尚且詳盡記載，何況對人呢！所以說對五石六鶂記載，不深入考慮，治國的辦法就不會高明。百姓聚集的地方叫都。

㈡經三月，壬申，公子季友卒。

傳大夫日卒㈠，正也。稱公弟叔仲㈡，賢也。大夫不言公子公孫，疏之也㈢。

【今註】㈠日卒：死了記載日期。㈡公弟：莊公弟，即公子季友。他的名叫友，名前加個表兄弟排行的「季」就是字。此種情況多見。如公子遂，字仲遂。羊舌肸，字叔肸（羊舌是氏），因此表排行的叔仲季，可以指人的字。㈢疏：遠。

【今譯】大夫死記載日期是對的。稱莊公弟弟的字，是因為他賢德。對大夫如果不稱公子或公孫，是表示疏遠的意思。

㈢經夏，四月，丙申，繒季姬卒㈠。

【今註】㈠季姬：僖公女，嫁與繒子。此經無傳。

【今譯】夏天，四月丙申日，繒季姬去世。

㈣經秋，七月，甲子，公孫茲卒。

傳大夫日卒㈠，正也。

【今註】㈠大夫：公孫茲是魯大夫，莊公二弟叔牙的兒子。

【今譯】大夫死記載日期是對的。

㈤經冬，十有二月，公會齊侯、宋公、陳侯、衞侯、鄭伯、許男、邢侯、曹伯於淮。

傳兵車之會也㈠。

【今註】㈠兵車之會：各國都帶軍隊參加的盟會。

【今譯】（淮地會盟）是一次兵車之會。

僖公十七年（公元前六百四十三年）

㈠經十有七年，春，齊人、許人伐英氏㈠。

【今註】㈠英氏：國名。此經無傳。

【今譯】十七年，春天，齊國和許國攻打英氏。

㈡經 夏，滅項。

傳 孰滅之？桓公也㈠。何以不言桓公也？為賢者諱也㈡。項，國也。不可滅而滅之乎？桓公知項之可滅也㈢，而不知己之不可以滅也㈣。既滅人之國矣，何賢乎？君子惡惡疾其始㈤，善善樂其終㈥，桓公嘗有存亡繼絕之功㈦，故君子為之諱也。

【今註】㈠桓公：穀梁氏認為是齊桓公滅了項國，而左傳認為是魯僖公滅了項國。㈡為賢者諱：替賢人避諱。春秋經多諱，為尊者諱，為親者諱，為賢者諱，忌諱提這三者的不足。㈢項之可滅：指項國內政混亂。㈣己之不可滅：指齊桓公一向扶弱濟困，不欺小國。㈤惡惡疾其始：恨壞人，恨他的開始，不做惡則不恨了。㈥善善樂其終：喜歡好人，樂意他終生做好事。㈦存亡：讓亡國得以保存。繼絕：與「存亡」同義。

【今譯】誰滅了項國？是齊桓公。為什麼不記齊桓公，替賢人隱諱。項是個國家，不可以滅卻滅了它。桓公知道項國可滅，卻不知自己不能去滅。已經滅了別人的國家，還算什麼賢人？君子憎恨壞人，憎恨他的當初；喜歡好人，樂意他善始善終。桓公曾有存亡繼絕的功德，所以君子替他隱諱。

㈢經 秋，夫人姜氏會齊侯於卞㈠。

【今註】㈠夫人：僖公夫人，名聲姜，是齊桓公女兒。淮地會盟，僖公被扣留，故聲姜見齊桓公。

此經無傳。

【今譯】秋天，夫人姜氏在卞地見齊侯。

(四)經九月，公至自會㊀。

【今註】㊀至：回國告祭祖廟。此經無傳。

【今譯】九月，僖公從淮地回國，告祭祖廟。

(五)經冬，十有二月，乙亥，齊侯小白卒。

傳此不正㊀，其日之何也㊁？其不正前見矣㊂。其不正之前見何也？以不正入虛國㊃，故稱嫌焉爾。

【今註】㊀此：指齊桓公。不正：不正當行為。指桓公最初是乘國君被殺，國中無君的空子，搶先回國才當上君王的。㊁日：記日期。諸侯一生無缺陷的，死了才記下具體日期。㊂前見：指齊桓公的不正行為前面已有記載。㊃虛國：指齊襄公被殺後，國內混亂無君。

【今譯】這人不正，為什麼死了記載日期？他的不正當行為先前已記載了。為什麼說先前就記載了？他以不正當手段，進入無君的齊國，所以說有奪君位之嫌。

僖公十八年（公元前六百四十二年）

㈠經十有八年，春，王正月，宋公、曹伯、衞人、邾人伐齊。

傳非伐喪也㈠。

【今註】㈠桓公死後，五子爭立，眾諸侯護送逃到宋國避難的太子回國。

【今譯】不是趁國喪攻伐。

㈡經夏，師救齊。

傳善救齊也㈠。

【今註】㈠救齊：齊國大亂，諸侯來救援。

【今譯】救齊是好事。

㈢經五月，戊寅，宋師及齊師戰於甗，齊師敗績。

傳戰不言伐㈠，客不言及㈡，言及，惡宋也㈢。

【今註】㈠戰不言伐：用戰字就不能用伐字。這是將此條經文與上條經文聯繫說。上一條用伐字，這條用戰字。㈡客：攻伐別國的叫客，被攻的叫主。這裏的客指宋師。這句是說主客之間不能用及字。㊂惡：憎恨。

【今譯】用戰字就不能用伐字，宋師後邊不能用及字。用及字，是憎恨宋師的意思。

㈣經狄救齊。

傳善救齊也㊀。

【今註】㊀善：認為……好。

【今譯】認為狄人救齊是好事。

㈤經秋，八月，丁亥，葬齊桓公㊀。

【今註】㊀葬：諸侯死後七個月安葬，可齊桓公死十一個月才葬，因國內混亂。齊世家載，桓公屍在床上六十七日，屍蟲出於戶……。此經無傳。

【今譯】秋季，八月丁亥日，安葬齊桓公。

㈥經冬，邢人、狄人伐衛。

傳狄其稱人何也，善累而後進之。伐衛所以救齊也。功近而德遠矣㊀。

【今註】㊀功近：近有伐衛之功。狄離衛國近。德遠：指救了遠方的齊國。狄離齊國遠。

【今譯】為什麼稱狄人？是積累善行而後得以進升的。狄伐衞是為了救齊國。近有伐衞之功，遠有救齊之德。

僖公十九年（公元前六百四十一年）

㈠經十有九年，春，王三月，宋人執滕子嬰齊㈠。

【今註】㈠嬰齊：滕國國君名。此經無傳。

【今譯】十九年，春，周曆三月，宋國抓了滕國國君。

㈡經夏，六月，宋公、曹人、邾人盟於曹南㈠。

【今註】㈠曹南：曹國南部。此經無傳。

【今譯】夏季，六月，宋國、曹國和邾國在曹國南部會盟。

㈢經繒子會盟於邾。己酉，邾人執繒子，用之。

傳微國之君㈠，因邾以求與之盟㈡。因己以求與之盟㈢，己迎而執之，惡之㈣，故謹而日之也。用之者，叩其鼻以衈社也㈤。

【今註】㈠微國之君：小國的君王，指繒國國君繒子。㈡因：依。與之盟：參與諸侯的結盟。

㊂己：指邾國。㊃惡之：憎恨邾國。㊄衈：衅，用人血或牲血抹祭器叫衅。社：土地神。

【今譯】小國國君，想依靠邾國幫助參與諸侯的盟會。想依靠自己的幫助參與會盟，自己迎來卻抓住他。憎恨邾國的做法，所以慎重地記下日子。用之，是指擊打繒子的鼻子，用他的血祭土神。

㈣經秋，宋人圍曹㊀。

【今註】㊀此經無傳。

【今譯】秋天，宋國包圍了曹國。

㈤經衞人伐邢㊀。

【今註】㊀邢：國名。此經無傳。

【今譯】衞國攻打邢國。

㈥經冬，會陳人、蔡人、楚人、鄭人盟於齊㊀。

【今註】㊀會字前省略了主語，當為魯。因為不是僖公，故不提。此經無傳。

【今譯】冬季，魯國會同陳國，蔡國、楚國、鄭國在齊國結盟。

(七)經 梁亡。

傳 自亡也。湎於酒，淫於色，心昏耳目塞。上無正長之治(一)，大臣背叛，民為寇盜。梁亡，自亡也。如加力役焉(二)，湎不足道也。梁亡，鄭棄其師(三)。我無加損焉(四)，正名而已矣。梁亡，出惡正也(五)。鄭棄其師，惡其長也。

【今註】(一)長：通常。(二)加力役：指讓民服繁重徭役。(三)鄭：重。(四)損：減。(五)惡正：國政很糟。正：通政。

【今譯】梁國是自取滅亡。國君沉湎於酒，荒淫好色，頭腦昏憒，聽不進意見。上邊沒有正常的治國之道，大臣背叛，百姓偷盜。梁亡，是自己滅亡的。還有繁重的勞役，沉湎於酒的事不值一提。梁國滅亡，它拋棄了自己的軍隊。我們毫沒有增減事實，只是對其亡正名而已。梁國滅亡，由於它國政很壞，拋棄了自己的軍隊。深深地憎惡它。

僖公二十年（公元前六百四十年）

(一)經 二十年，春，新作南門。

傳 作，為也(一)，有加其度也。言新，有故也(二)，非作也(三)。南門者，法門也(四)。

【今註】㈠為：製作。㈡故：舊。㈢非作：指不是新作。㈣法門：法令由南門出，所以稱南門為法門。

【今譯】作，是製作的意思，加大原來的尺度。說新，表示有舊的，就不是新製作。南門，是法門。

㈡經夏，郜子來朝㈠。

【今註】㈠郜：國名，國君屬子爵。此經無傳。

【今譯】夏天，郜子來魯朝見。

㈢經五月，乙巳，西宮災。

傳謂之新宮㈠，則近為禰宮㈡。以謚言之，則如疏之然㈢，以是為閔宮也。

【今註】㈠新宮：也叫西宮。諸侯有東宮、西宮和北宮。宮：廟。下文同此。㈡禰宮：父廟。禰：父死後在宗廟裏的牌位。㈢疏：遠。稱謚號的是遠祖的廟。

【今譯】西宮也叫新宮，它靠近父廟(這裏指莊公廟)。用謚號稱呼的，是遠祖的廟。根據這點認為著火的是閔公廟。

㈣經鄭人入滑㈠。

【今註】㈠滑：國名。此經無傳。

【今譯】鄭國攻入滑國。

㈤經秋，齊人、狄人盟於邢。

傳邢為主焉爾㈠。邢小，其為主何也？其為主乎救齊。

【今註】㈠邢為主：邢國是主持者。

【今譯】邢國是主持者。邢是小國，為什麼它主持？以邢為主（研究）援救齊國。

㈥經冬，楚人伐隨㈠。

【今註】㈠此經無傳。

【今譯】冬季，楚國攻伐隨國。

僖公二十一年（公元前六百三十九年）

㈠經二十有一年，春，狄侵衛㈠。

【今註】㈠此經無傳。

【今譯】二十一年春季，狄人侵略衞國。

(二)經宋人、齊人、楚人盟於鹿上㈠。

【今註】㈠鹿上：宋國地名。此經無傳。

【今譯】宋國、齊國和楚國在鹿上會盟。

(三)經夏，大旱。

傳旱時㈠，正也。

【今註】㈠時：記載季節。

【今譯】天旱記載季節是對的。

(四)經秋，宋公、楚子、陳侯、蔡侯、鄭伯、許男、曹伯會於雩，執宋公以伐宋。

傳以重辭也㈠。

【今註】㈠重：指宋公是個重要人物。范寧註云：「國之所重，故曰重辭。」

【今譯】用以字，表示抓到的是個重要人物。

(五)經冬，公伐邾㈠。

【今註】㊀此經無傳。

【今譯】冬季，魯國攻伐邾國。

㈥經 楚人使宜申來獻捷。

傳 捷，軍得也㊀。其不曰宋捷何也㊁？不與楚捷於宋也㊂。

【今註】㊀軍得：戰鬥獲得的東西，即戰利品。㊁宋捷：伐宋的戰利品。指楚國宜申大夫來魯國，是送伐宋的戰利品。㊂與：音玉。贊同。捷：勝。這裏還是把楚視為蠻夷之國了。

【今譯】捷是指戰利品。為什麼不說伐宋的戰利品？不願意說楚國勝了宋國。

㈦經 十有二月，癸丑，公會諸侯盟於薄。

傳 會者，外為主焉爾，釋宋公㊀。外釋不志㊁，此其志何也？以公之與之盟目之也。不言楚，不與楚專釋也。

【今註】㊀宋公：宋襄公。薄地會盟主要是研究釋放宋公的事。㊁志：記。

【今譯】用會字，表示主要是為國外的事，為釋放宋公。釋放國外的人不必記載，這次為什麼記呢？因為僖公參加會盟看到了。不提楚國，是不願說楚國自己放的人。

僖公二十二年（公元前六百三十八年）

(一)經二十有二年，春，公伐邾，取須句㊀。

【今註】㊀須句：邾國地名，公羊傳作須朐。此經無傳。

【今譯】二十二年，春天，魯國攻伐邾國，攻下須句。

(二)經夏，宋公、衞侯、許男、滕子伐鄭㊀。

【今註】㊀此經無傳。

【今譯】夏天，宋國、衞國、許國和滕國攻打鄭國。

(三)經秋，八月，丁未，及邾人戰於升陘。

傳內諱敗㊀，舉其可道者也㊁。不言其人㊂，以吾敗也。不言及之者，為內諱也。

【今註】㊀內：指魯國。㊁道：說。㊂其人：指升陘之戰魯國領兵的人，即經文「及」字前省略的主語。

【今譯】忌諱說魯國失敗，就記下可以說得出的。不記魯國領兵的人，因為我們敗了。不提「及」字前邊的，是忌諱提魯國。

(四)經　冬，十有一月，己巳，朔，宋公及楚人戰於泓。宋師敗績。

傳　日事遇朔日朔(一)。春秋三十有四戰，未有以尊敗乎卑，以師敗乎人者。以尊敗乎卑，以師敗乎人，則驕其敵。襄公以師敗乎人(二)，而不驕其敵何也？責之也。泓之戰(三)，以為復雩之恥也(四)。雩之恥，宋襄公有以自取之。伐齊之喪(五)、執滕子、圍曹、為雩之會，不顧其力之不足，而致楚成王(六)。成王怒而執之。故曰，禮人不答，則反其敬(七)。愛人而不親，則反其仁。治人而不治，則反其知(八)。過而不改，又之，是謂之過，襄公之謂也(九)。古者，被甲嬰冑(一〇)，非以興國也，則以征無道也，豈曰以報其恥哉？宋公與楚人戰於泓水之上。司馬子反曰(一一)：「楚眾我少，鼓險而擊之(一二)，勝無幸焉(一三)」。襄公曰：「君子不推人危，不攻人厄(一四)，須其出(一五)」。既出，旌旗亂於上，陳亂於下(一六)。子反曰：「楚眾我少，擊之，勝無幸焉」。襄公曰：「不鼓不成列(一七)」。須其成列而後擊之，則眾敗而身傷焉，七月而死。倍則攻(一八)，敵則戰(一九)，少則守。人之所以為人者，言也。人而不能言(二〇)，何以為人？言之所以為言者，信也(二一)。言而不信，何以為言？信之所以為信者，道也(二二)。信而不道，何以為道？道之貴者時(二三)，其行勢也(二四)。

【今註】㈠遇朔日朔：遇到朔日就記下朔。朔：每月初一。㈡襄公：宋襄公。齊桓公死後，他爭為諸侯霸主。㈢泓：水名，在今河南省柘城縣北。㈣雩之恥：指僖公二十一年秋，七國諸侯在雩地會盟，宋襄公主持，卻被楚成王逮住。雩：宋地名，在今河南睢縣。公羊傳作霍。㈤伐齊之喪：指宋國趁齊桓公死而攻齊。㈥致：讓……到。㈦反其敬：不算敬。下面幾句，句式相同。㈧知：智的古字。㈨襄公之謂：指的是襄公。㈩被：通披。嬰冑：戴冑。冑：士卒戴的頭盔。⑪司馬：官名，掌管軍務。子反：人名。⑫鼓險：趁對方在渡河危險時擊鼓進攻。⑬勝無幸：肯定取勝。幸：通倖。⑭厄：困厄。⑮須：待，等待。⑯陳：陳列。後來寫作陣。⑰不鼓不成列：不進攻沒排成陣列的軍隊。⑱倍則攻：一倍於敵人就主動進攻。⑲敵：匹敵，對等。⑳而：若，假如。㉑信：誠。㉒道：指符合道理。㉓時：時機。㉔勢：形勢。

【今譯】發生事的日子遇上朔日就記朔。春秋經記載三十四次戰役，一般沒有中原國敗於夷狄、人多的敗於人少的。如果中原國敗於夷狄、人多的敗於人少的，那就是因為驕傲輕敵。宋襄公敗於楚人，卻不是因為驕傲輕敵。為什麼記？為責備他。泓之戰，宋公是想以此報復雩之會上的恥辱。雩地會盟時的恥辱，是宋襄公自討的。他趁齊有喪事伐齊、抓滕子，圍攻曹國，主持雩地會盟，不看自己力量夠不夠，把楚成王請到會。楚成王一怒就把宋公抓起來。所以說，禮敬別人卻得不到報答，就不算敬；愛別人卻得不到愛，就不算仁；治理百姓卻治理不好，就不算智；犯了錯誤不改，又犯同樣的錯誤，才叫錯誤。這些說的就是宋襄公。古時，披上鎧甲戴上頭盔，不是為了振興國家，就是討伐無道，難道能用作戰報仇雪恥嗎？宋公和楚國在泓水邊作戰。司馬子反說：「楚國兵多，我們兵少，趁它渡河危險時打它，肯定取勝」。宋公說：「君子不趁人之危，不在別人困厄時攻擊，等他們過河再打」。楚軍已經過了河，上面指揮的軍旗亂了，下面陣容也亂了。子反說：「敵眾我少，趁它亂時打它，肯定能勝」。襄公說：「君子不進攻沒列陣的軍隊」。楚軍排好陣列，而後才進攻。結果，宋軍大敗，宋公自身也受了傷，七個月後就死了。（軍隊作戰），兵力是對方的一倍就主動進攻，兵力和對方相當就可以打，兵力少於對方就堅守不出。人之所以為人，就是因為能說話。人如果不能說話，還算什麼人？言語之所以叫做言語，就是要真誠。說話如果不真誠，還叫什麼言語？真誠之所以真誠，就在於它符合道理。真誠如果不符合道理，那還叫什麼真理。真理的可貴就在於它合乎時機，順應形勢。

僖公二十三年（公元前六百三十七年）

㈠經 二十有三年，春，齊侯伐宋，圍閔。

傳 伐國不言圍邑，此其言圍何也㈠？不正其以惡報惡也㈡。

【今註】㈠圍：指圍閔。閔：左傳作緡，宋邑名。　㈡以惡報惡：指齊桓死，宋趁機伐齊。今宋剛敗於楚，宋公又受傷，齊又趁機伐宋。

【今譯】攻伐一國，就不必記包圍了城邑，這次為什麼記載？是認為齊國用壞回報壞是不對的。

(二)經 夏，五月，庚寅，宋公茲父卒。

傳 茲父之不葬何也(一)？失民也。其失民何也？以其不教民戰，則是棄其師也。為人君而棄其師，其民孰以為君哉？

【今註】(一)茲父：宋襄公名叫茲父。史記宋世家作慈甫。不葬：指不記載安葬。諸侯死，何時葬，春秋經都加以記載。

【今譯】為什麼不記載安葬宋襄公？因為他失掉民心。他為什麼失掉民心？因為他不教百姓作戰，這就拋棄了他的軍隊。做為人君，卻拋棄了自己的軍隊，那百姓誰還把他看做國君？

(三)經 秋，楚人伐陳(一)。

【今註】(一)此經無傳。

【今譯】秋季，楚國攻打陳國。

(四)經 冬，十有一月，杞子卒(一)。

【今註】(一)杞子：杞國君王。莊公二十七年稱杞伯，這裏又稱子，不知何故。此經無傳。

【今譯】冬季，十一月，杞國國君去世。

僖公二十四年（公元前六百三十六年）

㈠經二十有四年，春，王正月㈠。

【今註】㈠一季無事，記下首月。此經無傳。

【今譯】二十四年，春，周曆正月。

㈡經夏，狄伐鄭㈠。

【今註】㈠此經無傳。

【今譯】夏季，狄人攻打鄭國。

㈢經秋，七月㈠。

【今註】㈠此經無傳。

【今譯】秋季，七月。

㈣經冬，天王出居於鄭㈠。

【今註】㈠天王：天子。這裏指周惠王兒子周襄王，因他的弟弟王子帶做亂，他跑到鄭國。

【今譯】冬天，周襄王逃出，住在鄭國。

傳天子無出，出，失天下也。居者，居其所也㊀。雖失天下，莫敢有也㊁。

【今註】㊀居其所：住在自己的住所。指整個天下都是天子的。㊁莫：沒有誰。

【今譯】天子無所謂出，說出，表明他丟了天下。居，指住在他自己的地方。天子即使失去天下，也沒有誰敢享有天下。

(五)經晉侯夷吾卒㊀。

【今註】㊀夷吾：晉惠公名夷吾。此經無傳。

【今譯】晉惠公去世。

僖公二十五年（公元前六百三十五年）

(一)經二十有五年，春，王正月，丙午，衞侯燬滅邢。

傳燬之名何也㊀？不正其伐本而滅同姓也㊁。

【今註】㊀燬：衞文公名叫燬。㊁本：根，指先祖。衞和邢同屬姬姓，滅邢就等於傷了先祖。

【今譯】為什麼稱衞侯的名？認為他伐本滅掉同姓國是不對的。

(二)經 夏，四月，癸酉，衞侯燬卒。

【今譯】夏天，四月癸酉日，衞文公去世。

(三)經 宋蕩伯姬來逆婦。

傳 婦人既嫁不踰竟(一)。宋蕩伯姬來逆婦(二)，非正也。其曰婦何也？緣姑言之之辭也(三)。

【今註】(一)竟：境的古字。(二)蕩伯姬：魯女，嫁給宋國大夫蕩氏。來逆婦：來迎兒媳婦。(三)姑：婆母。

【今譯】女子已經出嫁，就不能越過國境。宋國蕩伯姬來迎兒媳婦是不對的。為什麼稱婦？稱婦是從婆母那方面說的。

(四)經 宋殺其大夫。

傳 其不稱名姓，以其在祖之位(一)，尊之也。

【今註】(一)其：指代宋國殺的大夫，叫孔父，他是孔子的六世祖。

【今譯】不稱大夫的名姓，因為他在先祖的地位，尊敬他。

(五)經秋，楚人圍陳，納頓子於頓㈠。

【今註】㈠頓子：頓國國君，屬子爵。納：使……入。

【今譯】秋季，楚國圍攻陳國，迫使陳國送頓子回國。

傳納者，內弗受也。圍一事也，納一事也，而遂言之㈠，蓋納頓子者陳也。

【今註】㈠遂：說文解字釋為「繼事詞也」，表示前後兩事緊接著。這裏取緊接之義。

【今譯】用納字，表示國內不願意接受他回去。包圍陳國是一件事，送頓子回國是一件事，經文緊接著說，大概送頓子的是陳國。

(六)經葬衛文公㈠。

【今註】㈠此經無傳。

【今譯】安葬衛文公。

(七)經冬，十有二月，癸亥，公會衛子、莒慶盟於洮。

傳莒無大夫㈠，其曰莒慶何也㈡？以公之會目之也。

【今註】㈠莒無大夫：指莒國沒有天子命封的大夫。㈡莒慶：人名。以國名（莒）為氏，表明他地位高。

【今譯】莒國沒有天子命封的大夫。為什麼稱他莒慶？是因為他與僖公會盟而高看他。

僖公二十六年（公元前六百三十四年）

㈠經 二十有六年，春，王正月，己未，公會莒子、衞寧速，盟於向。

傳 公不會大夫㈠，其曰寧速何也㈡？以其隨莒子可以言會也。

【今註】㈠公不會大夫：魯公不能和別國大夫會盟。因為地位不等。像莒子（莒國之君）便可以與魯公會盟，因為同是諸侯。㈡寧速：人名，衞國大夫，向地之盟，由他代表衞國參與結盟。

【今譯】魯公不能和大夫會盟。為什麼提寧速？因為他隨在莒子之後，可以和魯公會盟。

㈡經 齊人侵我西鄙，公追齊師，至嶲，弗及。

傳 人，微者也㈠。侵，淺事也㈡。公之追之㈢，非正也。至嶲㈣，急辭也。弗及者，弗與也，可以及而不敢及也。其侵也曰人，其追也曰師，以公之弗及，大之也㈤。弗及，內辭也㈥。

【今註】㈠微者：指齊國帶兵的人地位不高，不是國君。㈡淺：指不嚴重。侵與伐、滅相比，程度較輕。㈢公之追之：僖公（帶兵）追趕齊軍。因為齊侵略魯國西部邊邑。㈣巂：音協，齊國地名。㈤大之：強調齊軍強大。因為師有眾的意思，說齊師就表示它兵多勢大。㈥內辭：指為僖公不敢打齊軍找個脫辭。內：指魯公。

【今譯】稱齊人，表示領兵人地位不高。用侵字，表明不是嚴重的事。僖公追逐齊軍，是不對的。追到巂地，表示急迫追逐的意思。沒追上，是指沒跟齊軍交戰，是可以追得上而不敢追上。說侵略稱齊人，說追逐稱齊師，是因為僖公沒追上，所以要強調齊軍強大。說弗及，是為魯公找個脫辭。

㈢經夏，齊人伐我北鄙㈠。

【今註】㈠鄙：邊邑。此經無傳。

【今譯】夏季，齊國攻打魯國北部邊邑。

㈣經衛人伐齊㈠。

【今註】㈠此經無傳。

【今譯】衛國攻伐齊國。

㈤經公子遂如楚乞師㈠。

【今註】㈠公子遂：魯卿，魯莊公兒子。
【今譯】公子遂到楚國去請求援兵。
傳乞，重辭也，重人之死也㈠，非所乞也。師出不必反㈡，戰不必勝，故重之也。
【今註】㈠人之死：指齊軍接連侵犯，魯人傷亡很多。㈡反：返的古字。
【今譯】用乞字，表示嚴重的意思。嚴重是指人們戰死了，不是指乞求的。軍隊出戰返不回，作戰又不勝，所以很嚴重啊。

㈥經秋，楚人滅夔，以夔子歸。
傳夔，國也。不日，微國也。以歸㈠，猶愈乎執也㈡。
【今註】㈠以歸：把夔子（夔國國君）帶回國。㈡乎：于，比。
【今譯】夔是國名。不記日期，因為是小國。把夔子帶回楚國，比捉住他還重。

㈦經冬，楚人伐宋，圍閔。
傳伐國不言圍邑。此其言圍何也㈠？以吾用其師㈡，目其事也。非道用師也㈢。
【今註】㈠圍：指圍宋國的閔城。閔，左傳作緡。㈡吾用其師：指魯求援，用楚軍伐齊。半路上，楚又伐宋圍閔。㊂非道：不合道義。

【今譯】攻伐一國不必記包圍了城邑。這裏為什麼記圍城呢？因為魯國用楚軍，看到了他們幹的事，認為如此用兵不合道義。

(八)經公以楚師伐齊，取穀。

傳以者㊀，不以者也。民者，君之本也。使民以其死，非其正也㊁。

【今註】㊀以：用。㊁非：指責。

【今譯】用，是不該用的意思。百姓是君王的根本。讓百姓征戰而死，指責這不正確的做法。

(九)經公至自伐齊。

傳惡事不致㊀，此其致之何也？危之也。

【今註】㊀致：通至。出行歸國，告祭祖廟叫至。

【今譯】做壞事不告祭祖廟，這次為什麼告祭祖廟？認為伐齊危險。

僖公二十七年（公元前六百三十三年）

(一)經二十有七年，春，杞子來朝㊀。

【今註】㈠此經無傳。

【今譯】二十七年，春天，杞國國君來朝見魯公。

㈡經夏，六月，庚寅，齊侯昭卒㈠。

【今註】㈠昭：齊孝公名昭。此經無傳。

【今譯】夏天，六月庚寅日，齊孝公去世。

㈢經秋，八月，乙未，葬齊孝公㈠。

【今註】㈠此經無傳。

【今譯】秋天，八月乙未日，安葬齊孝公。

㈣經乙巳，公子遂帥師入杞㈠。

【今註】㈠公子遂：魯卿，莊公兒子。帥：通率。此經無傳。

【今譯】乙巳日，公子遂領兵攻入杞國。

㈤經冬，楚人、陳侯、蔡侯、鄭伯、許男圍宋。

傳楚人者，楚子也㈠。其曰人何也？人楚子所以人諸侯也㈡。其人諸侯何也？不正其信夷狄而伐中國也㊂。

【今註】㊀楚子：楚成王，屬子爵。㊁人楚子：稱楚子為人。這裏指貶抑。㊂夷狄：指楚。中國：中原諸侯國，指宋國。

【今譯】楚人指楚王。為什麼稱楚人？貶抑楚王是用以貶抑諸侯。為什麼貶抑諸侯？他們相信楚國攻打宋國是不對的。

(六)經十有二月，甲戌，公會諸侯，盟於宋㊀。

【今註】㊀此經無傳。

【今譯】十二月，甲戌日，僖公會合諸侯跟宋結盟。

僖公二十八年（公元前六百三十二年）

(一)經二十有八年，春，晉侯侵魯，晉侯伐衞。

傳再稱晉侯㊀，忌也㊁。

【今註】㊀再：二次。㊁忌：指刺。指刺晉文公又侵又伐。

【今譯】兩次稱晉侯，是指刺的意思。

㈡經公子買戍衛，不卒戍，刺之。

傳先名後刺㊀，殺有罪也。公子啟曰㊁：「不卒戍者㊂，可以卒也。可以卒而不卒，譏在公子也㊃，刺之可也」。

【今註】㊀刺：殺。春秋經凡例，殺諸侯國大夫記殺，殺魯國大夫記刺。㊁公子啟：魯國大夫。㊂卒：結束，完畢。戍：守邊。㊃公子：公子買，魯國大夫。他被派到衛國，幫助守衛邊境。魯怕晉國，殺了公子買，以表示不再助衛，以討好晉國。但又怕楚國，就騙楚說，公子買沒守到期限就想走，所以殺他。

【今譯】先提名字後說殺，表示殺的是有罪的人。公子啟說：「守邊沒到期限，是說他可以到期限。可以到卻沒到，是譏諷公子買，殺他應該」。

㈢經楚人救衛㊀。

【今註】㊀此經無傳。

【今譯】楚國援救衛國。

㈣經三月，丙午，晉侯入曹，執曹伯。畀宋人。

傳入者，內弗受也。日入㊀，惡入者也㊁，以晉侯而斥執曹伯㊂，惡晉侯也。畀㊃，與也。其曰人何也？不以晉侯畀宋公也㊄。

【今註】㊀日入：記下攻入曹國的日期。㊁惡：憎恨。㊂晉侯：晉文公。曹伯：曹共公。晉文公流亡時，曾路過曹國，曹共公對他不禮貌。這次抓住曹共公是報復。㊃畀：給予。指上給下。晉侯把曹的土地分給了宋國。㊄晉侯畀宋公：這不符合「上給下」的意思，所以宋公改稱宋人。

【今譯】用入字，表示曹國不肯接受。記載入曹的日期，是憎恨攻入者。晉侯抓住曹伯，憎惡晉侯的做法。畀是給予的意思。為什麼稱宋人？因為不能說「晉侯畀宋公」。

㈤經夏，四月，己巳，晉侯、齊師、宋師、秦師及楚人戰於城濮㊀，楚師敗績㊁。

【今註】㊀城濮：衛國地名，在今山東范縣南。城濮之戰是春秋有名的一次戰役。㊁敗績：大敗。此經無傳。

【今譯】夏季，四月己巳日，晉軍、齊軍、宋軍、秦軍跟楚軍在城濮作戰，楚軍大敗。

㈥經楚殺其大夫得臣㊀。

【今註】㊀得臣：人名，字子玉。城濮之戰時楚軍的頭領，因戰敗而被殺。此經無傳。

【今譯】楚國殺了自己的大夫得臣。

(七)經 衛侯出奔楚㊀。

【今註】㊀衛侯：衛成公。此經無傳。

【今譯】衛侯逃到楚國避難。

(八)經 五月，癸丑，公會晉侯、齊侯、宋公、蔡侯、鄭伯、衞子、莒子，盟於踐土。

傳 諱會天王也㊀。

【今註】㊀周襄王參加了踐土(鄭國地名)之盟。

【今譯】避諱記天子參加了會盟。

(九)經 陳侯如會。

傳 如會㊀，外乎會也㊁，於會受命也。

【今註】㊀如：動詞，到……去。㊁外乎會：指盟會以外的非正式成員。

【今譯】如會，表示是盟會以外的，是到會聽命的。

(十)經 公朝於王所。

傳 朝不言所㊀。言所者，非其所也㊁。

【今註】㈠朝不言所：朝拜不必說地點。因為諸侯朝拜天子都是在京師王廷。㈡非其所：不是應該朝拜的處所。指周襄王此時為避王子帶之亂，在鄭國避難，魯公到王的住處朝拜。

【今譯】朝拜不必記地點。記了地點，就是不該在的地點。

㈩經六月，衞侯鄭自楚復歸於衞。

傳自楚，楚有奉焉爾㈠。復者，復中國也㈡。歸者，歸其所也。鄭之名㈢，失國也。衞元咺出奔晉㈣。

【今註】㈠奉：幫助。㈡中國：指中原諸侯。這裏指衞國。強調他從楚（古人稱夷狄）回國。㈢鄭：衞侯的名。㈣元咺：衞國大夫。

【今譯】自楚，表示楚國對衞侯有幫助。復，是指回到衞國。歸，是指衞侯回到自己的地方。稱衞侯的名，是因為他丟了國家。衞國大夫元咺跑到晉國避難。

㈪經陳侯款卒㈠。

【今註】㈠款：陳穆公的名。此經無傳。

【今譯】陳穆公去世。

(十三)【經】秋，紀伯姬來(一)。

【今註】(一)伯姬：魯莊公女，於莊公二十五年嫁給紀國國君，是杞桓公母親。

【今譯】秋天，杞伯姬來魯國。

(十四)【經】公子遂如齊(一)。

【今註】(一)公子遂：魯卿，莊公的兒子。此經無傳。

【今譯】公子遂到齊國去。

(十五)【經】冬，公會晉侯、齊侯、宋公、蔡侯、鄭伯、陳子、莒子、邾子、秦人於溫。

【傳】諱會天王也(一)。

【今註】(一)天王：周襄王。襄王參加了溫(地名)地的諸侯盟會，但因天子不該與諸侯同會，所以經文避諱不記。

【今譯】避諱說天子參加盟會。

(十六)【經】天王守於河陽(一)。

【今註】㊀守：通狩。冬天打獵叫狩。河陽：黃河北岸。山的南面，河的北面都叫陽。

【今譯】天子在黃河北面打獵。

傳全天王之行也。為若將守而遇諸侯之朝也，為天王諱也。水北為陽，山南為陽。溫㊀，河陽也。

【今註】㊀溫：宋國地名。

【今譯】經文所記是美化天王的行動，就像是他準備打獵而臨時遇到了諸侯會盟，這是替天子避諱。河北面叫陽，山南面叫陽。溫地在黃河北面。

㈦經壬申，公朝於王所。

傳朝於廟㊀，禮也。於外，非禮也。獨公朝㊁？與諸侯盡朝也。其日㊂，以其再致天子㊃，故謹而日之也。主善以內㊄，目惡以外㊅。言曰公朝，逆辭也，而尊天子。會於溫，言小諸侯㊆。溫，河北地，以河陽言之，大天子也㊇。日繫於月，月繫於時。壬申，公朝於王所。其不月，失其所繫也。以為晉文公之行事，為已顛矣㊈。

【今註】㈠廟：指朝廷。㈡公：僖公。後文同此。㈢日：記載日期。㈣再致天子：兩次請天子到會。指這次和五月的踐土之盟。㈤主善以內：魯公朝天子是做好事。內：指魯。㈥目惡以外：指晉文公召王赴會，是違禮的壞事。㈦小諸侯：使諸侯顯得小。說諸侯在溫地會盟，溫是小城，是用城的褊小貶抑諸侯。㈧大天子：說天子在黃河北面打獵，是用地域的遼闊使天子顯得偉大。㈨顛：顛倒：意指晉文公召請天子開會，顛倒了君臣的順序。

【今譯】在朝廷朝拜天子，是合於禮的。在朝廷之外，就非禮了。僖公單獨朝拜？和諸侯一起朝拜。記載日期，是因為晉文公兩次請天子到會，所以慎重地記下日子。魯公朝天子是做好事，晉文公召天子是幹了壞事。說魯公朝天子，是歡迎的意思，是尊奉天子。說在溫地會盟，是貶抑諸侯。溫地，在黃河北面。說在黃河北面打獵，是誇大天子。日連繫月，月連繫季。記壬申日僖公到天子的住所朝拜，沒記月份，失去了連繫，是因為晉文公做事顛倒了。

(六)經晉人執衞侯，歸之於京師。衞元咺自晉復歸於衞。

傳此入而執㈠，其不言入何也？不外王命於衞也㈡。歸之於京師㈢，緩辭也，斷在京師也。自晉㈣，晉有奉焉爾㈤。復者，復中國也㈥。歸者，歸其所也。

【今註】㈠此入而執：這是進入衞國抓住衞侯。㈡不外王命於衞：是說天子命令到衞國抓人，沒有什麼進入與在外之分。因為普天之下，都是王土。㈢歸之於京師：把衞侯帶回京師。㈣

自晉：是說衛國大夫元咺從晉回國了。㈤奉：幫助。㈥中國：指中原諸侯國。這裏指衛國。

【今譯】這是指進入國內抓衛侯。為什麼不說進入？在衛國執行天子的命令，無所謂內外。把衛侯帶回到京師，是緩和的意思，決斷權在京師。元咺從晉回國，是說晉國幫助了他。復，是說回到衛。歸，是指回到自己的地方。

㈩九 經 諸侯遂圍許。

傳 遂㈠，繼事也㈡。

【今註】㈠遂：表示承接意義的連詞。㈡繼：接。諸侯會盟完畢，接著就包圍許國。

【今譯】遂，表示後一件事接著進行。

㈡十 經 曹伯襄復歸於曹，遂會諸侯圍許。

傳 復者，復中國也㈠。天子免之，因與之會。其曰復，通王命也。遂，繼事也。

【今註】㈠中國：中原諸侯國。這句是指曹共公返回曹國。

【今譯】復，是說回到中原曹國。天子赦免了曹伯，於是他也參加了盟會。說返回國，是天子的命令。遂，表示事情接連著。

僖公二十九年（公元前六百三十一年）

㈠經二十有九年，春，介葛盧來。

傳介，國也。葛盧，微國之君㈠，未爵者也。其曰來，卑也㈡。

【今譯】介是國名。葛盧是小國的國君，沒有爵位。說他來魯朝見，表明他地位低。

【今註】㈠微：小。㈡卑：低。

㈡經夏，六月，公會王人㈠，晉人、宋人、齊人、陳人、蔡人、秦人，盟於翟泉㈡。

【今註】㈠王人：指周襄王的卿，名叫子虎。㈡翟泉：地名，在今河南洛陽附近。公羊傳作狄泉。何休以為，這次參加會的地位都不高，因此皆稱人。此經無傳。

【今譯】夏季，六月，僖公會合王卿、晉人、宋人、齊人、陳人、蔡人、秦人，在翟泉開會。

㈢經秋，大雨雹㈠。

【今註】㈠雨：動詞，下。此經無傳。

【今譯】秋天，下大雹子。

㈣經冬，介葛盧來㊀。

【今註】㊀葛盧：人名，介國國君。此經無傳。

【今譯】冬天，介葛盧來朝見魯公。

僖公三十年（公元前六百三十年）

㈠經三十年，春，王正月㊀。

【今註】㊀此經無傳。

【今譯】三十年，春，周曆正月。

㈡經夏，狄侵齊㊀。

【今註】㊀此經無傳。

【今譯】夏天，狄國侵略齊國。

㈢經衛殺其大夫元咺及公子瑕。衛侯鄭歸於衛。

傳稱國以殺，罪累上也㊀，以是為訟君也㊁。衛侯在外，其以累上之辭言之何也？待其殺而後入也㊂。公子瑕㊃，累也，以尊及卑也。

【今註】㊀罪累上：罪行牽連君王。上：指君。這裏指衛侯，名叫鄭。㊁訟君：指元咺告君王的狀。衛侯逃往楚國時，大夫元咺奉事武叔攝政。衛侯聽信讒言，以為元咺立武叔為君。所以，由楚回國就殺了武叔。元咺逃到晉國告了衛侯的狀。衛侯被晉文公抓去。㊂待：等。衛侯因魯僖公說情，才得以釋放回國。回國前，他派人殺了元咺，和元咺剛立的君王公子瑕。㊃公子瑕：他雖為國君家族，稱公子，但不是命封大夫，所以低於大夫元咺。

【今譯】舉出國名說殺某某，表明罪行牽連到君王，因為元咺告了君王的狀。衛侯在晉國，為什麼說牽連他呢？他等元咺被殺後才回國。公子瑕被殺是元咺牽連的，由尊者到卑者。

㈣經晉人、秦人圍鄭㊀。

【今註】㊀此經無傳。

【今譯】晉國和秦國包圍鄭國。

㈤經介人侵蕭㊀。

【今註】㊀介：國名。蕭：宋國邑名。

【今譯】介國侵略蕭城。

㈥經冬，天王使宰周公來聘。

傳天子之宰㈠，通於四海。

【今註】㈠宰：官名，也稱太宰，總管王室的內外事務。經文中的周公，是對周襄王宰官的稱呼，因他食邑在周地，故稱周公。

【今譯】天子的宰官，通達天下。

㈦經公子遂如京師，遂如晉。

傳以尊遂乎卑㈠，此言不敢叛京師也㈡。

【今註】㈠尊：指京師。卑：指晉。㈡叛京師：是指先說如晉，後說如京師，就等於背叛京師。

【今譯】由京師接著去晉國，這樣說，是不敢把京師放在後。

僖公三十一年(公元前六百二十九年)

㈠經三十有一年，春，取濟西田㈠。

【今註】㈠濟西：濟水以西。此經無傳。

【今譯】三十一年，春天，魯國得到了濟水以西的土地。

㈡經公子遂如晉㈠。

【今註】㊀此經無傳。

【今譯】公子遂到晉國去。

㈢經夏，四月，四卜郊㊀，不從，乃免牲㊁，猶三望㊂。

【今註】㊀郊：祭名。天子或諸侯春季在國都南郊祭天叫郊。㊁免牲：不殺牲。㊂望：祭名。祭祀山川叫望。

【今譯】夏季，四月，四次占卜郊祭，都不吉利，就沒殺牲郊祭，還是舉行了三次望祭。

傳夏四月，不時也㊀。四卜，非禮也㊁。免牲者，為人緇衣熏裳㊂，有司玄端奉送㊃，至於南郊。免牛亦然。乃者，亡乎人之辭也㊄。猶者，可以已之辭也㊅。

【今註】㊀不時：不合季節。郊祭是在春季祭天。㊁非禮：指為郊祭占卜，最多只卜三次。㊂緇衣熏裳：黑色衣裳。緇：黑。㊃有司：管事人。玄端：整幅布做的黑色禮服。㊄亡乎人：指沒有賢人。亡：通無。㊅已：止。

【今譯】夏季四月，不合郊祭的季節。占卜四次，不合於禮。不殺牲，是指像人似的給羊披上黑衣裳，管事人穿黑色禮服，牽著它到南郊接神。如果是牛，也這樣做。乃，表明沒賢人(治國)的意思。猶，表示可以停止不祭的意思。

(四)經秋，七月㈠。

【今註】㈠一季無事，記下首月。此經無傳。

【今譯】秋季，七月。

(五)經冬，杞伯姬來求婦。

傳婦人既嫁不踰竟㈠，杞伯姬來求婦㈡，非正也。

【今註】㈠竟：境的古字。㈡婦：指兒媳婦。

【今譯】女人出嫁就不能再過國境。杞伯姬來魯接兒媳婦是不對的。

(六)經狄圍衞。十有二月，衞遷於帝丘㈠。

【今註】㈠帝丘：地名，在今河南濮陽西南。此經無傳。

【今譯】狄人圍攻衞國。十二月，衞國遷到帝丘。

僖公三十二年（公元前六百二十八年）

(一)經三十有二年，春，王正月㊀。

【今註】㊀此經無傳。

【今譯】三十二年，春，周曆正月。

(二)經夏，四月，己丑，鄭伯捷卒㊀。

【今註】㊀捷：鄭文公名叫捷。此經無傳。

【今譯】夏季，四月己丑日，鄭文公去世。

(三)經衞人侵狄。秋，衞人及狄盟㊀。

【今註】㊀此經無傳。

【今譯】衞國侵略狄人。秋季，衞和狄人結盟。

(四)經冬，十有二月，己卯，晉侯重耳卒㊀。

【今註】㊀重耳：晉文公的名。此經無傳。

【今譯】冬季，十二月己卯日，晉文公故去。

僖公三十三年（公元前六百二十七年）

㈠經三十有三年，春，王二月，秦人入滑。

傳滑㈠，國也。

【今註】㈠滑：國名。此次秦沒有得土地。後來滑歸入晉國。

【今譯】滑是個國家。

㈡經齊侯使國歸父來聘㈠。

【今註】㈠國歸父：齊國大夫。國：其氏，歸父：其字。此經無傳。

【今譯】齊國派國歸父來魯訪問。

㈢經夏，四月，辛巳，晉人及姜戎敗秦師於殽。

傳不言戰而言敗何也？狄秦也㈠。其狄之何也？秦越千里之險入虛國㈡。進不能守，退敗其師徒，亂人子女之教，無男女之別。秦之為狄，自殽之戰始也㈢。秦伯將襲鄭㈣，百里子㈤，與蹇叔子諫曰㈥：「千里而襲人，未有不亡者也」。秦伯曰：

「子之冢木已拱矣㈦，何知？」師行，百里子與蹇叔子送其子而戒之曰：「女死必於殽之巖唫之下㈧，我將屍女於是㈨」。師行，百里子與蹇叔子隨其子而哭之。秦伯怒曰：「何為哭吾師也？」二子曰：「非敢哭師也，哭吾子也。我老矣，彼不死則我死矣」。晉人與姜戎要而擊之郩㈩，匹馬倚輪無反者⑪。晉人者，晉子也⑫。其曰人何也？微之也⑬。何為微之？不正其釋殯而主乎戰也⑭。

【今註】㈠狄秦：把秦視為夷狄。㈡虛國：指毫無防備的滑國。㈢殽：音姚。山名，在今陝西潼關以東。㈣秦伯：秦穆公。㈤百里子：秦國大夫，名奚，又稱百里奚。㈥蹇叔子：秦國元老。㈦拱：指兩手合圍。㈧巖唫：山的險隘處。唫：通崟，高聳險峻的樣子。㈨女：通汝，你。於是：在這裏。㈩要而擊之：攔腰阻擊。要：腰的古字。⑪倚輪：一隻車輪。倚：通奇，單數，指一。反：返的古寫。⑫晉子：晉文公兒子，襄公。因父死未葬，故稱子。⑬微：輕。⑭釋殯：丟下靈柩。

【今譯】不記戰而記敗是為什麼？是把秦國視為夷狄。為什麼視它為夷狄？它越過千里之遙，攻入毫無防備的滑國，進不能守，退遭失敗，擾亂了滑國的教化，沒了男女的區別。把秦視為夷狄，從殽山之戰開始。秦穆公要偷襲鄭國。百里奚和蹇叔勸諫說：「從千里遠襲擊別國，沒有不敗的」。秦伯說：「你們墳上的樹都該有一拱粗了，知道什麼？」軍隊出發時，百里奚和蹇叔送兒子，並告誡兒子說：「你們肯定死在殽山的險隘處，我將到那裏為你們收屍」。軍隊走了，百里奚和蹇叔追著兒子哭。穆公大怒，說：「為什麼哭我的軍隊？」兩位大夫說：「不敢哭軍隊，是哭我的兒子。我老了，他不死我將死了」。晉國和姜戎在殽山攔腰截擊，秦國沒有一匹馬一隻車輪返回。晉人，指的是晉子。為什麼稱人？是輕視他。為什麼輕視他？他不顧父喪而領兵出戰是不對的。

(四)經　癸巳，葬晉文公。

傳　日葬(一)，危不得葬也(二)。

【今註】(一)日葬：記載安葬的日子。(二)危：指晉秦殽之戰，國不安寧。

【今譯】記載安葬的日子，因為有危難不能安葬。

(五)經　狄侵齊(一)。

【今註】(一)此經無傳。

【今譯】狄人侵犯齊國。

(六)經　公伐邾，取訾樓(一)。

【今註】㈠訾樓：邾國地名。此經無傳。

【今譯】僖公攻伐邾國，佔領了訾樓。

㈦經秋，公子遂帥師伐邾㈠。

【今註】㈠公子遂：魯卿，莊公兒子。帥：通率。

【今譯】秋季，公子遂領兵攻打邾國。

㈧經晉人敗狄於箕㈠。

【今註】㈠箕：晉地名。此經無傳。

【今譯】晉國在箕地打敗狄軍。

㈨經冬，十月，公如齊㈠。

【今註】㈠此經無傳。

【今譯】冬季，十月，僖公到齊國去。

㈩經十有二月，公至自齊㈠。

【今註】㈠至：外出回國後，告祭祖廟。此經無傳。

【今譯】十二月，僖公回國，告祭祖廟。

(十二)經 乙巳，公薨於小寢。

傳 小寢㈠，非正也。

【今註】㈠小寢：即燕寢。諸侯應死在正寢。

【今譯】(死在)小寢，是不對的。

(十三)經 隕霜不殺草，李梅實。

傳 未可殺而殺㈠，舉重也。可殺而不殺，舉輕也。實之為言猶實㈡。

【今註】㈠殺：衰落。㈡實(後一個)：結果實。之為言：古書註詞的術語。

【今譯】(植物)不該衰落卻衰落了，是說冷的厲害。該衰落而不衰落，是說不太冷。實是結果實的意思。

(十四)經 晉人、陳人、鄭人伐許㈠。

【今註】㈠此經無傳。

【今譯】晉國、陳國和鄭國攻伐許國。

卷六　文　公

文公元年（公元前六百二十六年）

㈠經元年，春，王正月，公即位。

傳繼正即位㈠，正也。

【今註】㈠繼正即位：指君父正常去世，子順理承繼君位。

【今譯】正常地即位，合於禮。

㈡經二月，癸亥，日有食之㈠。

【今註】㈠食：通蝕。此經無傳。

【今譯】二月，癸亥日，出現日蝕。

㈢經天王使叔服來會葬。

傳葬曰會㈠，其志重天子之禮也㈡。

【今註】㊀會：指各諸侯都來參加的葬禮。周天子也派了內史叔服赴會。㊁志：記。

【今譯】(僖公的)葬禮是會葬。記載，是重視天子的禮義。

㈣經夏，四月，丁巳，葬我君僖公。

傳薨稱公㊀，舉上也。葬我君，接上下也。僖公葬而後舉謚㊁，謚所以成德也，於卒事乎加之矣。

【今註】㊀薨：諸侯死叫薨。㊁謚：古時，在人死後按其生前事迹評定褒貶給予的稱號。

【今譯】僖公死時稱公，是尊上之稱。葬時稱我君，是連繫上下的稱呼。安葬後加命謚號，用以表彰他的德行。謚號是死後追加的。

㈤經天王使毛伯來錫公命。

傳禮有受命，無來錫命㊀。錫命非正也。

【今註】㊀錫：通賜，指上對下的給予。

【今譯】根據禮，有去天子那接受命封的，沒有賞賜命封的。天子派人來賜予對文公的任命是不對的。

㈥經晉侯伐衛㈠。

【今註】㈠此經無傳。

【今譯】晉國攻伐衛國。

㈦經叔孫得臣如京師㈠。

【今註】㈠叔孫得臣：魯國大夫、莊公弟叔牙之孫。他到京師拜謝天子賜命。此經無傳。

【今譯】叔孫得臣去京城。

㈧經衛人伐晉㈠。

【今註】㈠此經無傳。

【今譯】衛國攻打晉國。

㈨經秋，公孫敖會晉侯於戚㈠。

【今註】㈠公孫敖：魯卿。戚：地名，在今河南濮陽縣北。此經無傳。

【今譯】秋天，公孫敖到戚地會見晉侯。

(十)經冬，十月，丁未，楚世子商臣弒其君髡。

傳日髡之卒㊀，所以謹商臣之弒也㊁。夷狄不言正不正。

【今註】㊀髡：楚成王的名。㊁商臣：人名，楚成王的太子，即位後就是楚穆王。

【今譯】記下楚成王死的日子，用以對楚穆王的弒君表示重視。對夷狄人不說對與不對。

(十一)經公孫敖如齊㊀。

【今註】㊀此經無傳。

【今譯】公孫敖到齊國去。

文公二年（公元前六百二十五年）

(一)經二年，春，王二月，甲子，晉侯及秦師戰於彭衙㊀，秦師敗績㊁。

【今註】㊀彭衙：地名，在今陝西白水縣東北。㊁敗績：大敗。此經無傳。

【今譯】二年，春天，周曆二月，甲子日，晉秦在彭衙作戰，秦軍大敗。

(二)經丁丑，作僖公主。

傳作，為也㊀，為僖公主也㊁。立主，喪主於虞㊂，吉主於練㊃。作僖公主，譏其後也㊄。作主壞廟㊅，有時日於練焉㊆。壞廟，壞廟之道，易檐可也㊇，改塗可也㊈。

【今註】㊀為：立。㊁主：代死人受祭的牌位。㊂喪主於虞：非正常死的，在安葬後的虞祭時立牌位。虞：祭名，葬後即祭叫虞祭。㊃吉主於練：正常死的在練祭時立牌位。練：祭名，人死後十三個月舉行的祭祀。㊄後：晚。僖公死後已十五個月才立主，晚了兩個月。㊅壞廟，指修廟。㊆時日：指時間。㊇易檐：更換檐木。㊈改塗：重新粉刷。

【今譯】作，是立的意思，指為僖公在廟裏立牌位。立牌位，非正常死的在虞祭時，正常死的在練祭時。記載為僖公立牌位，是譏諷立晚了。修廟立牌位，時間規定在練祭時。修廟，有修廟的規定，更換檐木可以，重新粉刷可以。

㊂經三月，乙巳，及晉處父盟。

傳不言公㊀，處父伉也㊁，為公諱也。何以知其與公盟？以其日也㊂。何以不言公之如晉？所恥也。出不書㊃，反不致也㊄。

【今註】㊀公：指文公。㊁處父：晉國大夫。伉：匹敵，對等。㊂日：記載日子。春秋經凡魯公參與的結盟都記日期。㊃書：記。㊄反：返的古字。致：通至，指出行後歸告祖廟。

【今譯】不提文公，是怕與晉國大夫匹敵，所以為文公隱諱。怎麼知道是文公參與結盟？因為記下了具體日期。為什麼不記文公到晉國去（結盟）？認為恥辱，出行時不記載，回國後也不告祭祖廟。

㈣經夏，六月，公孫敖會宋公、陳侯、鄭伯、晉士縠盟於垂隴。

傳內大夫可以會外諸侯㊀。

【今註】㊀內大夫：指魯卿公孫敖。卿，可以泛稱為大夫。

【今譯】魯國大夫可以和各諸侯會盟。

㈤經自十有二月不雨，至於秋七月。

傳歷時而言不雨㊀，文不憂雨也㊁。不憂雨者，無志乎民也㊂。

【今註】㊀時：季，季節。㊁文：文公。㊂志乎民：為民著想。

【今譯】過了季節才記不下雨，表明文公不為雨發愁。不為下雨的事發愁的人，不為百姓著想呵。

㈥經八月、丁卯，大事於大廟，躋僖公。

傳 大事者何㈠？大是事也㈡，著祫嘗㈢。祫祭者，毀廟之主㈣，陳於大祖㈤，未毀廟之主㈥，皆升合祭於大祖。躋，升也。先親而後祖也，逆祀也㈦。逆祀，則是無昭穆也㈧。無昭穆則是無祖也，無祖則無天也。故曰文無天㈨。無天者，是無天而行也。君子不以親親害尊尊㈩，此春秋之義也。

【今註】㈠大事：祭祀。古人視戰爭和祭祀為大事。㈡大是事：認為這件事重要。㈢祫：祭名。把所有的神位放在一起合祭。嘗：秋季的祭祀。合祭必在秋季，所以祫嘗連文。㈣毀廟之主：指遠過高祖，已遷出的牌位。㈤太祖：指太祖廟，即周公廟。㈥未毀廟之主：指高祖以下，供在廟中的神主。㈦逆祀：違背祭祀順序。比如把父位放在祖位之先的祭祀，就叫逆祀。㈧昭穆：古時宗廟排列的順序，太祖廟居中，左昭右穆。如果父為昭，子就為穆，孫為昭，以此遞相下排。㈨文：指魯文公。㈩親親：愛親人。尊尊：敬長者。

【今譯】大事是什麼意思？是認為這事重要，指合祭嘗祭。合祭是指遷出廟的和未遷出廟的神主都陳列到周公廟一起祭祀。躋是升的意思。文公把父親僖公的牌位升到閔公前面，就違背了祭祖的順序。這樣祭祀，就沒了昭穆的順序。沒了昭穆的順序就是無視祖宗，無視祖宗就是無視天道。所以說，文公無視天道。無視天道的人，就不按天意辦事。君子不因愛親人而損害敬長的大義，這就是春秋經倡導的義。

(七)經冬，晉人、宋人、陳人、鄭人伐秦㈠。

【今註】㈠此經無傳。

【今譯】冬季，晉國、宋國、陳國、鄭國攻打秦國。

(八)經公子遂如齊納幣㈠。

【今註】㈠納幣：送彩禮。因文公娶齊女為元妃。此經無傳。

【今譯】公子遂到齊國去送彩禮。

文公三年（公元前六百二十四年）

(一)經三年，春，王正月，叔孫得臣會晉人、宋人、陳人、衛人、鄭人伐沈，沈潰㈠。

【今註】㈠沈：國名，在今安徽阜陽縣西北。

【今譯】三年，春天，周曆正月，魯國大夫叔孫得臣會合晉、宋、陳、衛、鄭各路諸侯攻伐沈國，沈國失敗。

(二)經夏，五月，王子虎卒。

傳叔服也㈠。此不卒者，何以卒之？以其來會葬㈡，我卒之也。或曰㈢：以其嘗執重以守也㈣。

【今註】㈠叔服：即經文中的王子虎。㈡其來會葬：指文公元年叔服來參加僖公的葬禮。㈢或：有的，有人。㈣執重以守：指周襄王出居鄭國時，叔服曾承擔重任，留守周室。

【今譯】是叔服，這樣的人去世不該記載。為什麼記載他的死呢？因為他來參加過僖公的會葬，所以我們記載他的死。有人說，是因為他曾擔重任，替天子守國。

(三)經秦人伐晉㈠。

【今註】㈠此經無傳。

【今譯】秦國攻伐晉國。

(四)經秋，楚人圍江㈠。

【今註】㈠江：國名。此經無傳。

【今譯】秋季，楚國圍江國。

(五)經雨螽於宋。

傳外災不志，此何以志也？曰，災甚也㈠。其甚奈何？茅茨盡矣㈡。著於上見於下謂之雨。

【今註】㈠災甚：災情嚴重。指蝗蟲像下雨一樣落到宋國。㈡茅茨：用茅草蓋的屋頂。

【今譯】魯以外的國家鬧災，春秋經不予記載，這次為什麼記呢？說，因為災情嚴重。嚴重到什麼樣？蓋屋頂的茅草都被蟲吃光了。明顯地看到從上落到下的叫雨。

㈥經公如晉，十有二月，己巳，公及晉侯盟㈠。

【今註】㈠此經無傳。

【今譯】冬天，文公到晉國去。十二月己巳日，文公和晉侯結盟。

㈦經晉陽處父帥師伐楚救江。

傳此伐楚其言救江何也？江遠楚近㈠，伐楚所以救江也㈡。

【今註】㈠江遠：江國離晉國遠。江國在今河南息縣南。㈡救江：指楚國遭攻擊後，必然無力圍江，江圍自解。

【今譯】這是攻打楚國，為什麼說救江呢？因為江國離得遠，楚國離得近，用攻楚的辦法來援救江國。

文公四年（公元前六百二十三年）

㈠經四年，春，公至自晉㊀。

【今註】㊀至：外出歸國後告祭祖廟。此經無傳。

【今譯】四年，春天，文公由晉回國，告祭祖廟。

㈡經夏，逆婦姜於齊。

傳其曰婦姜，為其禮成乎齊也㊀。其逆者誰也㊁？親逆而稱婦，或者公與㊂？何其速婦之也㊃。曰，公也。其不言公何也？非成禮於齊也。曰婦，有姑之辭也㊄。其不言氏何也？貶之也。何為貶之也？夫人與有貶也。

【今註】㊀禮成乎齊：婚禮在齊國完成。㊁逆：迎。㊂與：歟的古字。㊃婦之：稱之為婦。迎親時稱之女，婚禮後才能稱婦。㊄姑：婆母。

【今譯】稱婦姜，表明婚禮在齊國完成。迎親的人是誰？娶者親自迎親才稱婦，是文公吧？為什麼這麼快就稱婦？說，是文公。為什麼不提文公？婚禮在齊完成是不對的。稱婦，是有婆婆在的意思。為什麼不稱姜氏（只稱姜）？是貶斥她。為什麼貶斥她？對夫人和文公都有貶斥。

㈢經秋，楚人滅江㈠。

【今註】㈠此經無傳。

【今譯】秋天，楚國滅掉江國。

㈣經晉人伐秦㈠。

【今註】㈠此經無傳。

【今譯】晉國攻打秦國。

㈤經衞侯使甯俞來聘㈠。

【今註】㈠甯俞：衞國大夫。此經無傳。

【今譯】衞侯派甯俞來魯國訪問。

㈥經冬，十有一月，壬寅，夫人風氏薨㈠。

【今註】㈠風氏：莊公夫人，僖公母。諸侯夫人死也稱薨。此經無傳。

【今譯】冬季，十一月壬寅日，夫人風氏去世。

文公五年（公元前六百二十二年）

㈠經五年，春，王正月，王使榮叔歸含且賵。

傳含一事也㈠，賵一事也㈡，兼歸之㈢，非正也。其曰且，志兼也。其不言來，不周事之用也。賵以早㈣，而含以晚。

【今註】㈠含：死人口中含的珠玉等物。㈡賵：音奉，送給喪家安葬所用的禮物，如馬、帛等。㈢兼：一起。㈣早：送賵應在葬禮舉行前，送含應在入斂以前，一起送，就賵早含晚了。

【今譯】送含是一件事，送賵是一件事，一起送，就不對了。用「且」，說明是一起送。不說來，周王室的事不用來字。賵送早了，含送晚了。

㈡經三月，辛亥，葬我小君成風㈠。

【今註】㈠小君：諸侯夫人稱小君。成風：即風氏。此經無傳。

【今譯】三月辛亥日，安葬風氏。

㈢經王使毛伯來會葬。

傳會葬之禮於鄙上㈠。

【今註】㊀鄙：邊邑。

【今譯】葬禮在邊境小城舉行。（天子也派人來參加）

㈣經夏，公孫敖如晉㊀。

【今註】㊀公孫敖：魯卿。此經無傳。

【今譯】夏天，公孫敖到晉國去。

㈤經秦人入鄀㊀。

【今註】㊀鄀：秦、楚界上的小國。此經無傳。

【今譯】秦國侵入鄀國。

㈥經秋，楚人滅六㊀。

【今註】㊀六：國名，在今安徽六安縣北。此經無傳。

【今譯】秋天，楚國滅了六國。

㈦經冬，十月，甲申，許男業卒㊀。

【今註】㊀業：許僖公的名。男：爵名。此經無傳。

【今譯】冬，十月甲申日，許僖公去世。

文公六年(公元前六百二十一年)

㈠經六年，春，葬許僖公㊀。

【今註】㊀此經無傳。

【今譯】六年，春天，安葬許僖公。

㈡經夏，季孫行父如陳㊀。

【今註】㊀季孫行父：魯卿，又叫季文子。此經無傳。

【今譯】夏天，季孫行父到陳國去。

㈢經秋，季孫行父如晉㊀。

【今註】㊀此經無傳。

【今譯】秋季，季孫行父到晉國去。

(四)經 八月，乙亥，晉侯驩卒㈠。

【今註】㈠驩：晉襄公名叫驩。此經無傳。

【今譯】八月乙亥日，晉襄公去世。

(五)經 冬，十月，公子遂如晉㈠。

【今註】㈠公子遂：魯卿。去晉參加葬禮。此經無傳。

【今譯】冬，十月，公子遂到晉國去。

(六)經 葬晉襄公㈠。

【今註】㈠此經無傳。

【今譯】安葬晉襄公。

(七)經 晉殺其大夫陽處父。

傳 稱國以殺㈠，罪累上也。襄公已葬，其以累上之辭言之何也？君漏言也。上泄則下暗㈡，下暗則聾，且暗且聾㈢，無以相通。夜姑㈣，殺者也。夜姑之殺奈何？

曰，晉將與狄戰，使狐夜姑為將軍，趙盾佐之㊄。陽處父曰：「不可。古者君之使臣也，使仁者佐賢者㊅，不使賢者佐仁者。今趙盾賢，夜姑仁，其不可乎㊆。」襄公曰：「諾」。謂夜姑曰：「吾始使趙盾佐女㊇，今女佐盾矣。」夜姑曰：「敬諾」。襄公死。處父主境上㊈，夜姑使人殺之。君漏言也。故士造辟而言㊉，詭辭而出，曰：「用我則可，不用我則無亂其德」。

【今註】㊀稱：舉。㊁暗：秘密，不顯露。這裏指不露真情。㊂且：又。㊃夜姑：晉國大夫，姓狐，故後文又稱狐夜姑。㊄趙盾：晉卿，又稱趙宣子。㊅賢：有才能。㊆其：恐怕。㊇女：通汝，你。㊈主境上：指到魯國邊境上參加風氏的葬禮。㊉士：士人，指官員。造：到。辟：君。

【今譯】舉出國名說殺某某，表示罪過牽連到君王。晉襄公已經安葬，怎麼還說牽連到君王呢？是君王洩漏了大臣的話。君王洩密，下臣就不敢講真話。下臣不講真話，君王就會像聾子一樣聽不到真情。這樣又暗又聾，就沒有辦法互相溝通。夜姑是殺人的。夜姑為什麼殺陽處父？說，晉國要跟狄人作戰。襄公讓夜姑當將軍，讓趙盾當副手。陽處父說：「不行。古時君王任命大臣，讓仁者輔佐有才幹的，不讓有才幹的輔佐仁者。趙盾有才幹，夜姑仁德，恐怕您的安排不可以吧。」襄公說：「嗯」。對夜姑說：「我先前讓趙盾給你做副手，現在你給盾做副手。」夜姑說：

「遵命」。襄公去世」。陽處父到魯國邊境參加風氏的葬禮，夜姑派人殺了他，是因為襄公洩漏了陽處父的話。所以（君王如果洩密）官員們到君王面前，就說假話，出來後還說：「用我的也可，不用也不會害了我的德行」。

㈧經晉狐夜姑出奔狄㈠。

【今註】㈠此經無傳。

【今譯】晉國大夫狐夜姑逃到狄國。

㈨經閏月不告月，猶朝於廟。

傳不告月者何也㈠？不告朔也。不告朔則何為不言朔也？閏月者，附月之餘日也，積分而成於月者也。天子不以告朔，而喪事不數也㈡。猶之為言可以已也㈢。

【今註】㈠告月：即告朔，每月初一，天子或諸侯到太廟告祭神主，然後在廟前向下臣傳命一個月內的政事，這叫聽朔。聽朔後祭祀諸廟叫朝廟。經文記「朝於廟」即是朝廟。㈡喪事不數：遺誤的政事數不清。喪：失。㈢已：止。這句的意思是，朝廟儀式可以免了。不告朔，還朝廟幹什麼？

【今譯】什麼叫不告月？就是不告朔。不告朔，那為什麼不提朔字？閏月，是每月多餘的一天，一點點積累夠一個月，附在月後就是了。天子不告朔，遺誤的事就無數。「猶」字是說可以停止（即不朝廟了）。

文公七年（公元前六百二十年）

㈠經七年，春，公伐邾㈠。

【今註】㈠此經無傳。

【今譯】七年，春，文公領兵攻打邾國。

㈡經三月，甲戌，取須句。

傳取邑不日㈠。此其日何也？不正其再取㈡，故謹而日之也。

【今註】㈠不日：不記日期。㈡再取：兩次攻取須句（邾國的小城）。僖公二十二年已伐邾取須句。

【今譯】攻取城邑不必記下日期。這次為什麼記？認為魯國兩次攻取是不對的，所以慎重地記下日期。

㈢經遂城郚。

傳遂，繼事也㈠。

【今註】㈠繼事：緊接著另一事。這裏指魯攻取須句，緊接著就在郚地（魯地名）修築城牆。

【今譯】遂，表示緊接著另一事。

㈣經夏，四月，宋公王臣卒㈠。

【今註】㈠王臣：人名，宋成公名。此經無傳。

【今譯】夏季，四月，宋成公去世。

㈤經宋人殺其大夫。

傳稱人以殺㈠，誅有罪也。

【今註】㈠這句是解釋春秋經用字的條例。

【今譯】記人殺了某某，表示殺的是有罪的人。

㈥經戊子，晉人及秦人戰於令狐，晉先蔑奔秦。

傳不言出㈠，在外也㈡，輟戰而奔秦㈢，以是為逃軍也。

【今註】㈠不言出：不用出字。指經文記「奔秦」，不記「出奔秦」。㈡在外：指在外國（秦國的令狐）作戰。㊂輟：中止。這句指大夫先蔑中途跑了。

【今譯】不用出字，因為是在外國作戰。作戰中間跑到秦國，因此認為他是逃兵。

(七)經狄侵我西鄙㊀。

【今註】㊀鄙：邊邑。此經無傳。

【今譯】狄人侵犯魯國西部邊境。

(八)經秋，八月，公會諸侯、晉大夫盟於扈。

傳其曰諸侯，略之也㊀。

【今註】㊀略：省略。

【今譯】稱諸侯，是省略的記法。

(九)經冬，徐伐莒㊀。

【今註】㊀此經無傳。

【今譯】冬季，徐國攻伐莒國。

(十)經公孫敖如莒莅盟。

傳 莅㈠，位也。其曰位何也？前定也㈡。其不日，前定之盟不日也。

【今註】㈠莅：臨，到位。㈡前定：結盟前定好了日期、內容等。

【今譯】莅是到位的意思。為什麼說到位就行？事前已確定了。不記日期，是因為事前確定的結盟不記日期。

文公八年（公元前六百一十九年）

(一)經 八年，春，王正月㈠。

【今註】㈠此經無傳。

【今譯】八年，春天，周曆正月。

(二)經 夏，四月㈠。

【今註】㈠一季無事，記下首月。此經無傳。

【今譯】夏季，四月。

(三)經 秋，八月，戊申，天王崩㈠。

【今註】㈠崩：天子死叫崩。此經無傳。

【今譯】秋天，八月戊申日，周襄王駕崩。

㈣經冬，十月，壬午，公子遂會晉趙盾盟於衡雍㊀。

【今註】㊀趙盾：晉卿。衡雍：鄭國地名。此經無傳。

【今譯】冬季，十月壬午日，魯國公子遂和晉國的趙盾在衡雍會盟。

㈤經乙酉，公子遂會雒戎盟於暴㊀。

【今註】㊀公子遂：魯卿。雒戎：戎人的一支。暴：地名，在今河南原陽縣西。此經無傳。

【今譯】乙酉日，公子遂和戎人在暴地會盟。

㈥經公孫敖如京師，不至而復。丙戌，奔莒。

傳不言所至，未如也㊀。未如則未復也。未如而曰如，不廢君命也㊁。未復而曰復，不專君命也㊂。其如非如也，其復非復也，唯奔莒之為信㊃，故謹而日之也。

【今註】㊀如：到……去。㊁君命：指文公命大夫公孫敖到京城去。㊂專：獨斷專行。㊃唯：只。信：誠，真。

【今譯】不說到的地方，是因為沒去。沒去也就沒返回。沒去卻說去，表示不敢丟掉君王的命令。

沒返回卻說返回，表示對君命不敢獨斷專行。(其實)說他去，根本沒有去；說他回，根本就沒回，只有跑到莒國是真的，所以慎重地記下日子。

(七)經 螽㈠。

【今註】㈠螽：蝗蟲的一種。蟲多成災，經文加以記載。此經無傳。

【今譯】蝗蟲成災。

(八)經 宋人殺其大夫司馬，宋司城來奔。

傳 司馬㈠，官也。其以官稱，無君之辭也㈡。司城㈢，官也。其以官稱，無君之辭也。來奔者不言出㈣，舉其接我也㈤。

【今註】㈠司馬：官名，掌管軍事。㈡無君：指無人君之德，具體指宋昭公無德，昭公對祖母不以禮相待，祖母就派人殺了昭公的司馬官。㈢司城：官名，原本叫司空，掌管工程建築。因宋武公名叫司空，所以宋國改司空為司城。㈣不言出：不說出奔。㈤我：指魯國。

【今譯】司馬是官名。記載時稱官名，表明君王無人君之德。司城是官名。記載時稱官名，表明君王無德。記「來奔」，不說出奔，因為是跑來魯國避難。

文公九年（公元前六百一十八年）

㈠經九年，春，毛伯來求金。

傳求車猶可，求金甚矣㈠。

【今註】㈠求金：要（治喪用的）錢物。周襄王死還沒安葬，周派大夫毛伯到魯國要錢。

【今譯】要車還可以，要錢就過分了。

㈡經夫人姜氏如齊㈠。

【今註】㈠姜氏：文公夫人，齊桓公孫女。此經無傳。

【今譯】夫人姜氏到齊國去。

㈢經二月，叔孫得臣如京師。辛丑，葬襄王。

傳京，大也。師，眾也。言周必以眾與大言之也㈠。天子志崩不志葬㈡，舉天下而葬一人㈢，其道不疑也。志葬，危不得葬也。日之，甚矣，其不葬之辭也。

【今註】㈠周：指周天子的都城。㈡不志葬：不記載安葬。㈢舉：全。這句是說全天下人為天子送葬。魯大夫叔孫得臣就是來參加葬禮的。

【今譯】京是大的意思。師是眾的意思。稱周天子的都城，一定要用大，用眾多來稱呼。天子駕崩要記載，安葬時不必記載。天下人安葬天子一個人，這道理是不容置疑的。記載安葬，表明有危難不能安葬。記載日期，就嚴重了，是不能葬的意思。

(四)經 晉人殺其大夫先都㊀。

【今註】㊀先都：人名。此經無傳。

【今譯】晉國殺了它的大夫先都。

(五)經 三月，夫人姜氏至自齊。

傳 卑以尊致㊀，病文公也㊁。

【今註】㊀卑：指姜氏。尊：指君王。致：通至，出行歸國後告祭祖廟。古禮，諸侯夫人出行，歸來後不必告祭祖廟。㊁病：責備。

【今譯】卑者卻像尊者一樣告祭祖廟，這是責備文公（寵慣妻子）。

(六)經 晉人殺其大夫士穀及箕鄭父。

傳 稱人以殺，誅有罪也㊀，鄭父累也㊁。

【今註】㈠誅：殺。㈡鄭父：即經文的箕鄭父，它和士穀都是晉國大夫。累：連累。

【今譯】說人殺了某某，殺的是有罪的人。鄭父是被連累的。

(七)經楚人伐鄭㈠。

【今註】㈠此經無傳。

【今譯】楚國攻伐鄭國。

(八)經公子遂會晉人、宋人、衞人、許人救鄭㈠。

【今註】㈠公子遂：魯卿。此經無傳。

【今譯】公子遂會合晉國、宋國、衞國和許國，一起援救鄭國。

(九)經夏，狄侵齊㈠。

【今註】㈠此經無傳。

【今譯】夏季，狄人侵略齊國。

(十)經秋，八月，曹伯襄卒㈠。

【今註】㊀襄：曹共公的名。此經無傳。

【今譯】秋天，八月，曹共公去世。

(十二)經 九月，癸酉，地震。

傳 震，動也，地不震者也。震，故謹而日之也㊀。

【今註】㊀日：記下日期。

【今譯】震是動的意思。大地本不震動。震動了，所以慎重地記下震動的日期。

(十二)經 冬，楚子使萩來聘。

傳 楚無大夫㊀，其曰萩何也㊁？以其來我，褒之也。

【今註】㊀楚無大夫：指楚國沒有天子命封的大夫。　㊁萩：楚國大夫。

【今譯】楚沒有天子命封的大夫，為什麼提萩呢？因為他來魯國（訪問），所以稱讚他。

(十三)經 秦人來歸僖公、成風之襚㊀。

【今註】㊀成風：又稱風氏，僖公母。襚：音遂，贈送給死者的衣服。魯僖公死了已經十年，才送襚，不知何故何意。

【今譯】秦國送來僖公和成風的襚衣。

傳秦人弗夫人也㈠，即外之弗夫人而見正焉。

【今註】㈠弗夫人：指不稱成風為夫人。成風本是魯莊公的妾，僖公當了國君後，祭祖時，把她提到夫人的地位。詳見僖公八年文。

【今譯】秦國不稱成風為夫人。國外不把成風看做夫人，可見是對的。

㈩經葬曹共公㈠。

【今註】㈠此經無傳。

【今譯】安葬曹共公。

文公十年（公元前六百一十七年）

㈠經十年，春，王三月，辛卯，臧孫辰卒㈠。

【今註】㈠臧孫臣：魯卿。此經無傳。

【今譯】十年，春天，周曆三月，辛卯日，臧孫臣去世。

(二)經 夏，秦伐晉㈠。

【今註】㈠此經無傳。

【今譯】夏季，秦國攻伐晉國。

(三)經 楚殺其大夫宜申㈠。

【今註】㈠宜申：楚大夫，字叫子西。此經無傳。

【今譯】楚國殺了大夫宜申。

(四)經 自正月不雨，至於秋七月。

傳 歷時而言不雨㈠，文不閔雨也㈡。不閔雨者，無志乎民也。

【今註】㈠歷：過。時：季、季節。㈡文：文公。閔：憂。

【今譯】過了兩個季節才記無雨，表明文公不為下雨的事憂慮。不為下雨憂慮的人，不為民著想呵。

(五)經 及蘇子盟於女栗㈠。

【今註】㊀蘇子：周王的卿。女栗：地名，不詳。此經無傳。
【今譯】魯公和蘇子在女栗會盟。
㈥經冬，狄侵宋㊀。
【今註】㊀此經無傳。
【今譯】冬季，狄人侵略宋國。
㈦經楚子、蔡侯次於厥貉㊀。
【今註】㊀次：臨時駐紮。厥貉：地名，不詳。此經無傳。
【今譯】楚王、蔡侯臨時駐留在厥貉。

文公十一年（公元前六百一十六年）

㈠經十有一年，春，楚子伐麇㊀。
【今註】㊀麇：國名。此經無傳。
【今譯】十一年，春，楚國攻伐麇國。

(二)經 夏，叔彭生會晉郤缺於承匡㈠。

【今註】㈠叔彭生：魯國大夫。郤缺：晉國大夫。承匡：宋國地名。

【今譯】夏天，叔彭生和晉國的郤缺在承匡會見。

(三)經 秋，曹伯來朝㈠。

【今註】㈠曹伯：曹文公。此經無傳。

【今譯】秋天，曹文公來魯朝見。

(四)經 公子遂如宋㈠。

【今註】㈠公子遂：魯卿。此經無傳。

【今譯】公子遂到宋國去。

(五)經 狄侵齊㈠。

【今註】㈠此經無傳。

【今譯】狄人侵略齊國。

㈥經冬，十月，甲午，叔孫得臣敗狄於鹹。

傳不言帥師而言敗何也？直敗，一人之辭也。一人而曰敗何也？以眾焉言之也。傳曰，長狄也㈠，弟兄三人，佚害中國㈡，瓦石不能害㈢。叔孫得臣㈣，最善射者也。射其目，身橫九畝㈤。斷其首，眉見於軾㈥。然則何為不言獲也？曰，古者，不重創㈦，不擒二毛㈧，故不言獲，為內諱也㈨。其之齊者㈩，王子成父殺之⑪。則未知其之晉者也⑫。

【今註】㈠長狄：狄人的一支。㈡佚：通迭，交替，輪番。中國：指中原諸侯國。㈢害：傷。這句是說長狄肌膚強健，瓦石都不能傷著他們。㈣叔孫得臣：魯國大夫。㈤畝：古時長百步，寬一步為一畝。㈥軾：車前橫木。這句是說狄人頭大，車廂裝不下，眉毛碰在車前橫木上。㈦重(音蟲)創：傷後又傷。㈧二毛：頭髮花白，黑白二色都有，借指老人。㈨內：指魯國。㈩其之齊者：兄弟三個當中，到齊國侵犯的。⑪王子成父：齊國大夫。父：音福，男子美稱。⑫之晉者：指兄弟三人中去晉國侵犯的。據國語魯語記載，被叔孫打敗的名叫僑如。被齊打敗的叫榮如，去晉騷擾的叫焚如。

【今譯】不說叔孫得臣率領軍隊，卻直接說打敗狄人是為什麼？因為狄方就一個人。一個人為什麼說打敗？以眾人口氣說的。狄人指長狄，弟兄三個，輪流騷擾中原諸侯，（他們肌膚強健）瓦石都打不傷他們。叔孫得臣是最善射的人，射中狄人的眼睛。（他倒下）身子橫佔了九畝地。割下頭裝在車裏，眉毛碰上車前橫木。如此，那麼為什麼不說擒獲長狄呢？古時，不射已經受傷的人，不擒拿頭髮半白的老人。所以不說擒獲，是魯國隱諱重傷長狄（射目又斷首）。那個到齊國去的，王子成父殺了他。不知去晉國侵犯的，是被誰殺的。

文公十二年（公元前六百一十五年）

㈠經 十有二年，春，王正月，郕伯來奔㊀。

【今註】㊀此經無傳。

【今譯】十二年，春，周曆正月，郕國國君跑到魯國避難。

㈡經 杞伯來朝㊀。

【今註】㊀杞伯：前稱杞子，此稱杞伯，可能是晉升了。此經無傳。

【今譯】杞國國君來朝見魯君。

㈢經 二月，庚子，子叔姬卒。

傳其曰子叔姬㈠，貴也，公之母姊妹也。其一傳曰，許嫁㈡，以卒之也。男子二十而冠㈢，冠而列。丈夫三十而娶。女子十五而許嫁，二十而嫁。

【今註】㈠子叔姬：魯女，與文公是同母所生的兄妹。㈡許嫁：許配人家，指訂婚。國君女兒訂婚後，即使沒出嫁，死了也要予以記載。㈢冠：行冠禮，舉行加冠儀式。

【今譯】稱子叔姬，因為她尊貴，是文公的同母姊妹。又一種解釋是，訂了婚，死後要記載。男子二十歲行冠禮，行冠禮後就列入成年，三十歲娶妻。女子十五歲訂婚，二十出嫁。

㈣經夏，楚人圍巢㈠。

【今註】㈠巢：國名。此經無傳。

【今譯】夏天，楚國包圍巢國。

㈤經秋，滕子來朝㈠。

【今註】㈠此經無傳。

【今譯】秋天，滕國國君來朝見魯君。

㈥經秦伯使術來聘㈠。

【今註】㈠術：秦國大夫，又稱西乞術。此經無傳。

【今譯】秦伯派大夫西乞術來訪問魯國。

㈦經冬，十有二月，戊午，晉人、秦人戰於河曲。

傳不言及，秦晉之戰已亟㈠，故略之也。

【今註】㈠亟：音汽，屢次，多次。

【今譯】不用及字，因為秦晉交戰已多次，所以省略不用。

㈧經季孫行父帥師城諸及鄆。

傳稱帥師㈠，言有難也㈡。

【今註】㈠帥：通率。季孫氏領兵在諸和鄆二地修城。㈡難：指別國來攻打爭地。

【今譯】說領兵（修城），是因為有危難。

文公十三年（公元前六百一十四年）

㈠經十有三年，春，王正月㈠。

【今註】㊀此經無傳。

【今譯】十三年，春，周曆正月。

㈡經夏，五月，壬午，陳侯朔卒㊀。

【今註】㊀朔：陳共公的名。此經無傳。

【今譯】夏季，五月壬午日，陳共公去世。

㈢經邾子籧篨卒㊀。

【今註】㊀籧篨：邾文公的名。此經無傳。

【今譯】邾文公去世。

㈣經自正月不雨，至於秋七月㊀。

【今註】㊀此經無傳。

【今譯】從正月就沒下雨，一直到秋季七月。

㈤經大室屋壞。

傳大室屋壞者㊀，有壞道也，譏不修也。大室猶世室也㊁。周公曰大廟，伯禽曰大室㊂，群公曰宮。禮，宗廟之事㊃，君親割㊄，夫人親舂㊅，敬之至也。為社稷之主，而先君之廟壞，極稱之㊆，志不敬也。

【今註】㊀大室：世祖的廟。屋：房舍的上蓋。㊁世室：指世世不廢的廟。㊂伯禽：周公的長子。周公被封在魯，可他一直在周輔佐周成王，便派伯禽在魯理政。因此，也有人稱伯禽為魯的開國之君。㊃宗廟之事：指祭祀。㊄割：宰割牲肉。㊅舂：指舂祭祀用的穀物。㊆極：房屋的中棟。稱：通撐。

【今譯】世祖廟的頂蓋壞了，有壞的道理，譏斥不修繕。大室就像是世室。周公的廟叫太廟，伯禽的廟叫世廟，其他魯公的廟叫宮。禮規定，祭祀用的牲肉要由國君親自宰割，祭祀用的穀物由君夫人親自舂好，表示對神祖恭敬到極點了。做為國家的君主，先君的廟毀壞了，房樑在撐者。記載下來，表明文公不敬祖。

(六)經冬，公如晉。衛侯會公於沓㊀。

【今註】㊀沓：衛國地名。此經無傳。

【今譯】冬季，文公到晉國去，在沓地會見衛侯。

(七)經狄侵衛㊀。

【今註】㊀此經無傳。

【今譯】狄人侵略衞國。

(八)經十有二月，乙丑，公及晉侯盟㊀。

【今註】㊀此經無傳。

【今譯】十二月，乙丑日，文公和晉侯結盟。

(九)經公還自晉，鄭伯會公於棐。

傳還者㊀，事未畢也，自晉事畢也。

【今註】㊀還：返回，不是指回到。

【今譯】用還字，表示事情沒辦完，在晉國的事辦完了。

文王十四年(公元前六百一十三年)

(一)經十有四年，春，王正月，公至自晉㊀。

【今註】㊀此經無傳。

【今譯】十四年，春，周曆正月，文公從晉回國，告祭祖廟。

(二)經郲人伐我南鄙(一)，叔彭生帥師伐郲(二)。

【今註】(一)鄙：邊邑。　(二)叔彭生：魯國大夫。此經無傳。

【今譯】郲國攻伐魯國南部邊邑。叔彭生率領軍隊討伐郲國。

(三)經夏，五月，乙亥，齊侯潘卒(一)。

【今註】(一)潘：齊昭公名叫潘。此經無傳。

【今譯】夏天，五月乙亥日，齊昭公去世。

(四)經六月，公會宋公、陳侯、衞侯、鄭伯、許伯、曹伯、晉趙盾。癸酉，同盟於新城。

傳同者，有同也(一)，同外楚也。

【今註】(一)有同：指有共同目的。

【今譯】同，表示有共同目的，一同對付楚國。

(五)經秋，七月，有星孛入於北斗。

傳孛之為言猶茀也(一)。其曰入北斗，斗有環域也(二)。

【今註】㊀茀：音勃，彗星。據晉書天文志：「孛亦彗屬。偏指曰彗，芒氣四出曰孛」。孛是彗星的一種。彗星的光偏向一邊，像掃帚形，孛星的光芒四射，蓬蓬勃勃的樣子。㊁環域：區域。

【今譯】孛就是指彗星。說它進入北斗，表明北斗星有一定區域。

㈥經 公至自會㊀。

【今註】㊀至：諸侯出行，回國後告祭祖廟。此經無傳。

【今譯】文公會盟後回國告祭祖廟。

㈦經 晉人納捷菑於邾，弗克納。

傳 是郤克也㊀。其曰人何也？微之也㊁。何為微之也？長轂五百乘㊂，綿地千里㊃，過宋鄭滕薛㊄，夐入千乘之國㊅，欲變人之主㊆。至城下，然後知，何知之晚也。弗克納㊇。未伐而曰弗克何也？弗克其義也。捷菑，晉出也。貜且，齊出也。貜且，正也。捷菑，不正也。

【今註】㊀是：指代經文中的「晉人」。郤克：晉國大夫。㊁微：輕。㊂長轂：長長的車隊。轂：音古，車輪中心的圓木，這裏指車。㊃綿地千里：指佔地綿延上千里。㊄這句是說從晉到邾國路經宋鄭滕薛四個國家。㈥敻：通迥，遠。㈦欲變人之主：想改換邾國的君主。邾文公死後，齊女（邾文公的嫡夫人）所生的太子叫貜且（音渠居），即位為君。晉女所生的叫捷菑，逃到姥家晉國。晉國想讓捷菑為君，故派人護送回邾。㈧弗克納：沒能送進邾國。納：讓……進入。

【今譯】晉人指的是郤克。稱他人，是輕視他。為什麼輕視他？（他率領）長長的五百輛車隊，綿延上千里，經過宋鄭滕薛四國，到遠方，想進入邾國，改換人家的君主。到了城下，才知道不對。為什麼知道得這麼晚。沒能把捷菑送回國。沒攻伐怎麼就說不能？按道理就不能。捷菑是晉女生的，貜且是齊女生的。貜且（是太子）為君是合禮的。捷菑要當君王，是不對的。

㈧經 九月，甲申，公孫敖卒於齊。

傳 奔大夫不言卒㈠，而言卒何也？為受其喪㈡，不可不卒也㈢。其地於外也。

【今註】㈠奔大夫：逃亡的大夫。公孫敖在文公八年借去京師之機逃到莒國，今又死在齊國。㈡喪：指屍體。㈢不卒：不記卒。

【今譯】逃亡的大夫死了不予記載，這次為什麼記？因為要取回屍體，不能不記他的死。他死在國外。

㈨經 齊公子商人弒其君舍。

傳舍未踰年㈠，其曰君何也？成舍之為君，所以重商人之弒也㈡。商人其不以國氏何也㈢？不以嫌代嫌也㈣。舍之不日何也㈤？未成為君也。

【今註】㈠舍：齊昭公的太子。未踰年：指昭公死沒過一年。古禮：諸侯死不滿一年，新君不得稱為君。㈡商人：齊國大夫。齊桓公兒子。㈢以國氏：指名字前冠以國名。㈣嫌：嫌隙。穀梁氏認為舍不當立而立是一嫌；商人弒君是又一嫌。㈤不日：指不日卒，不記死的日期。

【今譯】舍的君父死不滿一年，為什麼稱他為君？稱舍為君，是用以表示商人弒君的嚴重性。商人為什麼不冠以國名？不用嫌隙代替嫌隙。舍死了不記日期是為什麼？他還沒正式當君王。

㈩經宋子哀來奔。

傳其曰子哀㈠，失之也。

【今註】㈠子哀：宋大夫，名哀，字子哀。大夫逃亡別國應稱名，不能稱字。

【今譯】稱他子哀，失禮了。

⑾經冬，單伯如齊㈠。

【今註】㈠單伯：魯國大夫。此經無傳。

【今譯】冬天，單伯到齊國去。

(十二)經齊人執單伯。

傳私罪也㊀。單伯淫於齊，齊人執之。

【今註】㊀私罪：指通姦罪。

【今譯】是通姦罪。單伯在齊淫亂，齊國捉住他。

(十三)經齊人執子叔姬。

傳叔姬同罪也㊀。

【今註】㊀同罪：指單伯與叔姬私通。

【今譯】叔姬和單伯一起犯罪。

文公十五年(公元前六百一十二年)

(一)經十有五年，春，季孫行父如晉㊀。

【今註】㊀季孫行父：魯卿。此經無傳。

【今譯】十五年，春天，季孫行父到晉國去。

(二)經三月，宋司馬華孫來盟。

傳司馬㈠，官也。其以官稱，無君之辭也。來盟者何？前定也。不言及者，以國與之也。

【今註】㈠司馬：官名，掌管軍事。

【今譯】司馬是官名。用官名稱呼，是沒有君王的意思。來盟是什麼意思？是先前約定好的。不說華孫和誰簽盟，因為是以國的名義跟他簽盟。

(三)經夏，曹伯來朝㈠。

【今註】㈠此經無傳。

【今譯】夏天，曹伯來魯朝見。

(四)經齊人歸公孫敖之喪㈠。

【今註】㈠公孫敖：魯大夫，逃於莒，死於齊。喪：指屍體。此經無傳。

【今譯】齊國把公孫敖的屍體送回魯國。

(五)經六月，辛丑，朔，日有食之。

傳鼓㈠，用牲於社㈡。

【今註】㈠鼓：指擊鼓。㈡社：土地神。

【今譯】擊鼓、殺牲祭土神（來救日蝕）。

㈥經單伯至自齊。

傳大夫執則致㈠，致則名㈡。此其不名何也？天子之命大夫也。

【今註】㈠執：指被執。致：通至，回國後告祭祖廟。㈡名：記名。

【今譯】大夫被抓，回國後要告祭祖廟，告祖就要記載名。這次為什麼不記名？因為是天子命封的大夫。

㈦經晉郤缺帥師伐蔡㈠，戊申，入蔡。

【今註】㈠郤缺：晉國大夫。帥：通率。此經無傳。

【今譯】晉國的郤缺領兵攻蔡國，戊申日，攻入蔡國。

㈧經秋，齊人侵我西鄙。

傳其曰鄙㈠，遠之也。其遠之何也？不以難介我國也㈡。

【今註】㈠鄙：邊邑。㈡介：近。國：指國都。

【今譯】提邊邑，是強調它遠。為什麼要強調它遠？不讓危難接近魯國國都。

㈨經季孫行父如晉㈠。

【今註】㈠季孫行父：魯卿。此經無傳。

【今譯】季孫行父到晉國去。

㈩經冬，十有一月，諸侯盟於扈㈠。

【今註】㈠諸侯：凡是魯公沒參加的會盟，春秋經記載時，一律籠統寫諸侯。扈：鄭國地名。此經無傳。

【今譯】冬季，十一月，諸侯在扈地結盟。

(十一)經十有二月，齊人來歸子叔姬。

傳其曰子叔姬㈠，貴之也。其言來歸何也？父母之於子，雖有罪，猶欲其免也。

【今註】㈠子叔姬：魯女，嫁於齊國，因和單伯私通而被抓，今齊把她送回魯國。

【今譯】稱子叔姬，是尊稱她。來歸是什麼意思？父母對子女，即使有罪，也想赦免他。

(十三)經　齊侯侵我西鄙㈠，遂伐曹，入其郛㈡。

【今註】㈠鄙：邊邑。㈡郛：即郭，外城。此經無傳。

【今譯】齊國侵犯魯國西部邊邑，順路又攻伐曹國，進入曹都的外城。

文公十六年(公元前六百一十一年)

(一)經　十有六年，春，季孫行父會齊侯於陽穀，齊侯弗及盟。

傳　弗及者㈠，內辭也㈡。行父失命矣㈢。齊得㈣。內辭也。

【今註】㈠弗及：不與。指齊侯不跟季孫行父簽盟。一君一臣，地位不等。㈡內辭：為魯隱諱的意思。㈢行父：即魯卿季孫行父。㈣齊得：指齊侯不肯與臣結盟是合於禮的。

【今譯】用「弗及」，是替魯隱諱的意思。季孫行父沒有完成君命。齊侯做得對。替魯國隱諱。

(二)經　夏，五月，公四不視朔。

傳　天子告朔於諸侯㈠，諸侯受乎禰廟㈡，禮也。四不視朔㈢，公不臣也，以公為厭政以甚矣。

【今註】㈠告朔：也叫告月。每月初一，即朔日這天，天子或諸侯要告祭祖廟，然後向臣下布置一個月的政事。㈡禰廟：父廟。諸侯初一這天在父廟聽天子對一個月政事的命令，這叫聽朔。㈢視朔：即聽朔。四：指四個月(二到五月)。

【今譯】天子向諸侯告朔，諸侯在父廟聽朔，這是禮。文公四個月不聽朔，這是不盡臣禮，認為他太厭政了。

㈢經 六月，戊辰，公子遂及齊侯盟於師丘。

傳 復行父之盟也㈠。

【今註】㈠行父之盟：指春季，魯派季孫行父去，而齊侯不肯簽約的那次。

【今譯】又是季孫行父那次的盟約。

㈣經 秋，八月，辛未，夫人姜氏薨㈠。

【今註】㈠夫人：僖公夫人，文公母親。此經無傳。

【今譯】秋天，八月辛未日，夫人姜氏去世。

㈤經 毀泉臺。

傳 喪不貳事㊀，貳事，緩喪也，以文為多失道矣。自古為之，今毀之，不如勿處而已矣㊁。

【今註】㊀貳事：指又辦喪事，又拆毀泉臺。㊁處：住。姜氏住在泉宮，宮內有泉臺。

【今譯】在母喪時不能辦兩件事，辦兩件事就要延緩喪事。認為文公做了很多失禮的事。古時造了臺，現在拆毀它，不如不住算了。

㈥經 楚人、秦人、巴人滅庸㊀。

【今註】㊀巴：國名，不詳。庸：國名，在今湖北竹山縣附近。此經無傳。

【今譯】楚國、秦國和巴國滅了庸國。

㈦經 冬，十有一月，宋人弒其君杵臼㊀。

【今註】㊀杵臼：宋昭公名杵臼。此經無傳。

【今譯】宋人殺了他們的國君。

文公十七年（公元前六百一十年）

㈠經 十有七年，春，晉人、衞人、陳人、鄭人伐宋㊀。

【今註】㊀此經無傳。

【今譯】十七年，春，晉國、衞國、陳國和鄭國攻打宋國。

㈡經夏，四月，癸亥，葬我小君聲姜㊀。

【今註】㊀小君：諸侯夫人稱小君。聲姜：僖公夫人，文公母親。此經無傳。

【今譯】夏天，四月癸亥日，安葬君夫人聲姜。

㈢經齊侯伐我西鄙㊀。六月，癸未，公及齊侯盟於穀。

【今註】㊀鄙：邊邑。此經無傳。

【今譯】齊國攻伐魯國西部邊邑。六月，癸未日，魯公和齊侯在穀地會盟。

㈣經諸侯會於扈㊀。

【今註】㊀扈：地名。文公沒參加扈之會。此經無傳。

【今譯】諸侯在扈地會盟。

㈤經公至自穀㊀。

【今註】㈠至：回國告祭祖廟。此經無傳。

【今譯】文公從穀地回國，告祭祖廟。

㈥經冬，公子遂如齊㈠。

【今註】㈠公子遂：魯卿此時已老。此經無傳。

【今譯】冬天，公子遂到齊國去。

文公十八年（公元前六百零九年）

㈠經十有八年，春，王二月，丁丑，公薨於臺下。

傳臺下非正也㈠。

【今註】㈠臺下：什麼臺不詳。文公是猝死於臺下。諸侯應死在正寢。

【今譯】臺下，不是應死的處所。

㈡經秦伯罃卒㈠。

【今註】㈠罃：秦康公名叫罃。此經無傳。

【今譯】秦康公去世。

㈢經夏，五月，戊戌，齊人弒其君商人㈠。

【今註】㈠商人：齊懿公的名。他殺了齊昭公後，自立為君。此經無傳。

【今譯】夏天，五月戊戌日，齊人殺了自己的國君。

㈣經六月，癸酉，葬我君文公㈠。

【今註】㈠此經無傳。

【今譯】六月癸酉日，安葬魯文公。

㈤經秋，公子遂，叔孫得臣如齊。

傳使舉上客㈠，而不稱介㈡，不正其同倫而相介㈢，故列而數之也。

【今註】㈠上客：指主事人，正使。㈡介：副，副手，副使。㈢同倫：地位相同。指公子遂和叔孫得臣同是魯國的卿，地位相同。

【今譯】使臣，只提正使，不必提副手。認為同等地位而分正副是不對的，所以列數出來。

㈥經冬，十月，子卒。

傳子卒㈠，不日，故也㈡。

【今註】㈠子：魯文公的太子。㈡故：緣故。指隱諱其被殺而死。

【今譯】太子死，不記載日期，是有緣故的。

㈦經夫人姜氏歸於齊。

傳惡宣公也㈠。有不待貶絕㈡，而罪惡見者㈢，有待貶絕，而惡從之者。姪娣者㈣，不孤子之意也㈤。一人有子，三人緩帶㈥。一曰就賢也㈦。

【今註】㈠宣公：文公庶子，妃子敬嬴所生。㈡貶絕：貶斥。㈢見：現的古寫，顯現，顯露。㈣姪娣：指眾妃子。㈤不孤子：指太子不是一人的。言外之意，不該害太子。㈥三人：眾人，指其他的妻妾，即姪娣。緩帶：衣帶寬鬆了。指為子操心變瘦了。古詩有「衣帶日已緩」句。㈦指宣公有才。

【今譯】認為宣公壞。有的人，不貶斥他，罪惡就顯露出來。有的人，一貶斥他，罪惡才暴露出來。所謂姪娣，表明太子不是一人的。一妻生了子，許多妻妾都要為之操心。一種說法，認為宣公賢能而就位為君。

㈧經季孫行父如齊㈠。

【今註】㈠此經無傳。

【今譯】季孫行父到齊國去。

(九)經莒弒其君庶其㈠。

【今註】㈠庶其：莒君的名。此經無傳。

【今譯】莒國殺了自己的國君庶其。

卷七　宣　公

宣公元年（公元前六百零八年）

(一)經　元年，春，王正月，公即位。

傳　繼故而言即位，與聞乎故也㊀。

【今註】㊀與聞乎故：指文公死時，宣公參與篡位之爭了。與：音玉，參與。

【今譯】繼承非正常故去的君位，記載即位，表明參與了篡位之爭。

(二)經　公子遂如齊逆女㊀。

【今註】㊀逆：迎。宣公娶齊女，派卿出迎。此經無傳。

【今譯】公子遂到齊國迎親。

(三)經　三月，遂以夫人婦姜至自齊。

傳　其不言氏㊀，喪未畢㊁，故略之也。其曰婦，緣姑言之之辭也㊂。遂之挈由上致之也㈣。

【今註】㈠不言氏：指不稱姜氏。齊女姜姓。㈡喪未畢：指文公死未滿一年。㈢姑：婆母。㈣挈：領著。上：指國君宣公。致：通至，告祭祖廟。

【今譯】不稱姜氏，因為文公喪期未滿，所以省略它。稱婦，是對婆婆而言。公子遂領著，由君王告祭祖廟。

㈣經 夏，季孫行父如齊㈠。

【今註】㈠此經無傳。

【今譯】夏天，季孫行父到齊國去。

㈤經 晉放其大夫胥甲父於衞。

傳 放㈠，猶屏也。稱國以放㈡，放無罪也㈢。

【今註】㈠放：放逐。㈡稱：舉。㈢指胥甲父大夫無罪。

【今譯】放逐，就是指摒棄不用。舉出國名說放逐某某，放逐的是沒罪的人。

㈥經 公會齊侯於平州㈠。

【今註】㈠平州：齊國地名。此經無傳。

【今譯】宣公和齊侯在平州會見。

㈦經公子遂如齊㈠。

【今註】㈠公子遂：魯卿。此經無傳。

【今譯】公子遂到齊國去。

㈧經六月，齊人取濟西田。

傳內不言取㈠，言取，授之也，以是為賂齊也。

【今註】㈠內不言取：(外國得到)魯的土地不能說取。指齊國得到魯濟水以西的土地。

【今譯】外國得了魯的土地不能說取，說取，表明是送給的，魯用土地賄賂齊國。

㈨經秋，邾子來朝㈠。

【今註】㈠此經無傳。

【今譯】秋天，邾國國君來朝見宣公。

㈩經楚子、鄭人侵陳，遂侵宋。晉趙盾帥師救陳。宋公、陳侯、衞侯、曹伯會晉師於棐林，伐鄭。

傳遂，繼事也㈠。善救陳也。列數諸侯而會晉趙盾㈡，大趙盾之事也。其曰師何也？以其大之也。於棐林㈢，地而後伐鄭，疑辭也。此其地何？則著其美也。

【今註】㈠繼：承，接。㈡趙盾：晉國的卿。㈢棐林：地名，公羊傳作斐林，不詳。

【今譯】用遂字，表示緊接著後一件事。援救陳國是好事。列數諸侯，然後說和趙盾會師，是強調趙盾的重要地位。稱晉師，也是為顯示它人數眾多。在棐林會師。先記會師地點，然後記攻伐，表示對攻伐有疑慮（需會合商討）。這次記地點是為什麼？是讚美趙盾主會的功績。

㈩經冬，晉趙穿帥師侵崇㈠。

【今註】㈠趙穿：晉國大夫。帥：通率。此經無傳。

【今譯】冬天，晉國的趙穿領兵侵略崇國。

㈩經晉人、宋人伐鄭㈠。

【今註】㈠此經無傳。

【今譯】晉國、宋國攻伐鄭國。

宣公二年（公元前六百零七年）

㈠經二年，春，王二月，壬子，宋華元帥師及鄭公子歸生帥師，戰於大棘，宋師敗績，獲宋華元。

傳獲者，不與之辭也㈠。言盡其眾㈡，以救其將也。以三軍敵華元㈢。華元雖獲㈣，不病矣㈤。

【今註】㈠與：贊許。㈡盡其眾：指宋軍方面全力（救主將）。㈢三軍：全軍。這句指鄭軍。古制，諸侯軍隊分上中下三軍。㈣獲：被擒獲。㈤病：責備。

【今譯】用獲字，表示不贊許的意思。宋軍全力救自己的主將。鄭國方面全軍抵擋華元。華元雖然被擒，也不該責備。

㈡經秦師伐晉㈠。

【今註】㈠此經無傳。

【今譯】秦軍攻伐晉國。

㈢經夏，晉人、宋人、衞人、陳人侵鄭㈠。

【今註】㊀此經無傳。

【今譯】夏天，晉國、宋國、衞國和陳國侵略鄭國。

(四)經 秋，九月，乙丑，晉趙盾弒其君夷皐。

傳 穿弒也㊀，盾不弒㊁，而曰盾弒何也？以罪盾也。其以罪盾何也？曰靈公朝諸大夫而暴彈之㊂，觀其辟丸也㊃。趙盾入諫，不聽。出亡，至於郊。趙穿弒公，而後反趙盾㊄。史狐書賊曰㊅：「趙盾弒公」。盾曰：「天乎！天乎！予無罪㊆，孰為盾而忍弒其君者乎？」史狐曰：「子為正卿㊇，入諫不聽，出亡不遠。君弒㊈，反不討賊，則志同㊉。志同則書重㊀，非子而誰？」故書之曰，晉趙盾弒其君夷皐者，過在下也。曰，於盾也，見忠臣之至，於許世子止㊂，見孝子之至。

【今註】㊀穿：趙穿，晉國大夫。㊁盾：趙盾，晉卿，跟趙穿同族。㊂靈公：晉文公孫子，名叫夷皐。彈之：用彈丸射人。㊃辟：避的古字。㊄反：返的古字。㊅狐：史官的名。書：記。賊：殺人兇手。㊆予：我。㊇正卿：官名，卿的總管。㊈弒：被弒。㊉志同：想法相同。㊁重：指官位高的。㊂許世子止：許穆公太子，名叫止。史書載，穆公病，止餵藥，父喝後死去，因止事先沒嚐藥，便被誣為弒父罪。

【今譯】是趙穿弒君，趙盾沒弒君。為什麼記趙盾弒君？認為趙盾有罪。為什麼認為趙盾有罪？說，晉靈公朝見大夫時，殘暴地用彈丸射人，觀看人躲避彈丸的狼狽樣兒。趙盾勸諫，靈公不聽，趙盾要逃出晉國，跑到國都郊外。趙穿殺死靈公，趙盾聽說後返回國都。史官狐記載殺人兇手，寫道：趙盾殺君。趙盾說：「天哪！天哪！我沒罪，誰認為我能忍心殺國君呢？」狐說：「你是正卿，勸諫王不聽，要出逃又沒走多遠，君王被殺，你回來不討伐罪人，那就說明你和趙穿相同。想法相同，就記載地位高的，不是你是誰？」因此說，經文記趙盾殺君王，其實兇手在下邊。可以說，在趙盾身上，看到了最好的忠臣；在許太子身上，看到了最好的孝子。

(五)經 冬，十月，乙亥，天王崩㊀。

【今註】㊀天王：周匡王。此經無傳。

【今譯】冬天，十月乙亥日，周匡王駕崩。

宣公三年（公元前六百零六年）

(一)經 三年，春，王正月，郊牛之口傷。

傳 之口㊀，緩辭也，傷自牛作也。改卜牛，牛死，乃不郊，事之變也。乃者，亡乎人之辭也㊁。猶三望㊂。

【今註】㈠口：指郊祭用的牛嘴傷了。祈求豐收的春祭叫郊祭。郊祭用牛，先占卜選擇牛，吉則養之。㈡亡乎人：指無賢人。暗指宣公不賢，天神不保佑。亡：通無。㈢三望：三次望祭。望：祭山川叫望。魯國的三望是祭泰山，祭東海，祭淮河。

【今譯】郊祭用的牛嘴受了傷，表示祭祀要延緩的意思。是牛自己傷的。又另占卜選擇牛，牛又死了，便不能舉行郊祭，事情有了變故。用乃字，表示沒有賢人的意思。還是舉行了三次望祭。

㈡經 葬匡王㈠。

【今註】㈠此經無傳。

【今譯】安葬周匡王。

㈢經 楚子伐陸渾戎㈠。

【今註】㈠陸渾戎：戎人的一支。此經無傳。

【今譯】楚王攻伐戎人。

㈣經 夏，楚人侵鄭㈠。

【今註】㈠此經無傳。

【今譯】夏天，楚國侵略宋國。

(五)經秋，赤狄侵齊㊀。

【今註】㊀赤狄：狄人有赤狄、白狄之分。此經無傳。

【今譯】秋季，赤狄侵犯齊國。

(六)經宋師圍曹㊀。

【今註】㊀此經無傳。

【今譯】宋軍包圍了曹國。

(七)經冬，十月，丙戌，鄭伯蘭卒㊀。

【今註】㊀蘭：鄭穆公的名。此經無傳。

【今譯】冬季，十月丙戌日，鄭穆公去世。

(八)經葬鄭穆公㊀。

【今註】㊀此經無傳。

【今譯】安葬鄭穆公。

宣公四年（公元前六百零五年）

(一)經　四年，春，王正月，公及齊侯平莒及郯，莒人不肯。公伐莒，取向。

傳　及者，內為志焉爾㊀。平㊁，成也㊂。不肯者，可以肯也。伐猶可，取向甚矣㊃。莒人辭不受治也。伐莒，義兵也。取向，非也，乘義而為利也。

【今註】㊀內為志：魯國提出的主意。內：指魯。㊁平：媾和。莒國和郯國有矛盾，宣公會齊侯調和兩國的關係。㊂成：講和。㊃向：邑名。莒國的城邑。魯宣公出面，讓莒、郯和好。莒不肯，宣公就討伐莒，並攻佔了向邑。

【今譯】用及字，表明是魯國提出的主意。平是講和的意思。不肯，正表明可以肯。討伐莒國還可以，佔領向邑就過分了。莒國不接受管轄。攻伐莒，是為正義而出兵；佔領向邑，是不對的，是乘做好事之機撈取利益。

(二)經　秦伯稻卒㊀。

【今註】㊀稻：秦共公的名。此經無傳。

【今譯】秦共公去世。

(三)經夏，六月，乙酉，鄭公子歸生弒其君夷㊀。

【今註】㊀歸生：鄭國大夫。夷：鄭靈公名叫夷。此經無傳。

【今譯】夏季，六月乙酉日，鄭國公子歸生殺了鄭靈公。

(四)經赤狄侵齊㊀。

【今註】㊀赤狄：狄人的一支。此經無傳。

【今譯】狄人侵犯齊國。

(五)經秋，公如齊㊀。

【今註】㊀此經無傳。

【今譯】宣公到齊國去。

(六)經公至自齊㊀。

【今註】㊀此經無傳。

【今譯】宣公從齊國歸來，告祭祖廟。

(七)經冬，楚子伐鄭㈠。

【今註】㈠楚子：楚莊王。此經無傳。

【今譯】冬天，楚國攻伐鄭國。

宣公五年（公元前六百零四年）

(一)經五年，春，公如齊㈠。

【今註】㈠此經無傳。

【今譯】五年，春天，宣公到齊國去。

(二)經夏，公至自齊㈠。

【今註】㈠此經無傳。

【今譯】夏天，宣公從齊返回國，告祭祖廟。

(三)經秋，九月，齊高固來迎子叔姬㈠。

【今註】㈠高固：齊國大夫。子叔姬：左傳作叔姬，文公女兒，宣公姊妹。

【今譯】齊國的高固來魯，迎娶子叔姬。

傳 諸侯之嫁子於大夫㈠，主大夫以與之㈡。來者，接內也㈢。不正其接內，故不與夫婦之稱也。

【今註】㈠子：女兒。㈡主大夫：指主婚大夫。㈢接內：到魯國來接。

【今譯】諸侯嫁女給別國大夫，應由主婚大夫去送女。來，是到魯國來接的意思。這是不對的，所以不用夫婦的稱呼。

㈣經 叔孫得臣卒㈠。

【今註】㈠叔孫得臣：魯國的卿。此經無傳。

【今譯】叔孫得臣去世。

㈤經 冬，齊高固及子叔姬來。

傳 及者，及吾子叔姬也㈠。為使來者㈡，不使得歸之意也。

【今註】㈠子叔姬：魯文公女。㈡為使來者：以使臣身分來的。和妻子一道來，就違禮了。

【今譯】用及字，是強調跟我們魯女子叔姬一道來的。以使臣身分來，(和妻子同來)就不能回去了。

(六)經 楚人伐鄭㈠。

【今註】㈠此經無傳。

【今譯】楚國攻伐鄭國。

宣公六年（公元前六百零三年）

(一)經 六年，春，晉趙盾、衞孫免侵陳。

傳 此帥師也㈠，其不言帥師何也？不正其敗前事㈡，故不與帥師也。

【今註】㈠帥師：率領軍隊。帥：通率。這句是說晉國的趙盾，和衞國的孫免大夫，是率領大軍攻打陳國。　㈡前事：指元年趙盾領兵救陳。今又攻陳，因此說敗壞了先前所做的好事。

【今譯】這次是率領軍隊攻打陳國。為什麼不說率領軍隊？趙盾敗壞了先前所做的好事，是不對的，不贊同他領兵攻陳。

(二)經 夏，四月㈠。

【今註】㈠一季無事，記下首月。此經無傳。

【今譯】夏季，四月。

(三)經 秋，八月，螽(一)。

【今註】(一)螽：蝗蟲的一種。這裏指蟲多成災。此經無傳。

【今譯】秋季，八月，蝗蟲成災。

(四)經 冬，十月(一)。

【今註】(一)此經無傳。

【今譯】冬季，十月。

宣公七年（公元前六百零二年）

(一)經 七年，春，衞侯使孫良夫來盟。

傳 來盟，前定也。不言及者(一)，以國與之。不言其人，亦以國與之。不日(二)，前定之盟不日。

【今註】(一)不言及者：不記孫良夫跟誰簽盟。(二)不日：不記日期。

【今譯】記「來盟」，表明是先前商定好的。不記孫良夫跟誰簽盟，魯國是以國家名義跟衞結盟。不記具體簽盟的人，也是以國家名義簽訂。不記日期，是因為事前商定好的都不記日期。

(二)經夏，公會齊侯伐萊㈠。

【今註】㈠萊：國名，此經無傳。

【今譯】夏天，宣公會合齊國，攻伐萊國。

(三)經秋，公至自伐萊㈠。

【今註】㈠此經無傳。

【今譯】秋天，宣公伐萊後回國，告祭祖廟。

(四)經冬，公會晉侯、宋公、衞侯、鄭伯、曹伯於黑壤㈠。

【今註】㈠黑壤：又名黃父，晉國地名。此經無傳。

【今譯】冬天，宣公和晉侯、宋公、衞侯、鄭伯、曹伯在黑壤會盟。

宣公八年（公元前六百零一年）

(一)[經]八年，春，公至自會(一)。

【今註】(一)會：指黑壤之會。此經無傳。

【今譯】八年，春，宣公從黑壤回國，告祭祖廟。

(二)[經]夏，六月，公子遂如齊，至黃乃復。

[傳]乃者，亡乎人之辭也(一)。復者，事畢也，不專公命也(二)。

【今註】(一)亡乎人：指沒有人(可派)。亡：通無。魯派公子遂(此時年事已高)去齊國，大概是因病發作，到了黃地就返回了。(二)專公命：專擅君命。指奉君命出使，辦完事而不復命。

【今譯】用乃字，表明沒有人(可派)的意思。用復字，表示辦完事回國報告，對君命不獨斷專行。

(三)[經]辛巳，有事於大廟(一)。仲遂卒於垂(二)。壬午，猶繹(三)。萬入(四)，去籥(五)。

【今註】(一)事：指祭祀。大廟：即太廟，周公廟。(二)仲遂：公子遂，排行仲，仲也是他的字。垂：地名。(三)繹：祭祀的第二天接著祭祀。(四)萬：舞名，包括文舞和武舞，文舞拿著樂器或野雞翎跳，武舞舉著干戚一類的武器跳。(五)籥：音月，竹製的管形的樂器，文舞時拿著，用聲響調節舞步。連續祭祀，已經違禮，還跳萬舞，怕人聽見，徹去籥器，更說明是明知故犯。

【今譯】辛巳日，在周公廟舉行祭祀。仲遂死在垂地。壬午日，連著舉行祭祀，跳萬舞，去掉籥器。

傳為若反命而後卒也㊀。此公子也，其曰仲何也？疏之也㊁。何為疏之也？是不卒者也㊂。不疏則無用見其不卒也㊃。則其卒之何也？以譏乎宣也。其譏乎宣何也？聞大夫之喪，則去樂卒事㊄。猶者，可以已之辭也㊅。繹者，祭之旦日之享賓也㊆。以其為之變㊇，譏之也。

【今註】㊀反命：返命：返回國復命。反：返的古字。公子遂，八月記他由齊國的黃地返回，這裏記他死在垂地，他還沒到魯國就死了。就是說他死在路上，沒能回國復命。㊁疏：遠。㊂是：這個人。指公子遂。不卒：不該記載（他的）死。㊃用：由。㊄卒事：結束祭祀。㊅已：止，停止。㊆旦日：第二天，明日。㊇變：指怕出聲響，去掉籥管。

【今譯】（經文所記）就像仲遂回國復命後才死。這人是公子，為什麼稱仲遂？是表示疏遠他。為什麼表示疏遠他？因為這個人死不該記載，不疏遠，就沒法表明不該記他的死。那為什麼還記他的死？是用以譏斥宣公。為什麼譏斥宣公？聽說大夫死，就應該徹去樂舞，結束祭祀。用猶字，表示可以停止的意思。繹，指祭祀的第二天用酒食宴享賓客。因為宣公變換方法，徹去籥器祭祀，譏斥他。

㈣經戊子，夫人熊氏薨㈠。

【今註】㈠熊氏：當為嬴氏，文公夫人。此經無傳。

【今譯】戊子日，文公夫人去世。

㈤經晉師、白狄伐秦㈠。

【今註】㈠白狄：狄人的一支。此經無傳。

【今譯】晉國和狄人攻打秦國。

㈥經楚人滅舒蓼㈠。

【今註】㈠舒蓼：國名。此經無傳。

【今譯】楚國滅掉舒蓼國。

㈦經秋，七月，甲子，日有食之㈠，既㈡。

【今註】㈠食：通蝕。㈡既：盡。此經無傳。

【今譯】秋季，七月甲子日，出現日蝕，日全蝕。

(八)經 冬，十月，己丑，葬我小君頃熊。雨，不克葬。庚寅，日中而克葬。

傳 葬既有日，不為雨止，禮也。雨不克葬㈠，喪不以制也㈡。而，緩辭也，足乎日之辭也㈢。

【今註】㈠雨不克葬：下雨了，不能安葬。克：能。這句是說安葬文公夫人頃熊（當為敬嬴）時，因有雨不能下葬。㈡不以制：不按禮制的規定。㈢足乎日：指時間充裕，從日中到日落，可以從從容容地安葬。

【今譯】安葬既然有確定的日子，就不能因為有雨而停止，這是禮。如果因雨就不下葬，喪禮就不是按禮制的規定辦了。而，表示寬緩，時間充裕的意思。

(九)經 城平陽㈠。

【今註】㈠平陽：魯國邑名。此經無傳。

【今譯】在平陽修城牆。

(十)經 楚師伐陳㈠。

【今註】㊀此經無傳。

【今譯】楚軍攻打陳國。

宣公九年（公元前六百年）

㈠經九年，春，王正月，公如齊㊀。

【今註】㊀此經無傳。

【今譯】九年，春天，周曆正月，宣公到齊國去。

㈡經公至自齊㊀。

【今註】㊀此經無傳。

【今譯】宣公從齊國返回，告祭祖廟。

㈢經夏，仲孫蔑如京師㊀。

【今註】㊀仲孫蔑：魯國大夫。此經無傳。

【今譯】仲孫蔑到京城去。

㈣經齊侯伐萊㈠。

【今註】㈠萊：國名。此經無傳。

【今譯】齊侯攻伐萊國。

㈤經秋，取根牟㈠。

【今註】㈠根牟：國名。此經無傳。

【今譯】秋天，魯國佔領了根牟。

㈥經八月，滕子卒㈠。

【今註】㈠滕子：滕昭公。此經無傳。

【今譯】八月，滕昭公去世。

㈦經九月，晉侯、宋公、衞侯、鄭伯、曹伯會於扈㈠。

【今註】㈠扈：鄭國地名。此經無傳。

【今譯】九月，晉侯、宋公、衞侯、鄭伯、曹伯在扈地會盟。

(八)經 晉荀林父帥師伐陳㈠。

【今註】㈠荀林父：晉國大夫。帥：通率。此經無傳。

【今譯】晉國由荀林父率兵攻伐陳國。

(九)經 辛酉，晉侯黑臀卒於扈。

傳 其地㈠，於外也。其日㈡，未踰竟也㈢。

【今註】㈠地：指扈地。諸侯應死在正寢，而晉成公（名叫黑臀）死在扈地。㈡日：記下日期。㈢竟：境的古字。穀梁氏認為扈是晉地。

【今譯】記載地點，因為他死在外地。記載日期，因為沒越過國境。

(十)經 冬，十月，癸酉，衞侯鄭卒㈠。

【今註】㈠鄭：衞成公的名。此經無傳。

【今譯】冬，十月癸酉日，衞成公去世。

(十一)經 宋人圍滕㈠。

【今註】㊀此經無傳。

【今譯】宋國包圍滕國。

(十二)經楚子伐鄭㊀。

【今註】㊀楚子：楚莊王。此經無傳。

【今譯】楚國攻伐鄭國。

(十三)經晉郤缺帥師救鄭㊀。

【今註】㊀郤缺：晉國大夫。帥：通率。此經無傳。

【今譯】晉國由郤缺領兵援救鄭國。

(十四)經陳殺其大夫泄治。

傳稱國以殺其大夫，殺無罪也。泄治之無罪如何㊀？陳靈公通於夏徵舒之家㊁。公孫寧㊂、儀行父亦通其家㊃。或衣其衣㊄，或衷其襦㊅，以相戲於朝。泄治聞之，入諫曰：「使國人聞之則猶可㊆，使仁人聞之則不可」。君愧於泄治，不能用其言而殺之。

【今註】㊀泄冶：陳國大夫。㊁夏徵舒：陳國大夫。家：這裏指家人，徵舒母夏姬淫蕩，與君私通。㊂公孫寧：陳國的卿。㊃儀行父：陳國的卿。㊄或：有的。㊅衷：穿在裏邊的內衣。衵：短衣。㊆國：國都。這裏指宮內。

【今譯】舉出國名說殺某某大夫，殺的是無罪的人。泄冶怎麼沒罪？陳靈公和夏徵舒的母親私通，公孫寧、儀行父也與夏姬私通。有時穿夏姬的衣服，有時還把夏姬的短衣貼身穿，在朝廷上互相取笑。泄冶聽到後，勸諫靈公說：「讓宮內人聽說還行，讓仁人聽到就不行了」。靈公對泄冶表示慚愧，但不聽勸諫，還殺了泄冶。

宣公十年（公元前五百九十九年）

㈠經十年，春，公如齊㊀。

【今註】㊀此經無傳。

【今譯】十年，春天，宣公到齊國去。

㈡經公至自齊㊀。

【今註】㊀此經無傳。

【今譯】宣公從齊回國，告祭祖廟。

(三)經齊人歸我濟西田。

傳公娶齊，齊由以為兄弟反之㊀。不言來，公如齊受之也。

【今註】㊀反之：指把濟西田返給魯國。宣公元年把濟水以西的土地給了齊國。

【今譯】宣公娶齊女為夫人，齊國由此把魯視為兄弟，把土地返回給魯國。不說來歸，是宣公到齊國接受過來的。

(四)經夏，四月，丙辰，日有食之㊀。

【今註】㊀食：通蝕。此經無傳。

【今譯】夏天，四月丙辰日，出現日蝕。

(五)經己巳，齊侯元卒㊀。

【今註】㊀元：齊惠公的名。此經無傳。

【今譯】己巳日，齊惠公去世。

(六)經齊崔氏出奔衛。

傳氏者，舉族而出之之辭也㊀。

【今註】㈠舉：全。

【今譯】用氏字，表示全家族出逃。

㈦經公如齊㈠。

【今註】㈠此經無傳。

【今譯】宣公到齊國去。

㈧經公至自齊㈠。

【今註】㈠此經無傳。

【今譯】宣公由齊國返回，告祭祖廟。

㈨經癸巳，陳夏徵舒弒其君平果㈠。

【今註】㈠夏徵舒：陳國大夫。平國：陳靈公的名。此經無傳。

【今譯】癸巳日，陳國的夏徵舒殺了自己的國君。

㈩經六月，宋師伐滕㈠。

【今註】㈠此經無傳。

【今譯】六月，宋國攻打滕國。

(十一)經 公孫歸父如齊㊀，葬齊惠公。

【今註】㊀公孫歸父：魯卿，公子遂的兒子。此經無傳。

【今譯】公孫歸父到齊國去，參加齊惠公的葬禮。

(十二)經 晉人、宋人、衞人、曹人伐鄭㊀。

【今註】㊀此經無傳。

【今譯】晉國、宋國、衞國和曹國攻打鄭國。

(十三)經 秋，天王使王季子來聘。

傳 其曰王季㊀，王子也。其曰子，尊之也。聘，問也。

【今註】㊀王季：周定王的小兒子。公羊傳認為是匡王子，定王弟。

【今譯】稱王季，表明是天子的兒子。稱子，是尊稱。聘是訪問的意思。

(十四)經 公孫歸父帥師伐邾取繹㊀。

【今註】㈠公孫歸父：魯卿。繹：邾國城邑。此經無傳。
【今譯】公孫歸父領兵攻打邾國，佔領了繹城。

(十五)經大水㈠。
【今註】㈠此經無傳。
【今譯】發大水。

(十六)經季孫行父如齊㈠。
【今註】㈠季孫行父：魯卿。此經無傳。
【今譯】季孫行父到齊國去。

(十七)經冬，公孫歸父如齊㈠。
【今註】㈠此經無傳。
【今譯】公孫歸父到齊國去。

(十八)經齊侯使國佐來聘㈠。
【今註】㈠國佐：齊卿。國是氏名。此經無傳。

【今譯】齊侯派國佐來魯國訪問。

(十九)經饑㈠。

【今註】㈠因水災鬧饑荒。此經無傳。

【今譯】鬧饑荒。

(二十)經楚子伐鄭㈠。

【今註】㈠此經無傳。

【今譯】楚國攻伐鄭國。

宣公十一年(公元前五百九十八年)

(一)經十有一年，春，王正月㈠。

【今註】㈠此經無傳。

【今譯】十一年，春天，周曆正月。

(二)經夏，楚子、陳侯、鄭伯盟於夷陵㈠。

【今註】㊀夷陵：陳國地名。此經無傳。

【今譯】夏天，楚子、陳侯和鄭伯在夷陵結盟。

㈢經 公孫歸父會齊人伐莒㊀。

【今註】㊀此經無傳。

【今譯】公孫歸父會合齊軍攻伐莒國。

㈣經 秋，晉侯會狄於欑函。

傳 不言及㊀，外狄。

【今註】㊀不言及：指不記「晉侯及狄」。

【今譯】不用及字，是把狄看成諸侯以外的國家。

㈤經 冬，十月，楚人殺陳夏徵舒。

傳 此入而殺也。其不言入何也？外徵舒於陳也㊀。其外徵舒於陳何也？明楚之討有罪也㊁。

【今註】㊀徵舒：即夏徵舒，陳國大夫。㊁有罪：指夏徵舒於上一年五月殺了陳靈公。

【今譯】這是進入陳國殺的，為什麼不說進入陳國呢？是把徵舒視為陳國以外的人。為什麼這樣？為了表明楚國討伐的是有罪的人。

㈥經丁亥，楚子入陳。

傳入者，內弗受也。日入㈠，惡入者也。何用弗受也㈡？不使夷狄為中國人㈢。

【今註】㈠日入：記載攻入陳國的日期。㈡用：由。㈢夷狄：指楚國。中國：中原諸侯。

【今譯】用入，表示陳國不讓進入。記下攻入陳國的日期，是對攻入者表示憎恨。為什麼陳國不接受楚國的做法？不讓夷狄支配中原的諸侯。

㈦經納公孫寧，儀行父於陳。

傳納者㈠，內弗受也。輔人之不能民而討猶可，入人之國，制人之上下，使不得其君臣之道㈡，不可。

【今註】㈠納：使……入。這裏是指楚莊王讓公孫寧和儀行父回陳國。㈡不得其君臣之道：指陳國大夫公孫寧和儀行父和陳靈公一起私通夏姬，淫而亂國。靈公被弒，二大夫逃楚，楚又護送回陳，是亂君臣之道。

【今譯】用納字，表示陳國不接受。幫助不能治理百姓的人進行討伐還可以，進入別人的國家，約制人家的君臣，亂了君臣道，就不可以了。

宣公十二年（公元前五百九十七年）

(一)經十有二年，春，葬陳靈公㈠。

【今註】㈠此經無傳。

【今譯】十二年，春天，安葬陳靈公。

(二)經楚子圍鄭㈠。

【今註】㈠此經無傳。

【今譯】楚國包圍鄭國。

(三)經夏，六月，乙卯，晉荀林父帥師及楚子戰於邲，晉師敗績。

傳績，功也。功，事也。日其事，敗也㈠。

【今註】㈠敗：指晉楚邲之戰，晉國大敗。

【今譯】績是功的意思。功是事的意思。記載那件事，晉國失敗了。

(四)經 秋，七月㊀。

【今註】㊀一季無事，記下首月。此經無傳。

【今譯】秋季，七月。

(五)經 冬，十有二月，戊寅，楚子滅蕭㊀。

【今註】㊀蕭：國名。此經無傳。

【今譯】冬天，十二月戊寅日，楚國滅掉蕭國。

(六)經 晉人、宋人、衛人、曹人同盟於清丘㊀。

【今註】㊀清丘：地名，在今河南濮陽縣東南。此經無傳。

【今譯】晉國、宋國、衛國和曹國在清丘結盟。

(七)經 宋師伐陳，衛人救陳㊀。

【今註】㊀此經無傳。

【今譯】宋國攻打陳國，衞國援救陳國。

宣公十三年（公元前五百九十六年）

(一)經 十有三年，春，齊師伐莒㊀。

【今註】㊀此經無傳。

【今譯】十三年，春天，齊國攻伐莒國。

(二)經 夏，楚子伐宋㊀。

【今註】㊀此經無傳。

【今譯】夏季，楚國攻伐宋國。

(三)經 秋，螽㊀。

【今註】㊀螽：蝗蟲。這裏指蟲多成災。此經無傳。

【今譯】秋天，蝗蟲成災。

(四)經冬，晉殺其大夫先縠(一)。

【今註】(一)此經無傳。

【今譯】冬天，晉國殺了它的大夫先縠。

宣公十四年（公元前五百九十五年）

(一)經十有四年，春，衛殺其大夫孔達(一)。

【今註】(一)此經無傳。

【今譯】十四年，春天，衛國殺了它的大夫孔達。

(二)經夏，五月，壬申，曹伯壽卒(一)。

【今註】(一)壽：曹文公的名。此經無傳。

【今譯】夏天，五月壬申日，曹文公去世。

(三)經晉侯伐鄭(一)。

【今註】(一)此經無傳。

【今譯】晉國攻伐鄭國。

(四)經秋，九月，楚子圍宋㈠。

【今註】㈠此經無傳。

【今譯】秋季，九月，楚國圍攻宋國。

(五)經葬曹文公㈠。

【今註】㈠此經無傳。

【今譯】安葬曹文公。

(六)經冬，公孫歸父會齊侯於穀㈠。

【今註】㈠穀：齊國邑名。此經無傳。

【今譯】冬天，公孫歸父在穀地會見齊侯。

宣公十五年（公元前五百九十四年）

(一)經十有五年，春，公孫歸父會楚子於宋㈠。

【今註】㊀此經無傳。

【今譯】十五年，春天，公孫歸父在宋國會見楚王。

㈡經夏、五月，宋人及楚人平。

傳平者㊀，成也。善其量力而反義也㊁。人者，眾辭也。平稱眾，上下欲之也。外平不道㊂，以吾人之存焉道之也㊃。

【今註】㊀平：講和。下文的兩個「平」和「成」都是此義。㊁反義：歸於仁義（指不再動兵打仗）。反：返的古字。㊂道：說。這裏指記載。㊃吾人：指魯卿公孫歸父。楚宋和好是公孫歸父幫助促成的。

【今譯】平是講和的意思。認為兩國估計自己的力量，歸於仁義和好是好事。稱楚人宋人，表示眾多的意思，是說兩國上上下下都想和好。外國之間講和，不必記載，這次記載是由於宋楚和好是魯人幫助的結果。

㈢經六月，癸卯，晉師滅赤狄潞氏，以潞子嬰兒歸。

傳滅國有三術㊀，中國謹日㊁，卑國月，夷狄不日。其日，潞子嬰兒賢也㊂。

【今註】㊀三術：三種記載規則。㊁中國：指中原諸侯國被滅。㊂潞子：潞國國君。嬰兒：

人名。

【今譯】滅掉國家有三種記載規則。中原諸侯國被滅記日期，小國被滅記月份，夷狄被滅不記日期。這次記日，是因為潞子賢德。

(四)經 秦人伐晉㊀。

【今註】㊀此經無傳。

【今譯】秦國攻伐晉國。

(五)經 王札子殺召伯、毛伯。

傳 王札子者㊀，當上之辭也。殺召伯、毛伯，不言其何也㊁？兩下相殺也㊂。兩下相殺，不志乎春秋㊃，此其志何也？矯王命以殺之㊄，非忿怒相殺也。故曰，以王命殺也。以王命殺則何志焉？為天下主者，天也。繼天者㊅，君也。君之所存者，命也。為人臣而侵其君之命而用之，是不臣也㊆。為人君而失君命，是不君也。君不君，臣不臣，此天下所以傾也。

【今註】㊀王札子：即公子札，周定王的卿。㊁不言其：指召伯、毛伯之前不用「其」字。㊂

兩下：指兩方面都是下臣。召伯和毛伯也是周王的卿。㈣志：記。春秋：指春秋經。㈤矯：假託。王札子假稱王命殺了召伯和毛伯。㈥繼：接。㈦是：這。不臣：不行臣道，即不像臣樣兒。

【今譯】記王札子，是在上位的意思。他殺了召伯、毛伯，為什麼不說「其召伯、毛伯」？雙方都是下臣。下臣殺下臣，春秋經不予記載，這次為什麼記？是王札子假託王命殺的，不是互相生氣殺的。所以說是用天子的命令殺的。主管天下的是天，接著天往下排是君。君王的權柄在於命令。做人臣的干犯君命就不是(好)臣。君王丟了命令，就不像個君王了。君不像君，臣不像臣，這就是天下傾覆的原因。

㈥經秋，螽㈠。

【今註】㈠此經無傳。

【今譯】秋天，鬧蟲災。

㈦經仲孫蔑會齊高固於無婁㈠。

【今註】㈠仲孫蔑：魯國大夫。高固：齊國的卿。無婁：杞國邑名。此經無傳。

【今譯】仲孫蔑在無婁會見齊國的高固。

(八)經 初稅畝。

傳 初者，始也。古者什一㈠，藉而不稅㈡。初稅畝㈢，非正也。古者三百步為里㈣，名曰井田㈤。井田者，九百畝，公田居一。私田稼不善則非吏㈥，公田稼不善則非民。初稅畝者，非公之去公田，而履畝十取一也㈦。以公之與民為已悉矣㈧。古者公田為居，井灶蔥韭盡取焉。

【今註】㈠什一：十分抽一的稅率。㈡藉而不稅：借民力耕種公田，不收稅。㈢初稅畝：徵收田賦的開始。㈣三百步：指縱橫各三百步，面積九百畝。㈤井田：指井田制，殷周時代的一種土地制度。九百畝分成井字形，每塊一百畝，中間一塊為公田，其餘八塊為私田，分給八家耕種。他們先耕公田，然後耕自己的私田。㈥非：責備。吏：田官，管農事的官。㈦履：實行。㈧悉：全，全力。

【今譯】初是始的意思。古時抽十分之一的稅率，借民力耕種公家的田，不收私家的稅。開始徵收田稅，是不對的。古時縱橫各三百步為一方里，分成井字形叫井田。井田，共九百畝，公家田一百畝居中。私田的莊稼長不好，責備農官，公田莊稼長不好，就責備百姓。如果開始收田賦，百姓除了耕種公田，還要實行十抽一的稅率，這就是公家要百姓盡全力了。古時百姓居住在公田周圍，水井、火灶、蔥、韮菜之類全都可以就地取用。

(九)經冬，蝝生。

傳蝝非災㊀。其曰蝝，非稅畝之災也㊁。

【今註】㊀蝝：飛蝗的幼蟲。㊁非：責備。本來是蝗蟲成災，穀梁氏卻認為是初稅畝造成災害。

【今譯】蝝蟲不是災害。記蝝蟲，是責難初稅畝造成災害。

(十)經饑㊀。

【今註】㊀此經無傳。

【今譯】鬧饑荒。

宣公十六年（公元前五百九十三年）

(一)經十有六年，春，王正月，晉人滅赤狄甲氏及留吁㊀。

【今註】㊀赤狄：狄人的分支，而甲氏和留吁又是赤狄的兩個分支。此經無傳。

【今譯】十六年，春天，周曆正月，晉國滅掉了赤狄的甲氏和留吁兩個分支。

(二)經夏，成周宣榭災。

傳周災㈠，不志也㈡。其曰宣榭何也㈢？以樂器之所藏㈣，目之也。

【今註】㈠周：即經文中的成周。范寧說成周是東周的洛陽，西周時還不是京師，所以稱成周。災：火災。㈡志：記。㈢宣榭：周宣王的榭。榭：類似於現在的亭子。㈣穀梁氏以為榭是放樂器的地方。國語楚語篇記載，榭是講武習射的地方，較為合理。

【今譯】成周著火，不該記載。宣榭是幹什麼的？是儲藏樂器的地方，看到它著火了。

㈢經秋，郯伯姬來歸㈠。

【今註】㈠伯姬：魯女，嫁給郯國國君。此經無傳。

【今譯】秋天，郯伯姬回魯國。

㈣經冬，大有年。

傳五穀大熟為大有年㈠。

【今註】㈠有年：豐收年。

【今譯】五穀豐收叫大有年。

宣公十七年(公元前五百九十二年)

(一)經 十有七年，春，王正月，庚子，許男賜我卒(一)。

【今註】(一)賜我：許昭公名叫賜我，男爵。此經無傳。

【今譯】十七年，春天，周曆正月，庚子日，許昭公去世。

(二)經 丁未，蔡侯申卒(一)。

【今註】(一)申：蔡文公的名。此經無傳。

【今譯】丁未日，蔡文公去世。

(三)經 夏，葬許昭公(一)。

【今註】(一)此經無傳。

【今譯】夏天，安葬許昭公。

(四)經 葬蔡文公(一)。

【今註】(一)此經無傳。

【今譯】安葬蔡文公。

(五)經六月，癸卯，日有食之㊀。

【今註】㊀食：通蝕。此經無傳。

【今譯】六月，癸卯日，出現日蝕。

(六)經己未，公會晉侯、衞侯、曹伯、邾子，同盟於斷道。

傳同者，有同也，同外楚也㊀。

【今註】㊀同外楚：共同對付楚國。

【今譯】同，表明有共同之處，共同對付楚國。

(七)經秋，公至自會㊀。

【今註】㊀此經無傳。

【今譯】秋天，宣公從會盟地回國，告祭祖廟。

(八)經冬，十有一月，壬午，公弟叔肸卒。

傳其曰公弟叔肸㊀，賢之也。其賢之何也？宣弒而非之也㊁。非之則胡為不去也㊂？

曰：「兄弟也，何去而之㈣？」與之財，則曰：「我足矣」。織屨而食㈤，終身不食宣公之食。君子以是為通恩也，以取貴乎春秋㈥。

【今註】㈠叔肹：宣公的同母弟。㈡宣弒而非之：宣公殺太子赤自立為君（赤實際是公子遂殺的），叔肹反對這樣做。㈢胡：何。去：離開。㈣之：到……去。㈤屨：音距，鞋。㈥貴：重。

【今譯】稱公弟叔肹，是認為他賢德。為什麼認為他賢德？宣公殺太子自立，他反對。反對，為什麼不離開宣公？說：「是親兄弟，怎能離開到別處去？」給他錢，就說：「我夠了」。靠打草鞋為生，一直不吃宣公的食物。君子認為他通曉恩義。因此得到春秋經的重視。

宣公十八年（公元前五百九十一年）

㈠經十有八年，春，晉侯、衛世子臧伐齊㈠。

【今註】㈠臧：人名，衛穆公的太子。此經無傳。

【今譯】十八年，春，晉侯和衛國太子領兵攻齊。

㈡經公伐杞㈠。

【今註】㊀此經無傳。

【今譯】宣公攻伐杞國。

(三)經 夏，四月㊀。

【今註】㊀此經無傳。

【今譯】夏季，四月。

(四)經 秋，七月，邾人戕繒子於繒。

傳 戕猶殘也㊀，捝殺也㊁。

【今註】㊀戕：音槍。殘害。㊁捝：音脫，木棒。邾人用木棒打死繒國國君。

【今譯】戕就是殘害的意思，用木棒打死人。

(五)經 甲戌，楚子呂卒。

傳 夷狄不卒㊀，卒，少進也。卒而不日㊁，日，少進也。日而不言正㊂，不正，簡之也。

【今註】㊀不卒：死了不記載。㊁不日：不記日期。㊂正：通政。指政績。下句同此。

【今譯】夷狄國君死，春秋經不記載。記了，表明地位稍微進升了。記死不記日期，（這次）記了日期，表明又稍稍進升了。記日期不記政績，不記政績，簡而不論。

(六)經 公孫歸父如晉㈠。

【今註】㈠此經無傳。

【今譯】公孫歸父到晉國去。

(七)經 冬，十月，壬戌，公薨於路寢。

傳 正寢也㈠。

【今註】㈠正寢：也叫路寢，諸侯齋戒、祭祀和有病時住在正寢。

【今譯】宣公死在正寢。

(八)經 歸父還自晉，至檉，遂奔齊。

傳 還者，事未畢也，自晉事畢也。與人之子㈠，守其父之殯㈡。捐殯而奔其父之使者㈢。是以奔父也。遂，繼事也㈣。

【今註】㊀人之子：指宣公的兒子，即太子。㊁父之殯：指宣公的靈柩。㊂捐殯：指太子（即成公）不守父的靈柩。捐：棄。奔其父之使者：追逐父親（宣公）的使臣。使者：即公孫歸父。歸父的父親公子遂是殺文公太子的兇手，所以這時全家被成公所逐。㊃繼：承、接。

【今譯】用還字，表示事情沒辦完，在晉國的事辦完了。（公孫歸父本應回國）跟太子一起，為宣公守喪。（太子）不守喪，追逐公孫歸父。這個人是因為父親（的罪）而逃。遂，表示緊接著另一件事。

卷八　成公

成公元年（公元前五百九十年）

㈠經元年，春，王正月，公即位㊀。

【今註】㊀此經無傳。

【今譯】元年，春天，周曆正月，成公即位。

㈡經二月，辛酉，葬我君宣公㊀。

【今註】㊀此經無傳。

【今譯】二月辛酉日，安葬魯君宣公。

㈢經無冰。

傳終時無冰則志㊀。此未終時而言無冰何也？終無冰矣，加之寒之辭也。

【今註】㊀終時：指冬季過完了。古代有藏冰的習慣和禮儀，周曆二月，即夏曆的十二月是取冰因為最寒冷的時候都沒冰。

【今譯】冬季結束，沒有冰才予以記載。這次冬季還沒過完，怎麼就說沒冰呢？冬季沒有冰了，的季節。

(四)經 三月，作丘甲。

傳 作，為也㈠，丘為甲也㈡。丘甲，國之事也。丘作甲非正也。丘作甲之為非正何也？古者，立國家㈢，百官具，農工皆有職以事上。古者，有四民，有士民㈣，有商民，有農民、有工民。夫甲，非人人之所能為也。丘作甲非正也。

【今註】㈠為：製做。㈡丘為甲：讓各丘的百姓做鎧甲。丘：古代田地的區劃。據周禮載「四井為一邑，四邑為丘，四丘為甸」。作丘甲是一種制度，規定每一丘出一定數量的軍賦，供做鎧甲以備軍用。穀梁氏認為是讓各丘百姓做鎧甲，恐誤矣。㈢國：諸侯的封地。家：大夫的封地。㈣士：指讀書人。

【今譯】作是製做的意思，讓丘裏的百姓做鎧甲。做鎧甲是國家的事，讓丘裏百姓做鎧甲是不對的。為什麼不對？古時候，立國封家，各種職官都具備，農夫工匠都各有自己的職責，共同事奉君王。古時有四種百姓。有讀書人，有商人，有農夫，有工匠。那鎧甲，不是人人都能做的。讓丘裏百姓做鎧甲是不對的。

(五)經夏，臧孫許及晉侯盟於赤棘㊀。

【今註】㊀臧孫許：魯卿。赤棘：地名，不詳。此經無傳。

【今譯】夏天，臧孫許和晉侯在赤棘結盟。

(六)經秋，王師敗績於貿戎。

傳不言戰，莫之敢敵也㊀。為尊者諱敵不諱敗。為親者諱敗不諱敵㊁，尊尊親親之義也。然則孰敗之㊂？晉也。

【今註】㊀莫之敢敵：沒有誰敢和王師為敵，換言之，王者無敵。㊁親者：指魯國。㊂敗之：打敗了王師。

【今譯】不記作戰，是表示沒有誰敢與天子的軍隊為敵。對地位高的忌諱說有敵手，不忌諱說失敗。對親者忌諱說失敗，不忌諱說有敵手。這就是敬尊者愛親者的義例。如此，那麼誰打敗了王師？是晉國。

(七)經冬，十月㊀。

【今註】㊀此經無傳。

【今譯】冬季，十月。

(八)傳季孫行父禿㈠，晉郤克眇㈡，衞孫良夫跛㈢，曹公子手僂㈣，同時聘於齊。齊侯使禿者御禿者㈤，使眇者御眇者，使跛者御跛者，使僂者御僂者。蕭同姪子處臺上而笑之㈥。聞於客，客不說而去㈦，相與立胥閭而語㈧，移日不解㈨。齊人有知之者曰：「齊之患，必自此始矣」。

【今註】㈠此傳無經。季孫行父：魯卿。㈡郤克：晉卿。左傳所記與之有出入，記郤克跛。眇：一隻眼。㈢孫良夫：衞國大夫。㈣手：人名。曹國公子名手。僂：駝背。㈤齊侯：齊頃公。御：音迓。迎接。㈥蕭同姪子：齊頃公姊。一說為頃公母。㈦說：悅的古字。去：離開。㈧胥閭：城門名。㈨移日：日影移動，指時間很長。

【今譯】季孫行父禿頭，晉國的郤克一隻眼，衞國的孫良夫腿跛，曹公子駝背。他們同時到齊國訪問。齊侯讓禿子迎接季孫行父，讓一隻眼的迎接郤克，讓跛子迎接孫良夫，讓駝背人迎接曹公子。蕭同姪子在高臺上笑他們。客人聽到了，很不高興地離開了，一起站在城門外談，長時間沒散。有個齊個人知道了這件事，說：「齊國的禍患，肯定從此開始了」。

成公二年（公元前五百八十九年）

㈠經二年，春，齊侯伐我北鄙㈠。

【今註】㈠鄙：邊邑。此經無傳。

【今譯】二年，春天，齊侯攻伐魯國北部邊邑。

㈡經夏，四月，丙戌，衞孫良夫帥師及齊師戰於新築㈠。衞師敗績㈡。

【今註】㈠新築：衞國地名。帥：通率。㈡敗績：大敗。此經無傳。

【今譯】夏天，四月丙戌日，衞國的孫良夫領兵在新築跟齊軍作戰。衞軍大敗。

㈢經六月，癸酉，季孫行父、臧孫許、叔孫僑如、公孫嬰齊帥師會晉郤克、衞孫良夫、曹公子手及齊侯戰於鞌，齊師敗績。

傳其日，或曰日其戰也㈠，或曰日其悉也㈡。曹無大夫。其曰公子何也？以吾之四大夫在焉，舉其貴者也。

【今註】㈠或：有的。㈡悉：全。指魯國的四個卿大夫全參戰了。季孫行父和叔僑如是卿，另兩個是大夫。

【今譯】記載日期，有的說是為作戰記日期，有的說是為魯國的四個卿大夫全參戰而記日期。曹國沒有天子命封的大夫。為什麼稱公子？因為魯國的四大夫在軍中，所以要稱高貴之稱。

㈣經秋，七月，齊侯使國佐如師。乙酉，及國佐盟於爰婁。

傳鞌㈠，去國五百里㈡。爰婁㈢，去國五十里。一戰綿地五百里，焚雍門之茨㈣，侵車東至海。君子聞之曰：「夫甚」。甚之辭焉，齊有以取之也。齊之有以取之何也？敗衞師於新築㈤，侵我北鄙㈥，敖郤獻子㈦，齊有以取之也。爰婁在師之外。郤克曰：「反魯衞之侵地㈧，以紀侯之甗來㈨，以蕭同姪子之母為質㈩，使耕者皆東其畝⑪，然後與子盟」。國佐曰⑫：「反魯衞之侵地，以紀侯之甗來，則諾。以蕭同姪子之母為質，則是齊侯之母也。齊侯之母，猶晉君之母也，晉君之母猶齊侯之母也。使耕者盡東其畝，則是終土齊也⑬，不可。請一戰，一戰不克⑭，請再⑮，再不克，請三；三不克，請四；四不克，請五；五不克，舉國而授⑯。」於是而與之盟。

【今註】㈠鞌：齊國地名，在今山東濟南東北。㈡去：離開。國：國都。㈢爰婁：齊國地名。鞌地一戰，齊軍大敗，對方一直追到離國都僅五十里的爰婁城。㈣雍門：城門名。茨：蓋，指門頂。㈤新築：衛國地名。四月新築一戰，衛被齊打敗。㈥鄙：邊邑。㈦敖郤獻子：對郤獻子無禮。指郤獻子訪問時，齊國笑他一隻眼。郤獻子：即郤克，謚號「獻」，晉卿。敖：通傲。傲視。㈧反：返的古字。㈨甗：玉製的寶物。齊滅紀國時得到紀侯的甗。㈩蕭同姪子：齊侯姐姐。⑪東其畝：讓田地的壠溝東西走向。這樣便於晉國的兵車向東行進，侵略齊國。⑫國佐：齊國的卿。⑬士齊：把齊國當士看待。士：最下等的臣。⑭克：勝。⑮再：兩次。⑯舉國：全國，整個齊國。

【今譯】鞌，離國都五百里。爰婁，離國都五十里。一次作戰晉軍綿延佔地五百里，燒了城門頂蓋，兵車向東一直排到海邊。君子聽說後，認為晉軍過分了。齊國也有招禍的原因。什麼原因？在新築打敗衛國軍隊，侵略魯國北鄙邊邑，對郤克無禮，所以說齊國有招禍的原因。爰婁就在軍隊前面。郤克說：「齊國要返回侵佔魯衛二國的土地，把紀侯的甗獻來，讓蕭同姪子的母親做人質，讓田地的壠溝東西走向，然後才能跟你結盟」。國佐說：「返回魯衛被侵佔的土地，獻出紀侯的甗，答應。讓蕭同姪子的母親當人質，這是齊侯的母親呵！齊侯的母親就如同晉君的母親；晉君的母親就如同齊侯的母親呵。讓田畝的壠溝東西向走，這就等於始終把齊國當下臣看待，這不行。我們請求再決一戰。一戰不勝，決兩戰；兩戰不勝，決三戰；三戰不勝，決四戰；四戰不勝，決五戰。五戰不勝，整個齊國都給晉。」於是晉國跟他簽了盟。

(五)經 八月，壬午，宋公鮑卒㈠。

【今註】㈠鮑：宋文公名鮑。此經無傳。

【今譯】八月，壬午日，宋文公去世。

(六)經 庚寅，衞侯速卒㈠。

【今註】㈠速：衞穆公的名。此經無傳。

【今譯】庚寅日，衞穆公去世。

(七)經 取汶陽田㈠。

【今註】㈠汶陽：魯地名。按爰婁之盟，齊國歸還侵地。此經無傳。

【今譯】魯取回汶陽的土地。

(八)經 冬，楚師、鄭師侵衞㈠。

【今註】㈠此經無傳。

【今譯】冬季，楚軍和鄭國軍隊一起侵略衞國。

(九)經十有一月，公會楚公子嬰齊於蜀。

傳楚無大夫㈠，其曰公子何也？嬰齊亢也㈡。

【今註】㈠楚無大夫：指楚國沒有天子命封的大夫。㈡嬰齊：楚國的令尹，官位與卿同等。亢：通抗，匹敵，相當。

【今譯】楚國沒有天子命封的大夫。為什麼稱公子？因為嬰齊和魯公處於相當的地位。

(十)經丙申，公及楚人、秦人、宋人、陳人、衛人、鄭人、齊人、曹人、邾人、薛人、繒人盟於蜀。

傳楚其稱人何也？於是而後公得其所也㈠。會與盟同月，則地會㈡，不地盟。不同月，則地會地盟。此其地會地盟何也？以公得其所，申其事也㈢。今之屈㈣，向之驕也㈤。

【今註】㈠公得其所：指魯公得到了地位。對另十一個國都稱人，祇有魯稱公，才顯出成公地位高。㈡地會：記開會的地點。下文同此。㈢申：明。㈣今之屈：指楚公子嬰齊，這次稱他楚人是委屈了他。㈤向之驕：指楚嬰齊十一月會魯公時稱公子，與諸侯匹敵，是為驕亢。

向：先前。

【今譯】對楚國為什麼稱人？這樣之後魯公才顯出地位。開會和結盟如果在同一個月，就記載開會的地點，不必記結盟的地點。如果不在同一個月，就開會結盟都記地點。這次為什麼開會記地點，結盟也記地點？因為魯公得到了地位，要申明這件事。楚國這次委屈了，先前驕亢了。

成公三年（公元前五百八十八年）

㈠經三年，春，王正月，公會晉侯、宋公、衞侯、曹伯伐鄭㈠。

【今註】㈠此經無傳。

【今譯】三年，春天，成公會合晉侯、宋公、衞侯和曹伯攻伐鄭國。

㈡經辛亥，葬衞穆公㈠。

【今註】㈠此經無傳。

【今譯】辛亥日，安葬衞穆公。

㈢經二月，公至自伐鄭㈠。

【今註】㈠此經無傳。

【今譯】二月，成公伐鄭歸來，告祭祖廟。

(四)經甲子，新宮災，三日哭。

傳新宮者，禰宮也㈠。三日哭，哀也。其哀，禮也。迫近不敢稱謚㈡，恭也。其辭恭且哀，以成公為無譏矣。

【今註】㈠禰宮：父廟。宣公去世剛三年，神主才放進廟，所以又稱新宮。㈡稱謚：稱宣公廟，宣是謚號。

【今譯】新宮就是父廟。（父廟著火）成公哭了三天，哀痛呵。哀痛是合於禮的。父親是最親近的先輩，不敢稱宣公廟，這是恭敬。做到了又恭敬又哀痛，對成公沒有可譏斥的了。

(五)經乙亥，葬宋文公㈠。

【今註】㈠此經無傳。

【今譯】乙亥日，安葬宋文公。

(六)經夏，公如晉㈠。

【今註】㈠此經無傳。

【今譯】夏天，成公到晉國去。

(七)經 鄭公子去疾帥師伐許㊀。

【今註】㊀去疾：人名，鄭文公兒子。帥：通率。此經無傳。

【今譯】鄭國公子去疾領兵攻伐許國。

(八)經 公至自晉㊀。

【今註】㊀此經無傳。

【今譯】成公從晉國回來，告祭祖廟。

(九)經 秋，叔孫僑如帥師圍棘㊀。

【今註】㊀叔孫僑如：魯卿。帥：通率。棘：魯地名。棘人不服管轄，故施以武力。此經無傳。

【今譯】秋天，叔孫僑如領兵包圍棘地。

(十)經 大雩㊀。

【今註】㊀雩：祭名。求天降雨的祭祀。此經無傳。

【今譯】舉行大規模的求雨祭祀。

(十一)經 晉郤克、衛孫良夫伐廧咎如㊀。

【今註】㊀孫良夫：衛國大夫。廧咎如：赤狄的一支。此經無傳。

【今譯】晉國的郤克和衛國的孫良夫攻伐廧咎如。

(十二)經 冬，十有一月，晉侯使荀庚來聘㊀。

【今註】㊀荀庚：晉國大夫。此經無傳。

【今譯】冬季，十一月，晉侯派荀庚來魯訪問。

(十三)經 衛侯使孫良夫來聘㊀。

【今註】㊀此經無傳。

【今譯】衛侯派孫良夫來魯訪問。

(十四)經 丙午，及荀庚盟㊀。

【今註】㊀此經無傳。

【今譯】丙午日，魯公和荀庚簽盟。

㈤經丁未，及孫良夫盟。

傳其日，公也。來聘而求盟。不言及之者，以國與之也。不言其人㈠，亦以國與之也。不言求，兩欲之也㈡。

【今註】㈠其人：魯國簽盟的人，指成公。㈡兩：雙方面。

【今譯】記具體日期，因為魯公參加了。晉衞來訪問，是為了求得結盟。不記誰跟孫良夫結盟，因為是以國的名義結盟。不記簽盟的人，也是以國的名義。不說他們來求結盟，是因為雙方都想結盟。

㈥經鄭伐許㈠。

【今註】㈠此經無傳。

【今譯】鄭國攻伐許國。

成公四年（公元前五百八十七年）

㈠經四年，春，宋公使華元來聘㈠。

【今註】㈠華元：宋卿。此經無傳。

【今譯】四年，春天，宋公派華元來魯訪問。

(二)經三月，壬申，鄭伯堅卒㊀。

【今註】㊀堅：鄭襄公的名。此經無傳。

【今譯】三月，壬申日，鄭襄公去世。

(三)經杞伯來朝㊀。

【今註】㊀此經無傳。

【今譯】杞國國君來朝見魯公。

(四)經夏，四月，甲寅，臧孫許卒㊀。

【今註】㊀臧孫許：魯國大夫。此經無傳。

【今譯】夏天，四月甲寅日，臧孫許去世。

(五)經公如晉㊀。

【今註】㊀此經無傳。

【今譯】成公到晉國去。

(六)經 葬鄭襄公㈠。

【今註】㈠此經無傳。

【今譯】安葬鄭襄公。

(七)經 秋，公至自晉㈠。

【今註】㈠此經無傳。

【今譯】秋天，成公從晉回國，告祭祖廟。

(八)經 城鄆㈠。

【今註】㈠鄆：魯地名。此經無傳。

【今譯】在鄆地修城牆。

(九)經 鄭伯伐許㈠。

【今註】㈠此經無傳。

【今譯】鄭伐攻伐許國。

成公五年(公元前五百八十六年)

(一)經 五年，春，王正月，杞叔姬來歸。

傳 婦人之義，嫁曰歸，反回來歸㈠。

【今註】㈠反：返的古字。這裏指被休棄返回娘家。魯女叔姬嫁給杞國被休棄。

【今譯】婦人的禮義，出嫁叫歸，被休棄返回娘家叫來歸。

(二)經 仲孫蔑如宋㈠。

【今註】㈠仲孫蔑：魯國大夫。此經無傳。

【今譯】仲孫蔑到宋國去。

(三)經 夏，叔孫僑如會晉荀首於穀㈠。

【今註】㈠叔孫僑如：魯卿。荀首：晉國大夫。此經無傳。

【今譯】夏天，叔孫僑如在穀地會見晉國的荀首。

(四)經 梁山崩。

傳 不日何也？高者有崩道也。有崩道則何以書也㈠？曰梁山崩㈡，壅遏河㈢，三日不流，晉君召伯尊而問焉㈣。伯尊來遇輦者㈤，輦者不辟㈥，使車右下而鞭之㈦。輦者曰：「所以鞭我者，其取道遠矣㈧」。伯尊下車而問焉，曰：「子有聞乎？」對曰：「梁山崩，壅遏河，三日不流。」伯尊曰：「君為此召我也，為之奈何？」輦者曰：「天有山，天崩之。天有河，天壅之，雖召伯尊如之何？」伯尊由忠問焉，輦者曰：「君親素縞㈨，帥群臣而哭之，既而祠焉㈩，斯流矣(十一)」。伯尊至，君問之曰：「梁山崩，壅遏河，三日不流，為之奈何？」伯尊曰：「君親素縞，帥群臣而哭之，既而祠焉，斯流矣」。孔子聞之曰：「伯尊其無績乎(十二)，攘善也(十三)。」

【今註】㈠書：記，記載。㈡梁山：山名，在晉國。㈢壅遏：堵塞。河：指黃河。㈣晉君：晉景公。伯尊：晉國大夫。㈤輦：人力推挽的車。㈥辟：避的古字。㈦車右：也叫驂乘，居車右邊的位置，由力士承擔，有從事力役和防禦的職責。㈧其：大概，恐怕。㈨素縞：指白色孝服。㈩祠：祭祀。(十一)斯：就。(十二)績：功。(十三)攘：本指扣留別人的東西。這裏指偷盜。

【今譯】為什麼不記載日期？太高的山就會崩塌。高山會崩塌，那為什麼還記載？解釋說，梁山崩塌，堵住了黃河，三天水不能流動。晉侯召見伯尊問這件事。伯尊在路上遇到個推車的人，不給他讓路。伯尊讓車右下車鞭打那個推車的人。推車人說：「打我的原因，恐怕是為趕遠道吧」。伯尊下車問他，說：「你聽說什麼啦？」回答說：「梁山崩塌，堵住黃河，三天水不能流動。」伯尊說：「君王為這件事召見我，對此該怎麼辦？」推車人說：「老天爺造了山，老天爺又讓它崩塌。老天爺造了河，老天爺又堵住它。即使召見伯尊，又能怎樣？」伯尊誠懇地問他，推車人說：「君王親自穿孝服，領著群臣一起哭，然後祭祀，水就會流動了」。伯尊到了京城，君王問他說：「梁山崩塌，堵住黃河，三天水不能流動，對此怎麼辦？」伯尊說：「君王親自穿孝服，領群臣一起哭，然後祭祀，水就會流動了」。孔子聽說這事，說：「伯尊恐怕沒有功勞吧，他盜用了別人的好主意。」

(五)經 秋，大水㈠。

【今註】㈠此經無傳。

【今譯】秋季，發大水。

(六)經 冬，十有一月，己酉，天王崩㈠。

【今註】㈠天王：周定王。此經無傳。

【今譯】冬季，十一月，己酉日，周定王駕崩。

(七)經十有二月，己丑，公會晉侯、齊侯、宋公、衞侯、鄭伯、曹伯、邾子、杞伯同盟於蟲牢㊀。

【今註】㊀蟲牢：鄭國地名。此經無傳。

【今譯】十二月己丑日，成公和晉侯、齊侯、宋公、衞侯、鄭伯、曹伯、邾子、杞伯在蟲牢會盟。

成公六年（公元前五百八十五年）

(一)經六年，春，王正月，公至自會㊀。

【今註】㊀此經無傳。

【今譯】六年，春天，周曆正月，成公從會盟地回國，告祭祖廟。

(二)經二月，辛巳，立武宮。

傳立者，不宜立也㊀。

【今註】㊀宜：應當。為鞌地之戰的勝利，魯國建了武宮廟。穀梁氏認為鞌地之戰主要是晉的功勞，魯是承受援助的，不該建武宮。

【今譯】立武宮，是不應該立的。

㈢經取鄟。

傳鄟㊀，國也。

【今註】㊀鄟：公羊傳以為是邾國的城邑。

【今譯】鄟是個國家。

㈣經衞孫良夫帥師侵宋㊀。

【今註】㊀孫良夫：衞國大夫。帥：通率。此經無傳。

【今譯】衞國的孫良夫領兵侵略宋國。

㈤經夏，六月，邾子來朝㊀。

【今註】㊀此經無傳。

【今譯】夏季，六月，邾國國君來魯朝見。

㈥經公孫嬰齊如晉㊀。

【今註】㈠公孫嬰齊：魯國大夫。此經無傳。

【今譯】公孫嬰齊到晉國去。

(七)經壬申，鄭伯費卒㈠。

【今註】㈠費：鄭悼公的名。此經無傳。

【今譯】壬申日，鄭悼公去世。

(八)經秋，仲孫蔑。叔孫僑如帥師侵宋㈠。

【今註】㈠仲孫蔑：魯國大夫。叔孫僑如：魯卿。帥：通率。此經無傳。

【今譯】秋天，仲孫蔑和叔孫僑如領兵侵略宋國。

(九)經楚公子嬰齊帥師伐鄭㈠。

【今註】㈠嬰齊：楚國大夫。帥：通率。此經無傳。

【今譯】楚國公子嬰齊領兵攻伐鄭國。

(十)經冬，季孫行父如晉㈠。

【今註】㈠此經無傳。

【今譯】冬天，季孫行父到晉國去。

㈩㈡經 晉欒書帥師救鄭㈠。

【今註】㈠欒書：晉卿。此經無傳。

【今譯】晉國欒書領兵援救鄭國。

成公七年（公元前五百八十四年）

㈠經 七年，春，王正月，鼷鼠食郊牛角，改卜牛。鼷鼠又食郊牛角，乃免牛。

傳 不言日，急辭也。過有司也㈠。郊牛㈡，日展斛角而知傷㈢，展道盡矣㈣，其所以備災之道不盡也。又，有繼之辭也。其，緩辭也。曰，亡乎人矣㈤，非人之所能也，所以免有司之過也。乃，亡乎人之辭也。免牲者，為之緇衣纁裳㈥，有司玄端㈦，奉送至於南郊。免牛亦然。免牲不日不郊㈧，免牛亦然。

【今註】㈠有司：管事的人。過：責備。㈡郊：祭名，春季在國都南郊祭天，祈求豐收。郊祭要用牛。要先占卜選擇牛，占卜選用的牛養起來備祭祀用。然後占卜郊祭的日期。沒卜日期之前，祭祀用的牛稱牛，卜完日期就稱牲。㊂展：檢查。斛：形容牛角的樣子圓乎乎的。㊃展道盡：全面檢查。盡：全。下句同此。㊄亡乎人：指沒有賢君。亡：通無。㊅緇衣纁裳：黑衣黑裙。㊆玄端：整幅布做的黑色的禮服。㊇不郊：不舉行郊祭。

【今譯】不記日期，表示急迫的意思。責備管事的人。郊祭用的牛，每天檢查圓乎乎的牛角，知道牛角被(小鼠)咬傷了。全面檢查了，用以防備災患的辦法不完備。又字，是接續的意思。其字，表示舒緩的意思。是沒有賢君哪。(郊牛又被咬傷角)表明不是人所能管得了的，用以免去管事人的罪過。用乃字，表明沒有賢君的意思。免去殺牲祭祀的儀式，給牛披上黑衣黑裳，管事人穿黑色禮服，把牛送到國都南郊。免去用牛也是這樣做。免去殺牲，不記日期，不舉行郊祭。免去用牛也是這樣。

㈡經 吳伐郯㊀。

【今註】㊀此經無傳。

【今譯】吳國攻伐郯國。

㈢經 夏，五月，曹伯來朝㊀。

【今註】㊀此經無傳。

【今譯】夏天，五月，曹國國君來魯朝見。

(四)經不郊，猶三望㊀。

【今註】㊀三望：三次望祭，祭東海，祭泰山，祭淮水。望：祭名，祭祀山川。此經無傳。

【今譯】沒舉行郊祭，仍舉行三次望祭。

(五)經秋，楚公子嬰齊帥師伐鄭㊀。

【今註】㊀此經無傳。

【今譯】秋天，楚公子嬰齊領兵攻伐鄭國。

(六)經公會晉侯、齊侯、宋公、衞侯、曹伯、莒子、邾子、杞伯救鄭。八月，戊辰，同盟於馬陵㊀。

【今註】㊀馬陵：地名，在今河北大名縣東。此經無傳。

【今譯】成公會合晉侯、齊侯、宋公、衞侯、曹伯、莒子、邾子、杞伯，一起救鄭。八月戊辰日，在馬陵會盟。

(七)經公至自會㊀。

【今註】㈠此經無傳。

【今譯】成公從會盟地回國告祭祖廟。

(八)經吳入州來㈠。

【今註】㈠州來：楚國地名。此經無傳。

【今譯】吳國攻入州來。

(九)經冬，大雩。

傳雩不月而時㈠，非之也。冬無為雩也。

【今註】㈠雩：為求雨而舉行的祭祀。不月而時：不記月份而記季節。

【今譯】雩祭，不記載舉行的月份，卻記下季節，是不對的。冬季沒有舉行雩祭的。

(十)經衞孫林父出奔晉㈠。

【今註】㈠衞孫林父：衞國大夫孫良夫的兒子。此經無傳。

【今譯】衞國的孫林父跑到晉國去。

成公八年（公元前五百八十三年）

㈠經八年，春，晉侯使韓穿來言汶陽之田㈠，歸之於齊。

【今註】㈠韓穿：晉國大夫。汶陽：魯國地名。鞌地之戰，齊國大敗，晉讓齊國把侵佔的汶陽之田歸還給魯。此又讓魯把田給齊。

【今譯】八年，春天，晉侯派韓穿到魯國商談汶陽土地的事，讓魯把汶陽給齊。

傳於齊，緩辭也㈠。不使盡我也㈡。

【今註】㈠緩：和。㈡盡：全。我：指魯國。

【今譯】給齊，是調和的意思。不讓晉國完全控制魯國。

㈡經晉欒書帥師侵蔡㈠。

【今註】㈠帥：通率。此經無傳。

【今譯】晉卿欒書領兵侵略蔡國。

㈢經公孫嬰齊如莒㈠。

【今註】㊀公孫嬰齊：魯國大夫。此經無傳。

【今譯】公孫嬰齊到莒國去。

㈣經宋公使華元來聘㊀。

【今註】㊀華元：宋卿。此經無傳。

【今譯】宋共公派華元來魯國訪問。

㈤經宋公使公孫壽來納幣㊀。

【今註】㊀公孫壽：宋國大夫。納幣：下聘禮。宋共公娶魯成公妹為夫人。

【今譯】宋公派公孫壽來魯國送聘禮。

㈥經晉殺其大夫趙同、趙括㊀。

【今註】㊀此經無傳。

【今譯】晉國殺了自己的大夫趙同、趙括。

㈦經秋，七月，天子使召伯來錫公命。

傳禮有受命，無來錫命㊀，錫命，非正也。曰天子何也？曰，見一稱也㊁。

【今註】㊀錫：通賜，賜予。㊁見一稱：又見到一種稱呼。前面的經文都稱天王，這是第一次稱天子。

【今譯】按禮，有(到天子那)接受命令的，沒有來賜予命令的。天子派召伯來魯向成公賜予命令是不對的。為什麼稱天子？又見到一種稱呼。

(八)經 冬，十月，癸卯，杞叔姬卒㊀。

【今註】㊀叔姬：魯女，嫁於杞國國君，成公三年被休棄回魯。此經無傳。

【今譯】冬天，十月癸卯日，杞叔姬去世。

(九)經 晉侯使士燮來聘㊀。

【今註】㊀士燮：晉國大夫。此經無傳。

【今譯】晉侯派士燮來魯訪問。

(十)經 叔孫僑如會晉士燮、齊人、邾人伐郯㊀。

【今註】㊀叔孫僑如：魯卿。此經無傳。

【今譯】叔孫僑如會合晉國的士燮、齊人、邾人，一起攻伐郯國。

(十一)經　衛人來媵。

傳　媵(一)，淺事也，不志。此其志何也？以伯姬之不得其所(二)，故盡其事也。

【今註】(一)媵：音迎。古禮，國君女兒嫁給別國國君，需要兩個同姓國送女當陪嫁，陪嫁過去當妾，稱為媵。成公妹伯姬出嫁，衛與魯同姓姬，故衛國送陪嫁女。(二)不得其所：指伯姬所嫁的宋共公沒德行。

【今譯】送陪嫁女，是不重要的事，不必記載。這次為什麼記載？因為魯伯姬沒嫁到好去處，所以詳盡記下她的事。

成公九年(公元前五百八十二年)

(一)經　九年，春，王正月，杞伯來迎叔姬之喪以歸。

傳　夫無逆出妻之喪而為之也(一)。

【今註】(一)逆：迎。出妻之喪：被休棄的妻子的靈柩。

【今譯】夫君沒有迎被休出妻子的靈柩回國的。

(二)經　公會晉侯、齊侯、宋公、衛侯、鄭伯、曹伯、莒子、杞伯同盟於蒲(一)。

【今註】㊀蒲：衞國地名。此經無傳。

【今譯】成公和晉侯、齊侯、宋公、衞侯、鄭伯、曹伯、莒子、杞伯在蒲地會盟。

㈢經 公至自會㊀。

【今註】㊀此經無傳。

【今譯】成公從會盟地回國，告祭祖廟。

㈣經 二月，伯姬歸於宋㊀。

【今註】㊀歸：出嫁。此經無傳。

【今譯】二月，伯姬出嫁到宋國。

㈤經 夏，季孫行父如宋致女。

傳 致者，不致者也。婦人在家制於父，既嫁制於夫㊀。如宋致女㊁，是以我盡之也㊂，不正，故不與內稱也㊃。逆者微㊄，故致女詳其事，賢伯姬也㊅。

【今註】㊀既：已經。㊁致女：依杜預解，嫁女三月，又派大夫隨聘叫致女。㊂以我盡之：由魯國全面管。我：指魯。㊃內稱：魯國卿大夫出行稱使。內：指魯國。㊄逆者：迎親的人。微：地位低，指不是君親迎。㊅伯姬：成公妹。

【今譯】用致字，表示不該致的意思。女子出嫁前在家由父親管，已經出嫁了由丈夫管。(伯姬已經出嫁又派季孫)到宋國問候，這就等於由魯國全面管了，是不對的，所以不稱季孫為使臣。(當初宋國)迎親的人地位低，所以又去問候，把事辦周全。伯姬賢德。

(六)經晉人來媵。

傳媵㊀，淺事也，不志。此其志何也？以伯姬之不得其所㊁，故盡其事也。

【今註】㊀媵：一國君嫁女，需要兩個同姓國送陪嫁女，陪嫁的當妾，稱為媵。㊁伯姬：魯成公妹嫁給宋共公。晉和魯同姓姬，所以晉國送陪嫁女。

【今譯】送陪嫁女，是不重要的事，不必記載。這次為什麼記載？因為伯姬沒嫁到好去處，所以詳盡地記下她的事。

(七)經秋，七月，丙子，齊侯無野卒㊀。

【今註】㊀無野：齊頃公的名。此經無傳。

【今譯】秋季，七月丙子日，齊頃公去世。

(八)經晉人執鄭伯㊀。

【今註】㈠鄭伯：鄭成公。此經無傳。

【今譯】晉國捉住了鄭成公。

㈨經晉欒書帥師伐鄭

傳不言戰，以鄭伯也㈠。為尊者諱恥，為賢者諱過，為親者諱疾。

【今註】㈠鄭伯：鄭伯是君，晉國的欒書是臣，君臣不對等，所以不提作戰。

【今譯】不說作戰，是為鄭伯隱諱。對有地位的人，隱諱他的恥辱；對賢德的人，隱諱他的過錯，對親人，隱諱他的病。

㈩經冬，十有一月，葬齊頃公㈠。

【今註】㈠此經無傳。

【今譯】冬季，十一月，安葬齊頃公。

(十一)經楚公子嬰齊帥師伐莒。庚申，莒潰。楚人入鄆。

傳其日，莒雖夷狄，猶中國也㈠。大夫潰莒而之楚㈡，是以知其上為事也㈢。惡之，故謹而日之也。

【今註】㊀猶中國：像中原諸侯國一樣。㊁之：到……去，動詞。㊂上：指莒國國君。

【今譯】記下日期，莒國雖是夷狄，也像中原諸侯國一樣。莒國的大夫潰敗後跑到楚國去，因此知道它的君無道。憎惡他，所以嚴謹地記下日子。

(十二)經秦人、白狄伐晉㊀。

【今註】㊀白狄：狄人的一支。此經無傳。

【今譯】秦國和白狄攻伐晉國。

(十三)經鄭人圍許㊀。

【今註】㊀此經無傳。

【今譯】鄭國攻伐許國。

(十四)經城中城。

傳城中城者㊀，非外民也㊁。

【今註】㊀中城：內城。指魯都曲阜的內城。㊁非：反對。這裏指防禦。

【今譯】修築內城城牆，是為防禦外民。

成公十年（公元前五百八十一年）

㈠經十年，春，衞侯之弟黑背帥師侵鄭㈠。

【今註】㈠黑背：人名，衞定公的同母弟。帥：通率。此經無傳。

【今譯】十年，春天，衞侯的弟弟領兵侵略鄭國。

㈡經夏，四月，五卜郊，不從，乃不郊。

傳夏四月，不時也㈠。五卜㈡，強也。乃者，亡乎人之辭也㈢。

【今註】㈠不時：不合乎季節。郊祭是祈求豐收的祭祀，在春季舉行。㈡五卜：郊祭前應占卜三次。㈢亡乎人：指沒有賢君。亡：通無。

【今譯】夏季四月才為郊祭占卜，不合乎季節。五次占卜，表明太勉強了。用「乃」字，表明沒有賢君。

㈢經五月，公會晉侯、齊侯、宋公、衞侯、曹伯伐鄭㈠。

【今註】㈠此經無傳。

【今譯】五月，成公會合晉侯、齊侯、宋公、衞侯和曹伯攻伐鄭國。

(四)經 齊人來媵㊀。

【今註】㊀媵：諸侯女出嫁，要由兩個同姓國送女陪嫁，這叫媵。齊、魯不同姓，不知為誰送媵。此經無傳。

【今譯】齊國送來陪嫁女。

(五)經 丙午，晉侯獳卒㊀。

【今註】㊀獳：晉景公的名。此經無傳。

【今譯】丙午日，晉景公去世。

(六)經 秋，七月，公如晉㊀。

【今註】㊀此經無傳。

【今譯】秋季，七月，成公到晉國去。

(七)經 冬，十月㊀。

【今註】㊀此經無傳。

【今譯】冬季十月。

成公十一年（公元前五百八十年）

㈠經十有一年，春，王三月，公至自晉㊀。

【今註】㊀此經無傳。

【今譯】十一年，春天，周曆三月，成公從晉返回國，告祭祖廟。

㈡經晉侯使郤犨來聘㊀，己丑，及郤犨盟。

【今註】㊀郤犨：晉國大夫。此經無傳。

【今譯】晉侯派郤犨來魯訪問，己丑日，魯跟郤犨簽盟。

㈢經夏，季孫行父如晉㊀。

【今註】㊀季孫行父：魯卿。此經無傳。

【今譯】夏天，季孫行父到晉國去。

㈣經秋，叔孫僑如如齊㊀。

【今註】㈠叔孫僑如：魯卿。此經無傳。

【今譯】秋天，叔孫僑如到齊國去。

㈤經冬，十月㈠。

【今註】㈠一季無事，記首月。此經無傳。

【今譯】冬季，十月。

成公十二年（公元前五百七十九年）

㈠經十有二年，春，周公出奔晉㈠。

【今註】㈠周公：周簡王的宰官，又稱周公楚。周是食邑名，楚是其名。他跟人爭權不成，逃到晉國。

【今譯】十二年，春天，周公跑到晉國避難。

傳周有入無出㈠。曰出，上下一見之也㈡。言其上下之道，無以存也。上雖失之，下孰敢有之㈢？今上下皆失之矣。

【今註】㈠周有入無出：指普天之下，都是周天子的土地。㈡上：指天子。僖公二十四年，周襄王因王子帶作亂而出奔到鄭國。下：下臣，指周公奔晉。㈢有之：有逃離之心。

【今譯】對周來說，衹可說進入，無所謂出。說出奔，君臣各見到一次，是說天子臣下都無法在國內了(而逃出)。天子即使不對，下臣誰敢有逃離之心？如今天子臣下都不對。

(二)經 夏，公會晉侯、衞侯於瑣澤㈠。

【今註】㈠瑣澤：晉國地名，公羊傳作沙澤。此經無傳。

【今譯】夏天，成公在瑣澤會見晉侯和衞侯。

(三)經 秋，晉人敗狄於交剛。

傳 中國與夷狄不言戰。皆曰敗之㈠，夷狄不日。

【今註】㈠皆曰敗之：打敗夷狄都加以記載。

【今譯】不說中原諸侯國和夷狄作戰。打敗夷狄都加以記載，不記日期。

(四)經 冬，十月㈠。

【今註】㈠此經無傳。

【今譯】冬季，十月。

成公十三年（公元前五百七十八年）

(一)經 十有三年，春，晉侯使郤錡來乞師。

傳 乞(一)，重辭也。古之人重師，故以乞言之也。

【今註】(一)乞：求。經文是說晉侯派郤錡來魯國請求援兵。

【今譯】用乞字，是程度重的意思。古人很重視軍隊，所以用乞字表示請求援兵。

(二)經 三月，公如京師。

傳 公如京師(一)，不月。月非如也。非如而曰如，不叛京師也(二)。

【今註】(一)如京師：到京城朝天子。 (二)叛：背離。這次魯公是路過京師而朝天子。如果過而不朝就是背離天子了。

【今譯】成公到京城朝天子，不必記載月份。如果記月份就是沒去。沒去而說去，表示不能過而不朝。

(三)經 夏，五月，公自京師，遂會晉侯、宋公、衞侯、鄭伯、曹伯、邾人、滕人伐秦。

傳 言受命㈠，不敢叛周也。

【今註】㈠受命：指從京師接受了伐秦的命令。

【今譯】是說接受天子命令，不敢背叛周朝。

㈣經 曹伯盧卒於師。

傳 閔之也㈠。公大夫在師曰師，在會曰會。

【今註】㈠閔：憐憫。之：指代曹伯（名盧）。

【今譯】憐憫曹伯。諸侯或大夫死在軍中就記載「於師」，死在盟會上就記載「於會」。

㈤經 秋，七月，公至自伐秦㈠。

【今註】㈠此經無傳。

【今譯】秋季，七月，成公伐秦後回國，告祭祖廟。

㈥經 冬，葬曹宣公。

傳 葬時㈠，正也。

【今註】㈠時：季節。

【今譯】安葬記載季節，是對的。

成公十四年（公元前五百七十七年）

㈠經十有四年，春，王正月，莒子朱卒㈠。

【今註】㈠朱：莒國國君名朱。此經無傳。

【今譯】十四年，春，周曆正月，莒子去世。

㈡經夏，衞孫林父自晉歸於衞㈠。

【今註】㈠孫林父：衞國大夫。七年前逃到晉國，今回國。此經無傳。

【今譯】衞國的孫林父從晉返回衞國。

㈢經秋，叔孫僑如如齊逆女㈠。

【今註】㈠逆：迎。齊女嫁給成公。此經無傳。

【今譯】秋天，叔孫僑如到齊國替成公迎親。

㈣經鄭公子喜帥師伐齊㈠。

【今註】㊀喜：人名，鄭穆公兒子。此經無傳。

【今譯】鄭公子領兵攻打齊國。

(五)經九月，僑如以夫人婦姜氏至自齊。

傳大夫不以夫人㊀，以夫人非正也，刺不親迎也。僑如之挈㊁，由上致之也㊂。

【今註】㊀夫人：成公夫人。㊁挈：帶領。㊂上：指成公。致之：告祭祖廟。

【今譯】大夫不能領著諸侯夫人，領夫人是不對的，這是指刺成公不親自迎親。叔孫僑如帶領姜氏回國，由成公告祭祖廟。

(六)經冬，十月，庚寅，衞侯臧卒㊀。

【今註】㊀臧：衞定公的名。此經無傳。

【今譯】冬季，十月庚寅日，衞定公去世。

(七)經秦伯卒㊀。

【今註】㊀秦伯：秦桓公。此經無傳。

【今譯】秦伯去世。

成公十五年（公元前五百七十六年）

㈠經十有五年，春，王二月，葬衞定公㈠。

【今註】㈠此經無傳。

【今譯】十五年，春天，周曆二月，安葬衞定公。

㈡經三月，乙巳，仲嬰齊卒。

傳此公孫也㈠。其曰仲何也？子由父疏之也㈡。

【今註】㈠此：指仲嬰齊，是公子遂的兒子。公子之子應稱公孫。㈡疏：被疏遠。公子遂因有弑君之嫌，所以兒子也因為他被疏遠，不稱公孫而稱排行（仲）。

【今譯】這個人是公孫。為什麼稱仲？兒子由於父親的原因被疏遠。

㈢經癸丑，公會晉侯、衞侯、鄭伯、曹伯、宋世子成、齊國佐、邾人同盟於戚。晉侯執曹伯，歸於京師。

傳以晉侯而斥執曹伯，惡晉侯也。不言之㈠，急辭也。斷在晉侯也㈡。

【今註】㈠不言之：不用之字。指經文記「歸於」，而不記「歸之於」。㈡斷：決。

【今譯】因為晉侯指使人捉了曹伯，對晉侯表示憎恨。不用之字，表示急迫的意思。決定權在晉侯。

㈣經 公至自會㈠。

【今註】㈠此經無傳。

【今譯】成公從會盟地回國，告祭祖廟。

㈤經 夏，六月，宋公固卒㈠。

【今註】㈠固：宋共公名固。此經無傳。

【今譯】夏季，六月，宋共公去世。

㈥經 楚子伐鄭㈠。

【今註】㈠此經無傳。

【今譯】楚國攻伐鄭國。

㈦經 秋，八月，庚長，葬宋共公。

傳 月卒日葬㊀，非葬者也。此其言葬何也？以其葬共姬㊁，不可不葬共公也。葬共姬，則其不可不葬共公何也？夫人之義，不可踰君。為賢者崇也㊂。

【今註】㊀月卒日葬：指對宋共公死記月份，安葬記日期。這與春秋經記事的義例死記日期，安葬記季節不同。㊁共姬：魯女伯姬，成公妹妹，因嫁給宋共公，又稱共姬。㊂賢者：指共姬。崇：高。

【今譯】死記月份安葬記日子，不是正常的安葬。這裏為什麼說是安葬？因為安葬共姬，不能不葬共公。為什麼不能不葬共公？夫人的禮義，不能超過國君。因為共姬賢德而抬高他。

(八)經 宋華元出奔晉㊀。

【今註】㊀此經無傳。

【今譯】宋國的華元逃到晉國。

(九)經 宋華元自晉歸於宋㊀。

【今註】㊀此經無傳。

【今譯】宋國華元從晉返回宋國。

(十)經宋殺其大夫山㊀。

【今註】㊀山：人名，宋國的司馬，宋世家作唐山。此經無傳。

【今譯】宋國殺了自己的大夫山。

(十一)經宋魚石出奔楚㊀。

【今註】㊀魚石：宋國的卿。此經無傳。

【今譯】宋國的魚石跑到楚國避難。

(十二)經冬，十有一月，叔孫僑如會晉士燮、齊高無咎、宋華元、衛孫林父、鄭公子鰌、邾人，會吳於鍾離。

傳會又會㊀，外之也㊁。

【今註】㊀會又會：指經文前後用了兩個會字。㊁外之：把吳視為諸侯之外的夷狄之國。

【今譯】用了會字又用會字，是把吳國視為諸侯之外的國家了。

(十三)經許遷於葉。

傳遷者，猶得其國家以往者也㊀。其地，許復見也㊁。

【今註】㊀國家：指封地。㊁見：現的古字。

【今譯】用遷字，就像是得到封地往那去似的。記遷往的地點，許國又出現了。

成公十六年（公元前五百七十五年）

㈠經 十有六年，春，王正月，雨，木冰。

傳 雨而木冰㊀，志異也。傳曰，根枝折。

【今註】㊀木冰：樹上結了冰掛兒。

【今譯】下雨後樹上結了冰掛，記載這種怪異現象。解釋說，樹枝都折斷了。

㈡經 夏，四月，辛未，滕子卒㊀。

【今註】㊀此經無傳。

【今譯】夏季，四月辛未日，滕國國君去世。

㈢經 鄭公子喜帥師侵宋㊀。

【今註】㊀此經無傳。

【今譯】鄭國公子喜領兵侵略宋國。

(四)經 六月，丙寅，朔㊀，日有食之㊁。

【今註】㊀朔：每月初一日。㊁食：通蝕。此經無傳。

【今譯】六月，丙寅日，初一，出現日蝕。

(五)經 甲午，晦，晉侯及楚子、鄭伯，戰於鄢陵。楚子、鄭師敗績。

傳 日事遇晦曰晦㊀，四體偏斷曰敗㊁，此其敗則目也㊂。楚不言師㊃，君重於師也。

【今註】㊀晦：每月的最後一天叫晦。㊁四體偏斷：指斷一隻胳膊或腿。㊂目：眼。指鄢陵之戰，楚共王被射中眼睛。㊃不言師：指經文稱楚子，而不稱楚師。

【今譯】記事遇到晦日就記下晦日。傷一隻胳膊或腿叫敗。這次記敗是指眼睛受傷。不稱楚師，稱楚子比稱楚師顯得重。

(六)經 楚殺其大夫公子側㊀。

【今註】㊀側：字叫子反，是楚國令尹。大夫是泛稱。鄢陵之戰中，側飲酒敗事，故殺。此經無傳。

【今譯】楚國殺了自己的大夫公子側。

(七)經秋，公會晉侯、齊侯、衞侯、宋華元、邾人於沙隨，不見公。

傳不見公者(一)，可以見公也。可以見公而不見公，譏在諸侯也(二)。

【今註】(一)不見公：成公本是去參加沙隨的集會，晉侯聽了別人的壞話，不見成公。(二)諸侯：指魯晉以外的諸侯。

【今譯】不見公，是說可以見公。可以見卻不見，是譏斥諸侯不幫忙。

(八)經公至自會(一)。

【今註】(一)此經無傳。

【今譯】成公從開會處回國，告祭祖廟。

(九)經公會尹子(一)、晉侯、齊國佐、邾人伐鄭。

【今註】(一)尹子：周王的卿。此經無傳。

【今譯】成公會合尹子、晉侯、齊卿、和邾人，攻伐鄭國。

(十)經曹伯歸自京師。

傳不言所歸(一)，歸之善者也。出入不名(二)，以為不失其國也。歸為善，自某歸次之。

【今註】㈠所歸：指歸的地方。實際是回國。㈡出入：指離開曹國回到曹國。

【今譯】不記歸的地方，讓他歸是好事。離國回國不記名字，因為他沒失掉國家。回國是好事，從哪兒回是次要的。

㈩經九月，晉人執季孫行父，舍之於苕丘。

傳執者不舍㈠，而舍公所也㈡。執者致㈢，而不致，公在也。何其執而辭也？猶存公也。存意公亦存也，公存也。

【今註】㈠舍：住一宿。㈡舍公所：指晉人把魯卿季孫行父扣留一宿。當時成公被扣留在苕丘，行父也是在苕丘留一宿。㈢致：通至。

【今譯】捉人不記留宿，季孫行父留宿在成公的住所。被捉回國後要告祭祖廟。行父回國不告祖，是因為成公還在晉國苕丘。為什麼捉住季孫行父又放他回國？因為成公還在晉國。扣留成公，成公留在晉國。

㈪經冬，十月，乙亥，叔孫僑如出奔齊㈠。

【今註】㈠叔孫僑如：魯卿。他誣告成公和季孫行父，想奪權的陰謀沒得逞，便逃了。此經無傳。

【今譯】冬季，十月乙亥日，叔孫僑如逃到齊國。

(十三)經 十有二月，乙丑，季孫行父及晉郤犫盟於扈㈠。

【今註】㈠郤犫：晉國大夫。此經無傳。

【今譯】十二月乙丑日，魯季孫行父和晉國的郤犫在扈地結盟。

(十四)經 公至自會㈠。

【今註】㈠自會：從會盟地。實際是從晉國，成公一直留在晉。此經無傳。

【今譯】成公從晉回國，告祭祖廟。

(十五)經 乙酉，刺公子偃。

傳 大夫日卒㈠，正也。先刺後名，殺無罪也。

【今註】㈠大夫：指公子偃，成公的庶弟。日卒：記載死的日期。

【今譯】大夫死了記載日期是對的。先記被刺，後記名，表明殺的是無罪的人。

成公十七年（公元前五百七十四年）

㈠經 十有七年，春，衛北宮括帥師侵鄭㈠。

【今註】㊀北宮括：衞國大夫。公羊傳作北宮結。帥：通率。此經無傳。

【今譯】十七年，春天，衞國的北宮括領兵侵略鄭國。

(二)經夏，公會尹子㊀、單子、晉侯、齊侯、宋公、衞侯、曹伯、邾人伐鄭。

【今註】㊀尹子：周王的卿。單(音善)子：周王的卿。此經無傳。

【今譯】夏天，成公會合尹子、單子、晉侯、齊侯、宋公、衞侯、曹伯、邾人攻伐鄭國。

(三)經六月，乙酉，同盟於柯陵。

傳柯陵之盟㊀，謀復伐鄭也。

【今註】㊀柯陵：地名，在今河南許昌市南。

【今譯】柯陵這次會盟，謀劃再一次攻伐鄭國。

(四)經秋，公至自會。

傳不曰至自伐鄭也，公不周乎伐鄭也㊀。何以知公之不周乎伐鄭？以其以會致也㊁。何以知其盟復伐鄭也？以其後會之人盡盟者也。不周乎伐鄭，則何為日也？言公之不背柯陵之盟也。

【今註】㈠周：鞏固，引申為堅定的意思。范寧釋為「信也」，亦可。㈡致：通至。

【今譯】不記成公從伐鄭那兒回國，因為成公不是誠心地伐鄭。怎麼知道成公對伐鄭不堅定？因為記的是從會盟地回國。怎麼知道會盟以後又攻伐鄭國？因為後來參加會的人都是先前參與結盟的人。不誠心伐鄭，為什麼還記日子？表明成公不違背柯陵之盟。

㈤經齊高無咎出奔莒㈠。

【今註】㈠高無咎：齊卿。此經無傳。

【今譯】齊國的高無咎逃到莒國。

㈥經九月，辛丑，用郊。

傳夏之始可以承春㈠，以秋之末㈡，承春之始，蓋不可矣。九月用郊㈢。用者，不宜用也。宮室不設，不可以祭。衣服不脩㈣，不可以祭。車馬器械不備，不可以祭。有司一人不備其職，不可以祭。祭者，薦其時也㈤，薦其敬也，薦其美也，非享味也。

【今註】㈠承：接。㈡秋之末：指九月。七八九三個月為秋季，九為秋之末。㈢用郊：舉行郊祭。郊：祭名，春季裏舉行祈求豐收的祭祀。㈣脩：通修，整治。㈤薦：進獻。

【今譯】夏季的開頭緊接著春季，還可以。用秋季的末尾，接著春季而舉行郊祭，大概不可以了。九月舉行郊祭。用，是不該用的意思。房屋沒擺設好，不能祭祀。衣服沒準備好，不能祭祀。車馬器具沒齊備，不能祭祀。假如有一個管事人沒準備好自己的事，也不能祭祀。祭祀是獻上時令，獻上敬意，獻上美好的東西，不是祇讓神享受美味。

(七)經晉侯使荀罃來乞師㈠。

【今註】㈠荀罃：晉國丈夫。此經無傳。

【今譯】晉侯派荀罃來魯請求援兵。

(八)經冬，公會單子、晉侯、宋公、衞侯、曹伯、齊人、邾人伐鄭。

傳言公不背柯陵之盟也㈠。

【今註】㈠柯陵之盟：指六月在柯陵八國會盟，商討伐鄭之事。

【今譯】記成公不違背柯陵之盟。

(九)經十有一月，公至自伐鄭㈠。

【今註】㈠此經無傳。

【今譯】十一月，成公伐鄭歸來，告祭祖廟。

(十)經壬申，公孫嬰齊卒於貍蜃。

傳十一月無壬申，壬申乃十月也。致公而後錄㈠，臣子之義。其地㈡，未踰竟也㈢。

【今註】㈠致公：記成公回國告祭祖廟。致：通至。錄：記。㈡地：記下地點，指魯國的貍蜃。㈢竟：境的古字。

【今譯】十一月沒有壬申日　壬申日乃是十月。這是因為先記成公回國，後記大夫之死，是根據先君後臣的禮義。記下嬰齊死的地點，沒有越出國境。

(十一)經十有二月，丁巳，朔㈠，日有食之㈡。

【今註】㈠朔：每月的初一。㈡食：通蝕。此經無傳。

【今譯】十二月，丁巳日，初一，出現日蝕。

(十二)經邾子貜且卒㈠。

【今註】㈠貜且(音渠居)：邾定公的名。此經無傳。

【今譯】邾定公去世。

(十三)經晉殺其大夫郤錡、郤犨、郤至。

傳自禍於是起矣㈠。

【今註】㈠自禍：指晉厲公自己被殺。於是：從這件事，指殺郤氏三大夫。

【今譯】晉厲公自己的禍從此起頭了。

(十四)經楚人滅舒庸㈠。

【今註】㈠此經無傳。

【今譯】楚國滅了舒庸國。

成公十八年(公元前五百七十三年)

(一)經十有八年，春，王正月，晉殺其大夫胥童㈠。

【今註】㈠胥童：晉厲公的寵臣。此經無傳。

【今譯】十八年，春天，周曆正月，晉國殺了大夫胥童。

(二)經庚申，晉弒其君州蒲。

傳稱國以弒其君㈠，君惡甚矣㈡。

【今註】㈠稱：舉。㈡君：指晉厲公，名州蒲。

【今譯】舉出國名（晉）弒自己的君，表明君王太壞了。

㈢經齊殺其大夫國佐㈠。

【今註】㈠國佐：齊卿。大夫是泛稱。國是他的氏。此經無傳。

【今譯】齊國殺了它的大夫國佐。

㈣經公如晉㈠。

【今註】㈠去晉朝見剛即位的悼公。此經無傳。

【今譯】成公到晉國去。

㈤經夏，楚子、鄭伯伐宋。宋魚石復入於彭城㈠。

【今註】㈠魚石：宋國大夫。成公十五年跑到楚國。這次楚送他回國。

【今譯】楚王和鄭伯領兵攻宋，魚石又回國進入彭城。

(六)經公至自晉㊀。

【今註】㊀此經無傳。

【今譯】成公從晉國歸來，告祭祖廟。

(七)經晉侯使士匄來聘㊀。

【今註】㊀士匄（音蓋）：晉卿。此經無傳。

【今譯】晉侯派士匄來魯國訪問。

(八)經秋，杞伯來朝㊀。

【今註】㊀此經無傳。

【今譯】秋天，杞國國君來魯朝見。

(九)經八月，郯子來朝㊀。

【今註】㊀此經無傳。

【今譯】八月，郯國國君來魯朝見。

(十)經築鹿囿。

傳築不志㈠，此其志何也㈡？山林藪澤之利㈢，所以與民共也。虞之㈣，非正也。

【今註】㈠志：記。㈡此：指建築養鹿的園囿。㈢藪：湖澤的通稱。㈣虞：官名，掌管山林湖澤。

【今譯】建築之類的事不必記載。這次為什麼記載？山林湖澤的利益，用以和百姓共享。設置虞官，是不對的。

(十一)經己丑，公薨於路寢。

傳路寢㈠，正也。男子不絕婦人之手，以齊終也㈡。

【今註】㈠路寢：也叫正寢，是天子或諸侯齋戒和疾病時的寢宮。㈡齊：通齋。指清心潔身。

【今譯】死在路寢是合於禮的。男人不能死於女色，要清心潔身而死。

(十二)經冬，楚人、鄭人侵宋㈠。

【今註】㈠此經無傳。

【今譯】冬天，楚國和鄭國侵略宋國。

(十三)經晉侯使士魴來乞師㈠。

【今註】㈠士魴：晉國大夫。此經無傳。

【今譯】晉侯派士魴來魯請求援兵。

㈣經十有二月，仲孫蔑會晉侯、宋公、衞侯、邾子、齊崔杼，同盟於虛朾㈠。

【今註】㈠仲孫蔑：魯國大夫。崔杼：齊國大夫。虛朾：宋國地名。

【今譯】十二月，仲孫蔑會見晉侯、宋公、衞侯、邾子、齊大夫崔杼，在虛朾共同結盟。

㈤經丁未，葬我君成公㈠。

【今註】㈠此經無傳。

【今譯】丁未日，安葬魯君成公。

卷九　襄公

襄公元年（公元前五百七十二年）

㈠經元年，春，王正月，公即位。

傳繼正即立㊀，正也。

【今註】㊀正：指成公正常地謝世。

【今譯】正常地繼承君位，合於禮。

㈡經仲孫蔑會晉欒黶、宋華元、衛甯殖、曹人、莒人、邾人、滕人、薛人，圍宋彭城。

傳繫彭城於宋者㊀，不與魚石正也㊁。

【今註】㊀繫：連。㊁與：贊同。楚國於成公十八年送宋大夫魚石回彭城。這次九國包圍彭城，反對魚石回國。

【今譯】將彭城連繫上宋國，表明不贊同魚石回彭城。

(三)經夏，晉韓厥帥師伐鄭㈠。仲孫蔑會齊崔杼、曹人、邾人、杞人次於鄫㈡。

【今註】㈠韓厥：晉國大夫。㈡崔杼：齊國大夫。次：臨時駐紮。鄫：鄭國地名。此經無傳。

【今譯】夏天，晉國由韓厥領兵伐鄭。魯國的仲孫蔑會合齊大夫崔杼、曹人、邾人、杞人，臨時駐紮在鄫地。

(四)經秋，楚公子壬夫帥師侵宋㈠。

【今註】㈠壬夫：人名。楚令尹子反的弟弟。帥：通率。此經無傳。

【今譯】秋天，楚公子壬夫領兵侵略宋國。

(五)經九月，辛酉，天王崩㈠。

【今註】㈠天王：周簡王。此經無傳。

【今譯】九月辛酉日，周簡王駕崩。

(六)經邾子來朝㈠。

【今註】㈠此經無傳。

【今譯】邾國國君來魯朝見。

(七)經冬，衞侯使公孫剽來聘㈠。晉侯使荀罃來聘㈡。

【今註】㈠公孫剽：衞穆公孫子，故稱公孫。㈡荀罃：晉國大夫。此經無傳。

【今譯】冬天，衞國派公孫剽到魯訪問。晉國派荀罃來魯國訪問。

襄公二年(公元前五百七十一年)

(一)經二年，春，王正月，葬簡王㈠。

【今註】㈠此經無傳。

【今譯】二年，春天，周曆正月，安葬周簡王。

(二)經夏，五月，庚寅，夫人姜氏薨㈠。

【今註】㈠姜氏：魯成公夫人。此經無傳。

【今譯】夏季，五月庚寅日，成公夫人謝世。

(三)經六月，庚辰，鄭伯睔卒㈠。

【今註】㈠睔：鄭成公的名。此經無傳。

【今譯】六月庚辰日，鄭成公去世。

(四)經晉師、宋師、衛寧殖侵鄭。

傳其曰衛寧殖㊀，如是而稱於前事也㊁。

【今註】㊀寧殖：人名。衛國的卿。㊁稱於前事：指成公二年，衛侯死，鄭趁國喪攻衛。今鄭成公剛死，衛國也趁機伐喪，所以記主帥的名。

【今譯】記載時稱衛寧殖，像這樣稱呼是根據以前的事來稱呼。

(六)經秋，七月，仲孫蔑會晉荀罃、宋華元、衛孫林父、曹人、邾人於戚㊀。

【今註】㊀戚：衛國地名。此經無傳。

【今譯】秋季，七月，魯國的仲孫蔑在戚地會見晉荀罃、宋卿華元、衛卿孫林父、曹人和邾人。

(七)經己丑，葬我小君齊姜㊀。

【今註】㊀小君：諸侯夫人稱小君。齊姜：成公夫人。此經無傳。

【今譯】己丑日，安葬魯君夫人齊姜。

(八)經叔孫豹如宋㊀。

【今註】㊀叔孫豹：魯卿叔孫僑如的弟弟。此經無傳。

【今譯】叔孫豹到宋國去。

(九)經冬，仲孫蔑會晉荀罃、齊崔杼、宋華元、衛孫林父、曹人、邾人、滕人、薛人、小邾人於戚，城於虎牢。

傳若言中國焉㊀，內鄭也。

【今註】㊀中國：國中。春秋經記「城」，都是指在魯國境內修築城牆。這次各諸侯集會，在鄭國的虎牢築城，卻不說虎牢是鄭國的。

【今譯】像是說國中的城，把鄭看成魯的一部分了。

(十)經楚殺其大夫公子申㊀。

【今註】㊀此經無傳。

【今譯】楚國殺了自己的大夫公子申。

襄公三年（公元前五百七十年）

(一)經三年，春，楚公子嬰齊帥師伐吳㊀。

【今註】㈠嬰齊：楚國令尹。吳楚爭強從此開始。此經無傳。

【今譯】三年春，楚公子嬰齊領兵攻伐吳國。

㈡經公如晉。夏，四月，壬戌，公及晉侯盟於長樗㈠。

【今註】㈠長樗：晉國地名。此經無傳。

【今譯】襄公到晉國去。夏天，四月壬戌日，襄公和晉侯在長樗會盟。

㈢經公至自晉㈠。

【今註】㈠此經無傳。

【今譯】襄公從晉回國，告祭祖廟。

㈣經六月，公會單子、晉侯、宋公、衞侯、鄭伯、莒子、邾子、齊世子光，己未，同盟於雞澤。

傳同者，有同也㈠，同外楚也。

【今註】㈠有同：指有共同的對手。

【今譯】同，表示有共同的對手，共同對付中原以外的楚國。

㈤經陳侯使袁僑如會。

傳如會，外乎會也㈠，於會受命也。

【今註】㈠外乎會：指會以外的成員。

【今譯】如會，表明是會以外的成員，是到會聽取命令。

㈥經戊寅，叔孫豹及諸侯之大夫及陳袁盟。

傳及以及㈠，與之也㈡。諸侯以為可與，則與之；不可與，則釋之。諸侯盟，又大夫相與私盟，是大夫張也㈢。故雞澤之會㈣，諸侯始失正矣㈤，大夫執國權。曰袁僑異之也㈥。

【今註】㈠及以及：指經文用了兩個及字。㈡與：和，同。㈢張：擴張。㈣雞澤：地名，在今河北邯鄲市東。㈤正：通政。㈥袁僑：陳國大夫。

【今譯】經文用了「及」字又用「及」字，都是和的意思。諸侯認為可以和誰結盟，就和誰；不可以和誰，就丟一邊。諸侯間結盟，大夫又互相私下結盟，這樣大夫就擴張了權限。所以說雞澤這次盟會，諸侯開始失政了，大夫掌握國家大權。說，袁僑跟別國大夫不一樣。

(七)經 秋，公至自會㈠。

【今註】㈠此經無傳。

【今譯】秋天，襄公從會盟地回國，告祭祖廟。

(八)經 冬，晉荀罃帥師伐許㈠。

【今註】㈠荀罃：晉國大國。此經無傳。

【今譯】冬天，晉國的荀罃領兵攻伐許國。

襄公四年（公元前五百六十九年）

(一)經 四年，春，王三月，己酉，陳侯午卒㈠。

【今註】㈠午：陳成公名叫午。此經無傳。

【今譯】四年春，王三月，己酉日，陳成公去世。

(二)經 夏，叔孫豹如晉㈠。

【今註】㈠叔孫豹：魯卿。此經無傳。

【今譯】夏天，叔孫豹到晉國去。

㈢經秋，七月，戊子，夫人姒氏薨㊀。

【今註】㊀姒氏：成公妾，襄公生母。此經無傳。

【今譯】秋，七月戊子日，成公夫人姒氏去世。

㈣經葬陳成公㊀。

【今註】㊀此經無傳。

【今譯】安葬陳成公。

㈤經八月，辛亥，葬我小君定姒㊀。

【今註】㊀小君：諸侯夫人，定：姒氏的謚號。此經無傳。

【今譯】八月辛亥日，安葬魯君的夫人定姒。

㈥經冬，公如晉㊀。

【今註】㊀此經無傳。

【今譯】冬天，襄公到晉國去。

(七)經陳人圍頓㊀。

【今註】㊀頓：國名。此經無傳。

【今譯】陳國包圍了頓國。

襄公五年（公元前五百六十八年）

(一)經五年，春，公至自晉㊀。

【今註】㊀此經無傳。

【今譯】五年春，襄公從晉回國，告祭祖廟。

(二)經夏，鄭伯使公子發來聘㊀。

【今註】㊀公子發：鄭國大夫，子產父。此經無傳。

【今譯】夏天，鄭伯派公子發來魯訪問。

(三)經叔孫豹、繒世子巫如晉。

傳外不言如㊀，而言如，為我事往也。

【今註】㈠外：指繒國太子，名巫。

【今譯】對魯國以外的人到哪兒去不加以記載，這次卻記了，因為他是為魯國事去的。

㈣經 仲孫蔑、衛孫林父會吳於善稻。

傳 吳謂善伊㈠，謂稻緩。號從中國㈡，名從主人。

【今註】㈠吳謂善伊：吳地方言，善讀伊，稻讀緩。㈡號：指地號，地名。中國：中原諸侯國。

【今譯】吳國善字讀伊，稻字讀緩。地名按中原各諸侯國的叫法，人名遵從主人的叫法。

㈤經 秋，大雩㈠。

【今註】㈠雩：祈求下雨的祭祀。此經無傳。

【今譯】秋季，舉行盛大的求雨祭祀。

㈥經 楚殺其大夫公子壬夫㈠。

【今註】㈠此經無傳。

【今譯】楚國殺了自己的大夫壬夫。

㈦經 公會晉侯、宋公、陳侯、衛侯、鄭伯、曹伯、莒子、邾子、滕子、薛伯、齊世子光、吳人、繒人于戚㈠。

【今註】㈠光：齊靈公的太子。此經無傳。

【今譯】襄公在戚地會見晉侯、宋公、陳侯、衞侯、鄭伯、曹伯、莒子、邾子、滕子、薛伯、齊國太子、吳人和繒人。

(八)經公至自會㈠。

【今註】㈠此經無傳。

【今譯】襄公從開會地回國，告祭祖廟。

(九)經冬，戍陳。

傳內辭也㈠。

【今註】㈠內：指魯國。

【今譯】魯國派兵戍守陳國。

(十)經楚公子貞帥師伐陳㈠。

【今註】㈠貞：人名，楚莊王兒子。此經無傳。

【今譯】楚公子貞領兵攻伐陳國。

(十二)經公會晉侯、宋公、衞侯、鄭伯、曹伯、莒子、邾子、滕子、薛伯、齊世子光救陳㊀。

【今註】㊀此經無傳。

【今譯】襄公會合晉侯、宋公、衞侯、鄭伯、曹伯、莒子、邾子、滕子、薛伯、齊國太子，一起援救陳國。

(十三)經十有二月，公至自救陳。

傳善救陳也㊀。

【今註】㊀善：好。救陳是攘夷狄(指楚)，故善之。

【今譯】救陳是好事。

(十四)經辛未，季孫行父卒㊀。

【今註】㊀季孫行父：魯卿。此經無傳。

【今譯】辛未，季孫行父去世。

襄公六年（公元前五百六十七年）

(一)經 六年，春，王三月，壬午，杞伯姑容卒㊀。

【今註】㊀姑容：杞桓公的名。此經無傳。

【今譯】六年春，周曆三月，壬午日，杞桓公去世。

(二)經 夏，宋華弱來奔㊀。

【今註】㊀華弱：宋國的司馬。此經無傳。

【今譯】夏天，宋國的華弱跑到魯避難。

(三)經 秋，葬杞桓公㊀。

【今註】㊀此經無傳。

【今譯】秋天，安葬杞桓公。

(四)經 滕子來朝㊀。

【今註】㊀此經無傳。

【今譯】 滕國國君來魯朝見。

(五)經 莒人滅繒。

傳 非滅也。中國日㈠，卑國月㈡，夷狄時㈢。繒，中國也，而時，非滅也。家有既亡㈣，國有既滅，滅而不自知，由別之而不別也。莒人滅繒，非滅也，非其立異姓以蒞祭祀㈤，滅亡之道也。

【今註】㈠中國日：中原諸侯國被滅，要記日期。㈡卑國月：小國被滅記月份。㈢夷狄時：夷狄被滅記季節。㈣家：卿大夫的封地。㈤立異姓：立別姓為太子。繒君前夫人生了太子，名叫巫。繒君愛後夫人，後夫人沒生兒，祇生個女兒，嫁給莒國國君，生個兒子叫伹。繒君廢太子巫，而立外孫伹。立異姓為嗣，來接替祭祀，這就意味著斷了香火要滅亡了。非：責備。蒞：臨。

【今譯】不是滅亡。中原諸侯國被滅，記載日期，小國被滅記載月份，夷狄被滅記載季節。繒國，屬於中原諸侯國，記載季節，表明它不是滅亡。有的封地已經被滅，有的國已經被滅，被滅了自己卻不知道，有區別也就無法區別了。說莒國滅了繒國，不是滅亡了，是責備立了異姓為嗣來接替祭祀，這也就是滅亡的途徑。

(六)經冬，叔孫豹如邾(一)。

【今註】(一)此經無傳。

【今譯】冬天，叔孫豹到邾國去。

(七)經季孫宿如晉(一)。

【今註】(一)季孫宿：季孫行父的兒子，繼父位為魯卿。此經無傳。

【今譯】季孫宿到晉國去。

(八)經十有二月，齊侯滅萊(一)。

【今註】(一)萊：國名。此經無傳。

【今譯】十二月，齊國滅掉萊國。

襄公七年（公元前五百六十六年）

(一)經七年，春，郯子來朝(一)。

【今註】(一)此經無傳。

【今譯】七年，春天，郯國國君來魯朝見。

(二)經 夏，四月，三卜郊，不從，乃免牲。

傳 夏四月，不時也(一)。三卜，禮也。乃者，亡乎人之辭也(二)。

【今註】(一)不時：不符合季節。郊祭是春季祈求豐年的祭祀。(二)亡乎人：指沒賢人，即沒有好君王。亡：通無。

【今譯】夏季四月(舉行郊祭)不合時令。三次占卜，合於禮。用乃字，是沒有賢人的意思。

(三)經 小邾子來朝(一)。

【今註】(一)小邾：國名。此經無傳。

【今譯】小邾國國君來魯朝見。

(四)經 城費(一)。

【今註】(一)費：邑名。季孫氏的封邑。此經無傳。

【今譯】在費邑修築城牆。

(五)經 秋，季孫宿如衞(一)。

【今註】㈠季孫宿：魯卿，季孫行父的兒子。此經無傳。

【今譯】秋天，季孫宿到衞國去。

㈥經 八月，螽。

【今註】此經無傳。

【今譯】八月，蟲成災。

㈦經 冬，十月，衞侯使孫林父來聘，壬戌，及孫林父盟㈠。

【今註】㈠此經無傳。

【今譯】冬天，十月，衞侯派孫林父來魯訪問，壬戌日，跟孫林父簽盟。

㈧經 楚公子貞帥師圍陳㈠。

【今註】㈠此經無傳。

【今譯】楚公子貞領兵包圍陳國。

㈨經 十有二月，公會晉侯、宋公、陳侯、衞侯、曹伯、莒子、邾子於鄬。鄭伯髡原如會，未見諸侯。丙戌，卒於操。

傳未見諸侯㈠，其曰如會何也？致其志也㈡。禮，諸侯不生名㈢，此其生名何也？卒之名也。卒之名則何為加之如會之上？見以如會卒也。其見以如會卒何也？鄭伯將會中國㈣，其臣欲從楚，不勝其臣，弒而死。其不言弒何也？不使夷狄之民㈤，加乎中原之君也。其地，於外也㈥。其日，未踰竟也㈦。日卒時葬，正也。

【今註】㈠未見諸侯：指鄭伯（名髡原）參加鄬地會盟，沒能到會，就被殺了。㈡致其志：他的心意到了。㈢不生名：活著時不記名。㈣中國：中原各諸侯國。㈤夷狄：指楚國。㈥於外：指國都之外。㈦竟：境的古字。

【今譯】（鄭伯）沒見到諸侯，為什麼還說到會了呢？是他的心意到會了。按禮，諸侯活著時不稱名，這裏為什麼稱他的名呢？是死了才稱名。死了稱名為什麼加在「如會」之前呢？足見他赴會時死了。怎麼見得他赴會時死了？鄭伯將要參加中原諸侯的會盟，他的臣想歸順楚國，他沒能勝過大臣，被殺而死。為什麼不說被殺呢？不讓楚國之民勝過中原之君。記他死的地點，是因為他死在國都以外。記他死的日期，是因為他死在國境之內。死時記日期，安葬時記季節是對的。

㈩經陳侯逃歸。

傳以其去諸侯㈠，故逃之也。

【今註】㊀去諸侯：離開中原各諸侯國。想親楚。

【今譯】因為他想離開諸侯（親楚），所以逃會回國。

襄公八年（公元前五百六十五年）

㈠經 八年，春，王正月，公如晉㊀。

【今註】㊀此經無傳。

【今譯】八年，春天，周曆正月，襄公到晉國去。

㈡經 夏，葬鄭僖公㊀。

【今註】㊀此經無傳。

【今譯】夏季，安葬鄭僖公。

㈢經 鄭人侵蔡，獲蔡公子濕。

傳 人，微者也㊀。侵，淺事也㊁。而獲公子，公子病矣㊂。

【今註】㊀微：微賤，指名位不高。㊁淺：不重。㊂公子：蔡景公兒子，名叫濕，左傳和公羊傳作「公子燮」。病：楊士勛釋為病弱，並引徐邈語證之。

【今譯】稱人，表明是名位不高的人。侵，是一般的軍事進攻。擒獲蔡公子，是因為公子病弱(不勝將帥之任)。

(四)經季孫宿會晉侯、鄭伯、齊人、宋人、衞人、邾人於邢丘。

傳見魯之失正也，公在而大夫會也㈠。

【今註】㈠大夫：指魯卿季孫宿，大夫是泛稱。

【今譯】可見魯國亂政了，襄公在，卻是大夫參加會。

(五)經公至自晉㈠。

【今註】㈠此經無傳。

【今譯】襄公從晉回國，告祭祖廟。

(六)經莒人伐我東鄙㈠。

【今註】㈠鄙：邊邑。此經無傳。

【今譯】莒人攻伐魯國東部邊邑。

(七)經秋，九月，大雩㈠。

【今註】㈠雩：求雨的祭祀。此經無傳。

【今譯】秋季，九月，舉行盛大的求雨祭祀。

㈧經楚公子貞帥師伐鄭㈠。

【今註】㈠帥：通率。此經無傳。

【今譯】楚公子貞領兵攻打鄭國。

㈨經晉侯使士匄來聘㈠。

【今註】㈠士匄（音蓋）：晉卿，又稱范宣子。此經無傳。

【今譯】晉侯派士匄來魯國訪問。

襄公九年（公元前五百六十四年）

㈠經九年，春，宋災。

傳外災不志。此其志何也？故宋也㈠。

【今註】㈠范寧解「故猶先也」。孔子的先人在宋國。

【今譯】春秋經對魯以外的國家受災不予記載。這次為什麼記載？因為孔子的先祖在宋國。

(二)經季孫宿如晉㈠。

【今註】㈠季孫宿：魯卿。此經無傳。

【今譯】季孫宿到晉國去。

(三)經五月，辛酉，夫人姜氏薨㈠。

【今註】㈠姜氏：指穆姜，成公母，襄公祖母。此經無傳。

【今譯】五月，辛酉日，夫人姜氏去世。

(四)經秋，八月，癸未，葬我小君穆姜㈠。

【今註】㈠小君：諸侯夫人稱小君。此是宣公夫人。此經無傳。

【今譯】秋季，八月癸未日，安葬魯宣公夫人穆姜。

(五)經冬，公會晉侯、宋公、衞侯、曹伯、莒子、邾子、滕子、薛伯、小邾子、齊世子光伐鄭㈠。十月二月，己亥，同盟於戲㈡。

【今註】㈠光：齊靈公太子。閩本、毛本和監本在「薛伯」下有杞伯二字。㈡戲：鄭國邑名。

【今譯】冬天，襄公會合晉侯、宋公、衞侯、曹伯、莒子、邾子、滕子、薛伯和小邾子、齊太子光一起攻伐鄭國。十二月己亥日，在戲邑和鄭國結盟。

傳不異言鄭，善得鄭也。不致㈠，恥不能據鄭也㈡。

【今註】㈠不致：即不至。這是對襄公十年的第三條經文而言，說襄公回國，不以得鄭之事告祭祖廟。㈡不能據鄭：這句是對下一條經文而言。楚又來攻伐鄭國，說明魯和其他諸侯不能長久得到鄭國。

【今譯】不另提鄭國。得到鄭國（指結盟）是好事。不以得鄭告祭祖廟，是恥於不能長久得鄭。

㈥經楚子伐鄭㈠。

【今註】㈠此經無傳。

【今譯】楚國攻伐鄭國。

襄公十年（公元前五百六十三年）

㈠經十年，春，公會晉侯、宋公、衞侯、曹伯、莒子、邾子、滕子、薛伯、杞伯、小邾子、齊世子光，會吳於柤。

傳會又會㈠，外之也㈡。

【今註】㈠會又會：指這條經文用了兩個會字。㈡之：代吳國。

【今譯】會字的後文又用了會字，是因為把吳國視為中原以外的夷狄了。

㈡經夏，五月，甲午，遂滅傅陽。

傳遂㈠，直遂也。其曰遂何？不以中國從夷狄也㈡。

【今註】㈠遂：於是，就。㈡從夷狄：跟在吳的後面。因為柤（音查）地之會商討滅傅陽（國名）事。所以怕吳國先下手。范寧認為是吳滅了傅陽，與穀梁氏違。

【今譯】遂，是徑直的意思。為什麼說會後徑直就滅了傅陽國？不讓中原諸侯落在夷狄後面。

㈢經公至自會。

傳會夷狄不致㈠，惡事不致，此其致何也？存中國也㈡。中國有善事，則並焉。無善事，則異之存之也。汲鄭㈢，逃歸陳侯㈣，柤之會㈤，存中國也。

【今註】㈠致：通至。後兩個致同此。㈡存中國：有中原諸侯國在。此依楊士勛解。㈢汲鄭：指鄭僖公想參加鄬地的諸侯盟會而被弒。汲：引。㈣逃歸陳侯：指陳侯參加鄬地會盟，因下臣親楚而嚇得逃會回國。㈤相之會：指十三個諸侯國參加的相(音查)地之會。

【今譯】諸侯外出，如果會見夷狄之君，不能告祖，做了壞事不能告祖。這次襄公會見了吳人，為什麼回國後還告祭祖廟？因為有中原諸侯國在會。中原諸侯國有好事，就一起做；沒有好事，就存異而做。吸引鄭伯參加的會，陳侯逃離的會，相地之會，都有中原諸侯國在會。

㈣經楚公子貞、鄭公孫輒帥師伐宋㈠。

【今註】㈠公孫輒：鄭國大夫。此經無傳。

【今譯】楚公子貞和鄭國的公孫輒領兵伐宋。

㈤經晉師伐秦㈠。

【今註】㈠此經無傳。

【今譯】晉軍攻伐秦國。

㈥經秋，莒人伐我東鄙㈠。

【今註】㈠此經無傳。

【今譯】秋天，莒國攻伐魯國東部的邊邑。

(七)經公會晉侯、宋公、衛侯、曹伯、莒子、邾子、齊世子光、滕子、薛伯、杞伯、小邾子伐鄭㈠。

【今註】㈠此經無傳。

【今譯】襄公會合晉侯、宋公、衛侯、曹伯、莒子、邾子、齊世子光、滕子、薛伯、杞伯、小邾子，一起攻伐鄭國。

(八)經冬，盜殺鄭公子斐、公子發、公孫輒。

傳稱盜以殺大夫㈠，弗以上下道，惡上也㈡。

【今註】㈠盜：作亂的人。大夫是泛稱，實際公子斐是鄭國的正卿，公子發是司馬，公孫輒是司空，都屬國卿。㈡惡：憎恨。上：指鄭伯。

【今譯】說作亂的人殺了大夫，這不是按地位的上下記載的。對鄭伯表示憎恨。

(九)經戍鄭虎牢。

傳其曰鄭虎牢㈠，決鄭乎虎牢。

【今註】㈠虎牢：鄭國地名，被晉佔有。

【今譯】稱鄭虎牢，表明虎牢要歸還給鄭了。

(十)經楚公子貞帥師救鄭㊀。

【今註】㊀此經無傳。

【今譯】楚公子貞領兵援救鄭國。

(十一)經公至自伐鄭㊀。

【今註】㊀此經無傳。

【今譯】襄公伐鄭後回國，告祭祖廟。

襄公十一年（公元前五百六十二年）

(一)經十有一年，春，王正月，作三軍。

傳作，為也㊀。古者天子六師㊁，諸侯一軍。作三軍，非正也。

【今註】㊀為：編制。㊁六師：六軍。據周禮司馬法：「萬有二千五百人為軍，王（天子）六軍，大國三軍，次國二軍，小國一軍，其將皆命卿」。

【今譯】作，是編制的意思。古時，天子擁有六軍，諸侯一軍。編制三軍，是不對的。

㈡經夏，四月，四卜郊，不從，乃不郊。

傳夏四月，不時也㈠。四卜㈡，非禮也。

【今註】㈠不時：不合季節。郊祭是春季祈求豐年的祭祀，夏季才為郊祭占卜，顯然不合時令。

㈡四卜：為郊祭擇日，卜了四次。禮規定祇能卜三次。

【今譯】夏季四月，不合郊祭的時令。卜四次，不合於禮。

㈢經鄭公孫舍之帥師侵宋㈠。

【今註】㈠公孫舍之：字子展，鄭國大夫。此經無傳。

【今譯】鄭國的公孫舍之領兵侵略宋國。

㈣經公會晉侯、宋公、衛侯、曹伯、齊世子光、莒子、邾子、滕子、薛伯、杞伯、小邾子伐鄭㈠。

【今註】㈠此經無傳。

【今譯】襄公會合晉侯、宋公、衛侯、曹伯、齊太子光、莒子、邾子、滕子、薛伯、杞伯、小邾子，一起攻伐鄭國。

(五)經秋，七月，己未，同盟於京城北㊀。

【今註】㊀京城：左傳作「亳城」。此經無傳。

【今譯】秋季，七月己未日，攻伐鄭的十二國跟鄭國在京城北結盟。

(六)經公至自伐鄭。

傳不以後致㊀，盟後復伐鄭也。

【今註】㊀後：指後一件事，即諸侯跟鄭結盟。

【今譯】不拿後一事告祭祖廟，因為結盟後又攻伐鄭國。

(七)經楚子、鄭伯伐宋㊀。

【今註】㊀此經無傳。

【今譯】楚國和鄭國攻伐宋國。

(八)經公會晉侯、宋公、衛侯、曹伯、齊世子光、莒子、邾子、滕子、薛伯、杞伯、小邾子伐鄭，會於蕭魚㊀。

【今註】㈠蕭魚：地名。不詳。此經無傳。

【今譯】襄公會合晉侯、宋公、衞侯、曹伯、齊太子光、莒子、邾子、滕子、薛伯、杞伯、小邾子，一起攻伐鄭國。在蕭魚會盟。

㈨經公至自會。

傳伐而後會，不以伐鄭致㈠，得鄭伯之辭也㈡。

【今註】㈠致：通至。㈡得鄭伯：指鄭伯歸服了。

【今譯】伐鄭之後會盟，不拿伐鄭這件事告祭祖廟，表明鄭伯歸服了。

㈩經楚人執鄭行人良霄。

傳行人者㈠，挈國之辭也㈡。

【今註】㈠行人：外交使者。㈡挈：領，帶著。

【今譯】外交使臣，是帶有國家使命的人。

㈩㈠經冬，秦人伐晉㈠。

【今註】㈠此經無傳。

【今譯】冬天，秦國攻伐晉國。

襄公十二年（公元前五百六十一年）

㈠經十有二年，春，王三月，莒人伐我東鄙，圍邰。

傳伐國不言圍邑，舉重也。取邑不書㈠，圍，安足書也？

【今註】㈠取邑：攻佔了城邑。書：記。

【今譯】攻伐一個不必記包圍了城邑，記重要的。佔領城邑都不必記，包圍城邑，哪值得記呢？

㈡經季孫宿帥師救邰，遂入鄆。

傳遂，繼事也㈠。受命而救邰㈡，不受命而入鄆㈢。惡季孫宿也㈣。

【今註】㈠繼：承，接。㈡邰：魯邑名，在今山東費縣東南。㈢鄆：魯邑名，在今山東沂水縣東北。㈣季孫宿：魯卿。

【今譯】遂，表示緊接著另一件事。接受命令拯救邰邑，沒得到命令就擅自進入鄆城。對季孫宿表示憎恨。

㈢經夏，晉侯使士魴來聘㈠。

【今註】㊀士魴：晉卿。此經無傳。

【今譯】夏天，晉侯派士魴來魯訪問。

㈣經秋，九月，吳子乘卒㊀。

【今註】㊀乘：吳王的名。此經無傳。

【今譯】秋天，九月，吳王乘去世。

㈤經冬，楚公子貞帥師侵宋㊀。

【今註】㊀此經無傳。

【今譯】冬天，楚國公子貞領兵侵略宋國。

㈥經公如晉㊀。

【今註】㊀此經無傳。

【今譯】襄公到晉國去。

襄公十三年（公元前五百六十年）

(一)經 十有三年，春，公至自晉㈠。

【今註】㈠此經無傳。

【今譯】十三年，春天，襄公從晉回國，告祭祖廟。

(二)經 夏，取邿㈠。

【今註】㈠邿：魯的附庸國。此經無傳。

【今譯】夏天，佔領了邿國。

(三)經 秋，九月，庚辰，楚子審卒㈠。

【今註】㈠審：楚共王名審。此經無傳。

【今譯】秋天，九月庚辰日，楚共王去世。

(四)經 冬，城防㈠。

【今註】㈠防：魯地名。此經無傳。

【今譯】冬天，在防地修築城牆。

襄公十四年（公元前五百五十九年）

㈠經十有四年，春，王正月，季孫宿、叔老㊀，會晉士匄、齊人、宋人、衛人、鄭公孫蠆、曹人、莒人、邾人、滕人、薛人、杞人、小邾人，會吳於向㊁。

【今註】㊀叔老：魯卿。㊁向：地名，在今河南尉氏縣西南。此經無傳。

【今譯】十四年，春天，周曆正月，魯國的季孫宿和叔老在向地同晉卿士匄、齊人、宋人、衛人鄭大夫公孫蠆、曹人、莒人、邾人、滕人、薛人、杞人、小邾人、吳人會盟。

㈡經二月，乙未，朔㊀，日有食之㊁。

【今註】㊀朔：每月初一日叫朔。㊁此經無傳。

【今譯】二月乙未日，初一，出現日蝕。

㈢經夏，四月，叔孫豹會晉荀偃、齊人、宋人、衛北宮括、鄭公孫蠆、曹人、莒人、邾人、滕人、薛人、杞人、小邾人伐秦㊀。

【今註】㈠此經無傳。

【今譯】夏季，四月，魯卿叔孫豹同晉卿荀偃、齊人、宋人、衞大夫北宮括、鄭大夫公孫蠆、曹人、莒人、邾人、滕人、薛人、杞人、小邾人一起攻伐秦國。

㈣經己未，衞侯出奔齊㈠。

【今註】㈠衞侯：衞獻公。大夫孫林父作亂，逼君離國。此經無傳。

【今譯】己未日，衞侯逃到齊國避難。

㈤經莒人侵我東鄙㈠。

【今註】㈠鄙：邊邑。此經無傳。

【今譯】莒國侵犯魯國東部邊邑。

㈥經秋，楚公子貞帥師伐吳㈠。

【今註】㈠此經無傳。

【今譯】秋天，楚國公子貞領兵攻伐吳國。

㈦經冬，季孫宿會晉士匄、宋華閱、衞孫林父、鄭公孫蠆、莒人、邾人於戚㈠。

【今註】㊀戚：衞國邑名，是孫林父的食邑。此經無傳。

【今譯】冬天，魯卿季孫宿在戚地和晉卿士匄、宋國的華閱、衞國的孫林父、鄭國的公孫蠆、莒人、邾人會盟。

襄公十五年（公元前五百五十八年）

㈠經十有五年，春，宋公使向戌來聘㊀。二月，己亥，及向戌盟於劉㊁。

【今註】㊀向戌：宋國大夫。㊁劉：地名，在今曲阜附近。

【今譯】十五年，春天，宋公派向戌來魯訪問。二月乙亥日，跟向戌在劉地結盟。

㈡經劉夏逆王后於齊㊀。

【今註】㊀劉夏：周頃王的下大夫。逆：迎。

【今譯】劉夏到齊國接王后。

傳過我㊀，故志之也。

【今註】㊀我：指魯。

【今譯】經過魯國，所以記載這件事。

(三)經齊侯伐我北鄙，圍成(一)。公救成，至遇(二)。

【今註】(一)成：也作郕，地名，在今山東寧陽縣東。(二)遇：地名，在曲阜和寧陽之間。

【今譯】齊國攻打魯國北部邊邑，包圍了成邑。襄公領兵救成，到遇地（齊兵就退了）。

(四)經季孫宿、叔孫豹帥師城成郛(一)。

【今註】(一)郛：也叫郭，外城。古時城牆有內外兩道。齊軍毀了外城，故需修復。

【今譯】季孫宿和叔孫豹領軍隊修復成邑的外城。

(五)經秋，八月，丁巳，日有食之(一)。

【今註】(一)杜預註：「八月無丁巳，當為七月朔日」。此經無傳。

【今譯】秋天，八月丁巳日，出現日蝕。

(六)經邾人伐我南鄙(一)。

【今註】(一)此經無傳。

【今譯】邾國攻打魯國南部邊邑。

(七)經冬，十一月癸亥，晉侯周卒㊀。

【今註】㊀周：晉悼公的名。此經無傳。

【今譯】冬季，十一月癸亥日，晉悼公去世。

襄公十六年（公元前五百五十七年）

(一)經十有六年，春，王正月，葬晉悼公㊀。

【今註】㊀此經無傳。

【今譯】十六年，春天，周曆正月，安葬晉悼公。

(二)經三月，公會晉侯、宋公、衞侯、鄭伯、曹伯、莒子、邾子、薛伯、杞伯、小邾子於溴梁。戊寅，大夫盟。

傳溴梁之會㊀，諸侯失正矣㊁。諸侯會，而曰大夫盟，正在大夫也。諸侯在，而不曰諸侯之大夫，大夫不臣也。

【今註】㊀溴（音浩）梁：地名，在今河南濟源縣西。 ㊁正：通政。下句同此。

【今譯】溴梁之會，表明諸侯失去了政權。諸侯開會，卻說大夫結盟，表明政權在大夫手。諸侯在，卻不說諸侯的大夫，表明大夫不行臣道。

㈢經晉人執莒子、邾子以歸㊀。

【今註】㊀此經無傳。

【今譯】晉國捉住莒、邾二國的國君，帶回國。

㈣經齊侯伐我北鄙㊀。

【今註】㊀鄙：邊邑。此經無傳。

【今譯】齊國侵犯魯國北部邊邑。

㈤經夏，公至自會㊀。

【今註】㊀會：指溴梁之會。此經無傳。

【今譯】夏天，襄公從溴梁回國，告祭祖廟。

㈥經五月，甲子，地震㊀。

【今註】㊀此經無傳。

【今譯】五月甲子日，發生地震。

(七)經叔老會鄭伯、晉荀偃、衛寗殖、宋人伐許㊀。

【今註】㊀叔老：魯卿。荀偃：晉卿。寗殖：衛國大夫。此經無傳。

【今譯】叔老會同鄭伯、晉卿荀偃、衛國的寗殖、宋人，一起攻伐許國。

(八)經秋，齊侯伐我北鄙，圍成㊀。

【今註】㊀成：魯邑名，也作「郕」。此經無傳。

【今譯】秋天，齊國攻伐魯國北部邊邑，包圍了成邑。

(九)經大雩㊀。

【今註】㊀此經無傳。

【今譯】舉行盛大的求雨的祭祀。

(十)經冬，叔孫豹如晉㊀。

【今註】㊀叔孫豹：魯卿。此經無傳。

【今譯】叔孫豹到晉國去。

襄公十七年（公元前五百五十六年）

(一)經 十有七年，春，王二月，庚午，邾子瞷卒㊀。

【今註】㊀瞷：左傳作牼，邾宣公的名。此經無傳。

【今譯】十七年，春天，周曆二月庚午日，邾宣公去世。

(二)經 宋人伐陳㊀。

【今註】㊀此經無傳。

【今譯】宋國攻打陳國。

(三)經 夏，衞石買帥師伐曹㊀。

【今註】㊀石買：衞國大夫。此經無傳。

【今譯】夏天，衞國的石買領兵攻伐曹國。

(四)經 秋，齊侯伐我北鄙，圍桃。齊高厚帥師伐我北鄙㊀，圍防㊁。

【今註】㊀高厚：齊卿。㊁防和桃都是魯國地名。桃，公羊傳作洮。此經無傳。

【今譯】秋天，齊國攻打魯國北部邊邑，包圍桃地。齊卿高厚又領兵攻伐魯國北部邊邑，包圍了防地。

(五)經九月，大雩㊀。

【今譯】九月，舉行盛大的求雨祭祀。

【今註】㊀此經無傳。

(六)經宋華臣出奔陳㊀。

【今譯】宋國的華臣逃到陳國避難。

【今註】㊀華臣：宋國的卿。此經無傳。

(七)經冬，邾人伐我南鄙㊀。

【今譯】冬天，邾國攻打魯國南部邊邑。

【今註】㊀此經無傳。

襄公十八年（公元前五百五十五年）

㈠經十有八年，春，白狄來㊀。

【今註】㊀白狄：狄人的一支。此經無傳。

【今譯】十八年，春天，白狄人來魯國友好交往。

㈡經夏，晉人執衞行人石買。

傳稱行人㊀，怨接於上也㊁。

【今註】㊀行人：外交使臣。㊁上：指君。

【今譯】稱石買為使臣，表明仇恨是指向衞侯。

㈢經秋，齊侯伐我北鄙㊀。

【今註】㊀齊國已五次伐魯。此經無傳。

【今譯】秋天，齊國侵犯魯國北部邊邑。

㈣經冬，十月，公會晉侯、宋公、衞侯、鄭伯、曹伯、莒子、邾子、薛伯、杞伯、小鄫子同圍齊。

傳非圍而曰圍。齊有大焉，亦有病焉㊀。非大而足同焉，諸侯同罪之也㊁，亦病矣。

【今註】㊀病：指罪過。㊁罪之：歸罪於它。

【今譯】不該包圍卻包圍了。齊是大國，也有罪過。不是大國，值得諸侯共同行動嗎？諸侯一齊歸罪於它，也就說明它有罪過。

(五)經曹伯負芻卒於師。

傳於師，閔之也㊀。

【今註】㊀閔：同憫，憐念。之：指曹伯，名叫負芻。

【今譯】強調死在軍中，是對曹伯表示憐念。

(六)經楚公子午帥師伐鄭㊀。

【今註】㊀此經無傳。

【今譯】楚公子午領兵攻伐鄭國。

襄公十九年（公元前五百五十四年）

㈠經十有九年，春，王正月，諸侯盟於祝柯㊀。晉人執邾子㊁。

【今註】㊀祝柯：地名，在今山東省長清縣東北。㊁圍齊的十二國在祝柯結盟後，又因邾國也屢次侵犯魯國邊邑，所以又抓住了邾國國君。此經無傳。

【今譯】十九年，春天，周曆正月，諸侯在祝柯結盟。晉國捉住了邾君。

㈡經公至自伐齊。

傳春秋之義㊀，已伐而盟，復伐者則以伐致㊁。盟不復伐者，則以會致。祝柯之盟，盟復伐齊與㊂？曰，非也。然則何為以伐致也？曰，與人同事，或執其君㊃，或取其地㊄。

【今註】㊀義：指記事的義例。㊁致：通至。外出回國，告祭祖廟。㊂與：歟的古字，語氣詞。㊃執其君：指晉人逮住邾君。㊄取其地：指魯國佔有了邾國土地，見下一條經文。

【今譯】春秋經記事的義例是，討伐後結盟，結盟後又攻伐，就拿攻伐的事告祭祖廟。如果結盟後不再攻伐，就拿結盟的事告祭祖廟。祝柯這次結盟，完後又攻伐齊國了嗎？解釋說，沒有。

那麼為啥拿攻伐的事告祭祖廟呢？解釋說，跟人一起行動，有的捉住邾君，有的取得邾國的土地。

㈢經 取邾田，自漷水。

傳 軋辭也㊀。其不日，惡盟也㊁。

【今註】㊀軋：輾壓。引申有委曲的意思。穀梁氏認為，經文說魯國取得了漷河以北的邾國的土地，是委婉曲折地道出了魯佔領的土田之多。㊁惡盟：指憎恨祝柯這次會盟，因其又捉人，又奪田。

【今譯】（自漷水）是委婉地用詞。不記載日期，是因為憎恨會盟。

㈣經 季孫宿如晉㊀。

【今註】㊀此經無傳。

【今譯】魯卿季孫宿到晉國去。

㈤經 葬曹成公㊀。

【今註】㊀此經無傳。

【今譯】安葬曹成公。

(六)經 夏，衞孫林父帥師伐齊㊀。

【今註】㊀此經無傳。

【今譯】夏天，衞國的孫林父領兵攻伐齊國。

(七)經 秋，七月，辛卯，齊侯環卒㊀。

【今註】㊀環：齊靈公的名。此經無傳。

【今譯】秋季，七月辛卯日，齊靈公去世。

(八)經 晉士匄帥師侵齊，至穀，聞齊侯卒，乃還。

傳 還者，事未畢之辭也。受命而誅生，死無所加其怒，不伐喪，善之也。善之則何為未畢也？君不尸小事㊀，臣不專大名㊁。善則稱君㊂，過則稱己，則民作讓矣㊃。士匄外專君命㊄，故非之也。然則為士匄者宜奈何？宜墠帷而歸命乎介㊅。

【今註】㊀尸：主。㊁專大名：指獨享美名。這裏指不伐喪的美名。㊂善則稱君：好事就說君王做的。㊃作讓：講謙讓。㊄士匄（音蓋）：晉卿，又稱范宣子。專君命：指他擅自違背君命，停止攻齊而返國。㊅墠（音善）：清除一塊整潔地面供祭祀。介：副手。

【今譯】返還，是事情沒辦完的意思。接受君命去懲罰活人。聽說齊侯死了，不加怒給齊，不攻伐有喪事的國家，這種做法很好。認為好為啥還說沒辦完事？國君不主持小事，大臣不能獨享美名。好事就說是君王做的，錯事歸罪於自己，百姓就都講謙讓了。士匄在外擅自違背君命，所以責備他。如此，那麼做為士匄應該怎麼辦才對？應該除地做墠場祭祀，張設帷幕暫住，派副使回國請命。

㈨經 八月，丙辰，仲孫蔑卒㊀。

【今註】㊀此經無傳。

【今譯】八月丙辰日，魯卿仲孫蔑去世。

㈩經 齊殺其大夫高厚㊀。

【今註】㊀高氏世世為齊卿，經文稱大夫是泛稱。此經無傳。

【今譯】齊國殺了它的大夫高厚。

⑾經 鄭殺其大夫公子嘉㊀。

【今註】㊀此經無傳。

【今譯】鄭國殺了它的大夫公子嘉。

(十二)經 冬，葬齊靈公(一)。

【今註】(一)此經無傳。

【今譯】冬天，安葬齊靈公。

(十三)經 城西郛(一)。

【今註】(一)郛：也叫郭，外城。此經無傳。

【今譯】修築魯都西面的外道城牆。

(十四)經 叔孫豹會晉士匄於柯(一)。

【今註】(一)柯：地名，在今河南內黃縣東北。此經無傳。

【今譯】魯卿叔孫豹在柯地會見晉卿士匄。

(十五)經 城武城(一)。

【今註】(一)武城：魯地名，在今山東嘉祥縣。此經無傳。

【今譯】在武城築城牆。

襄公二十年（公元前五百五十三年）

㈠經二十年，春，王正月，辛亥，仲孫速會莒人，盟於向㊀。

【今註】㊀仲孫速：魯國大夫。仲孫蔑的兒子。此經無傳。

【今譯】二十年，春天，周曆正月辛亥日，仲孫速會見莒人，在向地結盟。

㈡經夏，六月，庚申，公會晉侯、齊侯、宋公、衞侯、鄭伯、曹伯、莒子、邾子、滕子、薛伯、杞伯、小邾子，盟於澶淵㊀。

【今註】㊀澶淵：衞國地名，在今河南濮陽縣西北。此經無傳。

【今譯】夏季，六月庚申日，襄公跟晉侯、齊侯、宋公、衞侯、鄭伯、曹伯、莒子、邾子、滕子、薛伯、杞伯、小邾子在澶淵會盟。

㈢經秋，公至自會㊀。

【今註】㊀此經無傳。

【今譯】秋天，襄公從會盟地回國，告祭祖廟。

(四)經仲孫速帥師伐邾㊀。

【今註】㊀仲孫速：魯國大夫，仲孫蔑的兒子。此經無傳。

【今譯】仲孫速領兵攻伐邾國。

(五)經蔡殺其大夫公子濕，蔡公子履出奔楚㊀。

【今註】㊀濕和履都是人名，皆為蔡莊公兒子。此經無傳。

【今譯】蔡國殺了自己的大夫公子濕，蔡公子履逃到楚國避難。

(六)經陳侯之弟光出奔楚。

傳諸侯之尊，弟兄不能以屬通㊀。其弟云者，親之也。親而奔之，惡也。

【今註】㊀以屬通：以親屬相稱。

【今譯】諸侯最尊貴，弟兄也不能跟他以親屬相稱。經文稱其弟，表示與陳侯關係親近。親近還逃出避難，憎恨陳侯。

(七)經叔老如齊㊀。

【今註】㈠叔老：魯國大夫。此經無傳。

【今譯】叔老到齊國去。

㈧經冬，十月，丙辰，朔，日有食之㈠。

【今註】㈠此經無傳。

【今譯】冬季，十月丙辰日，初一，出現日蝕。

㈨經季孫宿如宋㈠。

【今註】㈠此經無傳。

【今譯】魯卿季孫宿到宋國去。

襄公二十一年（公元前五百五十二年）

㈠經二十有一年，春，王正月，公如晉㈠。

【今註】㈠此經無傳。

【今譯】二十一年，春天，周曆正月，襄公到晉國去。

㈡經邾庶其以漆、閭丘來奔㊀。

【今註】㊀庶其：邾國的大夫。漆、閭丘：都是地名，在今山東鄒縣。

【今譯】邾庶其帶著漆、閭丘兩處土地逃奔到魯。

傳以者㊀，不以者也。來奔者不言出，舉其接我者也。漆、閭丘不言及，大小敵也㊁。

【今註】㊀以：拿。㊁敵：匹敵，相當。經文用及字的義例是，大者在及字前，小者在及字後。

【今譯】拿的，是不能拿的東西（指土地）。說來奔而不說出奔，是因為他來到魯國。漆、閭丘中不用及字，因為兩地大小相當。

㈢經夏，公至自晉㊀。

【今註】㊀此經無傳。

【今譯】夏天，襄公從晉回國，告祭祖廟。

㈣經秋，晉欒盈出奔楚㊀。

【今註】㊀欒盈：晉卿。此經無傳。

【今譯】秋天，晉卿欒盈逃到楚國避難。

㈤經九月，庚戌，朔，日有食之㊀。

【今註】㊀此經無傳。

【今譯】九月庚戌日，初一，出現日蝕。

㈥經冬，十月，庚辰，朔，日有食之㊀。

【今註】㊀此經無傳。

【今譯】冬季，十月庚辰日，初一，出現日蝕。

㈦經曹伯來朝㊀。

【今註】㊀此經無傳。

【今譯】曹國國君來魯朝見。

㈧經公會晉侯、齊侯、宋公、衞侯、鄭伯、曹伯、莒子、邾子於商任㊀。

【今註】㊀商任：地名，不詳。此經無傳。

【今譯】襄公跟晉侯、齊侯、宋公、衞侯、鄭伯、曹伯、莒子、邾子在商任開會。

㈨經庚子，孔子生㊀。

【今註】㊀此經無傳。

【今譯】庚子日，孔子降生。

襄公二十二年（公元前五百五十一年）

㈠經二十有二年，春，王正月，公至自會㊀。

【今註】㊀此經無傳。

【今譯】二十二年，春天，周曆正月，襄公從商任回國，告祭祖廟。

㈡經夏，四月㊀。

【今註】㊀一季無事，記下首月。此經無傳。

【今譯】夏季，四月。

㈢經秋，七月，辛酉，叔老卒㊀。

【今註】㊀此經無傳。

【今譯】秋季，七月辛酉日，叔老去世。

㈣經冬，公會晉侯、齊侯、宋公、衞侯、鄭伯、曹伯、莒子、邾子、滕子、薛伯、杞伯、小邾子於沙隨㊀。

【今註】㊀沙隨：宋國地名，在今河南寧陵縣西北。此經無傳。

【今譯】冬天，襄公跟晉侯、齊侯、宋公、衞侯、鄭伯、曹伯、莒子、邾子、滕子、薛伯、杞伯、小邾子在沙隨開會。

㈤經公至自會㊀。

【今註】㊀此經無傳。

【今譯】襄公從沙隨回國，告祭祖廟。

㈥經楚殺其大夫公子追舒㊀。

【今註】㈠追舒：字叫子南，楚國的令尹。此經無傳。

【今譯】楚國殺了自己的大夫公子追舒。

襄公二十三年（公元前五百五十年）

㈠經二十有三年，春，王二月，癸酉，朔，日有食之㈠。

【今註】㈠此經無傳。

【今譯】二十三年，春天，周曆二月，癸酉日，初一，出現日蝕。

㈡經三月，己巳，杞伯匄卒㈠。

【今註】㈠匄：杞孝公名匄。此經無傳。

【今譯】三月己巳日，杞孝公去世。

㈢經夏，邾畀我來奔㈠。

【今註】㈠畀我：人名。公羊傳作鼻我。此經無傳。

【今譯】夏天，邾國的畀我逃來魯國。

(四)經葬杞孝公㊀。

【今註】㊀此經無傳。

【今譯】安葬杞孝公。

(五)經陳殺其大夫慶虎及慶寅。

傳稱國以殺，罪累上也㊀。及慶寅㊁，慶寅累也。

【今註】㊀上：君王。這裏指陳侯。㊁慶寅：與慶虎為兄弟。

【今譯】舉出國名說殺某某，表明罪惡牽連到君王。經文記「及慶寅」，表明慶寅是受連累。

(六)經陳侯之弟光自楚歸於陳㊀。

【今註】㊀光：左傳作黃。光於二年前避慶氏跑到楚國。此經無傳。

【今譯】陳侯的弟弟公子光從楚回到陳。

(七)經晉欒盈復入於晉，入於曲沃㊀。

【今註】㊀曲沃：晉國的古都。此經無傳。

【今譯】晉國的欒盈又回到晉國，進入曲沃城。

(八)經秋，齊侯伐衞，遂伐晉㊀。

【今註】㊀此經無傳。

【今譯】秋天，齊侯攻伐衞國，緊接著攻伐晉國。

(九)經八月，叔孫豹帥師救晉，次於雍渝。

傳言救後次㊀，非救也。

【今註】㊀次：駐紮。

【今譯】說是援救，後邊又說駐紮，不是真正地援救。

(十)經己卯，仲孫速卒㊀。

【今註】㊀此經無傳。

【今譯】己卯日，魯大夫仲孫速去世。

(十一)經冬，十月，乙亥，臧孫紇出奔邾。

傳其日，正臧孫紇之出也㊀。蘧伯玉曰㊁：「不以道事其君者其出乎。」

【今註】㊀臧孫紇：魯國的司寇。㊁蘧伯玉：衛國大夫。孔子在衛時，曾住伯玉家。

【今譯】記載日子，表明臧孫紇出逃是對的。蘧伯玉說：「不用事奉君長的禮道事君，恐伯就要出逃吧。」

㈩經晉人殺欒盈。

傳惡之㊀，弗有也。

【今註】㊀之：指代欒盈。直稱其名，不稱「大夫欒盈」是表示憎惡。

【今譯】憎惡他，（好像晉國根本）沒有這個人。

㈪經齊侯襲莒㊀。

【今註】㊀此經無傳。

【今譯】齊國偷襲莒國。

襄公二十四年（公元前五百四十九年）

㈠經二十有四年，春，叔孫豹如晉㊀。

【今註】㈠此經無傳。

【今譯】二十四年，春天，叔孫豹到晉國去。

㈡經仲孫羯帥師侵齊㈠。

【今註】㈠仲孫羯：仲孫速的兒子，魯大夫。此經無傳。

【今譯】仲孫羯領兵侵略齊國。

㈢經夏，楚子伐吳㈠。

【今註】㈠此經無傳。

【今譯】夏季，楚王攻伐吳國。

㈣經秋，七月，甲子，朔，日有食之，既㈠。

【今註】㈠既：盡，全。此經無傳。

【今譯】秋季，七月甲子日，初一，出現日全蝕。

㈤經齊崔杼帥師伐莒㈠。

【今註】㈠崔杼：齊國大夫。此經無傳。

【今譯】齊國由崔杼領兵攻伐莒國。

(六)經大水㊀。

【今註】㊀此經無傳。

【今譯】發大水。

(七)經八月，癸巳，朔，日有食之㊀。

【今註】㊀此經無傳。

【今譯】八月癸巳日，初一，出現日蝕。

(八)經公會晉侯、宋公、衞侯、鄭伯、曹伯、莒子、邾子、滕子、薛伯、杞伯、小邾子於夷儀㊀。

【今註】㊀此經無傳。

【今譯】襄公跟晉侯、宋公、衞侯、鄭伯、曹伯、莒子、邾子、滕子、薛伯、杞伯、小邾子在夷儀開會。

(九)經冬，楚子、蔡侯、陳侯、許男伐鄭㊀。

【今註】㈠此經無傳。

【今譯】冬天，楚王、蔡侯、陳侯和許男領兵攻伐鄭國。

㈩經公至自會㈠。

【今註】㈠此經無傳。

【今譯】襄公從夷儀回國，告祭祖廟。

⑾經陳鍼宜咎出奔楚㈠。

【今註】㈠鍼宜咎：陳國大夫。此經無傳。

【今譯】陳國的鍼宜咎逃亡到楚國。

⑿經叔孫豹如京師㈠。

【今註】㈠此經無傳。

【今譯】魯國的叔孫豹到京師去。

⒀經大饑。

傳五穀不升謂之大饑㈠，一穀不升謂之嗛㈡，二穀不升謂之饑，三穀不升謂之饉，四穀不升謂之康，五穀不升謂之大侵。大侵之禮，君食不兼味，臺榭不塗，弛侯㊂，廷道不除㊃，百官布而不制㊄，鬼神禱而不祀，此大侵之禮也。

【今註】㊀升：成熟。㊁嗛：通歉，歉收。㊂弛侯：廢除射禮。侯：射侯。這裏指射宴之禮。古之射禮，要召賓客宴飲，一邊飲酒，一邊比射。㊃不除：不必整修。㊄布：設置。

【今譯】五種穀物不收叫大饑，一種穀物不收叫歉，兩種穀物不收叫饑，三種穀物不收叫饉，四種穀物不收叫康，五種穀物不收又叫大侵。大饑之年，君王不吃兩樣菜，高臺亭榭不再塗漆粉飾，廢除宴射，宮廷內的路不必整修，設百官不必舉行儀式，對鬼神只祈禱不祭祀，這就是大饑之年的禮節。

襄公二十五年（公元前五百四十八年）

㈠經二十有五年，春，齊崔杼帥師伐我北鄙㊀。

【今註】㊀崔杼：齊國大夫。此經無傳。

【今譯】二十五年，春天，齊國崔杼領兵攻伐魯國北部邊邑。

㈡經夏，五月，乙亥，齊崔杼弒其君光。

傳莊公失言㊀，淫於崔氏㊁。

【今註】㈠莊公：名叫光，齊靈公嫡子。㈡淫於崔氏：莊公與崔杼妻私通。

【今譯】莊公說漏了話，他與崔氏私通。

㈢經公會晉侯、宋公、衞侯、鄭伯、曹伯、莒子、邾子、滕子、薛伯、杞伯、小邾子於夷儀㈠。

【今註】㈠此經無傳。

【今譯】襄公跟晉侯、宋公、衞侯、鄭伯、曹伯、莒子、邾子、滕子、薛伯、杞伯、小邾子在夷儀開會。

㈣經六月，壬子，鄭公孫舍之帥師入陳㈠。

【今註】㈠舍之：鄭國大夫。此經無傳。

【今譯】六月壬子日，鄭國的公孫舍之領兵攻入陳國。

㈤經秋，八月，己巳，諸侯同盟於重丘㈠。

【今註】㈠重丘：地名，不詳。此經無傳。

【今譯】秋季，八月己巳日，諸侯在重丘會盟。

(六)經公至自會㊀。

【今註】㊀此經無傳。

【今譯】襄公從會盟地回國，告祭祖廟。

(七)經衛侯入於夷儀㊀。

【今註】㊀此經無傳。

【今譯】衛侯進入夷儀。

(八)經楚屈建帥師滅舒鳩㊀。

【今註】㊀屈建：楚國的令尹。舒鳩：國名。此經無傳。

【今譯】楚國的屈建領兵滅掉舒鳩國。

(九)經冬，鄭公孫夏帥師伐陳㊀。

【今註】㊀夏：鄭國大夫。此經無傳。

【今譯】冬季，鄭國的公孫夏領兵攻伐陳國。

(十)經十有二月，吳子謁伐楚，門於巢，卒。

傳以伐楚之事，門於巢㈠，卒也。於巢者，外乎楚也。門於巢，乃伐楚也。諸侯不生名㈡，取卒之名，加之伐楚之上者㈢，見以伐楚卒也。其見以伐楚卒何也？古者大國過小邑，小邑必飾城而請罪㈣，禮也。吳子謁伐楚，至巢，入其門，門人射吳子，有矢創，反舍而卒㈤。古者雖有文事，必有武備。非巢之不飾城而請罪㈥，非吳子之自輕也。

【今註】㈠巢：邑名。㈡不生名：活著時不稱名。㈢加之伐楚之上：吳王名叫謁，經文將「謁」放在「伐楚」的上面。㈣飾城：指打掃城門內外，把城門裝飾一新。㈤反舍：返回住地。反，返的古字。㈥非：責備。

【今譯】因為伐楚這件事，進入巢邑的城門，死了。記「於巢」，表明是在楚國之外。記「門於巢」，表明是伐楚路經巢邑。諸侯活著時不稱名，死了稱名。將吳王的名放在「伐楚」上面，可見是因為伐楚而死。怎麼見得是因為伐楚而死？古時，大國之君路過小城，小城一定要把城門裝飾一新，而且要請罪，這是禮節。吳王伐楚，到巢邑，進城門時，守門人射吳王，射傷了，返回住地就死了。古時，即使是辦政事，也要有武裝防備。責備巢邑不打掃城門，不請罪；責備吳王太輕率。

襄公二十六年(公元前五百四十七年)

(一)經 二十有六年,春,王二月,辛卯,衛寧喜弒其君剽。

傳 此不正,其日何也?殖也立之(一),喜也君之(二),正也。

【今註】(一)殖也立之:寧殖擁立剽(衛殤公的名)當國君。寧殖:衛國的卿。(二)喜:即寧喜,寧殖的兒子。父親立了君,他也應視之為君,可他卻殺了君。所以穀梁氏開始便說「不正」。

【今譯】這不對,為什麼記下日子?父親立了君,兒子也視之為君,才是對的。

(二)經 衛孫林父入於戚以叛(一)。

【今註】(一)戚:地名,孫林父的封地。孫見寧喜弒君,便跑回自己的封地。此經無傳。

【今譯】衛國的孫林父進入戚地,反叛衛國。

(三)經 甲午,衛侯衎復歸於衛。

傳 日歸(一),見知弒也(二)。

【今註】㈠日歸：記載（衞侯衎）回國的日期。辛卯日衞君剽被弒，到甲午日衎回國，只有三天功夫。㈡見知弒：可見（衎）知道弒君的事。由衎返國的迅速，推論他事先知道。言外之意，他參與了弒君的陰謀。

【今譯】記下衎回國的日子，可見他知道弒君的事。

㈣經夏，晉侯使荀吳來聘㈠。

【今註】㈠荀吳：晉卿荀偃的兒子。此經無傳。

【今譯】夏天，晉侯派荀吳來魯國訪問。

㈤經公會晉人、鄭良霄、宋人、曹人於澶淵㈠。

【今註】㈠此經無傳。

【今譯】襄公跟晉人、鄭國的良霄、宋人、曹人在澶淵開會。

㈥經宋公殺其世子痤㈠。

【今註】㈠痤：人名。宋平公聽讒言殺太子。此經無傳。

【今譯】宋公殺了自己的太子痤。

(七)經晉人執衛寧喜㈠

【今註】㈠此經無傳。

【今譯】晉人逮住了衛國的寧喜。

(八)經八月，壬午，許男寧卒於楚㈠。

【今註】㈠寧：許靈公的名，男是爵位。此經無傳。

【今譯】八月壬午日，許君死在楚國。

(九)經冬，楚子、蔡侯、陳侯伐鄭㈠。

【今註】㈠此經無傳。

【今譯】冬天，楚國、蔡國、陳國攻伐鄭國。

(十)經葬許靈公㈠。

【今註】㈠此經無傳。

【今譯】安葬許靈公。

襄公二十七年（公元前五百四十六年）

㈠經二十有七年，春，齊侯使慶封來聘㈠。

【今註】㈠慶封：齊國正卿。此經無傳。

【今譯】二十七年，春天，齊侯派慶封來魯訪問。

㈡經夏，叔孫豹會晉趙武、楚屈建、蔡公孫歸生、衞石惡、陳孔奐、鄭良霄、許人、曹人於宋㈠。

【今註】㈠各諸侯國的卿集會。此經無傳。

【今譯】夏天，魯國的叔孫豹跟晉國趙武、楚國屈建、蔡公孫歸生、衞國石惡、陳國孔奐、鄭國良霄、還有許人、曹人在宋國開會。

㈢經衞殺其大夫寧喜。

傳稱國以殺，罪累上也。寧喜弒君，其以累上之辭言之何也？嘗為大夫，與之涉公事矣㈠。寧喜由君弒君㈡，而不以弒君之罪罪之者，惡獻公也。

【今註】㈠涉公事：牽連到誰當國君的事之中。㈡由君弒君：由衛獻公指使，殺了衛殤公。

【今譯】舉出國名說殺某某，表明罪惡牽連到君王。寧喜殺了國君，為什麼說牽連到君王？他曾經當大夫，參與、牽連到君王的事當中。寧喜由獻公指使殺了殤公。不以弒君之罪判他，是因為憎恨獻公呵。

㈣經衛侯之弟專出奔晉。

傳專㈠，喜之徒也㈡。專之為喜之徒何也？己雖急納其兄，與人之臣謀弒其君㈢，是亦弒君者也。專其曰弟何也？專有是信者，君賂不入乎喜而殺喜㈣，是君不直乎喜也㈤。故出奔晉，織絇邯鄲㈥，終身不言衛。專之去㈦，合乎春秋。

【今註】㈠專：衛獻公同母弟。左傳作鱄。㈡喜：即寧喜。㈢人之臣：指殤公的臣，仍指寧喜一伙人。㈣賂：送財物。獻公、專跟寧喜謀劃，弒君成功後，給寧喜財物。可是獻公復位後，不但不給，反而殺了寧喜。㈤不直：理屈。㈥絇：鞋前部的裝飾，有孔，可穿鞋帶兒。這裏指代鞋。邯鄲：地名，先屬晉，後來屬衛。㈦去：離開。

【今譯】專，是寧喜一伴的。為什麼說專是寧喜一伙的？專自己急於接納他的哥哥回國，就跟寧喜謀劃殺了國君，這也就算弒君的人了。稱他弟是為什麼？專是守信用的人，獻公不給寧喜財物，反而殺了喜，這是獻公對寧喜理屈。所以專逃到晉國，在邯鄲編草鞋，一輩子不提衛國。

專的離去，合乎春秋之義。

(五)經 秋，七月，辛巳，豹及諸侯之大夫盟於宋。

傳 溴梁之會㊀，諸侯在而不曰諸侯之大夫，大夫不臣也，晉趙武恥之㊁。豹云者㊂，恭也。諸侯不在而曰諸侯之大夫，大夫臣也，其臣恭也。晉趙武為之會也。

【今註】㊀溴梁之會：指襄公十六年三月，十一國諸侯在溴梁會盟。㊁趙武：晉卿。趙盾的後人。㊂豹：魯卿叔孫豹，經文祇稱豹。

【今譯】溴梁那次盟會，諸侯都在會，卻不記諸侯之大夫，那是大夫不行臣道，晉卿趙武對此感到恥辱。（這條經文）「豹及諸侯」的記載，是恭敬的意思。諸侯不在，卻記諸侯的大夫，表明大夫行臣道，下臣很恭敬。晉卿趙武主持這次盟會。

(六)經 冬，十有二月，乙亥，朔，日有食之㊀。

【今註】㊀此經無傳。

【今譯】冬季，十二月乙亥日，初一，出現日蝕。

襄公二十八年（公元前五百四十五年）

(一)經二十有八年，春，無冰(一)。

【今註】(一)此經無傳。

【今譯】二十八年，春天，沒有冰。

(二)經夏，衞石惡出奔晉(一)。

【今註】(一)石惡：衞國大夫。此經無傳。

【今譯】夏天，衞國的石惡逃到晉國避難。

(三)經邾子來朝(一)。

【今註】(一)此經無傳。

【今譯】邾國國君來魯朝見。

(四)經秋，八月，大雩(一)。

【今註】(一)此經無傳。

【今譯】秋季，八月，舉行盛大的求雨祭祀。

(五)經仲孫羯如晉(一)。

【今註】㊀此經無傳。

【今譯】魯仲孫羯到晉國去。

(六)經冬，齊慶封來奔㊀。

【今註】㊀慶封：齊國正卿。此經無傳。

【今譯】冬天，齊國的慶封逃到魯國來。

(七)經十有一月，公如楚㊀。

【今註】㊀此經無傳。

【今譯】十一月，襄公到楚國去。

(八)經十有二月，甲寅，天王崩㊀。

【今註】㊀天王：周靈王。此經無傳。

【今譯】十二月甲寅日，周靈王駕崩。

(九)經乙未，楚子昭卒㊀。

【今註】㊀昭：楚康王名昭。此經無傳。

【今譯】乙未日，楚康王去世。

襄公二十九年（公元前五百四十四年）

㈠經二十有九年，春，王正月，公在楚。

傳閔公也㈠。

【今註】㈠閔：同憫，憐憫。楚輕視襄公，讓襄公守喪。

【今譯】憐憫襄公。

㈡經夏，五月，公至自楚。

傳喜之也。致君者，殆其往㈠，而喜其反㈡，此致君之意義也。

【今註】㈠殆：不安。㈡反：返的古字。

【今譯】為他歡喜。記載君王回國，為他的外出而擔心，為他的返國而歡喜，這就是記載君王回國的意義。

㈢經庚午，衞侯衎卒㈠。

【今註】㈠衎：衞獻公的名。此經無傳。

【今譯】庚午日，衛獻公去世。

(四)經 閽殺吳子餘祭。

傳 閽㊀，門者也，寺人也㊁。不稱名姓，閽不得齊於人。不稱其君，閽不得君其君也。禮，君不使無恥，不近刑人，不狎敵㊂，不邇怨㊃。賤人非所貴也，貴人非所刑也，刑人非所近也。舉至賤而加之吳㊄，吳子近刑人也㊅。閽殺吳子餘祭，仇人也。

【今註】㊀閽：看門的人。㊁寺人：供驅使的下人。㊂狎：親近。㊃邇：近。怨：仇。㊄至賤：最卑賤的人，指閽者，他是吳伐越時擒獲的俘虜。㊅吳子：吳王，名叫餘祭。

【今譯】閽，是看門的人，是供使令的下人。不稱呼他姓名，因為他不能和一般人同等地位。不稱他的國君，因為閽者沒有權利稱國君為君。按禮，君王不能使喚不知廉恥的人，不能接近受過刑的人，不能親近敵人，不能靠近仇人。下賤人沒有高貴的德行，高貴的人不能受刑，受刑的人不能接近。提拔最卑賤的人放到吳國做事，表明吳王接近了受過刑的人。門人殺了吳王，他是仇人呵。

(五)經 仲孫羯會晉荀盈、齊高止、宋華定、衛世叔儀、鄭公孫段、曹人、莒人、邾人、滕人、薛人、小邾人，城杞。

傳古者，天子封諸侯，其地足以容其民，其民足以滿城以自守也。杞危而不能自守，故諸侯之大夫，相帥以城之㊀，此變之正也㊁。

【今註】㊀城之：給杞修築城牆。帥：通率。㊁變：權變。

【今譯】古時侯，天子分封諸侯，分給諸侯的土地，足可以容納下他的百姓，百姓滿城居住，自己守住城池。杞國遇到危難，自己守不住城池。所以各諸侯國的大夫，一起領兵給杞國修城。這種權變的做法是對的。

(六)經晉侯使士鞅來聘㊀。

【今註】㊀士鞅：晉國的卿，又稱范獻子。此經無傳。

【今譯】晉侯派士鞅來魯訪問。

(七)經杞子來盟㊀。

【今註】㊀杞子：杞文公。此經無傳。

【今譯】杞文公來和魯國結盟。

(八)經吳子使札來聘。

傳吳其稱子何也？善使延陵季子㈠，故進之也。身賢，賢也。使賢，亦賢也。延陵季子之賢，尊君也。其名，成尊於上也㈡。

【今註】㈠延陵季子：又稱季札，季是字，是排行，札是名，吳王壽夢的小兒子。㈡上：君王。

【今譯】為什麼稱君為吳子？因為他善於任用延陵季子，所以進升他為子爵。他自己賢德，是好事。能任用賢德的人，也是好事。延陵季子賢德，尊敬君王。稱他的名，成全他尊敬君王的美德。

(九)經秋，九月，葬衛獻公㈠。

【今註】㈠此經無傳。

【今譯】秋季，九月，安葬衛獻公。

(十)經齊高止出奔北燕。

傳其曰北燕，從史文也㈠。

【今註】㈠史文：史書的記載。當時人直稱燕國。史書上分南燕，姓姞；北燕，姓姬。

【今譯】稱北燕，是根據史書的記載。

(十二)經 仲孫羯如晉(一)。

【今註】(一)此經無傳。

【今譯】魯國的仲孫羯到晉國去。

襄公三十年(公元前五百四十三年)

(一)經 三十年，春，王正月，楚子使薳罷來聘(一)。

【今註】(一)薳罷：楚國大夫。此經無傳。

【今譯】三十年，春天，周曆正月，楚子派薳罷來魯訪問。

(二)經 夏，四月，蔡世子般弒其君固。

傳 其不日，子奪父政(一)，是謂夷之。

【今註】(一)子奪父政：指蔡景侯(名叫固)的太子(名叫般)殺父奪取君位。

【今譯】不記載日期，是因為兒子奪了父親的政權，這就是夷狄了。

(三)經 五月，甲午，宋災，宋伯姬卒。

傳取卒之日加之災上者，見以災卒也。其見以災卒奈何？伯姬之舍失火㈠，左右曰：「夫人少辟火乎㈡。」伯姬曰：「婦人之義，傅母不在㈢，宵不下堂㈣。」左右又曰：「少辟火乎。」伯姬曰：「婦人之義，保母不在，宵不下堂。」遂逮於火而死㈤。婦人以貞為行者也。伯姬之婦道盡矣。詳其事，賢伯姬也。

【今註】㈠伯姬：宋共公夫人，魯女嫁與宋君。㈡少：稍。辟：避的古字。㈢傅母：也叫保母。古代後宮婦人大都有保母，由老年婦人擔任，負責保護安全和輔正舉止。㈣下堂：指出屋。堂：指內室，婦人的住屋。㈤逮：及，趕上。

【今譯】把死的日期放在災的上面，可見是因為火災而死。怎麼是因為火災而死？伯姬的住處失火，伯姬身邊的侍人說：「夫人稍微避避火吧。」伯姬說：「女人的規矩，保母不在身邊，夜裏不能出屋。」身邊的人又說：「夫人避一會兒火吧。」伯姬說：「女人的規矩，保母不在，夜裏不能出屋。」於是就趕上火災被燒死了。女人把貞節做為行為準則，伯姬堅守女人的規矩。詳細記載此事，因為伯姬賢德。

㈣經天王殺其弟佞夫。

傳傳曰，諸侯且不首惡㈠，況於天子乎？君無忍親之義。天子諸侯所親者，唯長子母弟耳。天王殺其弟佞夫㈡，甚之也。

【今註】㈠首惡：惡名之首。㈡天王：周景王。佞夫：人名，景王同母弟。

【今譯】諸侯尚且不首當惡名，何況天子呢？天子不能對親人殘忍。天子諸侯的親人，祇有長子和同母弟罷了。周景王殺自己弟弟佞夫，太過分了。

㈤經 王子瑕奔晉㈠。

【今註】㈠瑕：周靈王庶子。此經無傳。

【今譯】王子瑕跑到晉國避難。

㈥經 秋，七月，叔弓如宋葬共姬。

傳 外夫人不書葬㈠，此其言葬何也？吾女也㈡，卒災，故隱而葬之也。

【今註】㈠書：記載。㈡吾：指魯國。伯姬是魯女嫁給宋共公為夫人。還可以用丈夫的謚號「共」字做氏，所以經文又稱共姬。

【今譯】魯國以外的君夫人安葬不必記載，這次為什麼記載？因為伯姬是魯女，死於火災，所以痛心地記載她的葬禮。

㈦經 鄭良霄出奔許，自許入於鄭，鄭人殺良霄。

傳不言大夫㊀，惡之也。

【今註】㊀大夫：指鄭國大夫（實際是執政的卿）良霄。他逃到許國，又從許國跑回鄭國。此經無傳。

【今譯】不稱良霄為大夫，是憎惡他。

(八)經冬，十月，葬蔡景公。

傳不日卒而月葬㊀，不葬者也㊁。卒而葬之，不忍使父失民於子也。

【今註】㊀不日卒：不記蔡侯死的日期。春秋經的義例是，諸侯死記日子，安葬時記季節。而蔡侯四月被太子殺死，衹記了月份。今葬時，不記季節而記月份，都是違例的。㊁不葬：指不是正常的安葬。

【今譯】不記死的日期而記載安葬的月份，表明不是正常的安葬。記載安葬，是不忍心讓父親在兒子前失去民心。

(九)經晉人、齊人、宋人、衞人、鄭人、曹人、莒人、邾人、滕人、薛人、杞人、小邾人，會於澶淵，宋災故。

傳會不言其所為，其曰宋災故何也？不言災故，則無以見其善也。其曰人何也？救災以眾，何救焉？更宋之所喪財也㊀。澶淵之會，中國侵伐夷狄，夷狄不入中國，無侵伐八年，善之也。晉趙武、楚屈建之功也㊁。

【今註】㊀更：抵償。這裏指各諸侯贈送財物給宋。㊁屈建：楚國令尹。趙武：晉卿。

【今譯】不記開會做了什麼，為什麼說是為了宋國火災的緣故？不說宋國火災的緣故，就不能看出這次會的好處。經文為什麼稱人？救災靠眾人，沒有人怎麼救災。各國贈送財物，補償宋國的損失。澶淵這次會後，中原諸侯不再侵犯夷狄，夷狄不再進攻中原，八年沒有征戰，太好了。是晉國的趙武和楚國屈建的功勞。

襄公三十一年（公元前五百四十二年）

(一)經三十有一年，春，王正月㊀。

【今註】㊀此經無傳。

【今譯】三十一年，春天，周曆正月。

(二)經夏，六月，辛巳，公薨於楚宮。

傳 楚宮㈠，非正也。

【今註】㈠楚宮：襄公到楚國去（於二十八年），看到楚國的宮室美，回國後命人仿楚國的樣式營建，名曰楚宮。它不是正寢，而國君應死在正寢。

【今譯】死在楚宮，不合於禮。

㈢經 秋，九月，癸巳，子野卒。

傳 子卒日㈠，正也。

【今註】㈠子：指太子。襄公的太子（名叫野）因悲痛過度而死。

【今譯】太子死記載日期是對的。

㈣經 己亥，仲孫羯卒㈠。

【今註】㈠此經無傳。

【今譯】己亥日，仲孫羯去世。

㈤經 冬，十月，滕子來會葬㈠。

【今註】㊀會葬：各諸侯國都派人來參加葬禮。此經無傳。

【今譯】滕國國君來參加襄公的葬禮。

(六)經 癸酉，葬我君襄公㊀。

【今註】㊀此經無傳。

【今譯】癸酉日，安葬魯君襄公。

(七)經 十月一月，莒人弒其君密州㊀。

【今註】㊀密州：人名。此經無傳。

【今譯】十一月，莒國人殺了自己的國君密州。

卷十　昭　公

昭公元年(公元前五百四十一年)

(一)經元年，春，王正月，公即位。

傳繼正即位㈠，正也。

【今註】㈠繼正：正常地繼承。太子野沒即位就死了，所以襄公的次子(名叫稠)屬於正常繼位。

【今譯】正常地繼承君位當國君，合於禮。

(二)經叔孫豹會晉趙武、楚公子圍、齊國弱、宋向戌、衞齊惡、陳公子招、蔡公孫歸生、鄭罕虎、許人、曹人於郭㈠。

【今註】㈠郭：國名，左傳作虢。郭地之會，十一個諸侯國都是派卿參加。此經無傳。

【今譯】魯叔孫豹同晉國的趙武、楚公子圍、齊卿國弱、宋卿向戌、衞國的齊惡，陳公子招、蔡公孫歸生、鄭國的罕虎、許人、曹人在郭地開會。

(三)經三月，取鄟㊀。

【今註】㊀鄟：鄟城本屬魯，成公九年被莒國奪去。今又奪回，此經無傳。

【今譯】三月，取回鄟城。

(四)經夏，秦伯之弟鍼出奔晉。

傳諸侯之尊，弟兄不得以屬通㊀。其弟云者，親之也。親而奔之，惡也。

【今註】㊀屬：親屬。這句是說，君王和親弟弟也要君臣相稱。

【今譯】諸侯最尊貴，即使和親弟也不能兄弟相稱。經文稱弟，表示關係親近。親近還出逃，是秦伯壞。

(五)經六月，丁巳，邾子華卒㊀。

【今註】㊀此經無傳。

【今譯】六月丁巳日，邾國國君去世。

(六)經晉荀吳帥師敗狄於大原。

傳傳曰，中國曰大原㊀，夷狄曰大鹵，號從中國㊁，名從主人。

【今註】㈠中國：指中原諸侯國。㈡號：指地號。

【今譯】中原諸侯國稱它為大原，夷狄國稱它大鹵。地名隨從中原諸侯國的叫法，人名隨從主人的叫法。

㈦經秋，莒去疾自齊入於莒㈠，莒展出奔吳㈡。

【今註】㈠去疾：莒國公子，襄公三十一年逃到齊國避難。㈡展：莒國公子，殺父自立為君，今又被趕出。此經無傳。

【今譯】秋天，莒國的去疾由齊國回到莒國。莒公子展逃到吳國。

㈧經叔弓帥師疆鄆田。

傳疆之為言猶竟也㈠。

【今註】㈠竟：境的古字，邊境。經文是說叔弓領兵整修鄆田的邊界。

【今譯】疆就是邊境的意思。

㈨經葬邾悼公㈠。

【今註】㈠此經無傳。

【今譯】安葬郲悼公。

㈩經冬，十有一月，己酉，楚子卷卒㊀。

【今註】㊀卷：楚君的名，左傳作麇。此經無傳。

【今譯】冬天，十一月己酉日，楚子去世。

(十一)經楚公子比出奔晉㊀。

【今註】㊀比：人名。此經無傳。

【今譯】楚公子比逃到晉國避難。

昭公二年（公元前五百四十年）

㈠經二年，春，晉侯使韓起來聘㊀。

【今註】㊀韓起：晉國的卿。此經無傳。

【今譯】二年，春天，晉侯派韓起來魯訪問。

㈡經夏，叔弓如晉㊀。

【今註】㊀叔弓：魯卿，叔老之子。此經無傳。

【今譯】夏天，叔弓到晉國去。

㈢經秋，鄭殺其大夫公孫黑㊀。

【今註】㊀此經無傳。

【今譯】秋天，鄭國殺了它的大夫公孫黑。

㈣經冬，公如晉，至河乃復。

傳恥如晉，故著有疾也㊀。

【今註】㊀著：稱。昭公第一次到晉國就被拒於國外。

【今譯】恥於說到晉國去，所以聲稱有病而返。

㈤經季孫宿如晉。

傳公如晉而不得入，季孫宿如晉而得入㊀，惡季孫宿也。

【今註】㊀季孫宿：魯國正卿。他與晉有暗交，說了昭公壞話。

【今譯】昭公去晉國沒能進去，季孫宿到晉國就能進去。季孫宿壞。

昭公三年（公元前五百三十九年）

㈠經三年，春，王正月，丁未，滕子原卒㊀。

【今註】㊀原：滕成公的名。此經無傳。

【今譯】三年，春天，周曆正月，丁未日，滕成公去世。

㈡經夏，叔弓如滕㊀。

【今註】㊀叔弓：魯卿。去滕弔喪。此經無傳。

【今譯】夏天，叔弓去滕國。

㈢經五月，葬滕成公㊀。

【今註】㊀此經無傳。

【今譯】五月，安葬滕成公。

㈣經秋，小邾子來朝㊀。

【今註】㊀此經無傳。

【今譯】秋天，小邾子國君來魯朝見。

(五)經八月，大雩㊀。

【今譯】八月，舉行盛大的求雨的祭祀。

【今註】㊀此經無傳。

(六)經冬，大雨雹㊀。

【今註】㊀雨：動詞，下。此經無傳。

【今譯】冬天，下大雹子。

(七)經北燕伯款出奔齊。

傳其曰北燕，從史文也㊀。

【今註】㊀史文：史書的記載。

【今譯】稱北燕國，是沿從史書的叫法。

昭公四年（公元前五百三十八年）

㈠經四年，春，王正月，大雨雪㈠。

【今註】㈠左傳作大雨雹。此經無傳。

【今譯】四年，春天，周曆正月，下大雪。

㈡經夏，楚子、蔡侯、陳侯、鄭伯、許男、徐子、滕子、頓子、胡子、沈子、小邾子、宋世子佐、淮夷會於申㈠。

【今註】㈠申：國名。淮夷：國名。這是楚靈王要稱霸諸侯，第一次主持諸侯的集會。此經無傳。

【今譯】夏天，楚子、蔡侯、陳侯、鄭伯、許男、徐子、滕子、頓子、胡子、沈子、小邾子、宋太子佐、淮夷，在申國集會。

㈢經楚人執徐子㈠。

【今註】㈠此經無傳。

【今譯】楚國逮捕了徐國國君。

(四)經 秋，七月，楚子，蔡侯、陳侯、許男、頓子、胡子、沈子、淮夷伐吳，執齊慶封，殺之。遂滅厲。

傳 此入而殺，其不言入何也？慶封封乎吳鍾離㈠，其不言伐鍾離何也？不與吳封也。慶封其以齊氏何也㈡？為齊討也。靈王使人以慶封令於軍中曰㈢：「有若慶封弒君者乎？」慶封曰：「子一息㈣，我亦且一言。」曰：「有若楚公子圍弒其兄之子而代之為君者乎？」軍人粲然皆笑㈤。慶封弒其君而不以弒君之罪罪之者，慶封不為靈王服也。不與楚討也。春秋之義，用貴治賤，用賢治不肖，不以亂治亂也。孔子曰：「懷惡而討，雖死不服，其斯之謂與㈥。」遂，繼事也。

【今註】㈠慶封：齊國大夫。崔杼弒齊莊公，慶封和崔杼是同伙，畏罪逃到吳國。鍾離：吳的附屬國。㈡慶封其以齊氏：指經文稱慶封為齊慶封。㈢靈王：楚靈王。他本為公子，名圍，不當繼位。他殺死侄兒奪得君位。㈣息：止，停。㈤粲然皆笑：都開心地笑了。粲然：露齒大笑的樣子。㈥斯：這。文中指靈王殺慶封而慶封不服。與：歟的古字。

【今譯】這是進入吳國殺的。為什麼不說進入吳呢？慶封被封在吳附屬的鍾離。為什麼不說攻伐鍾離？不贊同吳國封他呵。為什麼稱齊國的慶封？因為齊國討伐他。楚靈王讓人牽著慶封在軍中示眾說：「有像慶封這樣殺自己君王的嗎？」慶封說：「停一下，我只說一句。」說：「有像楚公子圍，殺了侄兒取代君位的嗎？」軍中人都開心地大笑。慶封弒君卻沒以弒君之罪判他。慶封沒服楚靈王，不贊同楚靈王的聲討。春秋的大義是用高貴的治服卑賤的，用有德治服無德的，而不是用亂治亂。孔子說：「自己有壞名聲，去聲討別人。別人即使掉腦袋也不會服的，大概指的就是這件事吧。」遂，表示緊接著另一事。

(五)經 九月，取繒(一)。

【今註】(一)繒：邑名，屬莒國。前是個小國，襄公六年被莒所滅。此經無傳。

【今譯】九月，佔領了繒邑。

(六)經 十有二月，乙卯，叔孫豹卒(一)。

【今註】(一)此經無傳。

【今譯】十二月乙卯日，魯卿叔孫豹去世。

昭公五年（公元前五百三十七年）

(一)經 五年，春，王正月，舍中軍。

傳貴復正也㈠。

【今註】㈠復正：恢復正規。魯屬中等國，應編二軍。襄公十一年，季孫宿卻編為上中下三軍，如今去掉中軍，所以穀梁氏認為做得對。

【今譯】貴在恢復正規。

㈡經楚殺其大夫屈申㈠。

【今註】㈠此經無傳。

【今譯】楚國殺了它的大夫屈申。

㈢經公如晉㈠。

【今註】㈠此經無傳。

【今譯】昭公到晉國去。

㈣經夏，莒牟夷以牟婁及防、茲來奔。

傳以者，不以者也。來奔者，不言出。及防、茲，以大及小也㈠。莒無大夫，其曰牟夷何也㈡？以其地來也。以其地來，則何以書也？重地也。

【今註】㈠以大及小：這是指春秋經記事的義例，「及」字前為大者，「及」後邊的為小者。防地、茲地在「及」後，說明它比牟婁小。㈡牟夷：莒國大夫，但不是天子命封的，封邑在牟婁。他帶著土地投奔魯國。

【今譯】拿的，是不能拿的東西。說來奔，不說出奔。經文記「及防、茲」，是由大及小的意思。莒國沒有天子命封的大夫。為什麼稱他牟夷？因為他帶著土地逃來魯國。帶著土地來，為什麼就記載？重視土地。

㈤經　秋，七月，公至自晉㈠。

【今註】㈠此經無傳。

【今譯】秋季，七月，昭公從晉回國，告祭祖廟。

㈥經　戊辰，叔弓帥師敗莒於賁泉。

傳　狄人謂賁泉失台㈠，號從中國，名從主人。

【今註】㈠賁泉：魯國地名。左傳作蚡泉，公羊傳作濆泉。

【今譯】夷狄人把賁泉叫做失台。地名隨從中原諸侯國的叫法，人名隨從主人的叫法。

㈦經　秦伯卒㈠。

【今註】㊀秦伯：指秦景公。此經無傳。

【今譯】秦景公去世。

(八)經冬，楚子，蔡侯、陳侯、許男、頓子、沈子、徐人、越人伐吳㊀。

【今註】㊀此經無傳。

【今譯】冬天，楚王、蔡侯、陳侯、許男、頓子、沈子、徐人、越人攻伐吳國。

昭公六年（公元前五百三十六年）

(一)經元年，春，王正月，杞伯益姑卒㊀。

【今註】㊀益姑：杞文公的名。此經無傳。

【今譯】六年，春天，周曆正月，杞文公去世。

(二)經葬秦景公㊀。

【今註】㊀此經無傳。

【今譯】安葬秦景公。

(三)經季孫宿如晉㊀。

【今註】㊀季孫宿：魯國的卿。此經無傳。

【今譯】季孫宿到晉國去。

(四)經葬杞文公㊀。

【今註】㊀此經無傳。

【今譯】安葬杞文公。

(五)經宋華合比出奔衛㊀。

【今註】㊀華合比：宋國大夫。此經無傳。

【今譯】宋國的華合比逃到衛國去。

(六)經秋，九月，大雩㊀。

【今註】㊀此經無傳。

【今譯】秋季，九月，舉行盛大的求雨祭祀。

(七)經冬，楚薳罷帥師伐吳(一)。

【今註】(一)薳罷：楚國大夫。此經無傳。

【今譯】冬天，楚國的薳罷領兵攻伐吳國。

(八)經叔弓如楚(一)。

【今註】(一)此經無傳。

【今譯】叔弓到楚國去。

(九)經齊侯伐北燕(一)。

【今註】(一)此經無傳。

【今譯】齊國攻打北燕國。

昭公七年(公元前五百三十五年)

(一)經七年，春，王正月，暨齊平。

傳平者，成也(一)。暨猶暨暨也(二)。暨者，不得已也。以外及內曰暨(三)。

【今註】㈠成：講和。㈡暨暨：堅決果斷的樣子。㈢內：指魯國。這句是解釋春秋經用詞的義例，說外國同魯國怎樣，中間用暨字。說魯國同外國怎樣，中間用及字。實際這次是齊燕兩國講和，穀梁氏誤認為齊國同魯國講和。

【今譯】平，是講和的意思。暨就是堅決果斷之義。而這條經文的暨，是不得已之義。記載外國同魯國如何如何，中間用暨字。

㈡經三月，公如楚㈠。

【今註】㈠此經無傳。

【今譯】三月，昭公到楚國去。

㈢經叔孫婼如齊莅盟。

傳莅㈠，位也。內之前定之辭謂之莅㈡，外之前定之辭謂之來。

【今註】㈠莅：到，臨。㈡內：指魯國。這句是說叔孫婼到齊國簽盟是昭公去楚之前就決定的，是受君命前去簽約。

【今譯】莅，是到位的意思。魯國按先前決定的簽盟叫莅盟。如果是外國按先前的約定來簽約叫來盟。

㈣經夏，四月，甲辰，朔，日有食之㊀。

【今註】㊀此經無傳。

【今譯】夏季，四月甲辰日，初一，出現日蝕。

㈤經秋，八月，戊辰，衛侯惡卒。

傳鄉曰衛齊惡㊀，今曰衛侯惡㊁，此何為君臣同名也？君子不奪人名，不奪人親之所名㊂，重其所以來也。王父名子也㊃。

【今註】㊀鄉：先前，指昭公元年的虢地集會，衛國是齊惡參加的。齊惡：人名，衛國的卿。㊁衛侯：衛襄公。他的名也叫惡。㊂所名：所命的名。㊃王父：祖父。

【今譯】先前記載有衛國的齊惡，現在又記載衛侯惡，為什麼君臣同名呢？有德的人不奪別人的名，不奪人親人給命的名，重視名字的由來。祖父給孩子命名。

㈥經九月，公至自楚㊀。

【今註】㊀此經無傳。

【今譯】九月，昭公從楚國歸來，告祭祖廟。

(七)經冬，十有一月，癸未，季孫宿卒㈠。

【今註】㈠此經無傳。

【今譯】冬天，十一月癸未日，魯卿季孫宿去世。

(八)經十有二月，葬衞襄公㈠。

【今註】㈠此經無傳。

【今譯】安葬衞襄公。

昭公八年（公元前五百三十四年）

(一)經八年，春，陳侯之弟招殺陳世子偃師。

傳鄉曰陳公子招㈠，今曰陳侯之弟招何也？曰，盡其親㈡，所以惡招也。兩下相殺不志乎春秋，此其志何也？世子云者㈢，唯君之貳也。云可以重之存焉志之也。諸侯之尊，兄弟不得以屬通。其弟云者，親之也。親而殺之，惡也。

【今註】㈠鄉：先前，指昭公元年的虢地的集會，陳公子招赴會。招：人名，陳哀公的同母弟。

㈡盡其親：把親屬關係全擺出來。稱公子，表明是先君之親；稱弟，表明是今君之親。㈢世子：太子，指陳哀公太子，名叫偃師。

【今譯】先前稱陳公子招，現在為什麼稱陳侯之弟招？是把親屬關係全擺出來，用以表明招很壞。兩下互相殘殺，春秋經不予記載，這次為什麼記載？太子，只有他才是君王的繼承人，被殺了應該慎重地加以記載。諸侯是一國之尊，即使是同母弟也不能與之兄弟相稱。稱弟，表明關係親。親還殺太子，說明招太壞。

(二)經 夏，四月，辛丑，陳侯溺卒㈠。

【今註】㈠溺：陳哀公的名。此經無傳。

【今譯】夏天，四月辛丑日，陳哀公去世。

(三)經 叔弓如晉㈠。

【今註】㈠此經無傳。

【今譯】魯叔弓到晉國去。

(四)經 楚人執陳行人干徵師，殺之。

傳 稱人以執大夫㈠，執有罪也。稱行人㈡，怨接於上也。

【今註】㈠大夫：指干徵師，陳國大夫。㈡行人：使臣。

【今譯】記人捉了某某大夫，表明捉的是有罪的人。稱他使臣，表明怨恨牽連到君王。

㈤經陳公子留出奔鄭㈠。

【今註】㈠留：人名，陳哀公庶子。哀公死，立留為君，諸子爭立，留逃走。此經無傳。

【今譯】陳公子留跑到鄭國去避難。

㈥經秋，蒐於紅。

傳正也。因蒐狩以習用武事㈠，禮之大者也。艾蘭以為防㈡，置旃以為轅門㈢，以葛覆質以為槷㈣。流旁握㈤，御轚者不得入㈥。車軌塵，馬候蹄㈦，揜禽旅㈧。御者不失其馳，然後射者能中。過防弗逐，不從奔之道也。面傷不獻，不成禽不獻㈨。禽雖多，天子取三十焉，其餘與士眾，以習射於射宮㈩。射而中，田不得禽⑪，則得禽。田得禽而射不中，則不得禽。是以知古之貴仁義而賤勇力也。

【今註】㈠蒐狩：打獵。㈡艾蘭以為防：用艾蘭香草做圍牆。㈢旃：純赤色的旃旗。轅門：豎立起兩輛車，車轅相向對接，形成半圓形的門。㈣槷：門橛。㈤流旁握：車軸頭至門框有一握寬。流：至。握：四寸。㈥轚：車轄相撞擊。這裏指車轄撞門。㈦鍭蹄：指馬後蹄伺候踏上前蹄的印。㈧掩：罩住。旅：眾。禽：禽獸。㈨不成禽：指沒長成的小獸。㈩射宮：天子或諸侯演習射獵的地方。在射宮裏習射要講禮讓，是學禮的一個途徑。㈢田：畋的古字，打獵。

【今譯】（在紅地打獵）是對的。古時用打獵的方式演習武功，這是一種大禮。演練場（即圍獵場周圍一圈種植的是艾蘭香草。出入口處，仰起兩輛車，車轅相向對接，做成轅門，插上紅旗做為標誌。門中的質木橛用葛草包上，以防傷了馬蹄。轅門的寬度足以讓車出入。車軸頭離門框四寸寬。車軸頭撞上門的不得進去。車馬揚起的塵土只在軌轍上。戰馬四蹄高抬，後蹄踏上前蹄的印兒，圍住眾獸。趕車人有節奏地駕車，這樣射手才能射中。被追者越過了艾蘭樹牆，便不再追逐。箭傷嚴重，看不清面目的獵物不能獻祭，沒長成的小獸不能獻祭。即使射得的禽獸很多，天子只拿三十隻，其餘的分給眾人，用以在射宮裏演習射禮。射中了，即使畋獵時沒得到的也分給禽獸。畋獵時得到了，按射禮卻射不中，這時就得不到禽獸。因此得知，古人崇尚仁義而不崇尚勇力。

㈦經陳人殺其大夫公子過㈠。

【今註】㈠過：陳哀公弟弟。此經無傳。

【今譯】陳國殺了自己的大夫公子過。

(八)經 大雩㊀。

【今註】㊀此經無傳。

【今譯】舉行盛大的求雨祭祀。

(九)經 冬，十月，壬午，楚師滅陳，執陳公子招，放之於越㊀，殺陳孔奐㊁。

【今註】㊀越：地名，不詳。㊁孔奐：陳國大夫，和公子招同伙，合謀殺太子。

【今譯】楚軍滅了陳國，逮住陳公子招，把他流放到越地，殺了孔奐。

傳 惡楚子也㊀。

【今註】㊀楚子：楚靈王。

【今譯】憎恨楚靈王(的做法)。

(十)經 葬陳哀公。

傳 不與楚滅㊀，閔之也㊁。

【今註】㊀與：贊許，贊同。㊁閔：同憫，憐憫，同情。

【今譯】不贊同楚國滅陳國，同情陳哀公。

昭公九年（公元前五百三十三年）

(一)經九年，春，叔弓會楚子於陳㊀。

【今註】㊀據杜預註：「以事往，非行會禮」，知是一般的會見。此經無傳。

【今譯】九年，春天，魯卿叔弓在陳會見楚靈王。

(二)經許遷於夷㊀。

【今註】㊀夷：地名，在今安徽亳縣東南。

【今譯】許國遷徙到夷地。

(三)經夏，四月，陳火。

傳國曰災，邑曰火㊀。火不志，此何以志？閔陳而存之也。

【今註】㊀邑曰火：城邑發生火災叫火。左傳記「陳災」，而穀梁氏記「陳火」，表明穀梁氏認為陳已被楚滅，只剩一座城了。

【今譯】國發生火災叫災，城邑發生火災叫火。對「火」不記載，這次為什麼記？同情陳國，希望它保存下來。

(四)經秋，仲孫玃如齊㊀。

【今註】㊀仲孫玃（音決）：魯卿，謚號僖，又稱孟僖子。此經無傳。

【今譯】仲孫玃到齊國去。

(五)經冬，築郎囿㊀。

【今註】㊀囿：天子或諸侯養禽獸的園林。此經無傳。

【今譯】在郎地修建園囿。

昭公十年（公元前五百三十二年）

(一)經十年，春，王正月㊀。

【今註】㊀此經無傳。

【今譯】十年，春天，周曆正月。

(二)經夏，齊欒施來奔㊀。

【今註】㈠欒施：人名，不詳。此經無傳。

【今譯】夏天，齊國的欒施逃到魯國。

㈢經秋，七月，季孫意如、叔弓、仲孫貜帥師伐莒㈠。

【今註】㈠季孫意如：魯卿，季孫宿的兒子。此經無傳。

【今譯】秋天，七月，季孫意如、叔弓和仲孫貜領兵攻伐莒國。

㈣經戊子，晉侯彪卒㈠。

【今註】㈠彪：晉平公的名。此經無傳。

【今譯】戊子日，晉平公去世。

㈤經九月，叔孫婼如晉，葬晉平公㈠。

【今註】㈠此經無傳。

【今譯】九月，魯卿叔孫婼到晉國，參加晉平公的葬禮。

㈥經十有二月，甲子，宋公成卒㈠。

【今註】㊀成：宋平公的名。此經無傳。

【今譯】十二月甲子日，宋平公去世。

昭公十一年（公元前五百三十一年）

㈠經十有一年，春，王二月，叔弓如宋，葬宋平公㊀。

【今註】㊀此經無傳。

【今譯】十一年，春天，周曆二月，魯卿叔弓去宋國，參加宋平公的葬禮。

㈡經夏，四月，丁巳，楚子虔誘蔡侯般殺之於申。

傳何為名之㊀？夷狄之君誘中國之君，故謹而名之也。稱時稱月稱日稱地，謹之也。

【今註】㊀名之：稱他們的名。指稱楚靈王名虔，蔡靈侯名般。楚靈王本名叫圍，所以前面的經文稱他公子圍，即位後更名叫虔。

【今譯】為什麼稱他們的名？夷狄國的國君誘殺中原諸侯的國君，所以慎重地記載他們的名字。記季節記月份記日子記地點，是表示重視這件事。

㈢經楚公子弃疾帥師圍蔡㊀。

【今註】㊀棄疾：楚國大夫。此經無傳。

【今譯】楚公子棄疾領兵圍攻蔡國。

㈣經五月，甲申，夫人歸氏薨㊀。

【今註】㊀歸氏：襄公夫人，昭公母親。此經無傳。

【今譯】五月甲申日，夫人歸氏去世。

㈤經大蒐於比蒲㊀。

【今註】㊀蒐：打獵。比蒲：地名，不詳。此經無傳。

【今譯】在比蒲大規模地打獵。

㈥經仲孫貜會邾子，盟於祲祥㊀。

【今註】㊀祲祥：地名，公羊傳作祲羊。其地在魯都近郊。此經無傳。

【今譯】魯卿仲孫貜會見邾國國君，在祲祥結盟。

㈦經秋，季孫意如會晉韓起、齊國弱、宋華亥、衛北宮佗、鄭罕虎、曹人、杞人於厥慭㊀。

【今註】㈠季孫意如：季孫宿的兒子，魯卿。其他各國也都是卿參加這次集會。厥慭：地名，不詳。此經無傳。

【今譯】秋天，季孫意如和晉國的韓起，齊卿國弱、宋卿華亥、衞國的北宮佗、鄭國的罕虎，曹人、杞人在厥慭集會。

㈧經 九月，己亥，葬我小君齊歸㈠。

【今註】㈠小君：諸侯夫人。齊歸：即歸氏，齊是謚號。此經無傳。

【今譯】九月己亥日，安葬魯夫人齊歸。

㈨經 冬，十有一月，丁酉，楚師滅蔡，執蔡世子友以歸，用之。

傳 此子也㈠。其曰世子何也？不與楚殺也㈡。一事注乎志，所以惡楚子也。

【今註】㈠此：指代蔡靈侯的太子，名叫友。子：應該稱子。靈侯死，友繼位，因處在父喪時，應該稱子不稱君。㈡不與楚殺：不贊同楚靈王殺蔡太子友。友被殺，還被用做祭祀的犧牲品。

【今譯】記載此人應稱子。為什麼稱太子？因為不贊同楚靈王殺他，所以把這一事專門記載下來，用以對楚靈王表示憎恨。

昭公十二年(公元前五百三十年)

㈠經十有二年，春，齊高偃帥師納北燕伯於陽。

傳納者㈠，內不受也。燕伯之不名何也㈡？不以高偃挈燕伯也㈢。

【今註】㈠納：使……進入。㈡燕伯：燕國國君，名叫款，於昭王三年逃到齊國，今齊卿高偃領兵送他回燕國。不名：不稱名。春秋經的義例是，國君無論出國還是回國，記名則表示他有罪。㈢挈：領。

【今譯】納，表示國內不願意接受。為什麼不記燕伯的名？是不願高偃領(一個有罪的)燕伯。

㈡經三月，壬申，鄭伯嘉卒㈠。

【今註】㈠嘉：鄭簡公名嘉。此經無傳。

【今譯】三月，壬申日，鄭簡公去世。

㈢經夏，宋公使華定來聘㈠。

【今註】㈠華定：宋國大夫。此經無傳。

【今譯】夏天，宋公派華定來魯訪問。

㈣經公如晉，至河乃還。

傳季孫氏不使遂乎晉也㊀。

【今註】㊀季孫氏：魯卿季孫意如。他在晉侯面前說了昭公的壞話，故晉侯不讓昭公進入晉國。遂：成。

【今譯】季孫氏不讓昭公去晉這件事成行。

㈤經五月，葬鄭簡公㊀。

【今註】㊀此經無傳。

【今譯】五月，安葬鄭簡公。

㈥經楚殺其大夫成虎㊀。

【今註】㊀成虎：左傳作成熊。熊是其名，虎是字。此經無傳。

【今譯】楚國殺了自己的大夫成虎。

㈦經秋，七月㊀。

【今註】㊀此經無傳。

【今譯】秋季，七月。

(八)經 冬，十月，公子憖出奔齊㊀。

【今註】㊀憖：魯國大夫。此經無傳。

【今譯】冬季，十月，魯公子憖逃到齊國。

(九)經 楚子伐許㊀。

【今註】㊀此經無傳。

【今譯】楚國攻伐許國。

(十)經 晉伐鮮虞。

傳 其曰晉，狄之也㊀。其狄之何也？不正其與夷狄交伐中國㊁，故狄稱之也。

【今註】㊀狄之：把它視為夷狄。㊁夷狄：指楚國。交：一齊，共同。中國：中原諸侯國。其實，晉攻伐的鮮虞國是白狄人所建立的，和晉同姓，都屬姬姓。

【今譯】記下晉國，把它視為夷狄。為什麼視為夷狄？它跟夷狄國一齊攻伐中原諸侯國是不對的，所以用狄稱呼它。

昭公十三年（公元前五百二十九年）

㈠經十有三年，春，叔弓帥師圍費㈠。

【今註】㈠此經無傳。

【今譯】十三年，春天，魯卿叔弓領兵包圍費城。

㈡經夏，四月，楚公子比自晉歸於楚，弒其君虔於乾溪。

傳自晉，晉有奉焉爾㈠。歸而弒。不言歸，言歸，非弒也㈡。歸一事也，弒一事也，而遂言之㈢，以比之歸弒。比不弒也。弒君者日，不日，不弒也㈣。

【今註】㈠晉有奉焉：晉幫助他。奉：幫助。公子比是楚靈王的弟弟。靈王當了國君後，比逃到晉國，晉又幫助他回國。㈡這句是說，表示回國做好事用歸這個詞，用了歸字，就不能說弒君。㈢遂：承，接。㈣不弒：不是被殺的。楚靈王在乾溪自縊而死。

【今譯】記「自晉」，表明晉國幫助他回國。回國而後弒君。不說歸，因為說歸，就不能說弒。回國是一件事，弒君又是一件事，接著記載，就會認為是公子比殺了國君。公子比沒有殺國君。國君被殺要記載日子，不記日子，就說明國君不是被殺死的。

(三)【經】楚公子棄疾殺公子比。

【傳】當上之辭也(一)。當上之辭者，謂不稱人以殺，乃以君殺之也。討賊以當上之辭(二)，殺非弒也。比之不弒有四(三)。取國者，稱國以弒(四)。楚公子棄疾殺公子比(五)，比不嫌也。春秋不以嫌代嫌，棄疾主其事，故嫌也。

【今註】(一)當上：指君上，君王。(二)賊：作亂殺人的人。(三)比之不弒有四：說公子比沒有弒君有四點根據。前一條經文已敘述了二點，一是沒記載日期，二是歸國與弒君分兩件事記載。三是經文沒記「某人殺某」，四是仍稱比為公子。(四)這句是說，如果想奪得國而弒君以代之，經文就記「某國殺某」了。(五)棄疾：楚共王最小的兒子，公子比的弟弟，後來即位，史稱楚平王。

【今譯】是指君王的意思。指君王，就是指經文不記某人殺某，乃是以君王的身分殺的。聲討作亂的人是以君王身分，表示殺的不是弒君的人。公子比沒有殺國君的依據有四點。如果為奪得一國而殺君，經文記載時，就舉出國名。經文記「楚公子棄疾殺公子比」，仍稱比為公子，表明比沒有殺君之嫌。春秋經不讓有殺君之嫌的替代有嫌的，棄疾主持殺了沒有殺君的人，他倒有奪君位之嫌。

(四)經秋，公會劉子、晉侯、齊侯、宋公、衞侯、鄭伯、曹伯、莒子、邾子、滕子、薛伯、杞伯、小邾子於平丘(一)。

【今註】(一)劉子：周景王的卿。平丘：地名，在今河南長垣縣。

【今譯】秋天，昭公和劉子、晉侯、齊侯、宋公、衞侯、鄭伯、曹伯、莒子、邾子、滕子、薛伯、杞伯、小邾子在平丘開會。

(五)經八月，甲戌，同盟於平丘，公不與盟。

傳同者，有同也，同外楚也。公不與盟者(一)，可以與而不與，譏在公也。其日，善是盟也(二)。

【今註】(一)與：參與。(二)是盟：指平丘十三國之盟。

【今譯】經文用同字，表明諸侯有共同的對手，共同對付楚國。昭公沒能參與結盟。可以參與而不參與，譏斥昭公。記載日期，是認為這次結盟很好。

(六)經晉人執季孫意如以歸(一)。

【今註】(一)季孫意如：魯卿，季孫宿的兒子。此經無傳。

【今譯】晉人捉住季孫意如，把他帶回國。

(七)經 公至自會㈠。

【今註】㈠此經無傳。

【今譯】昭公從平丘回國，告祭祖廟。

(八)經 蔡侯廬歸於蔡。陳侯吳歸於陳。

傳 善其成之會而歸之㈠，故謹而日之。此未嘗有國也，使如失國辭然者，不與楚滅也。

【今註】㈠歸之：讓他們回國。指讓蔡平侯(名叫盧)和陳惠公(名叫吳)分別回國。

【今譯】認為這次會成全了陳、蔡，讓二君回國，所以慎重地記載日期。這二君不曾有過國家，經文的記載卻讓他們像失掉了國家的樣子，是表示不贊同楚國滅陳蔡。

(九)經 冬，十月，葬蔡靈公。

傳 變之不葬有三，失德不葬，弒君不葬，滅國不葬。然且葬之㈠，不與楚滅，且成諸侯之事也㈡。

【今註】㈠葬之：指記載安葬蔡靈公。㈡諸侯之事：指諸侯平丘之會讓陳、蔡二君回國。

【今譯】春秋經改變義例，不記載安葬的諸侯有三種情況，沒德行的不記，殺君王的不記，被滅國的不記。卻記載蔡靈公的葬禮，是由於不贊同楚滅蔡國，同時也為成全諸侯平丘之會做的好事。

㈩經 公如晉，至河乃復㈠。

【今註】㈠此經無傳。

【今譯】昭公去晉國，到黃河邊就返回了。

⑪經 吳滅州來㈠。

【今註】㈠州來：楚的附屬國。此經無傳。

【今譯】吳國滅了州來。

昭公十四年（公元前五百二十八年）

㈠經 十有四年，春，意如至自晉。

傳 大夫執則致㈠，致則名。意如惡，然而致，見君臣之禮也㈡。

【今註】㈠致：通至。㈡見：現的古寫。

【今譯】大夫出國，如果被抓，回國後要告祭祖廟，這樣的要記載名字。季孫意如很壞，但是也要記他告祭祖廟。這是為表現君臣之禮義。

㈡經三月，曹伯滕卒㈠。

【今註】㈠滕：曹武公名。此經無傳。

【今譯】三月，曹武公去世。

㈢經夏，四月㈠。

【今註】㈠此經無傳。

【今譯】夏季，四月。

㈣經秋，葬曹武公㈠。

【今註】㈠此經無傳。

【今譯】秋天，安葬曹武公。

㈤經八月，莒子去疾卒㈠。

【今註】㈠去疾：莒君的名。此經無傳。

【今譯】八月，莒國國君去疾去世。

㈥經冬，莒殺其公子意恢。

傳言公子而不言大夫，莒無大夫也。莒無大夫而曰公子意恢㈠，意恢賢也。曹莒皆無大夫，其所以無大夫者，其義異也㈡。

【今註】㈠意恢：人名，莒國公子。㈡異：不同。周武王封其弟曹叔於曹，建立曹國，後來逐漸衰弱，沒有天子命封的大夫。莒屬夷狄之國，天子不加封夷狄的大夫。

【今譯】稱公子而不稱大夫，因為莒國沒有天子命封的大夫。莒國沒有天子命封的大夫而稱公子意恢，是因為意恢賢德。曹國莒國都沒有天子命封的大夫，其原因不同。

昭公十五年（公元前五百二十七年）

㈠經十有五年，春，王正月，吳子夷末卒㈠。

【今註】㈠夷末：吳君的名。此經無傳。

【今譯】十五年，春天，周曆正月，吳君夷末去世。

(二)經二月，癸酉，有事於武宮㊀，籥入㊁，叔弓卒，去樂，卒事㊂。

【今註】㊀武宮：魯武公的廟。武公是魯國的第五代君王。㊁籥：竹製的樂器。古祭祀時要奏樂跳舞，先跳文舞，舞時手拿羽翎或籥；後跳武舞，舞時手拿干戚等武器。㊂卒事：把事情進行到終了。

【今譯】二月癸酉日，在武宮舉行祭祀，籥舞剛開始，叔弓猝死。撤去音樂，繼續祭祀，直到完畢。

傳君在祭樂之中，聞大夫之喪，則去樂卒事，禮也。君在祭樂之中，大夫有變，以聞㊀，可乎？大夫國體也㊁。古之人重死，君命無所不通。

【今註】㊀聞：指聽樂音。㊁體：部分。

【今譯】君王在祭祀聽樂當中，聽說大夫死了，撤去音樂把祭祀進行完畢，這合乎禮。君王在祭祀當中，大夫有了急變，還讓他聽到樂音，可以嗎？大夫是國的一部分呵。古人重視死，君王的命令沒有達不到的地方。

(三)經夏，蔡朝吳出奔鄭㊀。

【今註】㈠朝吳：人名。此經無傳。

【今譯】夏天，蔡國的朝吳跑到鄭國去。

㈣經六月，丁巳，朔，日有食之㈠。

【今註】㈠此經無傳。

【今譯】六月丁巳日，初一，出現日蝕。

㈤經秋，晉荀吳帥師伐鮮虞㈠。

【今註】㈠荀吳，晉國的卿。鮮虞：國名。戰國時改叫中山國。此經無傳。

【今譯】秋天，晉國的荀吳領兵攻伐鮮虞。

㈥經冬，公如晉㈠。

【今註】㈠此經無傳。

【今譯】冬天，昭公到晉國去。

昭公十六年（公元前五百二十六年）

㈠經十有六年，春，齊侯伐徐㊀。

【今註】㊀徐：國名。此經無傳。

【今譯】十六年，春天，齊國攻伐徐國。

㈡經楚子誘戎蠻子殺之㊀。

【今註】㊀蠻：國名，因為它是戎人所建，所以又稱戎蠻，在今河南臨汝縣南。此經無傳。

【今譯】楚平王誘騙戎蠻的國君，殺了他。

㈢經夏，公至自晉㊀。

【今註】㊀此經無傳。

【今譯】昭公從晉回國，告祭祖廟。

㈣經秋，八年，己亥，晉侯夷卒㊀。

【今註】㊀夷：晉昭公的名。此經無傳。

【今譯】八月己亥日，晉昭公去世。

(五)經九月，大雩㈠。

【今註】㈠此經無傳。

【今譯】九月，舉行盛大的求雨祭祀。

(六)經季孫意如如晉㈠。

【今註】㈠季孫意如：魯卿。去晉參加葬禮。此經無傳。

【今譯】季孫意如到晉國去。

(七)經冬，十月，葬晉昭公㈠。

【今註】㈠此經無傳。

【今譯】冬季，十月，安葬晉昭公。

昭公十七年（公元前五百二十五年）

(一)經十有七年，春，小邾子來朝㈠。

【今註】㈠此經無傳。

【今譯】十七年，春天，小邾國國君來魯朝見。

㈡經夏，六月，甲戌，朔，日有食之㈠。

【今註】㈠此經無傳。

【今譯】夏季，六月甲戌日，初一，出現日蝕。

㈢經秋，郯子來朝㈠。

【今註】㈠郯：國名。此經無傳。

【今譯】秋天，郯國國君來魯朝見。

㈣經八月，晉荀吳帥師滅陸渾戎㈠。

【今註】㈠陸渾戎：戎人的一支。此經無傳。

【今譯】八月，晉卿荀吳領兵滅了陸渾戎國。

㈤經有星孛於大辰。

傳一有一亡曰有㈠。於大辰者㈡，濫於大辰也㈢。

【今註】㊀亡：通無。㊁大辰：星宿名，即二十八星宿中的心宿，又叫大火。㊂濫：侵漬。這裏是指彗星侵掃到大辰星宿。

【今譯】「有」指時有時無的有。「於大辰」，是說侵掃到大辰星宿。

㈥經楚人及吳戰於長岸。

傳兩夷狄曰敗㊀，中國與夷狄亦曰敗。楚人及吳戰於長岸㊁，進楚子，故曰戰。

【今註】㊀敗：指強調楚國敗。㊁長岸：地名。不詳。

【今譯】楚國和夷狄打仗，要如實記載楚國的失敗。中原諸侯國和楚國打仗，也要記錄楚國的失敗。楚國跟吳國在長岸打仗（楚敗），為了進升楚王，所以稱作戰。

昭公十八年（公元前五百二十四年）

㈠經十有八年，春，王三月，曹伯須卒㊀。

【今註】㊀須：曹平公的名。此經無傳。

【今譯】十八年，春天，周曆三月，曹平公去世。

㈡經夏，五月，壬午、宋、衞、陳、鄭災。

傳其志，以同日也㈠。其日，亦以同日也。或曰㈡：「人有謂子產曰㈢：『某日有災』，子產曰：『天者神，子惡知之㈣？』」是人也，同日為四國災也。

【今註】㈠以：因為。㈡或：有人。㈢子產：鄭國大夫，後升為卿。㈣惡：疑問詞，怎麼。

【今譯】記載，因為發生在同一天。記日子，也是因為在同一天。有人說：「一個人對子產說：『某天有火災』，子產說：『天是神，您怎麼能知道呢？』」這個人說對了，同一天四個國家發生火災。

㈢經六月，邾人入鄅㈠。

【今註】㈠此經無傳。

【今譯】六月，邾國攻入鄅國。

㈣經秋，葬曹平公㈠。

【今註】㈠此經無傳。

【今譯】秋天，安葬曹平公。

㈤經冬，許遷於白羽㈠。

【今註】㈠白羽：地名，在今河南西峽縣一帶。此經無傳

【今譯】冬天，許國遷移到白羽。

昭公十九年（公元前五百二十三年）

㈠經　十有九年，春，宋公伐邾㈠。

【今註】㈠此經無傳。

【今譯】十九年，春天，宋國攻伐邾國。

㈡經　夏，五月，戊辰，許世子弒其君買。

傳　曰弒，正卒也㈠。正卒則止不弒也㈡。不弒而曰弒，責止也。止曰：「我與夫弒者。」不立乎其位，以與其弟虺㈢，哭泣歠飦粥㈣，嗌不容粒㈤，未踰年而死。故君子即止自責而責之。

【今註】㈠正卒：正常地死去。㈡止：人名，許悼公的太子。悼公有病，止餵藥沒有先嚐，悼公喝完藥，不一會就死了。㈢虺：止的弟弟。㈣歠：喝。飦粥：稠一點兒的粥。㈤嗌：咽喉。

【今譯】記載被弒的日期，表明是正常死去。正常死去就說明太子止沒有弒君。沒弒君卻記載弒君，是責備太子止。止說：「我跟那些弒君的太子同罪。」沒繼承君位，把君位給了他的弟弟虺，哭得喉嚨都腫了，喝稠粥都咽不下去，沒過一年就死了。所以君子就太子能自責這一點要求人們（學習）。

㈢經己卯，地震㈠。

【今註】㈠此經無傳。

【今譯】己卯日發生地震。

㈣經秋，齊高發帥師伐莒㈠。

【今註】㈠高發：齊國的卿。此經無傳。

【今譯】秋天，齊國高發領兵攻伐莒國。

㈤經冬，葬許悼公。

傳日卒時葬㈠，不使止為弒父也㈡。曰，子既生，不免於水火，母之罪也。羈貫成童㈢，不就師傅，父之罪也。就師學問無方，心志不通，身之罪也㈣。心志既通，而名譽不聞，友之罪也。名譽既聞，有司不舉㊄，有司之罪也。有司舉之，王者不用，王者之過也。許世子不知嘗藥，累及許君也。

【今註】㊀日卒時葬：記載死的日期，記載安葬的季節。㊁不使止為弒父：不讓許太子止承擔弒父的罪名。他的錯誤就是餵父藥時沒先嘗藥。㊂羈貫：兒童的髮髻。㊃身：自己。㊄有司：管事的人。

【今譯】許悼公死了記日期，安葬記季節，是為了不讓太子止承擔弒父的罪名。孩子出生後，被水火弄傷了，是母親的罪過。梳上髮髻到了童年，還不拜師學習，是父親的罪過。到老師那兒，學習沒方法，頭腦不開竅，是自己的罪過。頭腦已開竅(學得很好)，可是聲望不高，是朋友的罪過。有了聲望。管事人不舉薦，是管事人的罪過。管事人舉薦，而君王不任用，是君王的過失。許太子不懂先嘗藥的道理，這罪責牽連到許君。

昭公二十年(公元前五百二十二年)

㈠經二十年，春，王正月㊀。

【今註】㊀此經無傳。

【今譯】二十年，春天，周曆正月。

(二)經 夏，曹公孫會自夢出奔宋。

傳 自夢者㊀，專乎夢也。曹無大夫，其曰公孫何也㊁？言其以貴取之，而不以叛也。

【今註】㊀夢：地名，曹國的城邑，在今山東菏澤縣西北。㊁公孫：曹宣公的孫子，所以稱公孫，名叫會，封邑在夢。

【今譯】經文記「自夢」，表明夢地為公孫會專有。曹國沒有天子命封的大夫，稱他公孫，是說他因地位高取得土地，不能帶著土地叛逃。

(三)經 秋，盜殺衞侯之兄輒。

傳 盜，賤也。其曰兄，母兄也。目衞侯，衞侯累也㊀。然則何為不為君也？有天疾者㊁，不得入乎宗廟。輒者何也？曰：「兩足不能相過㊂」，齊謂綦，楚謂之踂，衞謂之輒。

【今註】㊀累：連及。衞侯：指衞靈公。他的哥哥輒有病，這句是說他指使人殺了哥哥。㊁天疾：天生的毛病。㊂兩足不能相過：兩隻腳不能互相邁過。指不能像正常人那樣行走，後腳邁過前腳，前腳再邁過已經邁過它的後腳。

【今譯】強盜，是低賤人。稱兄，表明是同母所生的兄長。指衞侯，是說牽連到衞侯。是兄為什麼沒當國君？因他天生有殘疾，不能進宗廟。輒是什麼病？兩隻腳不能互相邁過，齊國把這種病叫綦，楚國叫踂，衛國叫輒。

㈣經冬，十月，宋華亥、向寧、華定出奔陳㈠。

【今註】㈠華亥等三位大夫因宋元公要加害而出逃。此經無傳。

【今譯】冬季，十月，宋國的華亥、向寧和華定逃到陳國。

㈤經十有一月，辛卯，蔡侯廬卒㈠。

【今註】㈠廬：蔡平公的名。此經無傳。

【今譯】十一月辛卯日，蔡平公去世。

昭公二十一年（公元前五日二十一年）

㈠經二十有一年，春，王三月，葬蔡平公㈠。

【今註】㈠此經無傳。

【今譯】二十一年，春天，周曆三月，安葬蔡平公。

(二)經夏，晉侯使士鞅來聘㈠。

【今註】㈠此經無傳。

【今譯】夏天，晉侯派士鞅來魯訪問。

(三)經宋華亥、向寧、華定自陳入於宋南里以叛。

傳自陳，陳有奉焉爾㈠。入者，內弗受也。其曰宋南里㈡，宋之南鄙也㈢。以者，不以者也。叛，直叛也。

【今註】㈠奉：幫助。㈡南里：杜預認為是宋城內的一條街道名。穀梁氏認為是宋國南部邊區，較為合理。㈢鄙：邊邑。

【今譯】經文記「自陳」，表明是陳國幫助的。用入字，表示陳國不接受他們。稱宋南里，是宋國南部邊區。用以字，表示不該憑藉(南里)的意思。用叛字，表示祇是背叛。(沒有作亂)

(四)經秋，七月，壬午，朔，日有食之㈠。

【今註】㈠此經無傳。

【今譯】秋季，七月壬午日，初一，出現日蝕。

(五)經八月，乙亥，叔輒卒㊀。

【今註】㊀叔輒：魯卿叔弓的兒子。此經無傳。

【今譯】八月乙亥日，叔輒去世。

(六)經冬，蔡侯東出奔楚。

傳東者，東國也㊀。何為謂之東也？王父誘而殺焉㊁，父執而用焉㊂。奔而又奔之。曰東，惡之而貶之也。

【今註】㊀東國：人名，又稱東。左傳作朱，楊伯峻考證朱、東是兩個人。東是蔡靈侯的孫子。㊁王父：祖父。蔡靈侯被楚共王誘騙殺死。㊂父執而用：父親被抓而且用做祭祀的犧牲品。指蔡靈侯的太子(名叫友)於昭公十一年被楚靈王抓去，並殺了用以祭祀。

【今譯】東，就是東國。為什麼稱他名呢？他的祖父被誘騙殺死，父親被抓而且做了犧牲品。(幾代人)逃而又逃，稱名，是對他表示憎惡和貶斥。

(七)經公如晉，至河乃復㊀。

【今註】㊀這是第四次被晉拒之國門之外。此經無傳。

【今譯】昭公去晉國，到黃河邊便返回了。

昭公二十二年(公元前五百二十年)

(一)經 二十有二年,春,齊侯伐莒(一)。

【今註】(一)此經無傳。

【今譯】二十二年,春天,齊國攻伐莒國。

(二)經 宋華亥、向寧、華定自宋南里出奔楚。

傳 自宋南里者(一)。專也。

【今註】(一)南里:指南部邊區。

【今譯】經文記「自宋南里」,表明那兒被三個大夫專有了。

(三)經 大蒐於昌間。

傳 秋而曰蒐(一)。此春也,其曰蒐何也?以蒐事也(二)。

【今註】(一)蒐:春季打獵。爾雅等都稱秋天打獵叫獮。穀梁氏說秋獵叫蒐,不知何據。(二)以蒐事:以打獵方式演習武事。武事即武功。

【今譯】秋季打獵叫蒐。這是春季，為什麼叫蒐？這是用打獵方式演習武功。

(四)經夏，四月，乙丑，天王崩㈠。

【今註】㈠天王：天子，指周景王。此經無傳。

【今譯】夏季，四月乙丑日，周景王駕崩。

(五)經六月，叔鞅如京師，葬景王㈠。

【今註】㈠叔鞅：魯卿叔弓的兒子。此經無傳。

【今譯】六月，叔鞅到京師，參加景王的葬禮。

(六)經王室亂。

傳亂之為言㈠，事未有所成也。

【今註】㈠亂：指景王死後，王卿們爭著護立各自親近的公子，尹氏要立公子朝，單氏要立王子猛，都沒成功。

【今譯】王宮大亂，立新王的事沒有成功。

(七)經劉子、單子以王猛居於皇㈠。

【今註】㊀劉子、單(音善)子：二人都是周景王的卿。王猛：景王的庶子，名猛。皇：地名，在今河南洛陽東。

【今譯】劉子、單子帶著王猛出居在皇地。

傳以者㊀，不以者也，王猛嫌也。

【今註】㊀以：領著，帶著。

【今譯】用以字，表示不該帶的意思。王猛有爭國之嫌。

(八)經秋，劉子、單子以王猛入於王城。

傳以者，不以者也。入者㊀，內弗受也。

【今註】㊀入：指進入王城。

【今譯】用以字，表示不該帶的意思。用入字，表示王城的人不願他們進去。

(九)經冬，十月，王子猛卒。

傳此不卒者㊀。其曰卒，失嫌也。

【今註】㊀不卒：不該記載死。

【今譯】這個人，不該記載他的死。記下他的死，就沒了爭國之嫌。

(十)經 十有二月，癸酉，朔，日有食之㊀。

【今註】㊀此經無傳。

【今譯】十二月癸酉日，初一，出現日蝕。

昭公二十三年（公元前五一九年）

(一)經 二十有三年，春，王正月，叔孫婼如晉㊀。

【今註】㊀叔孫婼：魯卿。此經無傳。

【今譯】二十三年，春天，周曆正月，叔孫婼到晉國去。

(二)經 癸丑，叔鞅卒㊀。

【今註】㊀此經無傳。

【今譯】癸丑日，魯卿叔鞅去世。

(三)經 晉人執我行人叔孫婼㊀。

【今註】㈠行人：使臣。郲國告了魯國的狀，故晉人抓住魯的使臣。此經無傳。

【今譯】晉國逮住了魯國的使臣叔孫婼。

㈣經晉人圍郊㈠。

【今註】㈠郊：周的城邑。此經無傳。

【今譯】晉國包圍了郊邑。

㈤經夏，六月，蔡侯東國卒於楚㈠。

【今註】㈠東國：蔡悼公的名。此經無傳。

【今譯】夏季，六月，蔡悼公死在楚國。

㈥經秋，七月，莒子庚與來奔㈠。

【今註】㈠庚與：莒君的名。此經無傳。

【今譯】秋季，七月，莒國國君庚與逃到魯國。

㈦經戊辰，吳敗頓、胡、沈、蔡、陳、許之師於雞甫，胡子髡、沈子盈滅。獲陳夏齧。

傳中國不言敗，此其言敗何也㈠？中國不敗，胡子髡、沈子盈其滅乎㈡？其言敗，釋其滅也。獲者㊂，非與之辭也，上下之稱也㊃。

【今註】㊀此：指雞甫（楚地名）之戰。吳國勝了中原六國。㊁胡子髡：胡國國君，名髡。沈子盈：沈國國君，名盈，公羊傳作楹，左傳作逞。滅：據杜預註：「國雖存，君死曰滅」。㊂獲：大夫被對方抓去，無論生或死都叫獲。陳國大夫名夏齧，被吳打死，也稱獲。㊃上下之稱：指君臣有不同之稱，君死曰滅，臣死曰獲。

【今譯】對中原諸侯國不記敗，這次為什麼記？因為胡國君髡和沈國君盈被打死了，記敗，是為了解釋他們的死。用獲字，不是稱讚的意思，是因為君臣（被打死）有不同稱說。

(八)經天王居於狄泉。尹氏立王子朝。

傳始王也㊀。其曰天王，因其居而王之也㊁。立者，不宜立者也。朝之不名何也㊂？別嫌乎尹氏之朝也。

【今註】㊀始王：開始稱王。周景王死剛滿一年，他的兒子周敬王剛開始稱天王。㊁因其居而王之：就在居住的地方稱王。敬王躲避禍亂，出居在狄泉。㊂不名：指不單獨稱名，即不稱朝，而稱公子朝。

【今譯】剛開始稱王。稱天王，就在居住的地方稱王。用立字，表明是不該立的人。為什麼不直接稱名而稱公子朝？是為了區別於尹氏之朝。

(九)經八月，乙未，地震㊀。

【今註】㊀此經無傳。

【今譯】八月乙未日，發生地震。

(十)經冬，公如晉，至河，有疾，乃復。

傳疾不志㊀，此其志何也，釋不得入乎晉也。

【今註】㊀志：記載。

【今譯】有病不必記載，這次為什麼記載？是解釋昭公沒進入晉國的原因。

昭公二十四年（公元前五百一十八年）

(一)經二十有四年，春，王二月，丙戌，仲孫貜卒㊀。

【今註】㊀此經無傳。

【今譯】二十四年，春天，周曆二月，丙戌日，仲孫貜去世。

(二)經婼至自晉。

傳大夫執則致㊀，致則挈㊁，由上致之也㊂。

【今註】㊀大夫執則致：大夫被抓後，回國要告祭祖廟。叔孫婼於上年到晉，被扣留一年，今回國告祭祖廟。㊁挈：領。㊂上：指國君。

【今譯】大夫被抓後，回國要告祭祖廟，國君領著到祖廟前，由國君告祖。

㈢經夏，五月，乙未，朔，日有食之㊀。

【今註】㊀此經無傳。

【今譯】夏季，五月乙未日，初一，出現日蝕。

㈣經秋，八月，大雩㊀。

【今註】㊀此經無傳。

【今譯】秋季，八月，舉行盛大的求雨祭祀。

㈤經丁酉，杞伯郁釐卒㊀。

【今註】㊀郁釐：杞平公的名。此經無傳。

【今譯】丁酉日，杞平公去世。

㈥經冬，吳滅巢㈠。

【今註】㈠此經無傳。

【今譯】冬天，吳國滅掉巢國。

㈦經葬杞平公㈠。

【今註】㈠此經無傳。

【今譯】安葬杞平公。

昭公二十五年（公元前五百一十七年）

㈠經二十有五年，春，叔孫婼如宋㈠。

【今註】㈠此經無傳。

【今譯】二十五年，春天，魯卿叔孫婼到宋國去。

㈡經夏，叔倪會晉趙鞅、宋樂大心、衞北宮喜、鄭游吉、曹人、邾人、滕人、薛人、小邾人於黃父㈠。

【今註】㈠叔倪：叔輒的兒子，魯卿。黃父：地名，在今山西沁水縣西北。黃父之會是由晉國正卿趙鞅主持，其他九國也都是卿參加。此經無傳。

【今譯】夏天，叔倪同晉趙鞅、宋樂大心、衞北宮喜、鄭游吉、曹人、邾人、滕人、薛人、小邾人在黃父開會。

㈢經有鸜鵒來巢。

傳一有一亡曰有㈠。來者，來中國也。鸜鵒穴者而曰巢㈡。或曰，增之也㈢。

【今註】㈠亡：通無。㈡鸜鵒：俗稱八哥，這種鳥會學人說話。㈢增：妄增之辭，即沒有的事。八哥鳥生活在濟水以南，極少飛到山東一帶。

【今譯】對時有時無的東西才強調有。來，表示來到中原一帶。八哥鳥住的地方叫巢。有的說，這是妄增的。

㈣經秋，七月，上辛㈠，大雩。季辛㈡，又雩。

【今註】㈠上辛：上旬的辛日。㈡季辛：下旬的辛日。辛：天干的第八位。古時多以干支相配記日，也可以單用天干記日。

【今譯】秋季，七月，上旬的辛日，舉行盛大的求雨祭祀。下旬的辛日，又舉行盛大的求雨祭祀。

傳季者㊀，有中之辭也。又，有繼之辭也。

【今註】㊀季：末尾。

【今譯】季，表示有中間的意思。又，表示接續的意思。

(五)經九月，己亥，公孫於齊，次於陽州，齊侯唁公於野井。

傳孫之為言猶孫也㊀，諱奔也。次㊁，止也。弔失國曰唁㊂，唁公不得入於魯也㊃。

【今註】㊀孫（後一個孫字）：通遜，流亡。㊁次：臨時住下。㊂弔：慰問。㊃不得入於魯：不能回魯。昭公是被季孫氏逼迫逃亡的。

【今譯】孫就是指流亡。用孫字是為了避諱說流亡。次，是臨時住留下來。慰問失去國家的人叫唁，是慰問昭公不能回到魯國。

(六)經冬，十月，戊辰，叔孫婼卒㊀。

【今註】㊀此經無傳。

【今譯】冬季，十月戊辰日，魯卿叔孫婼去世。

(七)經十有一月，己亥，宋公佐卒於曲棘。

傳防公也㊀。

【今註】㊀防：通訪。宋公（名佐）是為了魯昭公的事去求問晉侯，死在路上。

【今譯】為了昭公的事訪問。

㈧經十有二月，齊侯取鄆。

傳取，易辭也。內不言取㊀。以其為公取之，故易言之也。

【今註】㊀內：指魯國。鄆是魯國的城邑，齊景公攻取了鄆城，讓魯昭公住在那兒。

【今譯】用取字，表示很容易就佔領了。對魯的城邑不能說取。因為齊侯是為了昭公而攻取鄆城，所以說很容易就攻取了。

昭公二十六年（公元前五百一十六年）

㈠經二十有六年，春，王正月，葬宋元公㊀。

【今註】㊀此經無傳。

【今譯】二十六年，春天，周曆正月，安葬宋元公。

㈡經三月，公至自齊，居於鄆。

傳公次於陽州㈠，其曰至自齊何也？以齊侯之見公，可以言至自齊也。居於鄆者，公在外也㈡。至自齊，道義不外公也。

【今註】㈠次：臨時性的住留。陽州：魯地，在今山東東平縣北。㈡外：指國都以外。

【今譯】昭公暫住在陽州，為什麼說從齊國回來？因為齊侯見到了昭公，可以說從齊回國。居住在鄆城，表明昭公在魯都之外。從齊回來，按禮義，不能把昭公視為在外。

㈢經夏，公圍成。

傳非國不言圍。所以言圍者㈠，以大公也。

【今註】㈠所以言圍者：稱圍的原因。昭公包圍的是仲孫氏的封邑，叫成。

【今譯】不是對一個國家不必說圍。這裏說圍的原因，是為強調昭公勢力仍很強大。

㈣經秋，公會齊侯、莒子、邾子、杞伯，盟於鄟陵㈠。

【今註】㈠鄟陵：地名。不詳。此經無傳。

【今譯】秋天，昭公在鄟陵同齊侯、莒子、邾子、杞伯會盟。

㈤經公至自會，居於鄆㈠。

【今註】㊀此經無傳。

【今譯】昭公從會盟地回國，住在鄆城。

㈥經　九月，庚申，楚子居卒㊀。

【今註】㊀居：楚平王的名。平王原名棄疾，即位後改名熊居，也可以單稱居。此經無傳。

【今譯】九月庚申日，楚平王去世。

㈦經　冬，十月，天王入於成周。尹氏、召伯、毛伯以王子朝奔楚。

傳　周有入無出也㊀。遠矣㊁，非也。奔，直奔也。

【今註】㊀有入無出：指進入記載，出不記載。昭公二十三年周敬王出居於狄泉，就省略了「出」字。㊁遠：指尹氏等三個卿領王子朝逃到遠遠的楚國。

【今譯】對周天子記進不記出。他們逃到遠遠的楚國，責備他們外逃。經文記「奔」，表示徑直逃跑的意思。

昭公二十七年（公元前五百一十五年）

㈠經　二十有七年，春，公如齊㊀。

【今註】㊀此經無傳。

【今譯】二十七年，春天，昭公到齊國去。

㈡經公至自齊，居於鄆。

傳公在外也㊀。

【今註】㊀外：指國都之外。

【今譯】昭公住在國都之外。

㈢經夏，四月，吳弒君僚㊀。

【今註】㊀僚：吳王名僚。公子光殺僚自立為王。此經無傳。

【今譯】夏季，四月，吳公子殺了自己的國君。

㈣經楚殺其大夫郤宛㊀。

【今註】㊀郤宛：郤宛為人正直，為奸臣所害。此經無傳。

【今譯】楚人殺了自己的大夫郤宛。

㈤經秋，晉士鞅、宋樂祁犂、衞北宮喜、曹人、邾人、滕人，會於扈㊀。

【今註】㊀士鞅：晉卿。扈地這次會是商討如何送昭公回國都。此經無傳。

【今譯】秋天，晉卿士鞅和宋卿樂祁犂、衞卿北宮喜、曹人、邾人、滕人在扈地開會。

㈥經冬，十月，曹伯午卒㊀。

【今註】㊀午：曹悼公的名。此經無傳。

【今譯】冬季，十月，曹悼公去世。

㈦經邾快來奔㊀。

【今註】㊀快：人名。此經無傳。

【今譯】邾快逃到魯國來。

㈧經公如齊㊀

【今註】㊀此經無傳。

【今譯】昭公到齊國去。

㈨經公至自齊，居於鄆㊀。

【今註】此經無傳。
【今譯】昭公從齊回國，住在鄆城。

昭公二十八年（公元前五百一十四年）

㈠經二十有八年，春，王三月，葬曹悼公㈠。
【今註】㈠此經無傳。
【今譯】二十八年，春天，周曆三月，安葬曹悼公。

㈡經公如晉，次於乾侯。
傳公在外也㈠。
【今註】㈠外：指晉的國都之外。乾侯屬晉地，但距晉的國都較遠。乾侯在今河北安成縣東南。
【今譯】昭公在國都以外（等候接見）。

㈢經夏，四月，丙戌，鄭伯寧卒㈠。
【今註】㈠寧：鄭定公名叫寧。此經無傳。
【今譯】夏季，四月丙戌日，鄭定公去世。

(四)經六月，葬鄭定公㊀。

【今註】㊀此經無傳。

【今譯】六月，安葬鄭定公。

(五)經秋，七月，癸巳，滕子寧卒㊀。

【今註】㊀寧：滕悼公的名。此經無傳。

【今譯】秋季，七月癸巳日，滕悼公去世。

(六)經冬，葬滕悼公㊀。

【今註】㊀此經無傳。

【今譯】冬季，安葬滕悼公。

昭公二十九年（公元前五百一十三年）

(一)經二十有九年，春，公至自乾侯，居於鄆。齊侯使高張來唁公。

傳唁公不得入於魯也㊀。

【今註】㊀唁：慰問失去國家的人。昭公不能居國都，問國事，就等於失去了國。

【今譯】對昭公不能回國都表示慰問。

㈡經公如晉，次於乾侯㊀。

【今註】㊀此經無傳。

【今譯】昭公到晉國去，暫住在乾侯。

㈢經夏，四月，庚子，叔倪卒。

傳季孫意如曰㊀：「叔倪無病而死㊁，此皆無公也，是天命也，非我罪也。」

【今註】㊀季孫意如：魯國正卿，驕橫專權，逼得昭公出走。㊁叔倪：魯卿，叔輒的兒。據春秋紀事本末載，叔倪忠於昭公。

【今譯】季孫意如說：「叔倪沒有重病卻死去，這都是因為沒有國君呵。這是天命，不是我的罪過。」

㈣經秋，七月㊀。

【今註】㊀一季無事，記下首月。此經無傳。

【今譯】秋季，七月。

(五)經冬，十月，鄆潰。

傳潰之為言㊀，上下不相得也㊁。上下不相得則惡矣，亦譏公也。昭公出奔，民如釋重負。

【今註】㊀潰：潰散。這裏指百姓逃散。㊁不相得：不合。

【今譯】百姓逃散，就是指上上下下不投合。上下不合就壞了，這也是譏斥昭公。昭公逃出國都，百姓像放下了沉重的負擔似的。

昭公三十年（公元前五百一十二年）

(一)經三十年，春，王正月，公在乾侯。

傳中國不存公㊀。存公故也㊁。

【今註】㊀中國：國中。不存公：指鄆城百姓都叛離了昭公。㊁存公：指昭公寄居在晉國乾侯。

【今譯】昭公在國中呆不下去，寄居在晉國。

(二)經夏，六月，庚辰，晉侯去疾卒㊀。

【今註】㊀去疾：晉頃公名去疾。此經無傳。

【今譯】夏季，六月庚辰日，晉頃公去世。

㈢經秋，八月，葬晉頃公㊀。

【今註】㊀此經無傳。

【今譯】秋季，八月，安葬晉頃公。

㈣經冬，十有二月，吳滅徐，徐子章羽奔楚㊀。

【今註】㊀章羽：人名。此經無傳。

【今譯】冬季，十二月，吳國滅掉徐國，徐國君王逃到楚國。

昭公三十一年（公元前五百一十一年）

㈠經三十有一年，春，王正月，公在乾侯㊀。

【今註】㊀此經無傳。

【今譯】三十一年，春天，周曆正月，昭公住在乾侯。

(二)經季孫意如會晉荀櫟於適歷㊀。

【今註】㊀荀櫟：晉卿。適歷：晉國地名。不詳。此經無傳。

【今譯】季孫意如在適歷會見晉卿荀櫟。

(三)經夏，四月，丁巳，薛伯穀卒㊀。

【今註】㊀穀：薛獻公的名。此經無傳。

【今譯】夏季，四月丁巳日，薛獻公去世。

(四)經晉侯使荀櫟唁公於乾侯。

傳唁公不得入於魯也㊀。曰：「既為君言之矣，不可者意如也㊁。」

【今註】㊀唁：慰問失去國的人叫唁。㊁不可，不同意。

【今譯】對昭公不能回國表示慰問。說：「已經為您說話了，季孫意如不同意。」

(五)經秋，葬薛獻公㊀

【今註】㊀此經無傳。

【今譯】秋天，安葬薛獻公。

㈥經冬，黑肱以濫來奔。

傳其不言邾黑肱何也㈠？別乎邾也㈡。其不言濫子何也？非天子所封也。來奔，內不言叛也。

【今註】㈠黑肱：穀梁氏認為是濫國君王。另一種解釋為邾國的臣，封邑在濫。㈡別乎邾：跟邾國有別，即不是邾國人。

【今譯】為什麼不稱呼邾黑肱？因為他不是邾國人。為什麼不稱呼濫子，因為他不是天子封的諸侯。逃到魯國來，魯國（當然）不說他叛逃。

㈦經十有二月，辛亥，朔，日有食之㈠。

【今註】㈠此經無傳。

【今譯】十二月辛亥日，初一，出現日蝕。

昭公三十二年（公元前五百一十年）

㈠經三十有二年，春，王正月，公在乾侯㈠。

【今註】㈠此經無傳。

【今譯】三十二年，春天，周曆正月，昭公仍住在乾侯。

㈡經取闞㈠。

【今註】㈠闞：魯邑名。此經無傳。

【今譯】（昭公）攻佔了闞邑。

㈢經夏，吳伐越㈠。

【今註】㈠這是吳越第一次交戰。此經無傳。

【今譯】夏天，吳國攻伐越國。

㈣經秋，七月㈠。

【今註】㈠此經無傳。

【今譯】秋季，七月。

㈤經冬，仲孫何忌會晉韓不信、齊高張、宋仲幾、衞世叔申、鄭國參、曹人、莒人、薛人、杞人、小邾人城成周。

傳天子微㈠，諸侯不享覲㈡。天子之在者，惟祭與號㈢。故諸侯之大夫㈣，相帥以城之㈤，此變之正也。

【今註】㈠天子：指周敬王。㈡享：獻，指向天子納貢品。覲：見，朝見天子。㈢惟：祇。號：王號。㈣諸侯之大夫：指經文中的韓不信、高張等十一人。㈤城之：為王都修固城牆。

【今譯】周天子衰微，諸侯不納貢不朝見。天子僅存的，祇有祭祀和王號了。諸侯的大夫一個跟一個來京都築城牆，這種變通的做法是對的。

㈥經十有二月，己未，公薨於乾侯㈠。

【今註】㈠此經無傳。

【今譯】十二月己未日，昭公死在乾侯。

卷十一　定　公

定公元年（公元前五百零九年）

㈠經元年，春，王。

傳不言正月，定無正也。定之無正何也？昭公之終，非正終也㊀。定之始，非正始也㊁。昭無定終，故定無正始。不言即位，喪在外也㊂。

【今註】㊀正終：君王因病死在宮中的正寢（也稱路寢）叫正終。昭公死在異國，所以不是正終。㊁正始：正常即位。㊂喪在外：昭公死在晉國的乾侯。昭公十二月去世，定公次年六月即位。

【今譯】不記正月，因為定公（不是正月即位）沒有正月？定公為什麼沒有正月？昭公的死，不是屬於正終。定公開始即位，不是屬於正常即位。昭公沒有正終，所以定公沒有正始。不記即位，因昭公死在外國。

㈡經三月，晉人執宋仲幾於京師。

傳此其大夫㊀，其曰人何也？微之也㊁。何為微之？不正其執人於尊者之所也㊂，不與大夫之伯討也㊃。

【今註】㊀此：指代晉人。㊁微：輕。㊂尊者之所：指京師。㊃與：贊同。伯：排行老大，也指頭領，霸主。

【今譯】晉人是位卿大夫，為什麼稱人？輕視他。為什麼輕視他？他在京師抓人是不對的，不贊同一個大夫以霸主身分懲罰人。

㈢經夏，六月，癸亥，公之喪至自乾侯㊀。

【今註】㊀此經無傳。

【今譯】夏天，六月癸亥日，昭公的靈柩從乾侯運回到魯國。

㈣經戊辰，公即位。

傳殯㊀，然後即位也。定無正，見無以正也。踰年不言即位，是有故公也。言即位，是無故公也。即位，授受之道也。先君無正終，則後君無正始也。先君有正終，則後君有正始也。戊辰，公即位，謹之也。定之即位，不可以不察也。公即位，何以日也？戊辰之日，然後即位也。癸亥，公之喪至自乾侯㊁，何為戊辰之日然後即位也？正君乎國，然後即位也。沈子曰：「正棺乎兩楹之間㊂，然後即位也。」內之大事日㊃。即位，君之大事也，其不日何也？以年決者㊄，不以日決也。此則其日何也？著之也㊅。何著焉？踰年即位，厲也㊆。於厲之中，又有義焉。未殯，雖有天子之命猶不敢，況臨諸臣乎㊇？周人有喪，魯人有喪，周人弔，魯人不弔。周人曰：「固吾臣也，使大可也。」魯人曰：「吾君也，親之者也，使大夫則不可也。」故周人弔，魯人不弔，以其下成康為未久也㊈。君至尊也㊉，去父之殯而往弔⑪，猶不敢，況未殯而臨諸臣乎？

【今註】㊀殯：入殮待葬，這是小殯，指屍體入棺。大殯指棺入墓。㊁喪：靈柩。乾侯：晉國地名。㊂沈子：人名，不詳。楹：廳堂前部的柱子。㊃內：指魯國。日：記載日期。㊄以年決：正常即位記年。㊅著：顯。㊆厲：危。㊇臨諸臣：指即位為君。臨：面對。㊈下成康為未久：離成王、康王的時代還不遠。尚書中有周成王死，七天而殯，殯後康王才即位的記載。㊉君：指天子。⑪去：離開。

【今譯】先君入殮，然後新君即位。對定公沒有記正月，足見其不是在正月即位。過了年還不記即位，這是因為先君死有緣故。記載即位，這說明先君死沒有特殊緣故。即位，有個先君授與君位，後君接受君位的禮儀。先君不是正終，那麼後君就不能正常即位。先君是正終，後君就正常即位。經文記「戊辰，公即位」，這是慎重地記此事。定公即位，不能不慎重。定公即位為什麼記日期？因為他是戊辰日之後即位的。癸亥日，昭公的靈柩從乾侯運回魯國，為什麼戊辰日之後才即位呢？要在國中確正君位，然後才能即位。沈子說：「在正廳的兩根楹柱中間擺上靈位，入殮後才能即位。」魯國的大事要記日期。即位，是君王的大事，怎麼能不記日期？即位以年來記，不記日期。這次為什麼記日期？是為明顯地記下特殊情況。為什麼要這樣？過一年才即位，危險，在危險中又有一定的禮義。先君未入殮，即使有天子的命令還不敢即位呢，何況是擅自即位？如果周有喪事，魯君也有喪事。周可以弔喪，魯就不可以。周人說：「魯本來就是我的臣嗎，派個人去弔唁就可以了。」魯人說：「周是我們的天子，是親人，派大夫去是不可以的。」所以說周人可以弔唁，魯就不可以，因為距離成王、康王時代還不遠（古禮還未變）。天子地位最高，離開父親的靈柩去弔唁，尚且還不敢呢，何況一般諸侯，怎麼敢先君沒入殮就即位呢？

(五)經 秋，七月，癸巳，葬我君昭公㈠。

【今註】㈠此經無傳。

【今譯】秋季，七月癸巳日，安葬魯昭公。

(六)經 九月，大雩。

傳 雩月，雩之正也。秋大雩，非正也。冬大雩，非正也。秋大雩，雩之為非正何也？毛澤未盡㊀，人力未竭㊁，未可以雩也。雩月，雩之正也。月之為雩之正何也？其時窮㊂，人力盡，然後雩，雩之正也。何謂其時窮人力盡？是月不雨，則無及矣。是年不艾㊃，則無食矣，是謂其時窮，人力盡也。雩之必待其時窮人力盡何也？雩者，為旱求者也。求者，請也。古之人重請。何重乎請？人之所以為人也，讓也。請道去讓也㊄，則是舍其所以為人也，是以重之。焉請哉？請乎應上公。古之神人有應上公者，通乎陰陽。君親帥諸大夫道之而以請焉。夫請者，非可詒託而往也㊅，必親之者也。是以重之。

【今註】㊀毛：草木。澤：指水分。㊁人力未竭：指人們還在出力耕耘。㊂時窮：指下雨的時機沒了。㊃是：這。艾：通刈，收獲。㊄去讓：去掉了謙讓。㊅詒：通貽，送給。

【今譯】舉行求雨的祭祀記載月份，是對的。秋季舉行盛大的雩祭，是不對的。冬季舉行盛大的雩祭，也是不對的。秋季舉行求雨祭祀為什麼不對？因為草木還有水分，人們還在用力耕耘，沒有必要求雨。舉行雩祭記載月份為什麼是對的？如果時機沒了，人力用盡了，然後舉行雩祭，這雩祭是對的。什麼叫時機沒了，人力用盡了？這月不下雨，就來不及了。這年不收獲，就沒吃的了，這就叫時機沒了，人力用盡了。舉行雩祭為什麼必須等下雨的時機沒了，人力用盡了？雩祭，是為天旱求雨的祭祀。求，就是請。古人很重視請的禮節。為什麼重視請的禮節？人稱為人的原因，就是因為人講謙讓，如果丟掉了謙讓，這就丟掉了做人的準則，所以重視請。怎麼請呢？求雨應向上天請求。古時的神人有能應答上天的，通達陰陽。君主要親自領著群臣在道上求雨。請，不能推給委託別人去，必須君王親自求請。因此說很重要。

(七)經 立煬宮。

傳 立者，不宜立者也㈠。

【今註】㈠不宜立：指不該立煬公廟。煬公是魯國第三位國君。魯世家記載，伯禽卒，子考公立；考公卒，弟煬公立。定公是昭公弟，他和煬公都是繼承兄長的君位，所以定公要重修煬公廟，以表兄終弟及是合禮的。

【今譯】用立字，表示不該立的意思。

(八)經 冬，十月，隕霜殺菽。

傳 未可以殺而殺㈠，舉重。可殺而不殺㈡，舉輕。其曰菽㈢，舉重也。

【今註】㈠殺：傷。周曆十月是夏曆八月，一般降霜極少，即使降霜也不至於傷作物。㈡可殺而不殺：見僖公三十三年：「十有二月，隕霜不殺草。」㈢菽：豆，豆葉。豆葉耐寒而被霜傷著，可見其嚴重。

【今譯】不該傷農作物卻傷了，說明霜情嚴重。該傷作物的季節卻沒傷害，說明霜情輕。記載豆類受傷害，說明霜情重。

定公二年（公元前五百零八年）

㈠經二年，春，王正月㈠。

【今註】㈠此經無傳。

【今譯】二年，春天，周曆正月。

㈡經夏，五月，壬辰，雉門及兩觀災。

傳其不曰雉門災及兩觀何也㈠？自兩觀始也。不以尊者親災也㈡。先言雉門，尊尊也。

【今註】㈠雉門：諸侯宮廷的南門。兩觀：宮門兩旁有高臺，高臺上修觀望樓，叫觀（音貫）。這一句是從語序上發問。㈡親：近。這還是從詞語的上下排列上講述。尊者：指雉門。門是主體，兩觀是附屬者，古人認為門尊觀卑。

【今譯】為什麼不記載為「雉門災及兩觀」？火是從兩觀燃起的，不讓「雉門」二字靠近「災」字。把「雉門」放在「及」字之前，是表示尊敬尊者。

㈢經秋，楚人伐吳㊀。

【今註】㊀此經無傳。

【今譯】秋天，楚國攻伐吳國。

㈣經冬，十月，新作雉門及兩觀。

傳言新，有舊也。作，為也㊀，有加度也，此不正。其以尊者親之何也㊁？雖不正也，於美猶可也。

【今註】㊀為：重修。㊁尊者：指雉門。親之：指「雉門」二字緊靠「作」字。

【今譯】用新字，表明有舊的。作，是重修的意思，又加了尺度，這是不對的。為什麼讓雉門二字靠近作字？重修雖然不對，從美觀上講還可以。

定公三年（公元前五百零七年）

㈠經三年，春，王正月，公如晉，至河乃復㊀。

【今註】㈠復：返。范寧云，定立今三年始朝於晉，晉責其緩慢，不受其朝。此經無傳。

【今譯】三年，春天，周曆正月，定公去晉國，到黃河邊便返回了。

㈡經三月，辛卯，邾子穿卒㈠。

【今註】㈠穿：邾莊公的名。此經無傳。

【今譯】三月辛卯日，邾莊公去世。

㈢經秋，葬邾莊公㈠。

【今註】㈠此經無傳。

【今譯】秋天，安葬邾莊公。

㈣經冬，仲孫何忌及邾子盟於拔㈠。

【今註】㈠仲孫何忌：魯卿。拔：地名。不詳。此經無傳。

【今譯】冬天，仲孫何忌在拔地和邾君會盟。

定公四年（公元前五百零六年）

㈠經四年，春，王二月，癸巳，陳侯吳卒㈠。

【今註】㈠吳：陳惠公的名。此經無傳。

【今譯】四年，春天，周曆二月癸巳日，陳惠公去世。

㈡經三月，公會劉子、晉侯、宋公、蔡侯、衞侯、陳子、鄭伯、許男、曹伯、莒子、邾子、頓子、胡子、滕子、薛伯、杞伯、小邾子、齊國夏於召陵㈠，侵楚。

【今註】㈠劉子：周敬王的卿。陳子：陳惠公兒子，惠公新喪，新君稱子，一年後才稱爵。國夏：齊國的卿。召陵：地名，在今河南郾城縣東。此經無傳。

【今譯】三月，定公跟劉子、晉侯、宋公、蔡侯、衞侯、陳子、鄭伯、許男、曹伯、莒子、邾子、頓子、胡子、滕子、薛伯、杞柏、小邾子、齊卿國夏在召陵開會，（商討）攻伐楚國。

㈢經夏，四月，庚辰，蔡公孫姓帥師滅沈㈠，以沈子嘉歸㈡，殺之。

【今註】㈠公孫姓：蔡國大夫。㈡嘉：人名，沈國君王。因不參加召陵會被殺。

【今譯】夏季，四月庚辰日，蔡國的公孫姓領兵滅了沈國，把沈君抓住帶回國殺死。

㈣經五月，公及諸侯盟於皐鼬。

傳一事而再會㊀。公志於後會也。後志疑也。

【今註】㊀再：兩次。為攻楚開兩次會，表明各國意見不一致。穀梁氏認為魯公有疑慮。

【今譯】為一件事開兩次會。定公對後一次會有想法。記載後一次會，表明大家有疑慮。

㈤經杞伯成卒於會㊀。

【今註】㊀成：杞悼公的名。此經無傳。

【今譯】杞悼公死在會中。

㈥經六月，葬陳惠公㊀。

【今註】㊀此經無傳。

【今譯】六月，安葬陳惠公。

㈦經許遷於容城㊀。

【今註】㊀容城：地名，在今河南魯山縣南。此經無傳。

【今譯】許國遷移到容城。

(八)經秋，七月，公至自會㊀。

【今註】㊀此經無傳。

【今譯】秋季，七月，定公從會盟地回國，告祭祖廟。

(九)經劉卷卒。

傳此不卒而卒者㊀，賢之也。環內諸侯也㊁，非列土諸侯㊂。此何以卒也？天王崩，為諸侯主也。

【今註】㊀此：指劉卷，周敬王的卿。天子的卿，與諸侯地位相當。不卒：死不必記載。㊁環內：京畿之內。㊂列土諸侯：分封的諸侯。

【今譯】這個人死不必記載，經文卻記載了他的死，是認為他賢德。他是京畿內的諸侯，不是分封的諸侯。為什麼記載他的死？天子死後，由他為諸侯主事。

(十)經葬杞悼公㊀。

【今註】㊀此經無傳。

【今譯】安葬杞悼公。

(十一)經 楚人圍蔡㊀。

【今註】㊀此經無傳。

【今譯】楚國包圍了蔡國。

(十二)經 晉士鞅、衞孔圉帥師伐鮮虞㊀。

【今註】㊀鮮虞：國名，白狄人建的國，戰國時改名叫中山。此經無傳。

【今譯】晉卿士鞅和衞卿孔圉領兵攻伐鮮虞國。

(十三)經 葬劉文公㊀。

【今註】㊀文：劉卷的謚號。此經無傳。

【今譯】安葬劉文公。

(十四)經 冬，十有一月，庚午，蔡侯以吳子及楚人戰伯舉，楚師敗績。楚囊瓦出奔鄭。庚辰，吳入楚。

傳 吳其稱子何也㊀？以蔡侯之以之，舉其貴者也。蔡侯之以之，則其舉貴者何也？吳信中國而攘夷狄㊁，吳進矣。其信中國而攘夷狄奈何？子胥父誅於楚也㊂，挾弓持矢而干闔廬㈣。闔廬曰：「大之甚，勇之甚」。為是欲興師而伐楚。子胥諫曰㈤：「臣聞之，君不為匹夫興師。且事君猶事父也，虧君之義，復父之仇，臣弗為也。」於是止。蔡昭公朝於楚，有美裘。正是日，囊瓦求之㈥，昭公不與，為是拘昭公於南郢㈦，數年然後得歸。歸乃用事乎漢㈧，曰：「苟諸侯有欲伐楚者㈨，寡人請為前列焉。」楚人聞之而怒，為是興師而伐蔡。蔡求救於吳。子胥曰：「蔡非有罪，楚無道也。君若有憂中國之心，則若此時可矣。」為是興師而伐楚。何以不言救也？救大也㈩。日入(一一)，易無楚也。易無楚者，壞宗廟，徙陳器，撻平王之墓。何以不言滅也？欲存楚也。其欲存楚奈何？昭王之軍敗而逃，父老送之，曰：「寡人不肖(一二)，亡先君之邑(一三)，父老反矣(一四)，何憂無君，寡人且用此入海矣(一五)。」父老曰：「有君如此其賢也，以眾不如吳，以必死不如楚。」相與擊之，一夜而三敗吳人，復立。何以謂之吳也？狄之也。何謂狄之也？君居其君之寢(一六)，而妻其君之妻。大夫居其大夫之寢，而妻其大夫之妻，蓋有欲妻楚王之母者，不正。乘敗人之績，而深為利，居人之國，故反其狄道也。

【今註】㊀吳其稱子：稱吳王為吳子。吳王名闔廬，殺公子光而自立為君。㊁信中國：讓中原諸侯國伸張了正義，指幫助蔡國伐楚。信：通伸。㊂子胥：伍子胥，名員。他的父親伍奢是楚國大夫，被楚平王殺害，子胥跑到吳國。㊃干：求。這裏指投奔。㊄諫：下級給上級提意見。㊅囊瓦：人名，字叫子常，楚國的令尹。㊆南郢：地名。一說郢都的南郊。㊇用事乎漢：指向漢水之神祈禱。㊈苟：假如。㊉救大：援救的大處在於中原諸侯國。㊀㊀日入：記載攻入楚國的日期。㊀㊁不肖：原指不像父親，引申指不成材。肖：像。㊀㊂亡：失。㊀㊃反：返的古字。最後一句中的「反」與此相同。㊀㊄用：由。㊀㊅君居其君之寢：吳王睡在楚王的床上。

【今譯】對吳王為什麼稱子？因為蔡侯用了這稱呼，稱他高貴的稱呼。蔡侯為什麼這麼稱他高貴的稱呼？因為吳王讓蔡國伸張了正義而打敗了楚國。吳王進升了。吳國怎麼讓蔡國伸張了正義而打敗了楚？伍子胥父親被楚王殺害，他帶著弓箭投奔吳王。吳王說：「太孝了！太勇敢了！」為此，想立即興兵攻楚。伍子胥勸諫說：「我聽說，君王不能為一個普通百姓發兵。再說，事奉君王像事奉父親一樣，歉了君的恩義而為父親報仇，我不能這麼做。」就勸止了吳王。蔡昭公去朝見楚王，他有件非常好看的皮襖。這天正好令尹囊瓦在，他要這件皮襖，昭公不給，為此把蔡昭公拘留在南郢，幾年後才放回去。蔡昭公回國路過漢水時，向河神祈禱：「假如有討伐楚國的諸侯，我請求給它當前鋒。」楚王聽到後非常生氣，為這事起兵攻打蔡國。蔡國向吳求救。伍子胥對吳王說：「蔡沒有罪，是楚國無道。您如果為中原國憂慮，像這種時候可以發兵。」為此吳起兵攻伐楚國。為什麼不說救蔡？因為從大處說是救了中原諸侯國。記載攻入楚國的日期，為表示輕易地就沒了楚國。沒了楚國，指毀了宗廟，搬走了陳列的寶器，鞭撻楚平王的屍體。為什麼不說滅了楚國？想讓楚國存在下來。怎麼讓楚國存在下來？楚昭王的軍隊敗退時，父老們送王。昭王說：「我不才，丟了父輩的城邑。父老們回去吧！還愁沒君王嗎？我將由這跳海了。」父老們說：「君王像這樣賢德呵！論軍隊我們不如吳國多，論拼死的決心，他們不如楚國。」大家共同奮擊，一夜之間就多次打敗吳軍，保住了楚國。為什麼稱吳人？是把它視為夷狄。為什麼視為夷狄？（因為吳軍入楚）吳王睡到了楚王床上，佔有了楚王的妻子。吳國大夫住上了楚大夫的居室，佔有了楚國大夫的妻，大概還有想奪楚王母親為妻的，不合於禮。乘人失敗之機，住在別人的國家，大飽私囊。所以說吳又返回它夷狄那一套做法了。

定公五年（公元前五百零五年）

㈠經五年，春，王正月，辛亥，朔，日有食之㈠。

【今註】㈠此經無傳。

【今譯】五年，春天，周曆正月辛亥日，初一，出現日蝕。

(二)經 夏，歸粟於蔡。

傳 諸侯無粟，諸侯相歸粟，正也。孰歸之？諸侯也。不言歸之者，專辭也(一)。義邇也(二)。

【今註】(一)專辭：指魯國。春秋經凡不記主名的，專指魯國。(二)邇：近。

【今譯】諸侯沒有糧食，別的諸侯送給它，這是對的。誰給了蔡國糧食？是諸侯。不記給主名的，是專指魯國。這道理很淺近。

(三)經 於越入吳(一)。

【今註】(一)於越：越國。於字沒什麼意義。此經無傳。

【今譯】越國攻入吳國。

(四)經 六月，丙申，季孫意如卒(一)。

【今註】(一)季孫意如：魯卿，謚號平，又稱季平子。此經無傳。

【今譯】六月丙申日，季孫意如去世。

㈤經秋，七月，壬子，叔孫不敢卒㊀。

【今註】㊀叔孫不敢：人名，魯卿叔孫豹的後人。此經無傳。

【今譯】秋季，七月壬子日，叔孫不敢去世。

㈥經冬，晉士鞅帥師圍鮮虞㊀。

【今註】㊀此經無傳。

【今譯】冬天，晉國的士鞅領兵包圍了鮮虞國。

定公六年（公元前五百零四年）

㈠經六年，春，王正月，癸亥，鄭游速帥師滅許，以許男斯歸㊀。

【今註】㊀游速：鄭國大夫，公羊傳作游遬。斯：許君的名。此經無傳。

【今譯】六年，春天，周曆正月，癸亥日，鄭游速率領軍隊滅掉許國，把許國國君帶回鄭國。

㈡經二月，公侵鄭㊀。

【今註】㊀此經無傳。

【今譯】二月，定公攻打鄭國。

(三)經公至自侵鄭(一)。

【今註】(一)此經無傳。

【今譯】定公從鄭回國，告祭祖廟。

(四)經季孫斯、仲孫何忌如晉(一)。

【今註】(一)季孫斯：季孫意如的兒子。此經無傳。

【今譯】魯卿季孫斯和仲孫何忌到晉國去。

(五)經秋，晉人執宋行人樂祁犂(一)。

【今註】(一)行人：使臣。此經無傳。

【今譯】秋天，晉國逮住了宋國的使臣樂祁犂。

(六)經冬，城中城。

傳城中城者(一)，三家張也(二)。或曰，非外民也。

【今註】㈠城中城：修固內城。古城牆分內外兩道，內城也叫中城。㈡三家：孟孫氏、叔孫氏和季孫氏。孟孫也稱仲孫。家：卿大夫的封地。

【今譯】修固內城，是因為三家在擴張勢力範圍。也有的說，是為防備外民入侵。

㈦經季孫斯、仲孫忌帥師圍鄆㈠。

【今註】㈠季孫斯：魯卿季孫意如的兒子。「忌」前脫「何」字。公羊傳以為仲孫何忌二名，誤。此經無傳。

【今譯】季孫斯和仲孫何忌領兵包圍鄆城。

定公七年（公元前五百零三年）

㈠經七年，春，王正月㈠。

【今註】㈠此經無傳。

【今譯】七年，春季，周曆正月。

㈡經夏，四月㈠。

【今註】㊀一季無事，記下首月。此經無傳。

【今譯】夏季，四月。

㈢經秋，齊侯、鄭伯盟於鹹㊀。

【今註】㊀鹹：地名，在今河南濮陽縣東南。此經無傳。

【今譯】秋天，齊侯和鄭伯在鹹地會盟。

㈣經齊人執衞行人北宮結以侵衞。

傳以，重辭也，衞人重北宮結㊀。

【今註】㊀北宮結：衞國大夫。

【今譯】以，是一個表示重要的憑借條件的詞，衞國很重視北宮結。

㈤經齊侯、衞侯盟於沙㊀。

【今註】㊀沙：公羊傳作沙澤，地名。不詳。此經無傳。

【今譯】齊侯和衞侯在沙地會盟。

㈥經大雩㊀。

【今註】㊀此經無傳。

【今譯】舉行盛大的求雨祭祀。

(七)經齊國夏帥師伐我西鄙㊀。

【今註】㊀鄙：邊邑。此經無傳。

【今譯】齊卿國夏領兵攻打魯國西部的邊邑。

(八)經九月，大雩㊀。

【今註】㊀此經無傳。

【今譯】九月，舉行盛大的求雨祭祀。

(九)經冬，十月㊀。

【今註】㊀此經無傳。

【今譯】冬季，十月。

定公八年（公元前五百零二年）

(一)經八年，春，王正月，公侵齊㊀。

【今註】㈠此經無傳。

【今譯】八年，春天，周曆正月，定公領兵攻齊。

㈡經公至自侵齊㈠。

【今註】㈠此經無傳。

【今譯】定公從齊回國，告祭祖廟。

㈢經二月，公侵齊㈠。

【今註】㈠此經無傳。

【今譯】二月，定公領兵攻打齊國。

㈣經三月，公至自侵齊。

傳公如㈠，往時致月㈡，危致也。往月致時，危往也。往月致月，惡之也。

【今註】㈠公如：諸侯出行。這條傳文都是闡發經文記諸侯出行的條例。㈡往時致月：去時記季節，歸國時記月份。時：季節。

【今譯】諸侯出行，如果去時記季節，歸國時記月份，表明歸國有危難。如果去時記月份，歸國時記季節，表明去時有危難。如果去時記月份，歸來時也記月份，是對出行人表示憎恨。

(五)經曹伯露卒㊀。

【今註】㊀露：曹靖公名叫露。此經無傳。

【今譯】曹靖公去世。

(六)經夏，齊國夏帥師伐我西鄙㊀。

【今註】㊀此經無傳。

【今譯】夏天，齊卿國夏領兵攻伐魯國西部邊邑。

(七)經公會晉師於瓦㊀。

【今註】㊀瓦：地名，在今河南滑縣南。此經無傳。

【今譯】定公到瓦地向晉軍求救。

(八)經公至自瓦㊀。

【今註】㊀此經無傳。

【今譯】定公從瓦地回國，告祭祖廟。

(九)經秋，七月，戊辰，陳侯柳卒㊀。

【今註】㊀柳：陳懷公的名。此經無傳。

【今譯】秋季，七月戊辰日，陳懷公去世。

(十)經晉士鞅帥師侵鄭，遂侵衞㊀。

【今註】㊀此經無傳。

【今譯】晉國的士鞅領兵侵犯鄭國，接著又侵犯衞國。

(十一)經葬曹靖公㊀。

【今註】㊀此經無傳。

【今譯】安葬曹靖公。

(十二)經九月，葬陳懷公㊀。

【今註】㊀此經無傳。

【今譯】九月，安葬陳懷公。

(十三)經季孫斯、仲孫何忌帥師侵衞㈠。

【今註】㈠此經無傳。

【今譯】季孫斯和仲孫何忌領兵攻打衞國。

(十四)經冬，衞侯、鄭伯盟於曲濮㈠。

【今註】㈠曲濮：地名。不詳。此經無傳。

【今譯】冬天，衞侯和鄭伯在曲濮結盟。

(十五)經從祀先公㈠。

【今註】㈠從：順。依據杜預註。先公：指閔公和僖公。魯文公祭祀時，擅自改變位次，把父親僖公提到閔公之前，是違禮的。定公把閔公放在前。

【今譯】順著合禮的位次祭祀先公。

傳貴復正也㈠。

【今註】㈠貴：重視。

【今譯】重視他恢復了正確的祭祀位次。

(十六)經 盜竊寶玉大弓。

傳 寶玉者，封圭也㊀。大弓者，武王之戎弓也㊁。周公受賜，藏之魯。非其所以與人而與人，謂之亡㊂。非其所取而取之，謂之盜。

【今註】㊀封圭：接受命封時得到的圭玉。圭：玉器名，長條形，上銳。㊁戎弓：征伐時用的弓。㊂亡：失去。

【今譯】寶玉是周公接受命封時得到的圭玉。大弓是周武王的戎弓。周公得到的賞賜，收藏在魯國。不是用以送人的東西卻送給人，這叫失去。不是應該拿的東西卻拿了，這叫盜竊。

定公九年（公元前五百零一年）

(一)經 九年，春，王正月㊀。

【今註】㊀此經無傳。

【今譯】九年，春天，周曆正月。

(二)經 夏，四月，戊申，鄭伯蠆卒㊀。

【今註】㊀蠆（音釵去聲）：鄭獻公的名。此經無傳。

【今譯】夏季，四月戊申日，鄭獻公去世。

㈢經得寶玉，大弓。

傳其不地何也㊀？寶玉大弓在家則羞㊁，不目羞也。惡得之，得之堤下。或曰，陽虎以解眾也㊂。

【今註】㊀不地：不記載地名。㊁家：大夫的封邑。㊂陽虎：季孫斯封邑的總管，也稱家臣。其他書作「陽貨」，如論語等書。

【今譯】為什麼不記載得到的地點？寶玉和大弓落到大夫家裏是恥辱，不願意看到這種恥辱。在哪兒得到？在大堤下。有人說，陽虎為緩解眾怒送還了。

㈣經六月，葬鄭獻公㊀。

【今註】㊀此經無傳。

【今譯】六月，安葬鄭獻公。

㈤經秋，齊侯、衞侯次於五氏㊀。

【今註】㈠次：臨時駐留。五氏：地名，在今河北邯鄲市西。此經無傳。

【今譯】秋天，齊侯和衛侯暫駐軍在五氏。

㈥經秦伯卒㈠。

【今註】㈠春秋經對秦君死不記名。此經無傳。

【今譯】秦伯去世。

㈦經冬，葬秦哀公㈠。

【今註】㈠此經無傳。

【今譯】冬天，安葬秦哀公。

定公十年（公元前五百年）

㈠經十年，春，王三月，及齊平㈠。

【今註】㈠平：講和。此經無傳。

【今譯】十年，春天，周曆三月，魯國跟齊國講和。

(二)經夏，公會齊侯於頰谷。

(三)經公至自頰谷。

傳離會不致，何為致也？危之也。危之則以地致何也？為危之也。其危奈何？曰，頰谷之會㈠，孔子相焉㈡。兩君就壇㈢，兩相相揖。齊人鼓譟而起㈣，欲以執魯君。孔子歷階而上，不盡一等㈤，而視歸乎齊侯㈥。曰：「兩君合好，夷狄之民何為來為？」命司馬止之㈦。齊侯逡巡而謝曰：「寡人之過也。」退而屬其二三大夫曰：「夫人率其君與之行古人之道。二三子獨率我而入夷狄之俗㈧，何為？」罷會㈨，齊人使優施舞於魯君之幕下㈩。孔子曰：「笑君者(十一)，罪當死。」使司馬行法焉，首足異門而出(十二)。齊人來歸鄆、讙、龜陰之田者(十三)，蓋為此也(十四)。因是以見雖有文事，必有武備。孔子於頰谷之會見之矣。

【今註】㈠頰谷：地名，在今山東萊蕪縣。齊魯兩國為講和在頰谷開會。㈡相：開會時的贊禮者。㈢壇：古時會盟，臨時築的高高的土臺叫壇。㈣鼓譟：喧擾，起哄。㈤不盡一等：還差一級臺階沒登。表示低於君王，以示恭敬。㈥齊侯：齊景公。㈦司馬：管軍務的官。㈧二三子：你們。獨：偏偏。㈨罷：停止。㈩優施：優人，以樂舞為業的藝人，施是其名。

幕：幕帳。㈡笑：指戲弄。㈢首足異門而出：指砍頭後頭腳不在一處。㈢鄆、讙、龜陰：魯國地名。這三處都被齊搶佔。這句是指後一條經文。㈣蓋：大概。

【今譯】離開會盟地不必記「至」。這次為什麼記呢？因為這次會很危險。危險就以地點告祭祖廟是為什麼呢？因為太危險。怎麼樣危險？頰谷之會，孔子當贊禮人。兩國國君登上土臺，兩國的贊禮人互相作揖。齊人起哄，想抓魯君。孔子一步一級登上去，只差一級沒登，視死如歸地看著齊景公說：「兩國國君友好會見，為什麼夷狄樣的人到這裏？」並命令司馬官攔住齊人。齊侯退卻謝罪說：「這是我的錯。」退下後對群臣說：「那個人領著國君行古人的禮節，你們為什麼偏偏領我用夷狄人的惡俗？」停止開會。齊國又讓優人在定公的帳下跳舞。孔子說：「戲弄君王的人，有罪當殺。」便命令司馬官執行軍法，砍掉優施的頭扔出大門外。齊國歸還了鄆城、讙地和龜陰，大概就為這次會。由此可見，即使是會盟之類的事，也一定要有武裝準備。孔子由頰谷之會看出了這個道理。

㈣經晉趙鞅帥師圍衛㈠。

【今註】㈠此經無傳。

【今譯】晉卿趙鞅領兵圍攻衛國。

㈤經齊人來歸鄆、讙、龜陰田㈠。

【今註】㊀讙：地名，在今山東寧陽縣西北。龜陰：在今山東新泰縣西南。此經無傳。

【今譯】齊國把鄆、讙、龜陰的土地歸還給魯國。

㈥經叔孫州仇、仲孫何忌帥師圍郈㊀。

【今註】㊀郈：叔孫氏的封邑。此經無傳。

【今譯】魯卿叔孫州仇和仲孫何忌領兵包圍了郈城。

㈦經秋，叔孫州仇，仲孫何忌帥師圍郈㊀。

【今註】㊀郈：公羊傳作費。兩次圍郈，季節不同，故分條記之。此經無傳。

【今譯】秋天，叔孫州仇和仲孫何忌領兵包圍郈城。

㈧經宋樂大心出奔曹㊀。

【今註】㊀樂大心：公羊傳作樂世心。此經無傳。

【今譯】宋國的樂大心逃到曹國去。

㈨經宋公子地出奔陳㊀。

【今註】㈠地：人名。公羊傳作池。此經無傳。

【今譯】宋國公子地逃到陳國去。

㈩經冬，齊侯、衞侯、鄭游速會於安甫㈠。

【今註】㈠安甫：地名。不詳。此經無傳。

【今譯】冬季，齊侯、衞侯和鄭游速在安甫會見。

㈩㈠經叔孫州仇如齊㈠。

【今註】㈠此經無傳。

【今譯】叔孫州仇到齊國去。

㈩㈡經宋公之弟辰，暨宋仲佗、石彄出奔陳㈠。

【今註】㈠辰：宋景公的同母弟。此經無傳。

【今譯】宋公的弟弟辰和仲佗、石彄逃到陳國去。

定公十一年（公元前四百九十九年）

㈠經十有一年，春，宋公之弟辰及仲佗、石彄、公子地自陳入於蕭以叛。

傳未失其弟也。以尊及卑也㊀。自陳，陳有奉焉爾㊁。入者，內弗受也。以者，不以也。叛，直叛也。

【今註】㊀以尊及卑：這是解經文記人的條例，由地位高的到地位低的。辰為尊者，仲佗、石彄和公子地為卑者。㊁奉：幫助。

【今譯】宋公沒有失去自己的弟弟。記載時是由尊者到卑者。用入字，表示蕭邑不願意接受。以，表示不該用以字。叛，是徑直反叛的意思。

㈡經夏，四月㊀。

【今註】㊀此經無傳。

【今譯】夏季，四月。

㈢經秋，宋樂大心自曹入於蕭㊀。

【今註】㊀蕭：宋國的城邑，在今安徽蕭縣。此經無傳。

【今譯】秋天，宋國的樂大心從曹國進入蕭城。

㈣經冬，及鄭平㊀，叔還如鄭蒞盟㊁。

【今註】㈠平：講和。㈡叔還：魯卿叔弓的孫子。蒞：臨，到。此經無傳。

【今譯】冬天，魯國跟鄭國講和，叔還到鄭國去結盟。

定公十二年（公元前四百九十八年）

㈠經十有二年，春，薛伯定卒㈠。

【今註】㈠定：薛襄公的名。此經無傳。

【今譯】十二年，春天，薛襄公去世。

㈡經夏，葬薛襄公㈠。

【今註】㈠此經無傳。

【今譯】夏，安葬薛襄公。

㈢經叔孫州仇帥師墮郈。

傳墮猶取也㈠。

【今註】㈠墮：毀。

【今譯】毀掉郈城就如同奪去了郈城。

(四)經衛公孟彄帥師伐曹㊀。

【今註】㊀此經無傳。

【今譯】衛國大夫公孟彄領兵攻伐曹國。

(五)經季孫斯、仲孫何忌帥師墮費㊀。

【今註】㊀費：季孫斯的封邑。費邑的總管想反叛季孫氏。此經無傳。

【今譯】季孫斯和仲孫何忌領兵毀掉費城。

(六)經秋，大雩㊀。

【今註】㊀此經無傳。

【今譯】秋季，舉行盛大的求雨的祭祀。

(七)經冬，十月，癸亥，公會齊侯盟於黃㊀。

【今註】㊀黃：地名，在今山東淄川鎮東北。此經無傳。

【今譯】冬季，十月癸亥日，定公和齊侯在黃地會盟。

(八)經十有一月，丙寅，朔，日有食之㈠。

【今註】㈠此經無傳。

【今譯】十一月丙寅日，初一，出現日蝕。

(九)經十有二月，公圍成。

傳非國，言圍。圍成㈠，大公也。

【今註】㈠成：仲孫氏的封邑。同費邑一樣，有反叛的危險，所以國君親自領兵包圍它。

【今譯】不是國不必用圍字。說包圍成邑，是為誇大定公的武裝力量。

(十)經公至自圍成。

傳何以致？危之也。何危爾？邊乎齊也㈠。

【今註】㈠邊乎齊：跟齊國靠近。邊：接壤，靠近。成邑在魯齊兩國交界的地帶。

【今譯】圍成回來為什麼還告祭祖廟？因為很危險。為什麼危險？因為成邑跟齊國靠近。

定公十三年（公元前四百九十七年）

㈠經十有三年，春，齊侯次於垂葭㊀。

【今註】㊀垂葭：地名，在今山東巨野縣西南。左傳和公羊傳「次」字上有「衞侯」二字。次：臨時駐紮。此經無傳。

【今譯】十三年，春天，齊侯（領兵）臨時駐紮在垂葭。

㈡經夏，築蛇淵囿㊀。

【今註】㊀囿：天子或諸侯畜養禽獸的園林。蛇淵：囿名。此經無傳。

【今譯】夏天，建築了蛇淵園。

㈢經大蒐於比蒲㊀。

【今註】㊀蒐：打獵。比蒲：地名。此經無傳。

【今譯】在比蒲大規模地狩獵。

㈣經衞公孟彄帥師伐曹㊀。

【今註】㈠此經無傳。

【今譯】衛國的公孟彄領兵攻伐曹國。

㈤經秋，晉趙鞅入於晉陽以叛㈠。

【今註】㈠趙鞅：晉卿，趙盾的五世孫，晉陽是他的封邑，在今山西太原市西。

【今譯】秋天，晉國的趙鞅進入晉陽城反叛晉侯。

傳以者㈠，不以者也。叛，直叛也。

【今註】㈠這條傳文只解釋經文用字的義例。

【今譯】以，表示不該加以字。叛，徑直反叛的意思。

㈥經冬，晉荀寅、士吉射入於朝歌以叛㈠。

【今註】㈠朝歌：地名，在今河南淇縣。此經無傳。

【今譯】冬天，晉國大夫荀寅和士吉射進入朝歌城反叛晉侯。

㈦經晉趙鞅歸於晉。

傳此叛也㈠，其以歸言之何也？貴其以地反也㈡。貴其以地反，則是大利也㈢。非大利也，許悔過也。許悔過，則何以言叛也？以地正國也。以地正國，則何以言叛？其人無君命也㈣。

【今註】㈠此：這個人，指趙鞅。㈡以地反：帶著土地返回晉國國都。趙鞅帶著兵甲進入晉陽不是真的反叛，是為了驅君側而安定君位，然後又把晉陽歸還給晉。詳見楊士勛的疏文。㈢大利：指得到土地。㈣其入無君命：趙鞅進入晉陽城時沒有得到君王的命令。

【今譯】這個人反叛了，為什麼又記他回國？是重視他帶著土地返回。看重他帶著土地返回，這是很大的好處。不只是為這好處，也表示允許人悔改過錯。允許改正錯誤，為什麼還說反叛？因為土地是國家的。土地是國家的，為什麼說他反叛？因為他進入晉陽沒得到君王的命令。

㈧經薛弒其君比㈠。

【今註】㈠比：人名。此經無傳。

【今譯】薛國殺了自己的國君比。

定公十四年（公元前四百九十六年）

㈠經十有四年，春，衛公叔戍來奔㈠，晉趙陽出奔宋㈡。

【今註】㈠公叔戌：衛國大夫。他比衛侯還富豪，衛侯驅逐他。㈡趙陽：與公叔戌同伙，當為衛國人。晉：當為衛。左傳作衛趙陽。

【今譯】十四年，春天，衛國的公叔戌逃來魯國，趙陽逃到宋國。

㈡經二月，辛巳，楚公子結、陳公孫佗人帥師滅頓㈠，以頓子牂歸㈡。

【今註】㈠公孫佗人：陳國大夫。㈡牂：頓國國君的名。此經無傳。

【今譯】二月辛巳日，楚公子結和陳國的公孫佗人領兵滅了頓國，把頓國國君帶回楚國。

㈢經夏，衛北宮結來奔㈠。

【今註】㈠北宮結：衛國大夫。此經無傳。

【今譯】夏天，衛國的北宮結逃到魯國。

㈣經五月，於越敗吳於檇李㈠。

【今註】㈠於：這個字常加在國名之前，沒什麼意義。檇（音罪）李：地名，在今浙江嘉興縣南。此經無傳。

【今譯】五月，越國在檇李打敗吳國。

(五)[經]吳子光卒㈠。

【今註】㈠光：吳王名光，字闔廬。此經無傳。

【今譯】吳王光去世。

(六)[經]公會齊侯、衞侯於牽㈠。

【今註】㈠牽：地名。不詳。此經無傳。

【今譯】定公在牽地會見齊侯和衞侯。

(七)[經]公至自會㈠。

【今註】㈠此經無傳。

【今譯】定公回國，告祭祖廟。

(八)[經]秋，齊侯、宋公會於洮㈠。

【今註】㈠洮：地名，在今山東鄄城縣西南。此經無傳。

【今譯】秋季，齊侯和宋公在洮地會見。

(九)經天王使石尚來歸脤㊀。

【今註】㊀天王：指周敬王。石尚：周敬王的士，屬於下級官員。脤：天子祭祀供奉的牲肉。祭祀完畢，送給同姓諸侯共享。周與魯同姓姬，應送祭肉給魯君。

【今譯】天子派石尚給定公送祭肉。

傳脤者何也？俎實也㊀，祭肉也，生曰脤，熟曰膰。其辭石尚，士也。何以知其士也？天子之大夫不名，石尚欲書春秋㊁，諫曰：「久矣，周之不行禮於魯也，請行脤。」貴復正也。

【今註】㊀俎：祭祀時用來盛牲肉的祭器。㊁欲書春秋：想讓春秋經記下自己的名字。

【今譯】脤是什麼？是裝在祭器中的祭肉，生的叫脤，做熟了叫膰。經文中記的石尚，是個士。怎麼知道他是士？因為天子的大夫不記名。石尚想留名於春秋經，就進諫天子說：「周朝好久沒跟魯國履行禮儀了，請讓我給魯公送祭肉。」經文記下他，是重視他恢復了正常的禮儀。

(十)經衞世子蒯聵出奔宋㊀。

【今註】㊀蒯聵：衞靈公的太子。靈公寵南子，太子要殺南子，南子進讒言，逼太子逃。此經無傳。

【今譯】衛太子蒯聵逃到宋國。

(十二)經衛公孟彄出奔鄭㊀。

【今註】㊀此經無傳。

【今譯】衛國的公孟彄逃到鄭國。

(十三)經宋公之弟辰自蕭來奔㊀。

【今註】㊀辰：宋景公的同母弟。此經無傳。

【今譯】宋公的弟弟辰從蕭城逃到魯國來。

(十三)經大蒐於比蒲㊀。

【今註】㊀此經無傳。

【今譯】在比蒲大規模地狩獵。

(十四)經邾子來會公㊀。

【今註】㊀來會公：來比蒲會見魯公。此經無傳。

【今譯】邾國國君來比蒲會見定公。

㈤經城莒父及霄㊀。

【今註】㊀莒父和霄是魯國兩座城邑。此經無傳。

【今譯】在莒父和霄邑修城牆。

定公十五年（公元前四百九十五年）

㈠經十有五年，春，王正月，邾子來朝㊀。

【今註】㊀此是到國都來朝見。此經無傳。

【今譯】十五年，春天，周曆正月，邾國國君來朝見定公。

㈡經鼷鼠食郊牛㊀，牛死，故卜牛。

【今註】㊀郊牛：郊祭選用的牛。王侯在春天於國都南郊祭天叫郊祭，為祈求豐收。祭前要占卜用哪頭牛吉利，哪頭吉利就選用，養起來，到時殺了祭天神。鼷：鼠類中最小的，吃人或牲畜的皮膚成瘡，嚴重者致死。

【今譯】鼷鼠吃郊牛，郊牛死了。占卜，改用別的牛祭祀。

傳不敬莫大焉㊀。

【今註】㊀莫：沒有什麼。郊牛被鼠咬而致死，古人認為這是天意，是對君王的不德不敬顯示的意象。

【今譯】表明君王對天的不敬，沒有什麼比它大了。

㈢經二月，辛丑，楚子滅胡，以胡子豹歸㊀。

【今註】㊀豹：胡君的名。此經無傳。

【今譯】二月辛丑日，楚王滅了胡國，把胡國國君帶回楚國。

㈣經夏，五月，辛亥，郊㊀。

【今註】㊀此經無傳。

【今譯】夏季，五月辛亥日，舉行郊祭。

㈤經壬申，公薨於高寢。

傳高寢㊀，非正也。

【今註】㊀高寢：諸侯的正寢有三個，一是高寢，是始封君的寢宮。高寢左右各一路寢，是繼位君的寢宮。定公是繼昭公之位，不能居高寢。
【今譯】定公死在高寢，不合於禮。
(六)經鄭罕達帥師伐宋㈠。
【今註】㈠此經無傳。
【今譯】鄭國的罕達領兵攻伐宋國。
(七)經齊侯、衞侯次於渠蒢㈠。
【今註】㈠次：臨時駐紮。渠蒢：地名。不詳。齊、衞要救宋國。此經無傳。
【今譯】齊侯和衞侯臨時駐軍在渠蒢。
(八)經邾子來奔喪。
傳喪急，故以奔言之㈠。
【今註】㈠無註。
【今譯】喪事急迫，所以用奔字記它。
(九)經秋，七月，壬申，弋氏卒。

傳妾辭也㊀，哀公之母。

【今註】㊀妾：穀梁氏根據經文沒記「夫人卒」，認為弋氏是定公的妾。左傳和公羊傳都認為是定公夫人。弋氏，左傳作姒氏。

【今譯】經文記弋氏卒表明是妾，她是哀公的母親。

(十)經八月，庚辰，朔，日有食之㊀。

【今註】㊀此經無傳。

【今譯】八月庚辰日，初一，發生日蝕。

(十一)經九月，滕子來會葬㊀。

【今註】㊀此經無傳。

【今譯】九月，滕國國君來參加定公的葬禮。

(十二)經丁巳，葬我君定公，雨，不克葬。戊午，日下稷，乃克葬。

傳葬既有日，不為雨止，禮也。雨不克葬㊀，喪不以制也。乃，急辭也，不足乎日之辭也㊁。

【今註】㊀克：能。㊁不足乎日：時間不充足，不夠用。因為太陽已經西沉了(即日下稷，稷通假為昃)，所剩安葬的時間很短。

【今譯】安葬已經定了日子，就不能因為下雨而停止，這是禮。下雨了，沒能安葬，表明喪事沒按禮制進行。乃，表示急迫的意思，時間不夠用的意思。

(十三)經 辛巳，葬定弋㊀。

【今註】㊀定弋：即弋氏，安葬時加丈夫謚號「定」。此經無傳。

【今譯】辛巳日，安葬定弋。

(十四)經 冬，城漆㊀。

【今註】㊀漆：地名，在今山東鄒縣北。漆本屬邾國，襄公二十年歸魯。此經無傳。

【今譯】冬季，在漆邑修築城牆。

卷十二　哀公

哀公元年（公元前四九四年）

㈠經元年，春，王正月，公即位㊀。

【今註】㊀此經無傳。

【今譯】元年，春天，周曆正月，哀公即位。

㈡經楚子、陳侯、隨侯、許男圍蔡㊀。

【今註】㊀此經無傳。

【今譯】楚王、陳侯、隨侯和許君領兵圍攻蔡國。

㈢經鼷鼠食郊牛角㊀，改卜牛。夏，四月，辛巳，郊。

【今註】㊀鼷：音西，是鼠類中最小的一種，咬人或牲畜的皮膚成瘡，可致死。郊牛：郊祭時用的牛。郊祭是春天的祭祀，君王到國都的南郊祭天，祈求豐收。郊祭殺的牲，一般是選用牛。

【今譯】鼷鼠咬傷了郊祭選用的牛的角，占卜改用別的牛。夏季，四月辛巳日，舉行郊祭。

傳此該之變而道之也㊀。於變之中，又有言焉。鼷鼠食郊牛角，改卜牛，志不敬也。郊牛日展斛角而知傷㊁，展道盡矣㊂。郊自正用至於三月，郊之時也。夏四月郊，不時也㊃。五月郊，不時也。夏之始可以承春，以秋之末承春始，蓋不可矣。九月用郊，用者，不宜用者也。郊三卜，禮也。四卜，非禮也。五卜，強也。卜免牲者，吉則免之，不吉則否。牛傷，不言傷之者，傷自牛作也㊄，故其辭緩。全曰牲㊅，傷曰牛，未牲曰牛㊆。其牛一也，其所以為牛者異㊇。有變而不郊，故卜免牛也。已牛也，其尚卜免之何也？禮，與其亡也㊈，寧有，嘗置之上帝矣，故卜而後免之，不敢專也㊉。卜之不吉，則如之何？不免。安置之？繫而待。六月上甲⑪，始庀牲⑫，然後左右之⑬。予之所言者，牲之變也，而曰我一該郊之變而道之何也？我以六月上甲始先庀牲，十月上甲始繫牲，十一月，十二月，牲雖有變，不道也。待正月，然後言牲之變，此乃所以該郊。郊，享道也⑭，貴其時，大其禮，其養牲雖小，不備可也。子不志三月卜郊何也？自正月至於三月，郊之時也。我以十二月下辛，卜正月上辛，如不從⑮，則以正月下辛，卜二月上辛。如不從，則以二月下辛卜三月上辛。如不從，則不郊矣。

【今註】㈠該：備，全面。道：說。㈡展：覽，看。斛角：圓乎乎的牛角。這是以斛的圓圓的特徵來修飾角字。㈢盡：全。㈣不時：不合季節。㈤傷自牛作：牛自己弄傷的。㈥全：指沒有受傷，完好的。㈦未牲：沒有選做郊祭用的牲。㈧所以為牛者：用以稱呼的名稱。㈨亡：通無，沒有。㈩專：擅自。⑪上甲：上旬的甲日。上古時單用天干也能記日期。後文的下辛等同此。⑫庀：音痞，備具。⑬左右：支配。這裏指處置。之：代受傷的牛。⑭享：獻。⑮不從：不吉利。

【今譯】這裏全面說說郊祭的變通情況，在變通之中，有值得重點說的。選作郊祭用的牛被小鼠咬傷了，就要占卜，改用別的牛。記載它，是為表明君王不敬天。郊牛的角每天都要看，全面地看。郊祭是從正月到三月舉行。四用就不合乎季節了，五月也不合時宜。(不過)夏季的開始(四、五月)接著春末，(還不算太過時)。如果用秋末接著春天的開頭，大概不可以。九月舉行郊祭不可以。用，是不該用的意思。郊祭要占卜三次，這合於禮。四次，不合於禮。卜五次，就更勉強了。如果祭祀用的牲受了傷，要占卜可不可以免掉用牲。占卜吉利就免，不吉利就不能免。有時，郊牛受傷了，經文不記(如宣公三年經文)，那因為是牛自己弄傷的，所以經文措辭也和緩。郊祭用的牛沒有受傷時稱牲，受了傷稱牛，沒有選為郊祭用的也稱牛。一樣的牛，用以稱呼它的名稱不一樣。有了變化不能郊祭，就得占卜是否不用牛做祭祀的犧牲。牛已有傷不能用了，為什麼還占卜是否不用牛呢？占卜，合於禮。與其不占卜，寧可占一下好，放到上天那兒決定吧。所以應占卜而後決定是否不用牛，不能擅自決定。如果占卜不吉利，就不能免掉用牲。怎麼安置受傷的牛呢？把它拴起來等候處置。六月上旬的甲日，才備選出新牛做祭祀用的牲，然後再處置受傷的牛。我以上所說的，是牲牛的變通情況。而前面，我說過要全面說郊祭的變通情況，是什麼呢？在六月上旬的甲日準備好祭祀用的牲，十月上旬的甲日把選好的牲牛拴上，好好飼養。十一月，十二月，牲如有變化，當然要卜選更換，自不待說。等到正月，才著重說說牲牛有變故的情況，這就是全面說了郊祭。郊祭，是獻上犧牲讓天神享用。季節很重要，禮儀要盛大。至於養的牲，即使小點也可以。你不知道三月占卜郊祭是什麼意思吧？從正月到三月是郊祭的季節。在十二月下旬的辛日占卜正月上旬的辛日。如果不吉利，再在一月下旬的辛日占卜二月上旬的辛日。如果不吉利，就在二月下旬的辛日占卜三月上旬的辛日。如果還不吉利，就不舉行郊祭了。

(四)【經】秋，齊侯、衛侯伐晉(一)。

【今註】(一)此經無傳。

【今譯】秋季，齊侯和衛侯領兵攻伐晉國。

(五)經冬，仲孫何忌帥師伐邾(一)。

【今註】(一)此經無傳。

【今譯】冬天，魯卿仲孫何忌領兵攻伐邾國。

哀公二年（公元前四百九十三年）

(一)經二年，春，王二月，季孫斯、叔孫州仇、仲孫何忌帥師伐邾，取漷東田及沂西田。癸巳，叔孫州仇、仲孫何忌及邾子盟於句繹。

傳漷東(一)，未盡也(二)。沂西(三)，未盡也。三人伐而二人盟何也(四)？各盟其得也。

【今註】(一)漷東：漷水以東。(二)盡：全。(三)沂：水名。(四)三人：指魯國三位卿，即季孫斯、叔孫州仇和仲孫何忌。這次攻伐，季孫沒得到土地。

【今譯】經文記「漷東」，表明漷水附近的土地沒有全部得到。記「沂西」，表明沂水附近的土地沒有全部得到。三個人領兵攻伐，卻兩個人簽盟，是為什麼呢？說明是各自為自己所得簽盟。

(二)經夏，四月，丙子，衞侯元卒(一)。

【今註】(一)元：衞靈公名叫元。此經無傳。

【今譯】夏天，四月丙子日，衛靈公去世。

㈢經　滕子來朝㈠。

【今註】㈠此經無傳。

【今譯】滕國國君來魯朝見。

㈣經　晉趙鞅帥師納衛世子蒯聵於戚。

傳　納者㈠，內弗受也。帥師而後納者，有伐也。何用弗受也㈡，以輒不受也㈢。以輒不受父之命，受之王父也㈣。信父而辭王父，則是不尊王父也。其弗受，以尊王父也。

【今註】㈠納：讓……進入。　㈡用：由。　㈢輒：蒯聵的兒子。蒯聵是衛靈公的太子，於定公十四年見王后南子淫蕩，要殺南子，被靈公攆到宋國避難。靈公一死，晉就送蒯聵回國，可是他兒子爭奪君位，不讓他進入衛國。　㈣王父：祖父。

【今譯】用納字，表明衛國不接受他。領兵送他回國，說明是經過攻打才進入。衛國由於什麼不讓蒯聵回國？因為輒不接受他。輒不聽父命，而聽祖父之命。如果輒信任父親不聽祖父的話，這就是不尊敬祖父。輒不讓父回國，是尊敬祖父。

(五)經秋，八月，甲戌，晉趙鞅帥師及鄭罕達戰於鐵㊀，鄭師敗績㊁。

【今註】㊀罕達：鄭國大夫，鄭卿子皮的孫子。鐵：地名，在今河南濮陽縣西北。㊁敗績：大敗。杜預註：「大奔曰敗績」。此經無傳。

【今譯】秋季，八月甲戌日，晉卿趙鞅領兵跟鄭國的罕達在鐵地作戰，鄭軍大敗。

(六)經冬，十月，葬衞靈公㊀。

【今註】㊀此經無傳。

【今譯】冬季，十月，安葬衞靈公。

(七)經十有一月，蔡遷於州來，蔡殺其大夫公子駟㊀。

【今註】㊀公子駟：蔡國大夫。吳侵蔡，蔡退讓遷徙，公子駟反對退讓而被殺。此經無傳。

【今譯】十一月，蔡國遷移到州來。蔡國殺了自己的大夫公子駟。

哀公三年（公元前四百九十二年）

(一)經三年，春，齊國夏、衞石曼姑帥師圍戚。

傳此衞事也，其先國夏何也㊀？子不圍父也㊁。不繫戚於衞者㊂，子不有父也。

【今註】㊀國夏：齊國的卿。㊁子：指蒯聵的兒子輒。晉送蒯聵，衹到了戚地。輒做了國君後，聯合齊軍包圍了戚地。㊂不繫戚於衞：不把戚地跟衞聯繫上。戚地屬於衞。

【今譯】這是衞國的事，為什麼先記國夏？因為兒子不能圍攻父親。不把戚地跟衞國聯繫上，是表示兒子不願有這麼個父親。

㈡經夏，四月，甲午，地震㊀。

【今註】㊀此經無傳。

【今譯】夏季，四月甲午日，發生地震。

㈢經五月，辛卯，桓宮、僖宮災㊀。

【今註】㊀宮：廟。

【今譯】五月辛卯日，桓公的廟和僖公的廟著火。

傳言及，則祖有尊卑㊀。由我言之㊁，則一也。

【今註】㊀有尊卑：指春秋經用「及」字，有區別尊卑的意義。及字前是尊者，後是卑者。㊁我：

指穀梁氏自己。

【今譯】如果用了「及」字，就表明祖宗有尊卑之別了。從我的角度說，祖宗的地位是一樣的。

(四)經季孫斯、叔孫州仇帥師城啟陽㊀。

【今註】㊀啟陽：魯邑名，在今山東臨沂縣北。此經無傳。

【今譯】季孫斯和叔孫州仇領兵在啟陽修築城牆。

(五)經宋樂髡帥師伐曹㊀。

【今註】㊀樂髡：宋國大夫。此經無傳。

【今譯】宋國的樂髡領兵伐曹國。

(六)經秋，七月，丙子，季孫斯卒㊀。

【今註】㊀此經無傳。

【今譯】秋季，七月丙子日，魯卿季孫斯去世。

(七)經蔡人放其大夫公孫獵於吳㊀。

【今註】㊀此經無傳。

【今譯】蔡國把它的大夫公孫獵放逐到吳國。

(八)經冬，十月，癸卯，秦伯卒㊀。

【今註】㊀秦伯：指秦惠公。經文對秦君死一律不稱名，祇稱爵。此經無傳。

【今譯】冬天，十月癸卯日，秦惠公去世。

(九)經叔孫州仇，仲孫何忌帥師圍邾㊀。

【今註】㊀此經無傳。

【今譯】叔孫州仇和仲孫何忌領兵圍攻邾國。

哀公四年(公元前四百九十一年)

(一)經四年，春，王二月，庚戌，盜弒蔡侯申。

傳稱盜以弒君，不以上下道道也㊀。內其君而外弒者，不以弒道道也。春秋有三盜，微殺大夫謂之盜㊁，非所取而取之謂之盜，辟中國之正道以襲利謂之盜㊂。

【今註】㊀不以上下道道：不用上君下臣的關係來記述。第二個道字是動詞。㊁微：小。這裏指小民百姓。㊂辟中國之正道：指用夷狄人的手段。辟：避的古字，避開就是不用。大夫用冷箭殺死蔡侯，是不正當的手段。

【今譯】說盜賊殺了國君，這不是用上君下臣的關係記述的，是用外殺內的關係記述的，不用下殺上的關係記的。春秋經記有三種盜。小民殺大夫叫盜；不該取得的硬要取得叫盜；用夷狄人的手段偷得名利的叫盜。

(二)經 蔡公孫辰出奔吳㊀。

【今註】㊀此經無傳。

【今譯】蔡國的公孫辰逃到吳國。

(三)經 葬秦惠公㊀。

【今註】㊀此經無傳。

【今譯】安葬秦惠公。

(四)經 宋人執小邾子㊀。

【今註】㊀此經無傳。

【今譯】宋國捉住了小邾國的國君。

(五)經夏，蔡殺其大夫公孫姓、公孫霍(一)。

【今註】(一)二公孫參與射殺蔡昭公了。此經無傳。

【今譯】夏天，蔡國殺了自己的大夫公孫姓和公孫霍。

(六)經晉人執戎蠻子赤歸於楚(一)。

【今註】(一)赤：人名，戎蠻人的頭領。楚軍追殺赤，赤跑入晉地。此經無傳。

【今譯】晉國抓住戎蠻的頭領赤，把他送給楚國。

(七)經城西郛(一)。

【今註】(一)郛：也叫郭，外城。此經無傳。

【今譯】魯國在西部修築外城。

(八)經六月，辛丑，亳社災。

傳亳社者(一)，亳之社也。亳，亡國也(二)。亡國之社以為廟，屏戒也。其屋亡國之社(三)，不得上達也(四)。

【今註】㈠亳(音勃)社：亳城的土神廟。㈡亡國：殷商建都在亳城，周武王滅商後，規定諸侯國都要仿亳社建廟，也稱做亳社，做為亡國之戒，警戒人君不得縱恣，以免亡國。亳社要立在其他廟的外面，故下文說屏戒。㈢屋：覆蓋。後世以「屋社」做為王朝傾覆的代稱。㈣不得上達：亳社有頂蓋，上面不能通天，見不到太陽。

【今譯】亳社，就是亳城的土神廟。亳社，是亡國的鑑戒。亳社要立在別的廟之外，以為屏蔽。亳社上頂有覆蓋，不能通上天。

㈨經 秋，八月，甲寅，滕子結卒㈠。

【今註】㈠結：滕頃公的名。此經無傳。

【今譯】秋天，八月甲寅日，滕頃公去世。

㈩經 冬，十有二月，葬蔡昭公㈠。

【今註】㈠此經無傳。

【今譯】冬季，十二月，安葬蔡昭公。

㈩㈠經 葬滕頃公㈠。

【今註】㈠此經無傳。

【今譯】安葬滕頃公。

哀公五年（公元前四百九十年）

㈠經五年，春，城毗㊀。

【今註】㊀毗：魯地名，公羊傳作比，不詳。此經無傳。

【今譯】五年，春天，魯國在毗地修城牆。

㈡經夏，齊侯伐宋㊀。

【今註】㊀此經無傳。

【今譯】夏天，齊國攻伐宋國。

㈢經晉趙鞅帥師伐衞㊀。

【今註】㊀此經無傳。

【今譯】晉卿趙鞅領兵攻伐衞國。

(四)經秋，九月，癸酉，齊侯杵臼卒㊀。

【今註】㊀杵臼：齊景公的名。此經無傳。

【今譯】秋季，九月癸酉日，齊景公去世。

(五)經冬，叔遠如齊㊀。

【今註】㊀叔遠：魯卿，叔老的四世孫。魯派他去齊弔喪。此經無傳。

【今譯】冬天，叔遠到齊國去。

(六)經閏月，葬齊景公。

傳不正其閏也㊀。

【今註】㊀安葬諸侯應記載季節。

【今譯】記閏月是不對的。

哀公六年（公元前四百八十九年）

(一)經六年，春，城邾瑕㊀。

【今註】㈠郚瑕：原先是邾國的城邑，後歸魯。公羊傳作邾婁葭。此經無傳。

【今譯】六年，春天，魯國在郚瑕修城牆。

㈡經晉趙鞅帥師伐鮮虞㈠。

【今註】㈠鮮虞：國名，白狄人所建，戰國時改稱中山國。此經無傳。

【今譯】晉卿趙鞅領兵攻伐鮮虞國。

㈢經吳伐陳㈠。

【今註】㈠此經無傳。

【今譯】吳國攻伐陳國。

㈣經夏，齊國夏及高張來奔㈠。

【今註】㈠高張：齊卿。國、高是齊國兩大世族。陳氏作亂，逐國氏和高氏。此經無傳。

【今譯】夏天，齊卿國夏和高張逃到魯國。

㈤經叔還會吳於柤㈠。

【今註】㊀租：吳國地名，在今江蘇邳縣北。叔還：魯卿，與叔遠同輩。此經無傳。
【今譯】叔還在租地會見吳王。

㈥經秋，七月，庚寅，楚子軫卒㊀。
【今註】㊀軫：楚昭王的名。此經無傳。
【今譯】秋季，七月庚寅日，楚昭王去世。

㈦經齊陽生入於齊㊀。
【今註】㊀陽生：齊景公庶子。景公死，子荼立為君，陽生逃到魯國。此又回國爭立。此經無傳。
【今譯】齊公子陽生回到齊國。

㈧經齊陳乞弒其君荼。
傳陽生入而弒其君，以陳乞主之何也㊀？不以陽生君荼也㊁。其不以陽生君荼何也？陽生正㊂，荼不正。不正則其曰君何也？荼雖不正，已受命矣。入者，內弗受也。荼不正，何用弗受？以其受命，可以言弗受也。陽生其以國氏何也？取國於荼也。

【今註】㈠陳乞：陳國大夫。㈡君荼：以荼為君。荼：齊景公的小兒子，景公喜歡他，立為太子。景公死後荼為君，不到一年便被殺，連謚號都沒有。㈢陽生正：指公子陽生年長，應為君。

【今譯】陽生回國殺了君王，為什麼認為陳乞是主要殺手？不願意讓陽生把荼當做君。為什麼？因為陽生應為君，荼不應為君。為什麼還稱荼為君呢？因為他已經得到命封了。用入字，表示國內不肯接受。荼不該為君，為什麼不接受陽生？因為荼已受命當了國君，可以說不接受。為什麼陽生以國名（齊）當做姓？因為他從荼那兒得到了齊國。

㈨經 冬，仲孫何忌帥師伐邾㈠。

【今註】㈠此經無傳。

【今譯】冬天，仲孫何忌領兵攻伐邾國。

㈩經 宋向巢帥師伐曹㈠。

【今註】㈠此經無傳。

【今譯】宋國的向巢領兵攻伐曹國。

哀公七年（公元前四百八十八年）

㈠經七年，春，宋皇瑗帥師侵鄭㈠。

【今註】㈠此經無傳。

【今譯】七年，春天，宋國的皇瑗領兵侵犯鄭國。

㈡經晉魏曼多帥師侵衞㈠。

【今註】㈠魏曼多：晉國大夫。此經無傳。

【今譯】晉大夫魏曼多領兵侵犯衞國。

㈢經夏，公會吳於繒㈠。

【今註】㈠繒：地名，在今山東棗莊市東。魯公第一次會見吳王。此經無傳。

【今譯】夏天，哀公在繒地會見吳王。

㈣經秋，公伐邾，八月己酉，入邾，以邾子益來。

傳以者，不以者也。益之名㈠，惡也。春秋有臨天下之言焉㈡，有臨一國之言焉，有臨一家之言焉。其言來者，有外魯之辭焉。

【今註】㊀益：邾隱公的名。㊁臨：監臨，擁有的意思。言：指說話的語氣。

【今譯】用以字，表示不該把邾國國君帶回魯國。稱邾君的名，是表示厭惡他。春秋經記事，有擁有整個天下的語氣，有擁有一國的語氣，有擁有一家的語氣。用「來」，有自外來魯的意思。

(五)經宋人圍曹㊀。

【今註】㊀此經無傳。

【今譯】宋國圍攻曹國。

(六)經冬，鄭駟弘帥師救曹㊀。

【今註】㊀駟弘：鄭國大夫。此經無傳。

【今譯】冬天，鄭大夫駟弘領兵援救曹國。

哀公八年（公元前四百八十七年）

(一)經八年，春，王正月，宋公入曹，以曹伯陽歸㊀。

【今註】㊀陽：曹國國君的名。後來曹伯被殺，從此國滅。此經無傳。

【今譯】八年，春天，周曆正月，宋公進入曹國，把曹伯帶回宋國。

(二)經吳伐我㈠。

【今註】㈠此經無傳。

【今譯】吳國攻伐魯國。

(三)經夏，齊人取讙及闡。

傳惡內也㈠。

【今註】㈠內：指魯國。范寧以為是魯伐邾，并帶回了邾君。邾齊是甥舅之國，魯懼齊，用讙城和闡城賄賂齊。

【今譯】憎恨魯國的做法。

(四)經歸邾子益於邾。

傳益之名㈠，失國也。

【今註】㈠益：邾隱公的名。

【今譯】稱邾君的名，是因為他失去了國家。

(五)經秋，七月㈠。

【今註】㈠此經無傳。

【今譯】秋季，七月。

(六)經冬，十有二月，癸亥，杞伯過卒㈠。

【今註】㈠過：杞僖公的名。此經無傳。

【今譯】冬季，十二月癸亥日，杞僖公去世。

(七)經齊人歸讙及闡㈠。

【今註】㈠此經無傳。

【今譯】齊國把讙城和闡城歸還給魯國。

哀公九年（公元前四百八十六年）

(一)經九年，春，王二月，葬杞僖公㈠。

【今註】㈠此經無傳。

【今譯】九年，春天，周曆二月，安葬杞僖公。

(二)經宋皇瑗帥師取鄭師於雍丘。

傳取㈠，易辭也。以師而易取，鄭病矣。

【今註】㈠取：得到鄭師。指鄭國軍隊全部歸降。

【今譯】取，表示輕而易舉的意思。宋國輕易地得到了軍隊，是由於鄭國太衰敗了。

(三)經夏，楚人伐陳㈠。

【今註】㈠此經無傳。

【今譯】夏天，楚國攻打陳國。

(四)經秋，宋公伐鄭㈠。

【今註】㈠此經無傳。

【今譯】秋天，宋國攻伐鄭國。

(五)經冬，十月㈠。

【今註】㊀一季無事，記下首月。此經無傳。

【今譯】冬季，十月。

哀公十年（公元前四百八十五年）

㈠經十年，春，王二月，邾子益來奔㊀。

【今註】㊀此經無傳。

【今譯】十年，春天，周曆二月，邾隱公逃到魯國來。

㈡經公會吳伐齊㊀。

【今註】㊀此經無傳。

【今譯】哀公會合吳國攻伐齊國。

㈢經三月，戊戌，齊侯陽生卒㊀。

【今註】㊀陽生：齊悼公的名。此經無傳。

【今譯】三月戊戌日，齊悼公去世。

(四)經夏，宋人伐鄭㈠。

【今註】㈠此經無傳。

【今譯】夏天，宋國攻伐鄭國。

(五)經晉趙鞅帥師侵齊㈠。

【今註】㈠此經無傳。

【今譯】晉國的趙鞅領兵侵略齊國。

(六)經五月，公至自伐齊㈠。

【今註】㈠此經無傳。

【今譯】五月，哀公伐齊歸來，告祭祖廟。

(七)經葬齊悼公㈠。

【今註】㈠此經無傳。

【今譯】安葬齊悼公。

(八)經衛公孟彄自齊歸於衛㈠。

【今註】㈠公孟彄：衛國大夫。此經無傳。

【今譯】衛國的公孟彄從齊國回到衛國。

(九)經薛伯夷卒㈠。

【今註】㈠夷：薛惠公的名。此經無傳。

【今譯】薛惠公去世。

(十)經秋，葬薛惠公㈠。

【今註】㈠此經無傳。

【今譯】秋天，安葬薛惠公。

(十一)經冬，楚公子結帥師伐陳㈠。

【今註】㈠公子結：字叫子期，楚國的令尹。此經無傳。

【今譯】冬天，楚國的公子結領兵攻打陳國。

㈢經吳救陳㊀。

【今註】㊀此經無傳。

【今譯】吳國援救陳國。

哀公十一年（公元前四百八十四年）

㈠經十有一年，春，齊國書帥師伐我㊀。

【今註】㊀此經無傳。

【今譯】十一年，春天，齊卿國書領兵攻伐魯國。

㈡經夏，陳轅頗出奔鄭㊀。

【今註】㊀轅頗：公羊傳作袁頗，陳國的司徒官。此經無傳。

【今譯】夏天，陳國的轅頗逃到鄭國去。

㈢經五月，公會吳伐齊。甲戌，齊國書帥師及吳戰於艾陵㊀。齊師敗績㊁，獲齊國書。

【今註】㊀艾陵：地名，在今山東萊蕪縣東。 ㊁敗績：大敗。此經無傳。

【今譯】五月，哀公會吳國攻齊。甲戌日，齊卿國書領兵跟吳軍在艾陵作戰。齊軍大敗，國書被俘獲。

(四)經秋，七月，辛酉，滕子虞毋卒㊀。

【今註】㊀虞毋：滕隱公的名。此經無傳。

【今譯】秋季，七月辛酉日，滕隱公去世。

(五)經冬，十有一月，葬滕隱公㊀。

【今註】㊀此經無傳。

【今譯】冬季，十一月，安葬滕隱公。

(六)經衞世叔齊出奔宋㊀。

【今註】㊀世叔齊：衞國大夫。此經無傳。

【今譯】衞國的世叔齊逃到宋國。

哀公十二年（公元前四百八十三年）

㈠經十有二年，春，用田賦。

傳古者公田什一㊀，用田賦㊁，非正也。

【今註】㊀什一：十抽一的稅率。㊁用田賦：按田畝數徵稅。

【今譯】古時耕種公田繳納十分之一的田稅。按田畝數收稅，是不對的。

㈡經夏，五月，甲辰，孟子卒。

傳孟子者何也㊀，昭公夫人也。其不言夫人何也？諱取同姓也㊁。

【今註】㊀孟子：即孟姬，魯昭公夫人。㊁取：娶的古字。古禮「同姓不婚」。昭公娶吳女為夫人，魯、吳兩國都姓姬，違禮了。

【今譯】孟子是誰？是昭公夫人。為什麼不稱夫人？忌諱說娶了同姓女。

㈢經公會吳於橐皋㊀。

【今註】㊀橐皋：地名，在今安徽巢縣西。此經無傳。

【今譯】哀公在槖皋會見吳王。

(四)經 秋，公會衞侯、宋皇瑗於鄖㈠。

【今註】㈠鄖：地名，不詳。公羊傳作運。運、鄖同音。此經無傳。

【今譯】哀公在鄖地會見衞侯和宋國的皇瑗。

(五)經 宋向巢帥師伐鄭㈠。

【今註】㈠此經無傳。

【今譯】宋國大夫向巢領兵攻打鄭國。

(六)經 冬，十月二月，螽㈠。

【今註】㈠螽：蝗蟲。成災才記載。此經無傳。

【今譯】冬季，十二月，蝗蟲成災。

哀公十三年(公元前四百八十二年)

(一)經 十有三年，春，鄭罕達帥師取宋師於嵒。

傳取㊀，易辭也。以師而易取，宋病矣。

【今註】㊀取：指宋軍在嵒（音沿）地歸降鄭軍。

【今譯】取，表示輕而易舉的意思。把宋軍輕易得到了，是由於宋軍太衰敗了。

㈡經夏，許男成卒㊀。

【今註】㊀成：公羊傳作戌，許元公的名。男：爵名。此經無傳。

【今譯】夏天，許元公去世。

㈢經公會晉侯及吳子於黃池。

傳黃池之會㊀，吳子進乎哉㊁，遂子矣。吳，夷狄之國也，祝髮文身㊂，欲因魯之禮㊃，因晉之權而請冠端而襲㊄。其藉於成周㊅，以尊天王，吳進矣。吳，東方之大國也，累累致小國以會諸侯㊆，以合乎中國。吳能為之，則不臣乎，吳進矣。王，尊稱也。子，卑稱也，辭尊稱而居卑稱㊇，以會乎諸侯，以尊天王。吳王夫差曰：「好冠來」。孔子曰：「大矣哉！夫差未能言冠而欲冠也㊈。」

【今註】㊀黃池：地名，在今河南封丘縣南。黃池之會是春秋時一次重要的會，晉吳兩國在會上爭霸主地位。㈡吳子：吳王夫差。㈢祝髮：剪短頭髮。祝：斷。文身：身上刺出龍蛇樣花紋。㈣因：隨順。㈤端：即玄端，整幅布做的黑色禮服。襲：全套衣服。㈥藉：借，依靠。㈦累累：屢次。㈧辭尊稱而居卑稱：不稱王而稱子。尊稱：指稱吳王。上有天王，諸侯不能稱王，稱王就超越了本分。卑稱：指稱子。吳被視為夷狄，爵位低。㈨未能言冠：指不懂帽子的等級差別。

【今譯】黃池這次會，吳王進升了，於是稱吳子。吳，是夷狄之類的國家，剪去頭髮，身上刺以花紋，想學習魯國的禮儀，奪晉國的權，穿上成套的黑色禮服，戴上帽子，依靠周王朝，尊敬周天子，吳王進升了。吳，是東方大國，屢次招集小國，會盟諸侯，迎合中原諸侯國。吳能進入大國之林，就不稱臣了，吳國進升了。王，是最高的稱呼，子，是低於王的稱呼。吳不稱王而稱子，以此來會盟諸侯，尊敬周天子。吳王夫差說：「好帽子拿來」。孔子說：「大膽呵！夫差還說不出帽子的差別卻想戴帽子。」

㈣【經】楚公子申帥師伐陳㈠。

【今註】㈠此經無傳。

【今譯】楚國公子申領兵攻伐陳國。

㈤【經】於越入吳㈠。

【今註】㈠於：用在國名前，沒什麼意義。此經無傳。

【今譯】越國攻入吳國。

㈥經秋，公至自會㈠。

【今註】㈠此經無傳。

【今譯】秋天，哀公從黃池回國，告祭祖廟。

㈦經晉魏曼多帥侵衞㈠。

【今註】㈠魏曼多：晉國大夫。此經無傳。

【今譯】晉國的魏曼多領兵侵略衞國。

㈧經葬許元公㈠。

【今註】㈠此經無傳。

【今譯】安葬許元公。

㈨經九月，螽㈠。

【今註】㈠此經無傳。

【今譯】九月，蝗蟲成災。

(十)經冬，十有一月，有星孛於東方㈠。

【今註】㈠星孛：即孛星，彗星的一類。此經無傳。

【今譯】冬天，十一月，在東方出現了彗星。

(十一)經盜殺陳夏區夫㈠。

【今註】㈠夏區夫：公羊傳作夏彄夫，陳國大夫。此經無傳。

【今譯】強盜殺死了陳國的夏區夫。

(十二)經十有二月，螽㈠。

【今註】㈠此經無傳。

【今譯】十二月，蝗蟲成災。

哀公十四年(公元前四百八十一年)

(一)經十有四年，春，西狩獲麟。

傳引取之也㈠。狩地㈡，不地不狩。非狩而曰狩，大獲麟，故大其適也㈢。其不言來，不外麟於中國也。其不言有，不使麟不恒於中國也㈣。

【今註】㈠引取之：指麒麟是有王者之德的人引來的。㈡狩地：打獵應記載地點。㈢大其適：記載去的大範圍，指衹說西部，而不說具體地點。㈣恒：常。

【今譯】麒麟被聖人吸引來，才得以捕獲的。打獵要記載地點，不記地點就表明沒打獵。沒打獵而記打獵，得到麒麟是件大事，所以就從大的角度記載了打獵的方向。不用「來」字，是不願意說麒麟是中原諸侯國以外的仁獸。不用「有」字，是不願意說中原諸侯國不常有麒麟。

參考引用書目

一　春秋三傳異文釋……李富孫
二　春秋左傳平議……俞　樾
三　春秋左傳注……楊伯峻
四　春秋會要……姚彥渠
五　春秋穀梁傳集解……范　寧
六　春秋穀梁傳疏……楊士勛
七　穀梁補注……鍾文烝
八　穀梁釋例……許桂林
九　春秋穀梁傳注……柯劭忞
十　國語集解……徐元誥
十一　史記……司馬遷
十二　漢書……班　固
十三　論語正義……劉寶楠
十四　孟子章句……趙　岐
十五　韓非子校注……陳奇猷

十六　晏子春秋集釋……吳則虞
十七　說文解字……許　愼
十八　爾雅義疏……郝懿行
十九　古今人表考……梁玉繩
二十　中國人名大辭典
二十一　中國地名大辭典
二十二　春秋地名考略……高士奇
二十三　春秋地名補注……沈欽韓
二十四　春秋集傳詳說……家鉉翁
二十五　春秋公羊通義……孔廣森
二十六　禮記集解……孫希旦
二十七　儀禮正義……胡培翬
二十八　周禮正義……孫詒讓
二十九　孔子家語……王　肅
三十　詩集傳……朱　熹
三十一　樂府詩選……余冠英

春秋穀梁傳今註今譯 十二卷／薛安勤註譯. --
初版. --臺北市：臺灣商務，1994 [民83]
面； 公分. --（古籍今註今譯）
參考書目：面
ISBN 957-05-0972-4（平裝）

1. 穀梁傳 - 註釋

621.722 83006072

春秋穀梁傳今註今譯

定價新臺幣六〇〇元

註譯者 薛安勤
責任編輯 曾韻華
校對者 曾聿嘉 高靜宜

發行人 張連生
出版者
印刷所 臺灣商務印書館股份有限公司
臺北市10036重慶南路一段三十七號
電話：（〇二）三一一六一一八
傳真：（〇二）三七一〇二七四
郵政劃撥：〇〇〇〇一六五—一號
出版事業登記證：局版臺業字第〇八三六號

・一九九四年八月初版第一次印刷

ISBN 957-05-0972-4（平裝） 52432000